"十三五"國家重點出版物出版規劃項目

馬藏

第一部 | 第十卷

北京大學《馬藏》編纂與研究中心 編纂

科学出版社
北京

圖書在版編目（CIP）數據

馬藏·第一部·第十卷 / 北京大學《馬藏》編纂與研究中心編纂. —北京：科學出版社，2023.8

國家出版基金項目　“十三五”國家重點出版物出版規劃項目

ISBN 978-7-03-075965-8

Ⅰ.①馬…　Ⅱ.①北…　Ⅲ.①馬克思主義-文集　Ⅳ.①A81-53

中國國家版本館 CIP 數據核字（2023）第 123775 號

責任編輯：劉英紅　趙瑞萍 / 責任校對：賈娜娜
責任印製：霍　兵 / 封面設計：黃華斌

科 學 出 版 社 出版

北京東黃城根北街 16 號
郵政編碼：100717
http://www.sciencep.com

中國科學院印刷廠印刷

科學出版社發行　各地新華書店經銷

*

2023 年 8 月第　一　版　開本：787×1092　1/16
2023 年 8 月第一次印刷　印張：39
字數：650 000

定價：580.00 元
（如有印裝質量問題，我社負責調換）

《馬藏》第一部第十卷

顧　　問　郝　平　龔旗煌

策　　劃　于鴻君

主　　編　顧海良

副 主 編　孫代堯　孫熙國　孫蚌珠　仰海峰　劉　軍

本卷編纂人員（以姓氏筆畫爲序）

王保賢　王憲明　仰海峰　汪　越　馬思宇

孫代堯　孫蚌珠　孫熙國　萬仕國　路　寬

裴　植　鞏　梅　劉　軍　顧海良

北京大學馬克思主義學院組織編纂

總　序

　　《馬藏》是對馬克思主義形成和發展過程中相關文獻進行的彙集與編纂，旨在通過對文獻的系統整理及文本的再呈現，把與馬克思主義在中國和世界傳播與發展的相關文獻集大成地編纂薈萃爲一體。作爲馬克思主義理論研究的重大基礎性學術文化工程，《馬藏》分爲中國編與國際編，中國編是對馬克思主義中國化歷史進程中相關文獻和研究成果的彙纂；國際編是對馬克思主義在世界其他國家傳播和發展過程中産生的歷史文獻和研究著述的彙纂。

　　在十九世紀後期西學東漸的過程中，中國知識界開始譯介各種有關社會主義思想的著作，中國人開始了解和認識馬克思及其社會主義學說，這是馬克思主義在中國傳播的開端。十月革命給中國送來了馬克思列寧主義，中國先進知識分子顯著地增强了對馬克思主義和社會主義文獻的移譯和理論闡釋。中國共産黨成立後，馬克思主義開始在中國得到更爲廣泛的傳播。在中國革命、建設和改革過程中，馬克思主義經典著作的編輯和研究，成爲中國共産黨思想理論建設的重要組成部分。

　　馬克思主義在中國的傳播和發展已經有一百多年的歷史，但學界至今仍然缺乏將這一歷史過程中產生的相關文獻彙集和編纂爲一體的權威典籍，尤其缺乏對早期文獻和相關資料的系統整理與彙纂，以致在中國馬克思主義傳播史和中國近現代思想文化史中大量的有價值的文本幾被埋没；已經發掘出來的一些原始文本，也由於種種原因，在轉引轉述中，多有訛奪、失真，造成有關理論研究的結論有失準確，缺乏説服力。編纂《馬藏》，無論是對中國馬克思主義發展史研究，還是對中國近現代思想文化史研究，都十分必要且刻不容緩。

北京大學是中國最早傳播馬克思主義的基地和中國共產黨的理論發源地，有着深厚的馬克思主義研究和傳播的歷史積澱和文化傳統。編纂一套系統呈現馬克思主義在中國傳播、接受和發展的歷史文獻典籍，推動新時代馬克思主義理論研究和哲學社會科學發展，是北京大學應當肩負的使命和學術擔當。基於此，北京大學啓動了《馬藏》編纂與研究工程，成立了《馬藏》編纂與研究中心，由北京大學馬克思主義學院負責編纂工作的具體實施。

《馬藏》中國編的編纂原則如下：一是突出思想性。按照毛澤東所揭示的馬克思主義中國化歷史過程的"使馬克思主義在中國具體化"和"使中國革命豐富的實際馬克思主義化"的基本特點，編纂堅持尊重歷史、求真拓新，系統編排、科學詮釋。二是體現全面性。《馬藏》力求全面搜集文獻，這些文獻主要包括馬克思主義經典作家著作的中文譯本、國外學者有關馬克思主義和社會主義問題相關著述的中文譯本、中國共產黨領導人和重要理論家的著述、中國學者有關馬克思主義和社會主義問題的研究著述、報紙雜誌等媒體的通訊報道等、中國共產黨成立以後有關馬克思主義中國化的文獻資料，以及其他相關的各種文本，如檔案、日記、書信等。三是彰顯學術性。編纂與研究過程，力求忠實於原始文本，完整呈現文獻内容。對原始文本作學術考證和研究，注重對各種文本及其内容、作者、版本、出版者、流傳和影響等作出基本的、必要的學術考證和研究，同時還對文本中的重要詞彙、用語和關鍵詞的内涵及其演化、流變等作基本的、必要的學術考證和説明。四是力求權威性。對相關文本作出準確説明，注意整理國内已有的研究成果，甄別有爭議的問題，并且提供有助於問題解決的相關文本資料。通過文本再呈現，爲進一步研究提供學術資源和理論依據。對一些有爭議的問題，重於文本引導、考據説明，避免作簡單的判斷。

根據上述原則，《馬藏》中國編分作四部：第一部爲著作（包括譯著）類文本；第二部爲文章類文本；第三部爲各類通訊報道，各種檔案、筆記、書信等文本；第四部爲中國共產黨有關文件類文本。各部之下，按照歷史發展過程分別設卷。

《馬藏》對各文本的編纂，主要分爲三大板塊，即文本呈現、文本校注和文本述評。一是文本呈現，堅持原始文獻以原貌呈現。爲有利於學術研究，凡與馬克思主義在中國傳播和發展相關的有思想價值、學術價值或文本價值的文獻，在内容上依照原貌呈現。對於同一文獻有不同版本的，如有思想價值、學術價值或文本價值，則逐一收録；對於不同時間出版的同一文獻和資料，在内容上没有變化或變動較少的，只收録最初的版本。二是文本校注，以頁下注釋的方式，對原書中的誤譯、誤寫或誤排之處，予以更正；對文本中出現的人名、地名、著述、歷史事件、組織機構和報刊等名詞給予準確而簡要的説明。三是文本述評，以"編者説明"的方式附於相應文本之後，呈現編校者對該文本的述評。"編者説明"對文本形成和流傳情況作出描述，如介紹文本原貌及來源、作者、譯者、歷史背景、出版情況、不同譯本和版本演變情況、文中涉及的重要概念和史實、文本傳播狀況、文本的思想傾向等。"編者説明"也對文本研究狀況作出述評，注重對與該文本及其主要内容相關的國内外學術界研究現狀、主要觀點和各種評價作出述評；力求對已有的研究成果作出思想性和學術性的總體述評。

《馬藏》不是簡單的資料彙編或者是對原有文本的複製，而是強調對所收文本進行必要的研究、考證、注釋和説明，以凸顯《馬藏》彙集與編纂爲一體的學術特色。需要説明的是，由於收集、整理和研究的是繁蕪叢雜的歷史文獻，不可避免地會出現一些缺憾：一是文獻收集過程中，雖然編纂人員盡力收集已見的和可能發掘的所有文獻資料，但因文獻數量龐大，原始文本散落，著録信息不完整等原因，難免會有部分重要文獻遺漏；二是編纂過程中，編纂者雖盡力對文獻的版本、作者、譯者、出版者、翻譯狀況，以及文獻中的人名、地名、事件等作出有根有據的考證、注釋與説明，但因文獻情況複雜，在一些文本中仍有少許問題没能解決，注釋與"編者説明"中也可能存在偏差。

　　《馬藏》編纂意義重大，可謂功在當代，利在千秋。《馬藏》對於促進馬克思主義學術研究和理論發展，增强馬克思主義理論自信和文化自信，提升中國化馬克思主義的影響力，推進中國哲學社會科學的繁榮發展有着重大而深遠的意義；《馬藏》對中國近現代思想文化史資料的收集與整理，對於促進中國近現代思想文化史、中外文化交流史的研究，對於展現真實而客觀的中國近現代史具有重大意義；《馬藏》翔實的文獻將向人們展示近代以來中國人民是如何歷史地選擇馬克思主義和社會主義，是如何執着地傳播馬克思主義和推進馬克思主義中國化時代化大衆化的，具有以史爲鏡、資政育人的重要意義。

本卷文獻及編纂説明

本卷收録文獻凡四册。

《倫理學原理》，1910 年商務印書館出版。本册由裴植編校。

《社會主義討論集》，《新世界》雜誌社編纂，1912 年《新世界》雜誌社發行。本册由汪越編校。

《孫中山先生社會主義講演集》，張讀俠記録，1912 年天聲社出版。本册由馬思宇編校。

《人道》，盧信著，1912 年商務印書館出版。本册由裴植編校。

孫代堯、王憲明參與部分編校稿的審讀。

萬仕國、王保賢、裴植、路寬對本卷全部編校稿作了審讀、修改。

鞏梅負責本卷文獻資料總彙。

顧海良主持本卷編纂和審讀，作統修和定稿。

本卷凡例

一、本卷各册文獻原爲豎排版，今均改爲横排版。行文中"如左""如右"等表述，保持原貌，不作改動。

二、底本中的繁體字一仍其舊，舊字形今均改爲新字形。

三、底本中的異體字原則上不作改動，但過去使用而現在不再使用的異體字，以相應的繁體字替代；"編者説明"中引用的原文，其中的異體字亦如是處理。

四、底本中以"。""、"表示的句讀，均保持原貌。

五、底本中字旁表示强調的"●""○""◎""、"等符號，今以字下着重號"."表示；底本標示强調符號時，首字不標句讀的，今在該字前補斷句號"。"。

六、底本中的豎排引號『』和「」，今均改爲横排引號。

七、底本中錯、漏、衍、倒字之處，今保持原貌，另在頁下注中予以補正；底本正文中的個别文字漫漶不清，今以"□"替代，不再出注説明；底本中"己""已""巳"及"戊""戍""戌"混用的，今根據文意徑改，不出校記。

八、底本中所涉及的國名、人名、地名、報刊名和機構名等，與現在通行的譯名不一致的，均出頁下注説明。

　　九、底本中的"支那""夷""蠻"等歷史詞語，均保持原貌。

　　十、各册文獻扉頁上的内容，由編校者根據底本封面、正文首頁和版權頁等所載信息綜合而成。

　　十一、各册文獻的目録，均依底本目録録入。底本目録與正文標題不一致處，目録和正文標題均保持原貌，在正文標題處出頁下注説明；正文中標題缺漏的，今據目録增補，并以方括號"[ ]"標示。

目
録

插圖目録

倫理學原理

德　泡爾生 / 著

蔡元培 / 譯

商務印書館

《倫理學原理》封面

改正倫理學原理序

　　泡爾生氏名腓立 F. Paulsen[①]德意志晚近之大哲學家也以西歷千八百四十六年生於蘭根匈 Langenhorn[②]初治神學既而專修哲學文學以千八百七十一年畢業於柏林大學越四年而任柏林大學教授又越四年而被推爲哲學博士及去年而殁於柏林年六十有三也氏之哲學爲康德派而參取斯賓那莎[③]及叔本華[④]兩氏之説又於並世大家若馮德 Wundt[⑤]若台希耐 Techner[⑥]亦間挹其流也其著述頗多皆關於倫理學若教育學而以倫理學大系及政治學社會學之要畧 System der Ethik wit einem Umriss der Staats und Gesellschaftslehre[⑦]爲最著其書冠以序論 Einleituny 而分爲四編曰倫理學史 Umriss einer Geschichte der iLebensanschauung und Moralphilosopheie 曰倫理學原理 Grundbegriffe und Prinzipienfragen 曰德論及義務論 Tuzend uned Pflichtenlehre 曰社會之形態 Die Formen des Gemenschaftslebens 千八百九十九年紐約已有英譯而日本蟹江義丸[⑧]君則於明治三十二年據第五板譯其倫理學原理而冠以序論（名其原理本編曰本論）以列於博文館之帝國百科全書中以限於篇幅而删其第三

---

① "泡爾生氏名腓立 F. Paulsen"，即弗里德里希·泡爾生（Friedrich Paulsen，1846—1908），又稱保爾遜、包爾生，德國哲學家、倫理學家、教育家。
② "蘭根匈 Langenhorn"，即朗根霍恩（Langenhorn），德國城市。
③ "斯賓那莎"，即巴魯赫·斯賓諾莎（Baruch Spinoza，1632—1677），荷蘭哲學家、政治學家。
④ "叔本華"，即阿圖爾·叔本華（Arthur Schopenhauer，1788—1860），德國哲學家、美學家，唯意志論的代表人物之一，主要著作有《論充足理由律的四重根》《作爲意志和表象的世界》《自然界中的意志》《倫理學的兩個基本問題》《論趣味的引起》等。
⑤ "馮德 Wundt"，即威廉·馮特（Wilhelm Wundt，1832—1920），德國生理學家、心理學家，實驗心理學奠基人，著有《對感官知覺理論的貢獻》《心理學大綱》。
⑥ "台希耐 Techner"，不詳。
⑦ "倫理學大系及政治學社會學之要畧 System der Ethik wit einem Umriss der Staats und Gesellschaftslehre"，泡爾生所著書。
⑧ "蟹江義丸"，蟹江義丸（1872—1904），日本哲學家。

章之厭世主義及明治三十七年又改訂之並補譯厭世主義章而與藤井健治郎[①]君所譯之倫理學史深作安文[②]君所譯之德論及義務論合之以爲倫理學大系依仿英譯删其第四編并節去其政治學社會學要畧之名焉蟹江氏於本書中散見之文若駁尼采主義者若徵引德國詩歌者皆有所删削以其專爲德人而發於他國學者無甚裨益而轉足以擾其思想也而又附西洋倫理學家小傳於其後今之所譯雖亦參考原本而詳略則一仍蟹江氏之舊蟹江氏之譯此書也曰取其能調和動機論功利論兩派之學説而論議平實不滋流弊也今之重譯猶是意也其倫理學史德論及義務論當續譯之以公於世宣統二年五月譯者識

---

① "藤井健治郎"，藤井健治郎（1872—1931），日本倫理學者。
② "深作安文"，深作安文（1874—1962），日本倫理學者。

改正 倫理學原理序

泡爾生氏名腓立 F. Paulsen 德意志晚近之大哲學家也以西歷千八百四十六年生於蘭

根匈 Langenhorn 初治神學旣而專修哲學文學以千八百七十一年畢業於柏林大學越四

年而任柏林大學教授又越四年而被推爲哲學文學博士及去年而歿於柏林年六十有三也氏

之哲學爲康德派而參取斯賓那莎及叔本華兩氏之說又於並世大家若馮德 Wundt 若台

希耐 Techner 亦間挹其流也其著述頗多皆關於倫理學若教育學而以倫理學大系及政

治學社會學之要畧 System der Ethik wit einem Umriss der Staats und Gesellschaftslehre

爲最著其書冠以序論 Einleituny 而分爲四編曰倫理學史 Umriss einer Geschichte der

;Lebensanschaung und Moralphilosophie 曰倫理學原理 Grundbegriffe und Prinzipienfr-

agen 曰德論及義務論 Tuzend tuned Pflichtenlehre 曰社會之形態 Die Formen des Geme-

nschaftslebens 千八百九十九年紐約已有英譯而日本蟹江義丸君則於明治三十二年據

第五板譯其倫理學原理而冠以序論 (名其原理本編曰本論) 以列於博文館之帝國百科

全書中以限於篇幅而删其第三章之厭世主義及明治三十七年又改訂之並補譯厭世主

1

義章而與藤井健治郞君所譯之倫理學史深作安文君所譯之德論及義務論合之以爲倫理學大系依仿英譯刪其第四編幷節去其政治學社會學要畧之名爲蟹江氏於本書中散見之文若駁尼采主義者若徵引德國詩歌者皆有所刪削以其專爲德人而發於他國學者無甚裨益而轉足以擾其思想也而又附西洋倫理學家小傳於其後今之所譯雖亦參考原本而詳略則一仍蟹江氏之舊蟹江氏之譯此書也曰取其能調和動機論功利論兩派之學說而論議平實不滋流弊也今之重譯猶是意也其倫理學史德論及義務論當續譯之以公於世宣統二年五月譯者識

《倫理學原理》譯者序第 2 頁

蟹江氏序

———

　　近世學者盛研究倫理學而倫理學之書殆有汗牛充棟之觀其間卓絶恆蹊者亦不可以僂指數泡爾生氏雖確爲當今有數之倫理學家而其説稍稍過於平實顧余於無數卓絶之倫理學書中獨取此書而譯之何哉蓋倫理學者非徒敍述事理而實爲吾人定行爲之標準者也故其所論一涉偏戾則影響於實踐界者其害甚巨故極端之學説雖振奇可喜而往往足以誤讀者平實之論乍讀之似不足以鼓舞興會而身體而力行之者乃大得其益此吾之所以有取於泡爾生氏之作也不甯惟是近世倫理學得別爲二大學派動機論及功利論是也動機論者偏重主觀而謂道德律爲先天者功利論者偏重客觀而謂道德律爲後天者其弊也前者流於陳腐而後者流於淺薄皆非大中至正之道也泡爾生氏有見於此故此書推本柏拉圖①雅里士多德勒②斯賓那莎諸大家之説而爲兩大學派之調人而與英國倫理學界最近思潮之代表格臨 Green 派③若合符節尤有足以見歐洲倫理學之趨勢者然則余之譯此書也豈偶然哉明治三十二年二月蟹江義丸撰

———

① "柏拉圖"，即柏拉圖（Plato，公元前 427—前 347），古希臘哲學家、思想家，著有《理想國》等。
② "雅里士多德勒"，即亞里士多德（Aristotle，公元前 384—前 322），古希臘哲學家、科學家和教育家，著有《形而上學》《倫理學》《政治學》等。
③ "格臨 Green 派"，即 19 世紀末 20 世紀初在英國崛起的一股倫理學思潮，以其代表人物 T. H. Green 的名字命名，該派强調人的自由、正義和社會責任，并試圖在對自由的追求和對公共利益的追求之間找到平衡點。

蟹江氏序

近世學者盛研究倫理學而倫理學之書殆有汗牛充棟之觀其間卓絕恢蹊者亦不可以僂

指數泡爾生氏雖確爲當今有數之倫理學家而其說稍稍過於平實顧余於無數卓絕之倫

理學書中獨取此書而譯之何哉蓋倫理學者非徒敍述事理而實爲吾人定行爲之標準者

也故其所論一涉偏戾則影響於實踐界者其害甚巨故極端之學說雖振奇可喜而往往足

以誤讀者平實之論乍讀之似不足以鼓舞興會而身體而力行之者乃大得其益此吾之所

以有取於泡爾生氏之作也不甯惟是近世倫理學得別爲二大學派動機論及功利論是也

動機論者偏重主觀而謂道德律爲先天者功利論者偏重客觀而謂道德律爲後天者其弊

也前者流於陳腐而後者流於淺薄皆非大中至正之道也泡爾生氏有見於此故此書推本

柏拉圖雅里士多德勒斯賓那莎諸大家之說而爲兩大學派之調人而與英國倫理學界最

近思潮之代表格臨 Green 派若合符節尤有足以見歐洲倫理學之趨勢者然則余之譯此

書也豈偶然哉明治三十二年二月蟹江義丸撰

《倫理學原理》蟹江氏序

目録

序論

本論　導言關乎純理學及心理學者

第一章　善惡正鵠論與形式論之見解　　　39

第二章　至善快樂論與勢力論之見解　　　59

倫理學原理目錄

序論

《倫理學原理》目錄第 1 頁

序論

（一）倫理學之概念。　倫理學 Ethik 之名。本於希臘語。其本義爲研究風習之科學也。

　　研究風習之法有二。（甲）以證明爲鵠者。（乙）以實踐爲鵠者。甲之法。考各民族在各時代之風俗習慣而記述之。是爲歷史派人類學。如海羅德 Herodot[①]及斯賓塞爾 Herbert Spencer[②]之敍事社會學之類是也。乙之法。則在研究人生行爲之價值。以指示吾人處世之正道。是則希臘人之所謂倫理學也。序以條理。而錫以倫理學之名。實始於雅里士多德勒 Aristoteles。茲之序論。即所以説明實踐倫理學之性質者也。

　　（二）科學統系中倫理學之位置。　科學有二別。一主理論者。二主實踐者。前者謂之學。後者謂之術。前者屬於知識而已。後者又示人利用其能力以舉措事物。而適合於人生之正鵠者也。

　　由是觀之。倫理學之屬於術。無疑矣。蓋倫理學者。所以示人之生活。必如何而後能適合於人生之正鵠者也。故倫理學者。位於諸術之上。而廣言之。直可以包含諸術。何則。凡所謂術者。皆人所資以達其完全之生活者也。自商工業以至教育政治。何一不然。故雖謂諸術皆隸屬於倫理學。而悉爲倫理學之一部。殆無不可也。

　　凡術皆以學爲基。蓋應用學理以解釋其所實踐之條目者也。而倫理學之所基。則爲人類學及心理學。蓋倫理學之鵠。在豫定人類性質及人生規則之知識。而用以解釋人類全體及各人之生活及行爲。如何則有助於人性之發展。如何則反益其障礙。此其關係。得以他術比例而明之。如醫術以

---

① “海羅德 Herodot”，疑爲希羅多德（Herodotus，公元前 484—前 425），古希臘歷史學家，因所著關於波斯戰爭的《歷史》一書被西方歷史編纂學家稱爲“史學之父”。
② “斯賓塞爾 Herbert Spencer”，即赫伯特·斯賓塞（Herbert Spencer，1820—1903），英國哲學家、社會學家。其代表作爲《天人會通篇》（*A System of Synthetic Philosophy*），今通譯爲《綜合哲學體系》。

倫理學原理

序論

（一）倫理學之概念。　倫理學 Ethik 之名本於希臘語其本義爲研究風習之科學也。研究風習之法有二（甲）以證明爲鵠者（乙）以實踐爲鵠者甲之法考各民族在各時代之風俗習慣而記述之是爲歷史派人類學如海羅德 Herodot 及斯賓塞爾 Herbert Spencer 之敍事社會學之類是也乙之法則在研究人生行爲之價值以指示吾人處世之正道是則希臘人之所謂倫理學也序以條理而錫以倫理學之名實始於雅里士多德勒 Aristoteles 茲之序論即所以說明實踐倫理學之性質者也。

（二）科學統系中倫理學之位置。　科學有二別一主理論者二主實踐者前者謂之學後者謂之術前者屬於知識而已後者又示人利用其能力以舉措事物而適合於人生之正鵠者也。

由是觀之倫理學之屬於術。無疑矣。蓋倫理學者所以示人之生活。必如何而後能適合於人生之正鵠者也故倫理學者位於諸術之上而廣言之直可以包含諸術何則凡所謂術者皆

一

卻病爲鵠。在因人身之生活。而爲之助其發達。去其障礙。是爲衛生及治病之術。故以物理科之人類學爲基。醫術與物理科人類學之關係。猶倫理學與人類學全體之關係也。醫術者。本人身之知識。而用以發展人身之生活。使達於康强。倫理學者。本人性全部之知識。而尤注重於其關乎精神關乎社會之兩部。用以發展人類種種之生活。使達於完全。故倫理學者。可謂之完全之衛生術。不惟醫術。即其他教育政治諸術。亦可視爲倫理學之一部分。或視爲輔助之術焉。創設倫理學之雅里士多德勒。其見解亦若是也。

術與學之區別如此。而不得以術爲獨立之新科學。何則。科學所以研究事物之性質。而事物之變化。由人力所生者。不得徑視爲性質之一部也。惟科學之書。亦時得附記其應用之術。如著物理學者。於蒸氣理論後。附記氣機之作用。此以技術爲學說之餘論。固甚當也。

使人類之本體。屬於學理之一方面。則吾人研究學理而已足。而其實不然。所謂本體者。乃屬於實踐之方面也。凡實踐問題。其發生常在學理問題之前。而尤爲重要。所謂科學者。率由求實踐問題之解釋而後起。如解剖學生理學起於醫術。幾何學起於量地術。而哲學則亦起於求人生之意義及職分也。要之驅人類全體。而討究宇宙之性質者。無問古今。不外乎各即其生活之現象。而繹其本義。溯其緣起。指其正鵠。然則謂一切哲學之原因及歸宿。悉隸於倫理學焉可也。

（三）倫理學之職分。　倫理學之職分有二。一曰。定人生之正鵠。二曰。所以達於其正鵠之道。人生之正鵠者。至善也。具足之生活也。以善論定之。善論之職分。在論定一普通之形式。其內而身心能力之發展。外而國家天下之關係。悉得其所。而無毫髮之遺憾。使人類得據以爲正鵠而奔赴之者也。若是者謂之至善。亦謂之安甯。安甯也者。并形容其主觀之狀。蓋謂具足之生活。必有快樂之感隨之也。然不可因是而謂人生之所以能有價值者。其內容僅此快感。何則。快感者。至善之體所感覺享受之形式。而非可以此爲善也。

　　倫理學之第二職分。在指示吾人由何等行爲。養何等品性。而後可以達於至善。此則義務論及德論所由作也。義務論者。準至善之鵠。而立普通形式。以範圍各種之行爲者也。德論者。揭養成性格之道。而證明敬義勇信諸吉德。何以與至善相迎。詐慢怯懦諸凶德。何以與至善相背者也。

　　行爲及品性。非徒爲達於至善之作用。而即爲其內容之要素。如動作休憩。爲衛生術之作用。而亦即人身生活之內容也。不觀諸詩乎。積章而爲篇。各章之詩。雖爲構成全篇主義之作用。而亦自有其各章之價值。倫理亦然。由諸德之組織而爲至善。而有公同之價值。又由至善之分現於諸德。而各有其作用之價值。且各章之詩。得視其關於全篇主義之遠近。而價值不同。種種之德。亦得視其關於至善之輕重。而次第其價值焉。義務之等差亦然。

　　（四）倫理學之研究法。　吾人之知識。可別爲二種。一曰得之於經驗者。二曰得之於直覺者。直覺之知識。可以數學爲模型。蓋先立單元。而演繹之以爲種種之公例。以論理證明之。據思想中之原理。而指示其必然之因果者也。經驗之知識。則反是。若物理學。若化學。必先觀察事物之狀態。求得其自然相應之規律。而後敢揭以爲普通之法式。因果律是也。其所揭之法式。所以可據者。由其非以論理之法。結合於豫想之定義。而實訴合於觀察所得之因果也。

　　倫理學之研究法。不類數學。而類於理化學。余之所不疑也。蓋倫理學者。非由概念而演繹之以爲定義。實由經驗而確指其事實之關聯者。譬如一人有何等動作。則於其人及外界各關係。必生何種之效果。此倫理學中證明事理之通式也。苟轉而言之。則爲凡人欲得何等之效果。或欲免之者。不可不有何等之作用。是豈非各種技術中因果關聯之成法耶。培根[1]有言。實踐之規則。生於因果律。顧實踐規則之所以可信。由其以因果之關聯證明之。而因果之關聯。必由經驗而得之。如清潔。運動。呼吸新空氣。宜於衛生。否則爲害。非經驗無以證明之。吉德有以助人類生活之發展。而凶德適以破壞之。此亦非經驗不能證明者也。

持直覺論者。以倫理學爲無關於經驗之知識。以爲設道德之條目者。不可以恃經驗。且亦無待乎經驗焉。倫理學中之命令。出於人類之良心。是即天命之性。本具有立法決事之能力者也。且爲之説曰。凡人屏除一切經驗。而尚有善惡之觀念者。事實也。何者爲利。何者爲害。誠待經驗而後知。而何者爲善。何者爲惡。則於未經驗之前。固已知之。是故人之實際行事。與其行事時各種因果關聯之觀念。決不能於其直覺之知識。有所增損焉。

直覺論者之説如此。然核之於實際。則人類非以判別善惡之故。而有待於道德哲學。所謂道德者。夙已先道德哲學而發見。苟其初無所謂道德。則決不能有道德哲學。以道德哲學。必以現在之積極道德管理吾人之生涯及意志者。爲其思考之對象。而後能建設也。吾人内有其心。誠若有何事當行何事不當行之命令。於是名之曰良心。良心之起原。及其與人生正鵠之關係。當詳述於本論。若欲先明道德哲學之性質。不必等於直覺知識之科學也。特援衛生術以證之如下。

吾人不待道德哲學之發明。而始能判別善惡。猶之不待衛生術之發明。而始能攝養身體也。當醫術未作以前。飢者求食。寒者求衣。業已足以自

---

① "培根",即弗蘭西斯·培根(Francis Bacon,1561—1626),英國哲學家、科學家,著有《新工具》《論科學的增進》《學術的偉大復興》等。

存。使有詢以何故食能療飢衣能療寒者。其人必大詫異。如詢今之小學生徒以欺詐竊盜。何故不可爲也。彼以爲此等人人能解之事。曾何足深求云爾。取自昔人不屑深求之事。以爲問題。而研究之。由是科學作焉。蓋人類循自然能解之術。以衛其生。既不知經歷幾何年。而始有根據科學之醫術。且其進步亦復甚緩。以觀察及實驗二法。知人身之構。造機能。及其與外界各種生活之關係。然後能舉昔日種種自然衛生之舉動。而別其果合於衛生之正鵠否也。

道德哲學亦然。當其未發見也。固已有不思而得之道德。爲眾所公認。蓋社會之生活。如身體然。亦有由良能之指導。而無俟乎科學者。此其良能。即所以綜合各種生活而構成社會者也。且道德之規則。亦若有不可思議之命令。臨於吾人意識之上。與衛生規則無異。例如毋殺人。毋盜竊。毋欺誣。皆良心中無上之命令。有不必叩其原因之何在。而自不能不遵者。與飢而求食。寒而求衣。無以異也。

然則所謂道德哲學者。將不過綴集良心中各種積極或消極之命令。而不能謂之爲科學乎。曰。否。否。不然。凡自然道德。常萌芽其真理。以寓於俚諺之中。例如杖莫如信之類是也。夫杖莫如信之言。非命令也。而其中確含真理。若解析而言之。曰汝必守信。汝知杖之可恃。而不知信之可恃乃過之乎。則真理顯矣。本此等自然道德所含之真理。而發揮之。以論定各種行爲之得失。是則道德哲學之本職也。道德哲學。亦猶衛生科學然。在舉人類自昔習慣之行爲。而爲之指別其損益之所在。使人人得循是以爲取舍。例如欺誣者。足以傷人之信用。施者受者。均受其害。而社會全體。亦失其信用之一分子。又如竊盜者。自喪其品格。又使被竊盜者損失其資財。而社會全體之秩序。且爲之紊亂。此其所以爲惡也。一切行爲。或善或惡。皆循此例以示其所由。於是人類之行爲。變其純任自然者。而益之以思慮。由無意識之道德。而進於有意識者。斯則道德哲學之賜也。

　　且道德哲學之職分。猶不止此。衛生科學。既本自然衛生術以爲基。又進而補正之。道德哲學。既因自然道德以爲基。則亦從而擴充之。一行爲也。既示其可否矣。而又爲之規定其行止之界域。如指示欺詐之不可爲。而又指示以不能不用欺詐之事是也。且自然道德。於事物錯綜之際。恆不免多歧。必其人諳練有素。而判決始能屢中。道德哲學。爲規定一切諳練之法則。於是臨事者雖亦不能不本諳練以爲判決。而較之自然道德。則津涯較著矣。

　　諳練之規則。德論及義務論之職分也。凡德論及義務論之條目。無不指正鵠而綜因果。即所謂欲達某某正鵠者。不可不有某某動作是也。然此正鵠與吾人知識之關係果如何乎。倫理學者何自而得此具足生活之意識乎。又何以證明至善規則之必無謬誤乎。

　　一及此等問題。而持論不能無稍異。蓋吾人所以決定至善之性質者。非悟性之職分。而實意志之職分也。吾人常若有具足生活之理想。湧現目前。而又無思無慮。直認爲無尚之正鵠。此等理想。雖明現於意識之域。然必非得之於悟性。而實出於吾人本體之映象也。有人於此。其思想與我大異。我欲匡其謬誤。而論理之法則。事變之經驗。俱不足以動之。乃表我無尚之理想。以動其感情。而其人或翻然自悟。當此之時。其所以核定理想之價值者。不在其人之悟性。而全由意志之力也。蓋悟性者。所以核真僞而非所以別善惡也。

　　道德者。源於理性乎。抑源於感情乎。此自昔倫理學者所聚訟也。而二者。實皆有關係。惟所以決定具足生活之何若者。則全在乎不可思議之感情。吾人雖有何等論證。不能由是而發生崇敬理想之感情。猶之嘗苦味時。不能由論證之力而使之變苦爲甘也。夫吾人於食物之趣味。間可由習慣而稍變。道德之趣味亦然。然亦恃所味者之變化其內容而始能。若乃至善之理想。既已確立。則凡一切動作。孰者足為實現至善之作用。孰者為之障礙。以悟性核定之。至易易矣。

　　至善理想之所以為最溥博最正當者。勢不能以科學之法則論證之。所可得論證者。恃人類意志有同一確定之方向而已。人類之能力。及其生活之規則。互相類似。故常有一種程度。可以互相忖度。如同一程度之下等動物。其慾望互相類似也。而研究是等意向者。屬於自然史。自然史之職分。在即人類全體所以實現其至善之理想者。而發見其普通之法式。方倫理學者之為此也。乃遂無異於治生物學。蓋其職分。不在施命令於人類之意向。惟發見之而已。果能發見人類普通之意向。則其間偶有一二與眾人意向大違者。勢不得不視為變例。例如荒淫之人。其嗜慾幾與吾輩懸殊。而要不能不認為實事。生理學者亦僅能謂之變例。而不能謂其無是例也。意向之變例亦然。人皆有高尚之快樂。本於良知及理想者。或乃徇口腹之慾。而不知其他。人皆有運動。身體練習世事之好尚。而或惟癖於偷惰。人皆有人我苦樂之同情。而或以他人之苦痛引為愉快。凡若此者。吾人當視為變例者也。而要不能直指其為錯亂。何則。吾人求所以證其為錯亂者而不可得也。以彼其人。不惟不自知其異於普通之人。且以為普通人之意向。皆若是焉。

　　（五）道德律與自然律之比較。　　吾人見自然界各種現象。常循有定之規則而變化。於是立一通普之法式以表之。是為自然律。自然律有廣狹二義。以狹義言之。有是因必有是果。物無可以自遁者。如物理學中兩物相攝之例。得以算理密定之者。是也。以廣義言之。其法式雖足以範圍萬物。而亦不保其無一二端之出入。如生物學之法式。所以表動植物之體制及其生活機能之規則者。即屬於廣義之自然律者也。衛生術之法式亦然。為何等動作。恆有何等影響。如冷水沐浴。足以固膚理而增體溫。如身體機能。神經系統。運動之則足以增進其勢力。否則日即於痿廢。又如酒精鴉片之利害。是皆以人事錯綜。偶有變例。不能以算理規定如物理學各法式之精密。然其大例。固足以包最大多數之現象矣。

由是觀之。道德律者。亦未嘗不可謂之自然律。蓋倫理學之法式。大抵即人類生活之狀態。而表明其有何等行爲。則常有何等影響者也。例如欺誣足以破信用。信用破則社會之交際將受其障害。是猶酒精之攪亂神經也。又如怠惰之習。足以蒙理性而弱意志。此亦循生理學之公例。以施於心理學者。故曰道德律者。亦廣義之自然律也。或疑道德律所以明其當然。而非如自然律之明其必然。然如勿欺誣之律。雖不免有一二變例。而究不失爲普通之正式也。或又以道德律與法律有密切之關係。而自然律不然爲疑。然道德律固關於法律。且純正之法律。或不過道德律之一部分。而要不足以絕道德律與自然律之關係也。蓋法律亦所以明其當然者。其間亦不免有一二變例。然舉其正例而觀之。實所以表明人民各種實際之動作而已。使有一規則焉。實爲全世界人民之所蹂躪。則豈得復視之爲法律者。故法律者。非徒文告。而確爲實際動作之規則所由表。不得以其不能密合於數理而外視之也。且法律之原始。雖由於吾人之意志。而實以行爲與事效相關聯之因果爲基本。例如律曰。勿欺誣。勿偷盜。欺誣偷盜者罰之。此即以欺誣偷盜貽害社會之因果律爲基本者也。偷盜者。紊財産之秩序。欺詐者。傷人我之信用。此即自然律也。而茲之自然律。即爲法律所自出。蓋凡人均有保障社會中各種生活規則之志向。法律者。本此志向而設規律以管束凡人之動作云爾。

惟道德律亦若是。不徒明其當然。而且明其必然者也。文明史家必將曰。道德律者。以正當之規則。表彰凡人正當之動作。而又爲判斷各種動作之原理也。設有一民族於此。無真理外道之別。無正直詐僞之分。語之以道德之規則。則曰。子之言非吾所能解。毋乃妄乎。如是。則可謂無道德律矣。然而世界亦烏有如是之民族耶。夫人之所以致疑於道德律者。徒以詐僞之屬。並非必不能爲。而僅爲不正之動作耳。然而詐僞之屬。得以變例視之。且如詐僞者。亦自然律之一端。蓋非論理學之規則。而心理學之規則也。非人人言語本有信用。則詐僞無自而生。非人人言語本有適合於自然律之真理。則信用無自而生。故信用與真理之關係。詐僞與不信用之關係。始也結合於吾人之動作。繼也結合於吾人之意識。而於是毋詐僞之道德律成立。然則道德律之以因果律爲基本。正與醫術法學相同。苟因之與果。一人或一社會之動作與生涯。並無適合於自然律之關鍵。則道德律亦無由而存立。故道德律者非人所自造。亦非由神意及良心之無端而制定。實人類自有固結乎生涯而適合於自然律之一性質。藉道德律以表彰之耳。蓋人之生活。必其含有人道及精神進化史之內容。在表彰各人正當動作之道德律規範以內。而道德律乃與生物學之自然律訢合也。凡違背道德律者。小而一人。大而社會。無不有障害其生活之勢。苟有一民族焉。全失其道德律。則即破壞其人類進化之生涯。終且求如他種動物之生存而不可得矣。

　　道德律之所以爲範疇也。以文典比例之而可知。文典者。普通之人所認爲明其當然者也。然吾人試研究言語之歷史。則知所謂文典者。非創設語法以示人。特表示言語所具之規則云爾。文典家之於峨特語。若中古高德意志語。常探究當時實際言語之形式而敍述之。不啻古生物學家探究古物生活之形式而敍述之也。其探究今日言語之規則者亦然。夫言語者。常亦隨人隨事而差別。惟其間必有互相類似之點。如名詞動詞之變化等是也。而亦有不能以一定之形式限之者。於口語中尤視文詞爲多。故文典家欲敍述實際之言語。而得其普通之規則。不能不合種種之形式而有所取捨。又不能不準諸常用者。及名人著作之受多數人信從者。以爲可取之形式。於是此形式遂爲標準。而文典遂爲標準之科學。吾人於言語文章之正鵠。得標準文典以判定之。其間又有一大關係。則所以需此形式之正鵠是也。蓋言語之正鵠。在使人了解。不合文典之言語。人不能了解。則不得不以爲謬誤而排斥之。

道德哲學亦然。常人每以道德哲學之職分。在以生活之規則命令吾人。而以人類學歷史學之證據核之。則道德哲學之職分。初不在施如何行動如何判斷之命令於吾人。實不過舉實際之生活。而取其最普通之形式以敍述之耳。而欲敍述最普通之形式。不可不洞察各各道德之正鵠。與其法則之形式及方向。而敍述之科學。遂爲標準之科學矣。其中條目。既以表彰人類之安甯爲主。則其由是而爲判斷之原理。與夫行爲之訓誡。亦固其所也。

（六）具足之概念。　前者。吾言道德之正鵠。在至善。而至善即具足之生活。夫具足生活者何耶。蓋謂人類之體魄及精神。其勢力皆發展至高而無所歉然之謂也。此其實質之條目。當別論之。而茲先言其形式之關係。難者或曰。形式者虛位也。無論何等實質。均可以充其內容。彼如快樂派倫理學所謂快樂爲至善者。非既有其形式乎。又奚必排快樂派之説而又別立形式爲。吾於快樂派之得失。當論於後章。茲所欲明者。即自形式以外別無可以説明至善之法是也。不觀衛生術乎。具普通之圖式。而於康強身體之事實。不能一一舉似也。倫理學之於處世之道亦然。夫僅有具足生活之形式。誠不能構成生活之價值。生活之價值。實在乎充此形式內容之實質。而充此形式內容之實質。則又決非各派倫理學如快樂派等所能證明之者也。

蓋人人爲同狀之具足生活。勢所不能。苟有一民族焉。其間人人果有同一之具足生活。則意味索然。且其民族中之各人。性質同。生涯同。而僅僅以某甲某乙爲分別。亦復成何民族耶。故所謂人類具足之生活者。乃合各人各種之具足生活以成之。而非取其雷同者也。由是而欲明具足生活之實質。勢不得不由人類之觀念。而悉擧其觀念中所必不可缺之形式以充之。自一人而家族而民族。各各因其若何之資性而發展其若何之生活。皆當羅擧而無遺。此則歷史哲學家之以建設爲鵠者之職分也。然吾人即僅取歷史中過去人物之生活。及種種民族之生活。而條擧之以構成人類之觀念。已不易能。況欲構成未來之歷史與人類之新狀態乎。

譬之美學。欲擧繪畫雕塑詩歌音樂等一切現象。與其將來應有之事。悉以美術之觀念羅擧之。世豈有能之者。蓋美之實現。天才之事也。美學者取過去天才之所創造。而循迹以考之。其職分在汎論美術中必不可缺之條件。即此一端。在美學者雖不能列擧美術現象以貽將來。而能使美術家得豫知必不可缺之條件而免於謬誤。倫理學亦然。雖不能臚擧將來具足生活之內容。而立普通法則以指明具足生活所必不可缺之條件。則亦使吾人各得以其特別之生活。準於所指示之條件。而免於違戾焉。

（七）倫理學之普通形式。　人類初無所謂普通之道德也。各民族所持以爲普通之模範者。恆自有其特殊之道德。如英國人與非洲人。各道其所道而德其所德。彼其生活之狀態。現已不同。而道德亦隨之以不同。固不可誣之事實也。惟其不同也。爲當然乎。爲必然乎。又不可以不辨。據昔賢之說。如康德輩。皆以爲道德之本義。即在人類理性。必有其普通無異之實質。苟道德可以因地而異。則將男之與女。美術家之與商人。亦將因其體性及職業之不同而各異其道德耶。答之曰。道德之因人而異也。誠然。然不必以此而有妨於具足生活之理想也。夫人類生活之狀態。既各各不同。則其所以爲生活之規則者。自不能不異。觀英人與非洲人。既各有其特別

之衛生。則夫統一衛生諸術之道德。亦不得而強同。是故同一動作也。在
此則合於時宜。而在彼則否。英人與非洲人之交際。較之英人與英人之交
際。既顯爲特別之動作。其道德之特別也。亦若是而已矣。

　雖然。此以廣義言之也。若以狹義言之。則雖謂人類本有普通之道德。
亦未嘗不可。蓋人類之本質及其生活法則之基本。既已同一。則所以發展
其康健之生活者。其綱紀自不得不同。故衛生術得設普通規則以示人。如
飲食之種類及定量。動靜之節度。恆可爲吾人所遵守。道德亦然。如思患
而豫防。如幼稚之教育。如夫婦有別之制。如同類相殘之禁。皆普通之規
則也。有悖之者。其害立見。如殺人姦通盜竊詐僞之所以爲惡。正直慈祥
誠信之所以爲善。亦其義也。由此等普通規則。而製爲訓誡。以直接應用
於庶事。則必因其人資稟之異同。與夫平日生活狀態之異同。而爲之消息。
如醫家之應用其衛生術。不能強寒帶之人與熱帶之人相同也。道德之通義。
若家族相親睦。鄰里相任卹。社會秩序相與維持。雖可放之四海而皆準。
至繩檢實事。則不能不有所變通矣。如一夫一婦。在文明民族。誠爲家族
中最善之制。然衡之於非洲人。則以其平日生活狀態之不同。而未可以是
相繩。故謂一夫一婦爲家族最善之形式可也。而必文明程度與是相宜。則
得而實踐之。否則視其程度之所屆。而用特別之形式。亦未爲不可。意者。
一夫多妻之制。足以繁衍族姓。或爲家族進化史所不能不經歷之階級。如
權利進化之於殺戮。社會進化之於奴隸云爾。

　由是觀之。則夫時代既異。而道德亦不能不隨之以異。不特其理至明。
而其證亦至確也。惟道德何以必隨時代而不同。既已隨時代而不同。而又
何以仍無失其爲道德。此則雖聖哲猶難言之。夫常人之情。於古人已事。
與今之道德不相容者。往往直斥爲悖謬。讀中世史。見基督教徒以仇異教
也。常捕異教徒及巫覡之屬而榜掠之。甚者殺之焚之。則無不極口詆諆者。

夫淫刑以逞。誠蠻野矣。然在蠻野之時代。用蠻野之刑法。未爲不可。且
驅蠻野而進文明。或亦不可無此作用。向使無往昔酷虐之刑法。則中世都
市。或未必能躋於今日複雜生活之社會也。今日之刑法及警察。嚴明平正。
一洗中世酷虐之習。誠可喜矣。然緣是而謂中世何以不用是制。則誤矣。
且今日嚴明平正之制之所以有效。庸詎知非中世酷虐之制之所致乎。

　　更進而論之。則雖一民族中之各社會各人。亦不免各有其特別之道德。
既有各種資性。各種生活狀態。則必有各種攝衛身體之衛生術。而亦有各
種攝衛精神之道德。或在此爲益爲要。而在彼爲無益爲非要者。蓋常有之。
其在實際之決斷亦然。同一行爲也。或在此人則可。而在彼人則不可。若
欲合無數之人而同其行爲。世所不能有也。苟知各種行爲。非僅其人性質
之一方面所由表。而實爲其全部意志之所由表。與其人之品格及本性。皆
相關聯。則無論意向言語事業。無不足以見各人特別之印象者。吾人所見
各人有大同之動作者。徒觀其表耳。苟求其內情。則無一不具特性。夫內
情者。人之本質也。其有特性也。正其所以爲具足。而不知謂之缺陷。自
倫理之本意。以漸消失。而接近於法律之範圍。乃始有整齊畫一之動作焉。

　　凡訓誡道德之人。於各人之特性。宜視普通性爲尤重。蓋特性者。人
之資稟及性癖所託。而普通法則未有顧及性癖者也。夫人者。各持其特別
之資稟。以應外界之事物。各本其特別之性質。以與其在社會之地位相習。
則常欲求有特別之道德。而於他人之判斷。與其良心之源於最高道德之觀
察者。皆有格格不相入之勢。此其至易見者。夫然。而康德之嚴格主義。
最足以矯其枉。康德之主義。務使感官之意志。隸屬於普通法則。此誠各
人實現最高道德之肇端也。夫實現最高道德之事。得以基督教典之言形容
之。蓋不謂之法則之解釋。而謂之適應也。然道德非以適應命人。觀上文
而可知。道德者。特指示普通法則而已。若本此法則而用以適應於特別之

事。則各人之良心及知識所職也。然各人亦不免有待於指導。故必有訓誡道德之人。猶之吾人之於衛生術。亦不免有需於醫生也。不惟此也。精神之生活。比於身體之生活。其情事更爲複雜。其問題更爲糾葛。其相需尤殷。而其障礙亦愈多。好惡喜懼之情。參錯混淆。又更甚焉。古之人。於攝衛身體之道。常任其良能與習慣。而獨於精神生活。必稟承於專門研究多方經驗之教士。誠重之也。而觀之今日。則醫生之數與年遞增。而訓誡道德之人。則日形其少。豈人人重身體而輕精神乎。抑欲以醫術補精神之闕乎。將由思惟感覺。日益複雜。而攝衛精神之職分。竟無由而勝任乎。

然更端而觀之。則道德哲學之規則。實有不能普及之徵。蓋所謂人類普通之道德。屬於理性之實現者。雖人人可以想像之。而卒未能有實行之者也。道德哲學家之感覺及思想。不能蟬蛻於其民族其時代之外。而反不免爲其所規定。其故有二。一則自其幼稚之時。取民族之理想以漸構爲自己之理想者。二則彼其善惡之觀念。終不能不受時代之制限。此爲十八世紀之合理論者所未見及。故皆不免於誤謬。即康德亦然。及十九世紀。爲歷史學時代。則未有置信於人類普通之道德者矣。是故道德哲學最適之範圍。常被限於起此道德之文化。而不能超越乎其外。其道德家之明此界限與否。非所問也。道德哲學之職分。惟在爲同一文化之同胞。指示其最宜之生活法式。以共進於康甯幸福之域而已矣。

（八）倫理學之所以爲實踐科學。　問者曰。倫理學者。將不惟以其處置實踐之方法。而又大有影響於實踐之方面。故號爲實踐科學耶。曰然。倫理原始之本義。固如是。雅里士多德勒曰。倫理學之正鵠。在實踐。而非在講求也。叔本華 Schopenhauer 氏。於其所著倫理學之發端。亦持此説。以爲一切哲學。皆以學理爲正鵠。其以實踐爲正鵠。務指導人人之行事而陶冶其品性。則自昔爲倫理學之職分。而有識者所公認也。蓋道德者。非概念所能構。而理性之所斷也。道德之不可由教學而成。猶天才之不可由教學而得。故道德哲學之不能使人爲高士爲君子爲神聖。亦猶美學之不能使人爲大詩人。及雕塑繪畫音樂諸名工也。

　然倫理學者。決不可以此而沮喪其意氣。倫理學最要之職分。在貽人以關於行爲之知識。即所謂何等之行爲。必與其外界之事物及方向有何等關係。且於小己及社會之生活狀態。有何等影響者也。夫人之知識。本皆有裨於其行爲。則夫倫理學之知識。何獨不然。醫師説清潔之適於康健。過飲之害及神經。則因而勤洗滌戒沈湎者蓋多有之。然則道德家所闡行爲與利害之關係。何故而無影響於人類之動作耶。人苟於怠惰忿怒輕率猜忌詐僞諸惡德。知其足以爲生活之障礙。又於慎重恭敬節制正直親睦諸吉德。知其足以裨生活之發展。安能無加損於其意志耶。夫意志固不能全決於知識。彼其資性教育習慣。及外界之成例若毀譽。皆有左右意志之力。然知識之有助於意志。則亦未有能反對之者也。

　倫理學之所以有裨於躬行。在能使吾人於人生正鵠之所在。不惟口説之而實心領之也。不知康強之益者。雖有醫師。日説以衛生之術。而無效。不知道義之樂者。雖有道德哲學家。日聒以倫理之要。亦必無功。然使其一旦解悟。洞見人生正鵠之所在。則安知其不翻然悔改。遂去惡而從善耶。難者或曰。此宗教家之所有事。而非道德哲學家之職分也。然吾抑不知宗教家與道德哲學家。果若是其不相謀耶。使宗教家無倫理學之知識。則無以盡其職。道德哲學家厤舉人生動作與苦樂之關係。雖無演説宗教之形式。而亦烏能無裨於躬行耶。

　難者或又曰。道德哲學者。非特無益於躬行。而反貽之以危險。何則。人之由道德也。循良心及習慣之勢力。而篤信之服從之耳。必探究其原本及意義及價值。則信仰之力殺矣。余曰。是又不然。凡探究之爲。非生於哲學。而實爲哲學所由生也。人之情雖欲避探究而不可得。如遇一行事。
一判斷。而欲辨其得失是非。勢不能不探究其原理。道德哲學者。循此探
究之趨向。而爲之闡明其原理云爾。不甯惟是。闡明此等原理。在今日尤
爲當務之急。近今社會心理。日趨革新。幾欲舉往昔所持之天命主義而悉
掃之。此其趨向。徵之各種事物而無不然。如泥采 Nietzsche①之説。欲盡革
青年時代之見解。社會主義。欲悉改國家及社會之舊習。此其最錚錚者矣。
當今之時。無論其爲思想。爲道德。爲生活之法式。一切舍舊而謀新。至
於宗教之權。與夫古昔之傳説。人人視爲弁髦。此由受太過之壓制。忽反
動而爲懷疑派。其主觀之思想。遂潰裂而四出。實往昔學而不思之學派。
及有信仰而無詰難之教會。所激而成之。是爲開放時代之特徵。昔之開放
時代。尚已。而今乃復見。其始襲於少年。今則漸波及於普通人民。彼等
厭忌往昔之思想及生活法式。爲以盲導盲。必欲以其獨立之意見。別闢世
界。此實彼等自由之權利也。自由思想。自由生活。本人生第一之權利。
而亦第一之義務也。蓋精神界最貴之特權。固未有尚於自立者也。而自立
之精神。在其思想之自由。而不倚於豫定之見。倫理學之問題。則所以使
陷於懷疑派之人。得於生活之正鵠及職分。得一自由探究之基礎而已矣。

---

① "泥采 Nietzsche"，即弗里德里希·尼采（Friedrich Nietzsche，1844—1900），德國哲學家，唯意
志論代表人物。

本論　導言關乎純理學及心理學者

余於本論之端。先述余平日所持純理學及心理學之見解如左。

（一）吾人之實際。所恃以表現者。有兩方面。其一。外界之爲感官所見者。是謂物理。其一。内界之爲意識所見者。是謂精神之生活。

（二）兩方面之實現。本非異域。精神生活之進化。在外界有與之相當者。物理之進化。在内界亦有與之相當者。

（三）有形之物。皆精神生活之現象及標識。而精神生活。則不外乎實際之表現也。

（四）精神生活之直接者。即吾人内界之生活。具於有生之初者也。其現象則爲吾身。

（五）吾身以外。各種之精神生活。皆以吾身之形狀及動作比例而得之。惟人類知識之精密。始足以語此耳。故精神生活。與人類進化史一致。

（六）統一切精神生活而言之。是謂神。神之實際之全量。超於吾人知識之外。强以吾人精神生活最高之形式及内容。擬議而道之。於是宗教家之擬人論起焉。擬人論者。擬議神之言動如人然。如基督教所言造物主之類是也。

（七）精神生活。亦有兩方面。意志及知識是也。意志之動。爲衝動。爲感情。知識之動。爲感覺。爲知覺。爲思惟。

（八）以生理學之進化史考之。精神生活之根本。實在意志之一方面。蓋意志者。不待有正鵠及作用之模象。而能以無意識之衝動規定生活者也。其在智力。則屬於第二級之進化。猶生理現象之神經系統及腦也。

（九）以心理學考之。亦當以意志爲精神生活之根本。蓋凡生物。皆有一種意向。以一定之特別生活爲正鵠者。是爲意志之趨向。而即生物内界之本質也。此其趨向。初非由知識若感情。經驗於生活之價值而始得之。

（十）意志之進化有三級。一曰無意識之衝動。二曰感官之欲望。三曰理性之意志。而其意向。則通三級而以小己及種族之保存及進步爲鵠者也。

（十一）意志原始之形式。即無意識之衝動也。由無意識之衝動。而現於意識中。則爲有意識之衝動。吾人若增進其生活之動作。而有以饜其衝動。則快感隨之。若障礙其動作。而逆其衝動。則不快之感隨之。

（十二）感官之欲望。即衝動而伴以動作之模象者也。欲望之前提。爲智力發展之一程度與夫意志及模象之交錯。而欲望之饜足與障礙。則亦有快與不快之感隨之。

（十三）理性之意志。即欲望而被規定於人生正鵠之思想。若原理若理想者也。亦謂之狹義之意志。意志進化。以此爲最高之形式。亦猶智力進化。而達於理性之思惟也。生活理想之實踐。即以意志身體爲對象。其本體及形狀及動作能合於理想。則滿足之感隨之。不合則不滿之感亦隨之。

（十四）吾人既有理性之意志。而其所基之自然意志。若衝動若欲望。勢不能寂滅也。於是理性之意志。任評判之選擇之之務。此評判選擇之務。謂之良心。理性意志之能力。所以訓練下級意志而培養之者。謂之意志之自由。循是道以管轄內界生活之實際。謂之人格之實際。

（十五）意志與感情之關係。其始至密切也。各意志發動。而感情必隨之。各感情發動。而積極或消極之意志亦必隨之。意志及意志之方向若狀態。皆在於感情及感情表現之中。或以感情爲因。意志爲果。謬矣。

（十六）精神界進化。而意志與感情之關係。乃與前不同。意志之規定。或不關於感情之發動。吾人當計畫一事。或決定一策。常有不顧感情者。且有反對直接之感情而爲之者。至於特別之感情。如關乎美術者。雖未嘗不含意志之分子。而要不能謂之意志之衝動也。

第
一
章

善惡正鵠論與形式論之見解

（一）善惡之見解之別。　倫理學之思想。何自生乎。曰生於兩問題。其一曰。道德價值之差別。其究竟之基本何在乎。其二曰。人生究竟之正鵠何謂乎。此兩問題者。常誘掖富於思想之人。而使就倫理學之塗徑者也。前之一問題。由於道德界判斷之職能而出。後之一問題。則由執意及行爲而起也。

第一問題之答案。有相反之兩見解。正鵠論及形式論是也。正鵠論之見解。在求行爲及意向之性質。視其影響於小己及社會之本質若生活者如何。而以爲善惡之區別。其於人類之本質及生活。有保存之發達之之傾向者。謂之善。其或有障礙之破壞之之傾向者。謂之惡。形式論之見解。則不然。彼以爲道德界善惡之概念。不關於行爲之效果。而出於意志中超絶之性質。此其性質。確然獨立。而非由他種性質孳生者。近世之康德。Kant[①]代表形式論者也。其說曰。凡意志被規定於尊敬義務之意識者。善也。其被規定於反對義務之意識者。惡也。余於以上兩見解之中。取正鵠論。

---

① "康德。Kant"，即伊曼努爾·康德（Immanuel Kant，1724—1804），德國古典哲學的創始人，啓蒙運動思想家之一，著有《純粹理性批判》《實踐理性批判》《判斷力批判》等。

　　第二問題。亦有多數見解。而可以大別爲二。快樂論及勢力論是也。
快樂論之見解。以爲人之意志。無不求快樂而避苦痛。故快樂者至善也。
勢力論之見解。則否。以爲人之意志。並非以快樂爲鵠。而實鵠於客觀之
生活內容。夫生活不外乎實行。而人之正鵠。遂不外乎生活動作之具體者。

　　余於第二問題。取勢力論之見解。故余所持倫理學之見解。謂之正鵠
論家之勢力宗。余之所謂善。即所以達於最高正鵠之行爲方法及意志決定
也。而達於最高正鵠者。謂之安。即有以完成其生質及生活之動作者也。

　　余將於次之二章。述余所以持此見解之故。先即上文所用之學語而定
其義。如左。

　　自昔學者恆稱正鵠論爲功利論。余之所以定名爲正鵠論者。以功利論
之名。其造語時本不免有誤點也。此語本起於邊沁 Bentham 學派[1]。約翰穆
勒 John Stuart Mill[2]於其自敍中。言用功利論之名。自己始。然則此語自創
用時。已與快樂論有不可離之關係。而世之論者。遂以余論與快樂論同年
而語之。此余所以別用正鵠論之名也。且用正鵠論之名又有一利。則余所
謂倫理學開山柏拉圖及雅利士多德勒之世界觀。常得因正鵠之名而聯想之。
蓋二氏之見解。以爲一切實在。一切人類之在宇宙。各有其職分。是即其
倫理學中根本之直覺。而倫理學之種種問題。要不外闡明此等職分。與夫
由是而生之生活狀態及生活動作也。

　　勢力論之名。亦余所創用。以示反對快樂論之意。所謂意志之鵠。
不在感情之內容。而在生活之動作也。此語亦本於雅里士多德勒之所謂
勢力云。

---

[1]　"邊沁 Bentham 學派"，核心人物爲耶利米·邊沁，也被認爲是功利主義、效率主義學派，提倡
　　追求"最大幸福"。
[2]　"約翰穆勒 John Stuart Mill"，即約翰·斯圖亞特·穆勒（John Stuart Mill，1806—1873），英國
　　哲學家、經濟學家，古典自由主義思想的主要代表。

余之以至善爲安者。以其得由兩方面形容至善也。一則至善者。即客觀之生活内容。由人類精神能力。爲完全之動作而成之。二則此等生活之内容。其主體常有快樂之感隨之。故知此等快感。即含於具足之生活内容。而不在其外也。

（二）正鵠論見解之意義及權利。世人普通之見解。多近於形式論。以爲行爲之善惡。不在其效果。而在其原本之性質。其在道德界價值之區別。亦觀其意向。而不論其影響。如福音書所載散馬利亞 Samariter 人①之慈悲。其於被盜之旅人。不但不能求助。而反誤害其生命。然而無損於道德之價值也。又有誹謗人者。或反以彰被誹謗者之懿行。而自喪其信用。其效果可爲至良。而誹謗之爲惡德。不以是而變也。

余答之曰。事誠如是。然此不足以難正鵠論之考察法也。正鵠論所以判定特別行爲之善惡者。不在其事實之效果。而在其行爲之性質有可以生何等效果之傾向也。誹謗之性質。含有可以毀人信用及名譽之效果。即偶有效果相反。如上文所述者。此自有特別原因。如聞者之良心。及慎重。及具有洞悉人情世故之知識。而決非誹謗之性質所固有。是即雅里士多德勒所謂誹謗者善果之偶因而非其真因也。故道德者。不在其事實之果效②。而在其行爲之性質所應有之果效也。物理學中研究重力之自然律。非取實際變化無量之降下運動而悉該之。蓋僅言重力。固未足以賅物體實際運動之各規則。然物理學固無害其爲研究重量之規則也。醫學中之研究藥劑及毒物。常規定其性質所含之效果。然當其特別之時地。則常不免有多數之原因。能變化其效果。或薄弱之。甚且有與其本質相反對者。藥劑及毒物之價值自若也。道德亦然。惟研究行爲性質中所包含之傾向。而其實

① “福音書所載散馬利亞 Samariter 人”，“散馬利亞人”，即撒瑪利亞人，被認爲是仁慈之人，好心人、見義勇爲者。來源於《路加福音》第 10 章第 25—37 節。
② “果效”，有誤，應爲“效果”。下同。

行特別生變化無量之效果。非所計也。故倫理學若專爲規定誹謗之效果。則第問其及於人類之影響。而已可決其爲無價值。由此例推。則如慈悲者。亦以其性質本在救人之不幸。而保存其生活。或又增進之。故得而決其爲善也。

　或曰。是果無誤耶。慈悲者。不問其效果如何。而本體必善耶。狠戾者亦不問其效果如何。而本體必惡耶。然則如撒馬利亞人者。不能救遇盜之人。又或有救人之心。而卒爲貧病所困。高臥室中。將仍不失爲慈悲家耶。余答之曰然。雖然。是固與正鵠論之見解。非有所矛盾也。於是時也。其行爲外界之效果。誠不可見。而要其傾向則自若也。此其所以爲善也。然或又辨曰。吾將設一人類性質本不能求助他人之境界。如使居此行星之人。能見他種行星中居人之災厄。而無所施其求助。當是之時。苟有同情。尚足以爲善乎。彼其同情。直無益之情耳。不過於彼苦痛者之外。別增一我之苦痛耳。是誠不如不見彼苦痛者之爲愈也。而持正鵠論者。將猶以彼之同情爲善乎。余答之曰然。於是時也。彼於不知不識之間。固以爲苟得近彼行星而求助其居人之災厄。則誠慈善之行爲也。夫學理之科學。嘗亦有類是者。吾人常不免舉豫想中至正至信之關係點。度外置之。而自陷於誤謬。如人皆曰。星辰有光。若以光爲星辰特占之性質也者。然人若一用認識論之思想。則知星辰之光。自有一關係點之豫想。即吾人能感覺光線之目是已。世人或又言。人類雖盡瞑其目。而星辰必仍燦爛。余答曰然。雖然。是亦由再開其目。而仍見有燦爛之星辰。故云爾耳。使其一瞑而不復視。則又烏有所謂光點耶。行爲亦然。使人類意識。無互相影響之能力。如拉比尼都 Leibuiz[①]所言之元子。各各獨立而無交感之作用。則夫慈悲爲善

① "拉比尼都 Leibuiz"，即戈特弗里德·威廉·萊布尼茨（Gottfried Wilhelm Leibniz，1646—1716），德國自然科學家、數學家和唯心主義哲學家。

狠戾爲惡之説。真全無意義矣。

（三）主觀形式之判斷。與客觀質料之判斷①。反對者或尚進而難余曰。事實決不如是。道德之判斷。關乎意向。而不關乎行事。行事之動機善。則其意向之善可知也。蓋其意向。苟發生於義務之意識。則内容及效果。皆可不問。如康德所謂自一切善意外。別無所謂善者。是也。

余曰。此言亦非無理。蓋道德界之判斷。固必先意向而後行爲也。凡人即一行爲而定其道德之價值。則必先究其行爲何由發生。而後問其動機。有醫於此。爲人抉瘍。而患者因以致死。輿論斷之曰。彼歆於利而强爲之乎。曰否。患者甚貧。非能厚酬之也。然則彼殆騖虛名而妄爲之乎。曰否。彼嘗屢試其技。而奏奇功。而兹則意外之變也。然則彼或輕心而爲之乎。曰否。彼終日躊躇而後毅然爲之。以爲此冒險之舉。實醫者之義務也。如是。則其人之行事。以道德言之。蓋無可指斥者。

雖然。猶有進。彼之抉瘍。以醫術核之。果無誤乎。此醫學專家之事也。使據醫學專家所見。彼以此時。施此險術。自足以致患者之死。則其人雖居心無他。而要不得辭其咎。於斯時也。所以判斷其善惡者。不在其意向。而在其效果。惟所謂效果者。不在其實際所表見。而在其行事之性質所應有者耳。

吾人又有不可不致意者。則於一行爲之評論。常有二方面。是也。一爲人格之評論。以主觀之形式爲對象。而關於其人之意向。一爲本事之評論。以客觀之質料爲對象。而關於其人之動作。前者專問其動機如何。後者則專問其行爲性質中應有之效果如何也。

此二種評論。本各自獨立。而易生反對之結論。常有某某行爲。以事

---

① 目録爲“主觀形式之判斷與客觀質料之判斷”。

實論之。不無謬誤。而以人格論之。則全爲無罪者。如克里斯披奴斯
Crispinus①嘗盜人皮革。爲貧者掣靴。果將以克氏爲盜乎。是必不然。克氏
初未嘗爲己而妄取於人。特見貧兒赤足立雪中。意大不忍。遂盜富商皮革
以救之。蓋克氏固守盜竊之戒者。其甘犯絞刑而爲此。誠爲不忍人之心所
迫耳。克氏且以爲彼守錢虜多蓄皮革。置之無用之地。而坐視他人之寒。
適滋其罪。余今盜之以餉貧兒。安知非天父之命。使余爲守錢虜贖罪者耶。
夫是以盜之而不疑。然則以主觀之形式評之。克氏本於良心之命令。犧牲
其身。以濟他人之厄。其意志之善。無待言矣。

　　雖然。行事之評論。不能限於此一方面。以其行事之本體。亦當爲評
判之對象也。由行事本體而評之。則不徒問其爲果否善意。而尤當問其爲
果否善行。世亦多有意善而行惡者。如克氏之事。以客觀之事實評之。不
能免於盜竊之名。何則。不經物主之承諾。而私用其物。非盜竊而何。凡
此類行事。無論動機如何。而其本來性質。有害於人生之安寗。苟人人以
是爲口實。謂私占他人財產以行利人之事。則雖不經物主之承諾而無害。
則其流弊。有不堪設想者。蓋財產制度。由此破壞。人人無貯蓄之心。而
人生之安寗。亦不可保矣。故此等行事。實具有破壞之性質。此其所以爲
惡。而且不免於盜竊之懲罰者也。使當時克氏對簿法庭。則司法官不能不
按律處之。即立法者亦不能曲爲解免。而附設法文曰。竊人財物以施人者。
苟被竊者所損無幾。而被施者獲益良多。則不論其罪。云云。蓋盜竊論罪。
至爲允當。非可以他故解免。惟按其情狀。而量爲輕減。則可耳。在司法
官既按律論罪。則又不妨以私人資格。就其人而告之曰。余之論罪。余甚
不忍。余明知君之行事。悉出善意。而事實則害於社會安寗。勢不免爲有

① "克里斯披奴斯 Crispinus"，即克利斯皮努斯，羅馬帝國時期的歷史人物，據說曾爲盜賊，專門
竊取皮革製品。

罪。君當知余之論罪。實出於不得已也。如是。則情理兩得其平矣。

歷史家之評論。亦常有類此者。如罪其事而不罪其人。或罪其人而不罪其事。是也。請援一事以爲證。昔刺客山德 K. L. Sand 之暗殺科次布 Kotzbul[①]也。（德國千八百十九年之事）據其手柬。及其友人所述之證據。誠犧牲其身以去國民之公敵者也。然以客觀之方面論之。則其暗殺之舉。不得謂之無罪。何則。充其義。則人人有裁判他人生死之權利。有一人焉。吾視爲全社會之害。吾得而擅殺之。則保障權利之法。爲之瓦解。而世界大亂矣。無論何人。即或有官職者。苟他人以其人爲社會之害而擅殺之。謂足以增進社會之幸福。非余所能解也。余以昔之法吏。處山德以死刑。實爲至當。即往昔宗教監察官。往往大索異教徒。而處以死罪。彼其心非必以他人之苦痛爲快。蓋本其履行義務之習慣。以爲殺少數異教之徒。可以使全國民人。無惑於邪說。實不得已而爲之。故自主觀之一方面而論。則與論死山德之法吏。同爲無咎。惟其行事。則有當別論者。蓋自吾人觀之。取異教徒而盡死之者。實無稗益於社會也。

不知主客方面觀察之異者。論人評事。動生糾葛。不慊於其事者。輒因而詆其品性。如以中古之宗教監察官爲暴虐。以山德爲好名者。是也。其或能知其品性之無玷矣。則又舉其行爲之瑕點而亦祖庇之。歷史家準道德以爲褒貶者。大率類此。如評論一事。則必推測其有何名義。有何動機。以誘掖讀者愛惡之感情者。皆是也。

客觀之判斷。實具有正鵠論之基礎。以其甄別行爲方法之價值。於生活狀態。大有影響。故也。倫理學之職分。在規定客觀之行爲。而非在判定主觀之品性。偶有判別動機及意向之事。然非科學分內事。即所以定此

① “刺客山德 K. L. Sand 之暗殺科次布 Kotzbul”，即 1819 年一名學生激進分子暗殺了曾嘲笑自由派學生組織的反動劇作家奧古斯特·馮·科策布。

等判別之原理者。亦非科學分内事也。即欲强納之於職分。亦不過一小部分耳。夫所謂判定主觀品性之原理者。謂行爲之發生。由於義務意識所規定之意向者。謂之善。否則謂之惡。然則僅言順良心者爲善而逆良心者爲惡已耳。良心之内容如何。非所問也。而倫理學之研究。不能以此自畫。必進而求之。義務之實際何謂耶。此倫理學家所不可不解釋之問題也。僅僅研究其特別之範圍。倫理學無由而成立。倫理學之職分。不惟教人人各從其良心。而實在指導良心。故所以規定良心之標準。不可不揭示也。由是科學家之倫理學。不能如神學家之倫理學。援不可思議之神意以自遁。又不能如海爾巴脱 Herbart[①]及羅次 Lotze[②]之倫理學。不循科學公例。惟以一切條目歸宿於適合之法式。而以一己之良心爲人類良心之標準。然則如何而可。則必由客觀之標準。而定良心之内容。客觀之標準如何。則以至善爲中心。而各種行爲。視其與至善關係之疏密而定其價值。是也。

　　要而言之。即主觀形式之判定。亦不能不歸宿於正鵠論。蓋行爲之從良心而守義務者。謂之善。是主觀形式論之中堅也。然何以從良心者爲善乎。在人或以此爲無謂之問題。而余謂不然。蓋所以答此問題者。即從於良心之行爲。乃客觀方面之所謂善也。何則。良心之傾向。在規定吾人之行爲。使吾人及其外界之安甯。皆賴此而有保持增進之效者也。人之性癖。雖不能無殊別。而良心則一民族中人人有同度之狀。故行爲之被規定於良心者。有適合普通規則之性質。不甯惟是。吾人良心之内容。悉由所屬民族之積極道德。藉教育事例清議以輸入之者。而普通道德之内容。亦不外乎一民族或全文明社會之道德法律而已。據人類學家所考察之結論。凡所

---

① “海爾巴脱 Herbart”，即約翰・弗里德里希・赫爾巴特（Johann Friedrich Herbart，1776—1841），德國哲學家、心理學家。
② “羅次 Lotze”，即魯道夫・赫爾曼・洛采（Rudolf Herman Lotze，1817—1881），德國哲學家、邏輯學家。

謂道德者。各人交際之良能。所以使其行爲能維持小己及社會之生活者也。是故良心者。吾人以自己最深之生趣及其所附屬社會之生趣。規定吾人行爲之原理云爾。吾當於第五章詳言之。

　　讀者既通覽前文。則可知正鵠論勢力宗之原理。當如下。曰客觀行爲之價值。視其關係於至善之疏密而定之。服從良心之意志。亦視其標準至善。以規定行爲之動力如何。而定其價值焉。

　　（四）正鵠與作用之關係。余將進而論至善之内容。先舉反對派數説而答辨之。如左。

　　難者曰。正鵠論勢力宗之原理。非即耶粹登 Yesuit（此爲中世天主教之一派。盛行於西班牙。其略吕宋等地。皆由此派教徒之力。其言行頗有可斥者。今已廢而不行）。教徒所謂正鵠神聖作用之言乎。行爲之價值。既視其效果。則夫各種之行爲。不皆視其效果以爲價值乎。余答之曰。耶粹登教徒之道德。所謂正鵠能神聖其作用者。本有二解。其一曰。正鵠既善。則無論爲何等作用以達之。其作用無不爲善也。果爾。則雖不正非義之事。無一不可以爲善耶。例如爲身家積財。正鵠之善者也。吾不惟勤業以達之。而且可以竊盜。爲朋友訟寃。亦正鵠之善者也。吾不惟正言以争之。而且可以僞誓。此等解義。實往昔反對耶粹登教者所用。彼以爲耶粹登教實以此義爲圭臬。故彼教以撲滅異教而申教皇之權爲正鵠。則雖殺戮異教之君主。不履盟誓。皆可爲之云爾。然彼教固未嘗以此等猖狂之言。爲其道德之原理也。

　　吾人若於正鵠神聖作用之言。別爲解義。謂人生歸宿之正鵠。能神聖一切作用。則又誰能反對之耶。蓋行爲之價值。定之以至善。至善者。人類具足生活無二之正鵠也。苟吾人行事。不失此鵠。則必有善而無惡。而且至爲重要。此其義。自一二迴護成見之哲學家外。舉世之人。未有不認可者也。惟聚訟之點。不在普通善事。而在各種之行爲。蓋正鵠不失。則雖與普通道德相反之事。亦不失爲善事。苟明其義。則未有不以此類行事爲善者。虛僞。非善也。虛僞而有益於人。（如父爲子隱子爲父隱①之類）則不能以欺詐斥之。占他人之財產。非善也。然使其無害於主人。無損於公司。無傷於他人。而或且用諸裨益社會之事。則不得以竊盜罪之。醫者之治疾也。或以救一目而去其他之一目。或以救全身而截去其一手若一足。則不得以殘賊目之。孰非正鵠神聖作用之理乎。又如有歸自外國者。夙染疾疫。不可救藥。彼以恐傳染國人之故。而屬醫生以毒藥死之。醫生果如其屬。則以法律衡之。醫生不免爲有罪。蓋殺人者抵。律有明文。不能爲一人枉也。而衡之以道德。則此醫生所爲。乃無異於官吏之戮賊渠。蓋殺一人以益社會。其功用正同也。使必以殺人爲絕對之惡事。則雖有國家法令。亦不能一旦變惡而爲善。如黑白之不能變亂矣。（言如是則法令中亦不宜有殺戮罪人之例也）

或曰。然則欺詐殺人等事。苟確知其有裨於社會之公益。將悉認爲善事乎。吾儕不得即答之曰然。其故有二。一曰。語意之矛盾。凡殺人欺詐等語。不惟指稱客觀中有意殺人有意欺詐之事實。而并含有擯斥之意。故所謂殺人爲惡者。分析之評判也。此其評判。又可以應用於法律道德所不認爲惡之殺人者也。而欲爲純粹之評判。則必於其殺人之語意中。去其擯斥之意。

而專以客觀中有意殺人之事實。爲評判之對象。如是。則其中之可以爲善者自見。不甯惟是。且得著之法令。而强人實行之焉。然而普通之中。則自非正當防禦之際。不得殺人。苟有殺人者。不問其所殺之爲本國人或

---

① “父爲子隱子爲父隱”，語出《論語·子路》：“父爲子隱，子爲父隱，直在其中矣”。

外國人。皆罪之。蓋所以保維社會之安甯。誠不得不然也。或曰。然則吾人苟以保維社會之安甯而殺人。豈非善歟。答曰。欲認可此等行事。僅以社會安甯之關係爲斷。未足也。必加以客觀中必不能有反對之效果。於是吾人揭不敢悉認之第二故。曰正鵠神聖作用者。在學理雖若可據。而在實際則不能應用之。是也。例如以一人私而刺殺誤國之奸臣。若作亂之渠魁。若暴虐之君主。是豈非問者所認爲有益於社會之安甯者乎。然其裨益社會之效力。大小輕重。實無從而決算。方拿坡崙①第一以帝制臨歐洲。謀殺之以解歐人之倒懸者。蓋不止一二人。向使千八百八年間。在歐夫 Erfurt②謀殺拿坡崙之人。竟達其志。果能有大造於受壓制之人民若人類全體乎。其時多數之人。盡作是想。而吾儕自今日觀之。則轉幸其志之不達。而得使歐洲人民。以堂堂正正之戰爭。得自由也。且使拿坡崙果斃於刺客之手。不但此等事例。使數百年間道德之評判。爲之混淆。而國民之關係。受其破壞之影響。其德國人民。亦何由憤激淬厲。以恢復國民之意識。而成中興之業乎。要之一事例之效果。實非吾人之智力所能證明而決算也。

或又曰。使當拿坡崙未逞暴力以前。有刺殺之者。不惟百萬生靈。免於戰禍。而且神聖同盟。可以不起。今日歐人所疾苦之國家主義。亦無由而發生。非吾人之利福乎。答曰。此其利害得失。亦無從而決算者也。如人人以師丹 Sedau 之捷③。爲德國國民之大幸。未有能證明其故者。吾人惟信其爲然而已。凡信以意志爲本。物理學不能舉尚未靜止之一衝突。而決算其影響之大小。道德哲學。亦不能即客觀特殊之一事實。而決算其於人

---

① "拿坡崙"，即拿破侖一世（Napoléon Ⅰ，1769—1821），法國政治家、軍事家，法蘭西第一共和國第一執政（1799—1804）、法蘭西第一帝國皇帝（1804—1814、1815）。
② "歐夫 Erfurt"，即愛爾福特（Erfurt），現爲德國圖林根州首府。
③ "師丹 Sedau 之捷"，即色當戰役，是 1870—1871 年普法戰爭中的一次決定性戰役。色當戰役中，法國慘敗，導致法蘭西第二帝國的垮臺。

類正鵠中所占有價值之分數。以其影響之所涉。溥博悠久。無自而區畫也。是故吾人所得研究者。在物理學。止於普通運動之趨向。在道德哲學。亦止於某種行爲有增進幸福或破壞幸福之趨向而已。

　　然自又一方面觀之。則亦非無特別之事。如毒物之可爲藥品者。此等事例。道德界有之。政治界亦有之。凡政治家及歷史家。皆以爲不得已之時。自有不能不干犯形式之法律以行其志者。然如置身黨人以外。而以學理靜判之。則所謂某某革命萬不可避之故。亦無自而得其確證。惟人人信以爲然而已。凡干犯法律之流弊。本非吾人所能決算。革命之業。常使一切法制。解散其效力。輕損其威信。然其實見於何時何處。則非計算所能罄。蓋犯法之弊。其影響恆數百年而未已。釀成一種習慣。使法律效力。無自而確定也。夫善果惡果之總量。既不可決算。則所謂善果多於惡果者。決不能於客觀界確定之。甚明。違犯道德之舉亦然。自當有不能不違犯之時。然吾人不能於客觀界證明之。蓋比較善果惡果之數量。而證明其善多於惡。勢非吾人所能也。惟是干犯規則者多危。而遵守規則者恆安。以安身爲志者。必非豪傑之士。歷史中驚天動地之舉。率皆不爲法律道德所囿。以盡瘁於其理想之人之所爲也。

　　世人於正鵠神聖作用之語。所以不能無疑者。蓋泥於直接之效果。而忽於間接之效果故也。如政黨欲其黨人之被選爲議員。則誹毀反對黨之候補者。曰正鵠神聖作用也。君相欲肆其威權。以爲苟利於民。雖欺誣之。壓制之。何害。曰正鵠神聖作用也。宗教家欲自伸其教派之勢力。則舉異教徒而虐待之。污辱之。曰正鵠神聖作用也。凡此。皆黨人以其私意牽强附會而解釋之。以自利其黨耳。黨人之道德。恆以己黨之利益。與國民若人類全體之安甯。同日語之。以爲己黨之所爲。無一不然。夫如是。雖天下至不道德之事。亦何不可以謂之道德耶。

（五）論各種行爲之重要。世人又有懷疑於正鵠論之道德哲學者。曰自實際之道德感情言之。往往視各種之行爲悉重要無比。苟道德律之不可蹂躪。僅以其行爲之效果爲斷。則何以罪惡之中。乃有效果甚小。而當局者若旁觀者。對於其事之感情。顧異常劇烈者耶。沛斯太洛谿 Pestalozzi①之著作。嘗記一事。云。一圬者。家奇貧。有子數人。不得食。其長者竊鄰家馬鈴薯炙之。與諸弟共食。其祖母濱死。知其事。大戚。白其孫之罪於鄰人。得其認容。乃瞑目。讀者或以爲其祖母之行爲。雖適合於道德。然其感情之劇動。與其孫之罪。若大小懸絶者。鄰人既富。雖失少許之馬鈴薯。何關痛癢。以幼兒竊取此物。而謂財產制度爲之紊亂。亦未免杞人之憂。云云。夫使泥於行爲之效果。則將使此等評論。普及各種行爲。其弊也。必妨道德律之威信。而世人畏罪之情。爲之減滅矣。

懷疑者之見如此。夫人當違犯道德律時。其感情反動如何。當以心理學爲之解釋。余當於義務論詳言之。茲於懷疑者之見。所可致意者。惟所謂感情之反動。並非由較量行爲之效果而起云爾。余則以爲羞恥悔悟之情。由違犯道德律而起者。其強大無限之故。於正鵠論倫理學中非有所矛盾也。

相傳希臘有一賢人。見其子之小過而苛責之。其友詢其故。答曰。子以習慣爲瑣事乎。是語也。可以答懷疑者之詰難矣。蓋各種之行爲。苟其與他種行爲。毫無關係。則誠不妨以瑣事視之。其所以重要者。以能誘起同類之行爲也。幼兒竊取微物。無損於鄰人。亦爲傷於他人。其事殆無人顧問。然而幼兒心中。則確有餘毒矣。彼記憶力窮困時。曾竊他人財物以自給。他日再際窮困。或不免試其故技。由一度之竊。而成爲習慣。有終

---

① “沛斯太洛谿 Pestalozzi”，即約翰・海因里希・裴斯泰洛齊（Johann Heinrich Pestalozzi，1746—1827），瑞士教育家，主要從事貧困兒童教育，著有格言集《一個隱士的黃昏》、教育小説《林哈德與葛篤德》。

身以之者。即幸而中道覺悟。不復以此爲業。然其盜竊之趨向。已無自而諱飾矣。世未有立志爲盜賊者。徒以拯急之故。一試盜竊之技。而此一試者。遂開終身盜賊之端。世未有願爲姦人而始詐僞者。亦未有願爲醉人而始飲酒者。其始皆偶一爲之耳。凡嗜酒者。一醉以後。常立志不再醉。其再飲也。亦曰吾姑飲此一杯耳。然由此姑飲一杯之決心。而一而再。再而三。非醉不止。詐僞竊盜之習慣也亦然。是故無罪云者。雖消極之語。而實積極之事也。第一之罪惡。足以破其障隔善惡之壁壘。此證之男女之欲而最易明。無論何人。苟一投情網。鮮有能自脫者。人人以懸崖勒馬自期。而臨時殆不能自主。所謂始也自由。繼也奴隷者。誠犯罪之規則也。雖然。此規則者。亦得轉而用之於行善。苟能慎之於始。則第二次犯罪之趨向。已去其半。蓋第一次之自克。人所最難。其後以漸容易。卒至行所無事。而自不爲惡矣。

凡各種之行爲。所以關係道德如是其大者。以其足啓各種罪惡之端也。第一行爲。不殊關係現狀。而且影響於全體之生活。故其第一之決行。固最爲重要。而第二次以下。亦復與此相當。苟其反覆不已。則印象愈深。而習與性成矣。

不甯惟是。凡一種行爲。爲之者固能蔓延爲類似之行爲。以成爲習慣。而其習慣又能傳染於親炙之人。於是由一人之習慣。而成種族之性質。是其發生。蓋有二道。曰摹倣。曰報復。

行事之勢力。無論善惡。無不有之。此盡人所知也。譬猶植物種子。由空氣傳播。散落各地。凡值其所宜之土性者。必乘機而萌芽。善惡之行爲亦然。以道德之空氣傳播之。由人人之耳目而印入於其精神。苟值其相宜之性質。則亦乘機而萌芽。是即摹倣之道也。

至於報復之法。則凡受人損害者。恆先施其法於損害之之人。其次則遇無關此事之人而亦妄施之。達爾文 Darwin^①嘗記一事曰。有一澳洲人。失其妻。無可洩憤。則殺他種人之妻以爲償。此誠無理之尤。而人類之行爲。乃多有類此者。受人之侮辱。若欺詐。若壓制。而不能復讐。則恆不免遷怒於他人。此吾人所稔知。而務避其鋒者也。購物於市。適以貴價而得劣品。則雖廉直之人。亦不免欲按其原值以轉售於人。以爲公衆既已欺我。則我即以此欺公衆而爲報復。亦正當防禦之道也。其於樂事及善意之傳播也。亦然。例如余當應付車賃之際。而適未攜錢。頗爲窘迫。乃有素不相識之人。爲余給之。則余不惟感謝此人。而且於其他素未相識之人。亦由是而加親穎。

行爲之傳播。以家族中爲最劇。事例之效力。報復之確實。均未有過於家庭者。父母之所領受。悉報復於其子女。而教育之善良與否。蠻煙瘴雨水有不遺傳者也。

然則吾人無論自何等方面觀察之。道德原理。蓋未有不以保維人類之安甯及利福爲正鵠者也。

（六）畧論利己主義^②。自道德哲學一方面觀察之。亦可以補前説所未具。如曰意志所歸宿之正鵠何耶。是亦不外乎小己及其他人類之安甯云爾。

亦有反對此説者。謂意志之性質。以小己之安甯爲鵠。而非以普及之安甯爲鵠。其言曰。人皆自求其愉快若利益耳。其有無損益於他人之安甯。殆非所顧也。由是意見而組成學説。是謂利己主義。亦謂之一人之功利主義。霍布士 Hobbs^③者。於近世哲學之初紀。代表此説者也。其言曰。凡動物實際之意志。皆以自存爲鵠。此自然律也。故有利於動物自體之實際者。

---

① “達爾文 Darwin”，即查爾斯・羅伯特・達爾文（Charles Robert Darwin，1809—1882），英國自然學家、地質學家和生物學家，進化論的奠基人，著有《物種起源》一書。
② 目録爲 “略論利己主義”。
③ “霍布士 Hobbs”，即托馬斯・霍布斯（Thomas Hobbes，1588—1679），英國政治學家、哲學家。

善也。其利於其他之實際者。要亦間接自保之八月。得間接之善云爾。

余以爲是説也。苟欲以事實證明之。恆不免牽强附會。利己心之衝動。以自保爲鵠。誠人生所不可少者。人亦未嘗無偏重利己而無暇顧他人之休戚者。然無論何人。有但知一身之利害。而不知有他人之利害者乎。人恆有視其親戚朋友之利害。若躬受之者。且吾人關切社會利害之情。固有顯而易見者。如於賣國自利之人。無不憤激異常。是足以見其事與吾人之良知。固絶不相容者矣。吾故曰。人之意志。以小己及他人之安甯爲鵠。而安甯之屬於小己者與屬於他人者。其間錯綜最甚。無論何事。殆未有不兩兩相關者。故所謂博愛家者。乃偏得利他主義之人。而所謂自利派者。亦不過偏重利己主義之人耳。

吾人意識之中。小己之刺激。與社會之刺激。利己之感情。與利他之感情。常雜然而並存。故人者。非能離羣而索居者也。必列於全社會之一體。而後可以生存。此生物學界昭著之事實也。生物學界客觀之事例。發現於心理學之主觀界。而爲意志及感情之構造。不觀動物乎。其自存之衝動。固已與保存種族之衝動並存矣。

動物進化而爲人類。則保存種族之衝動。益以强大。凡人無不自認爲全社會之一體。無不自認爲屬於家族若社會若國民者也。故人恆以社會之正鵠爲小己之正鵠。誠知小己之利害。與社會之利害。互相錯綜。而無由界別也。由是吾人意志之正鵠。可謂之小己與社會公共之安甯。亦可謂之社會安甯中所賅之小己安甯也。夫世界誠亦有全無利他感情之人。於旁人之利害。熟視無覩。甚且有以他人之苦痛爲樂者。然不足以搖動吾説。是猶人類有理性有言語之公理。決不以世界偶有顚狂之人。而遂爲之搖動也。人之無利他感情者。爲倫理學之畸人。亦猶顚狂之人。在醫學及人類學爲畸人云爾。

利己主義與利他主義之反對。余將於後章規定安甯概念以後暢論之。茲惟明余之意見。非若當世倫理學者於此兩主義之反對。特別重視而已。叔本華氏及其徒。以此義爲道德哲學之基礎。其言曰。自然之人類。有利己性而已。故無道德之價值。道德之價值。必以他人之利害爲其行爲之動機者也。而此等動機。必非循自然秩序之人類所能有。故道德者。超乎自然者也。余以爲不然。吾人所生存之世界。甯若是其汙下者。所謂善意。固亦存於自然秩序以内矣。惟厭世派如叔本華之流。則以善意爲超乎自然耳。叔本華嘗曰。自然之人類。如必不得已。小己之生存與世界之生存。不可得兼。則必以自保爲第一義。而世界之滅亡。有所不顧。夫危機所迫。急不暇擇。或不免有作此妄念之人。然使世界果滅。而吾身果獨存乎。則將不堪其無聊。鮮不轉悔其取舍之誤。而求速死者。斯時即利己主義之人。亦知離羣索居之不堪矣。凡人之欲爲可驚異可恐怖可欣羨之事者。無不有待於他人。不惟有待於他人。且亦知無論何人。未有全漠然於他人之利害。而徒能拂人之性者也。

小己之安甯與他人之安甯。互相錯綜。小之家族朋友。大之鄉黨國家。苟他人不安。則小己亦無自而安。此大多數之人所承認者也。此不惟客觀之事例而已。其在主觀之感情亦然。若夫純粹利己主義之人。則學説中雖有之。其實際則不可得。蓋皆利己派倫理學者。虛構是人。以證成其謬説焉爾。

自一方面言之。利己感情。爲人生所不能免。雖所謂全無利己主義之人。而所以利他者。即爲知有利己之證。蓋使人去苦而就樂。則己亦因而躊躇滿志焉。如曰不然。則將瞢然於他人之苦樂。而無以爲其意志之對象。蓋我之意志。非由我之感情不能動。而我又不能代表他人之感情而有所感動。然則小己者。確爲事物之中心點矣。惟世人之所謂利己主義。則非指此義。彼蓋謂見他人之不幸而不爲之悲。見他人之利福而不爲之樂者耳。抽象派倫理學者。以自然意志之自相衝突。爲義務實行之特質。又以屏除自己快感。爲道德價值之條目。往往見獎勵他人幸福者。恆有自己之快感隨之。因而挾疑於其間。要爲彼等回護其學說之謬見。而於事實之解釋無關也。

又有當附論者。世人恆謂殺身成仁之事。非功利論之道德哲學所能闡明。如所傳羅馬人列格路 Regulus[1]之軼事。即與功利論之主義。不能無矛盾者也。

雖然。吾人苟不以純粹之利己主義。爲功利論之中堅。則亦未有所謂矛盾者。原列格路始爲迦太基人所虜。及兩國媾和而釋之。及其歸羅馬也。痛陳和議之非計。使羅馬人背盟宣戰。而己則束身赴迦太基。從容就死。此其事。在正鵠論之倫理學。優足以闡明之。無異於形式論之倫理學也。列格路之就義。確有高尚偉大之正鵠。蓋既欲以舍身爲國之義。模範其國人。而又欲以羅馬人高尚偉大之品性。昭示於敵國也。如謂僅恃區區盟約不渝之意識。而能成此偉舉。則余所未敢信也。

且一切殺身成仁之事。亦皆含有保存小己之義。即所以保存其觀念中之小己者也。彼列格路何嘗不以生活爲鵠。惟其所鵠者。非形質界之生活而精神界之生活耳。其效力國家。無論和戰。必鞠躬盡瘁。死而後已。固以爲非使羅馬民族品位崇高。名譽發揚。則己之職分固有所未盡焉。此其所以與羅馬民族之名俱不朽於千載者也。

（七）結論。凡人之動作。苟自客觀界言之。能增進人我之幸福。而有達於具足生活之傾向。自主觀界言之。又有自盡其義務之意識。則道德界之所謂善也。反之則爲邪惡。僅缺客觀界之特質者謂之惡。而並缺主觀界

---

① "列格路 Regulus"，即馬爾庫斯·阿蒂利烏斯·雷古魯斯（Marcus Atilius Regulus，公元前307—前250），古羅馬軍事家，第一次布匿戰爭時期的統帥。

之特質者謂之邪。

　　然在人類。則所謂善惡者。即以其客觀界物質之有無爲斷。德與不德。亦由是而得以善惡種種之方面闡明之。蓋人類生活之條目。既有種種。則其與之相當之意志力。必隨之而複雜。德與不德之複雜。亦如之。

　　是故善之概念。乃豫想各事物中。有一可以爲善之關係點而得之。人之恆言。於物品以適用者爲善。於人則以能盡其職分者爲善。例如善商善吏善父善友云云者。謂其能盡商吏若父友之職分云爾。道德界亦然。所謂善者。即某事適當之謂。所謂善人。則能盡人類職分之人之謂。此皆即其關係之一點而言之也。是故以某事爲善。並非域於某事。乃以其爲全社會具足生活之一方面而善之。惟各種之行爲。各種之道德。各種之人。皆各有其善之關係點。合此諸點而成爲職分。能盡其職分而後謂之善人焉。

　　又有當附論者。人類之在道德界。各爲全道德界之一體。則即各爲至善之一部分。苟與不相關係之正鵠相對而言之。則至善之一部分。亦即我之正鵠也。惟德亦然。凡德各爲善人之一方面。故與不相關係之正鵠相對而言之。則亦不但爲外部之作用。而又爲至善之一部分。即又爲一種正鵠。是故道德之行爲。既已實行。則亦不但爲具此作用。而又可謂之達此正鵠矣。試以工藝品及詩歌證之。其中各部分。且爲作用。且爲正鵠。道德之各部分亦然。故無可專指爲外部之作用者。然自最終之正鵠而言之。則工藝品也。詩歌也。道德也。皆在其全體。而各部之價值。則由其與全體之關係而得之者。如吾人讀詩歌而知其一節之重要者。以其爲全篇所不可缺是也。然則德與義務之所以秣。媧非以其於小己及全社會之具足生活所不可缺者乎。

　　惟是吾人之動作。非必有此正鵠之關係於意識中。而始有道德之價值。

如前文所述。老婦畏忌盜竊之事。彼徒以其背於基督第七戒耳。非有他理
想也。然其事實。則訴合善意。維哲學家洞悉人類生活之規則。財産制度
之重要者。亦無以過之。要之彼之所爲。非由知識而由其良能。然其於道
德之價值。固不以是而貶也。

第二章

至善快樂論與勢力論之見解

（一）評功利主義快樂非行爲之鵠。既有前章之論。則余當進而規定安寗之概念。安寗非他。即余所謂意志究竟之正鵠。而亦評判人生行爲之價值者所持以爲究竟之關係點者也。故亦謂之至善。然則安寗也。至善也。果何由而成立乎。

余不嘗言之乎。至善之對於一人若全社會也。由其本質狀態及生活動作之具足而成立。此其純然爲形式之規定。所不待言。然由此形式而充之以內容。則亦非不可得爲之事。惟是具足生活。吾人勢不能猝下定義。如動植物之模型然。惟敍述之而已。而詳悉敍述之者。德論及義務論之職分也。

余今即至善之本質。先述他一種見解。以與余說相比。而後詳密規定之。蓋世有一種學說。視余說較爲廣行者。其言曰。至善之成立。不由客觀之生活內容。而由其生活所生之快感。快感之本體。自有價值。其他一切事物。則惟有能生快感之價值而已。是說也。吾人通例稱之爲快樂主義。而反對此說者則爲勢力主義。

此二種見解之對峙。自昔已然。通希臘全部哲學之中。無不見有對峙

之歷史。前者有基勒奈 Kyrene 派①及伊壁鳩魯 Epikuros 派②。後者有拍拉圖③
及雅里士多德勒之學風。及包含斯多噶 Stoiker 派④。至近世而對峙之迹又
顯。一則爲經驗論之心理學派⑤。一則爲十七十八兩世紀之合理論及祖述康
德之德意志哲學也。前者所謂至善。在主觀中快感之發生。而其快感何自
而發生。則非其所計。後者所謂至善。則在一人及全社會之客觀狀態。而
不及計快感之有無。但以爲按之事實。主觀中必有滿足之念隨之。

　　欲稽核快樂論之見解。有不可不注意者。即吾等之疑問。在快樂論之
見解。果爲真理與否。而不在其有無價值是也。學者證快樂論之不合真理。
動以無價值爲言久矣。而斯多噶哲學之格言。則又并快樂論及無神論爲一
談而排斥之。是皆非堅確之證明也。學説之無價值。恆以其非真理故。若
欲證其非真理。而以無價值爲言。是顛倒之論也。況快樂主義之代表者。
非無君子其人。伊壁鳩魯。一生純潔而無疵。邊沁⑥及穆勒⑦皆終身矻矻發
見其實踐之觀察者也。

　　論者何由而證明快樂之爲至善乎。余揣其意。不外乎由人之天性言之。
確見快樂爲可貴之事實云爾。果如其説。則是倫學者。不在立法家之地位。
而僅有説明自然界之職分也。且人之天性。自喜快樂。而非即以爲至善。
今乃謂不可不以是爲至善。是何理耶。凡快樂論者之論證法。大率類是。

---

① “基勒奈 Kyrene 派”，即昔勒尼學派（Cyrenaics），亦譯“克蘭尼學派”，古希臘小蘇格拉底學派
　　之一，因其主要活動地點是昔勒尼（Kyrene，今利比亞格林納）而得名。創始人是亞里斯提卜
　　（Aristippus，公元前 435—前 356）。
② “伊壁鳩魯 Epikuros 派”，古希臘羅馬的唯物主義哲學學派。公元前 307 年伊壁鳩魯在雅典一座
　　花園中創辦學校後形成，存在至 4 世紀。
③ “拍拉圖”，即柏拉圖。
④ “斯多噶 Stoiker 派”，即斯多葛學派（Stoics），又稱斯多亞學派，公元前 300 年左右，芝諾在雅
　　典創立的學派，因在雅典集會廣場的畫廊（Stoa Poikile）聚眾講學而得名。
⑤ “經驗論之心理學派”，指 17、18 世紀培根、洛克、愛爾維修等經驗主義哲學家及其學説。經驗
　　論心理學派認爲人來到這個世界上時精神上是一片空白，沒有任何道德觀念，道德觀念來源於
　　後天的知識、感覺等經驗。
⑥ “邊沁”，即耶利米·邊沁（Jeremy Bentham，1748—1832），英國哲學家、經濟學家和法學理論
　　家，功利主義最早的和主要的闡釋者。
⑦ “穆勒”，即約翰·斯圖亞特·穆勒。

彼等皆謂一切人類。一切生物。均常求快樂。凡求快去苦之事。即爲人生最大之願望。而其餘一切事物。則不遇人生求快去苦之作用而已。

余以爲此等見解。全不合於事實。余今所先欲證明者。即人之意志。並不以快樂爲鵠。而其所鵠者。乃在客觀之生活内容。即所謂精神若道德之内容者也。

夫一切事物。若何而現於吾之意識乎。將吾之正鵠。惟有快樂而一切事物。皆爲作用之現象乎。吾人於是當先明正鵠與作用之關係。余寒則欲暖。而此欲暖之鵠。得藉種種之作用以達之。運動也。襲衣也。燃火也。而燃火一事。或以薪。或以炭。或以煤。又有種種之作用。於是正鵠與作用之關係。至爲易見。蓋欲暖者。余之正鵠也。而其他種種可以得暖之作用。則不過以得暖而始欲之。故余於各種作用中。惟擇其費力最少收效最速而已達正鵠者用之。不知人生種種活動之與快樂。其關係亦果如此乎。將謂吾飢而欲食。吾實以快樂爲鵠。而食則爲其作用。如取暖時之薪炭乎。格代 Goethe[1]（德之大詩家。篤信穆勒之説。謂凡人實行一事時。必以最大量之快樂爲準。）之賦詩也。慕少艾也。游歷也。研究自然科學及歷史也。其皆以爲得最大快感之作用乎。此其不合於條理也明矣。格代之性質中。自有一種之衝動及能力。藉以促其發展及實行焉。此等衝動能力。直與植物萌芽中所包含者相同。方其發展而實行焉。自必有快感隨之。然決非素有此等快感之正鵠。獨存於寫象之中。而其餘一切事物。皆爲其手段焉。蓋衝動及其實行之欲望。皆在快樂寫象未現以前。而快樂之寫象。必非先於發起快感之衝動而存立也。世間放肆怠慢之徒。非無先感於普通快樂之欲望。而後索其發生快樂之手段者。而康强之人。不如是也。

---

[1]　"格代 Goethe"，即約翰・沃爾夫岡・歌德（Johann Wolfgang Goethe，1749—1832），德國詩人、思想家、作家、科學家，著有《少年維特之煩惱》《浮士德》等。

　　將無曰。此等齟齬之點。皆皮相之見。而按之真理。則一切欲望。固未嘗以事實及行爲爲鵠。而專以快樂爲鵠耶。以約翰穆勒之通明。而信以爲然。其所著人心現象之解剖第十九節曰。欲望者。快樂之異名也。又曰。漸歷觀念連合之塗。而雜以曖昧之義。於是有引申慾望之義以用於快樂之原因者。如曰余欲飲水。若精核之。則此不過喻言耳。蓋其慾望本無關乎水。亦無關乎飲。而惟在一種之快樂。所謂飲水者。特其快樂之原因耳。而吾人遂曰吾欲飲水。此則由觀念之聯合而生謬誤者也。余讀穆勒此語。而因憶某報所記之新聞。有曰。有一英人臨水而釣魚。一德人過之。曰。是水無魚。奚釣爲。英人從容答曰。余之釣。非欲魚也。欲快樂耳。此英人者。誠超乎觀念連合之塗。以快樂爲鵠。而僅以魚若釣爲作用者矣。然其所謂欲快樂而不欲魚者。果人人同此感情乎。余以爲無論何人。聞此英人之言。蓋未有不啞然失笑者。優足以證其所見之不同矣。以余觀之。人之意志及欲望。決非以快樂爲鵠。而嘗鵠於其事實若行爲若狀態之變化。蓋事實之寫象。雖嘗有見於慾望之前者。而快樂之寫象。則必不在意識之中。且由欲望而發生者。亦未有先於事實之寫象者也。

　　且也。快樂寫象之不足以動意志。又得以事實證之。蓋使快樂之寫象。誠足以動意志。則快樂者。必隨其寫象之活潑明晰。而益爲強烈之印象。今快樂寫象之最活潑最明晰者。常在享受以後。然則享受以後。其快樂之欲望。將由是而益劇。而按之事實。乃適相反。例如飽食以後。其享受快樂之寫象。了不足以動意志。是則衝動先於快樂之明證也。是故快樂之寫象。並非衝動之原因。而現在之衝動。當其達於客觀正鵠之時。則轉爲快樂之原因焉。

　　於是快樂論者。稍變其說曰。快樂者。非寫象界之鵠。而事實界之鵠也。事實之鵠。雖不現於意識。而其爲鵠也如故。如機械之有錘。非外觀者所見。而其力足以動機械也。飲食也。富貴也。名譽也。其現於意識也。雖若爲最後之鵠。然不過藉以爲誘導知力之口實耳。而意志之正鵠。實惟快樂。彼夫慕少艾者。因事外出。而往往不知不覺。抵其所慕者之家。則大自詫。乃知前之因事外出者。其衝動之作用。所以防理性之障礙而餌之者耳。洵如是也。將快樂者。譬如意志中所慕之人。而意志則轉藉他事以欺理性乎。

　　反對吾説者。欲證明此説之不謬。則必吾人之一切事實。皆不達於所藉爲口實之鵠。而適達其素所慾望之鵠。如慕少艾者之藉口於他事。而不知不覺。覓其所慕之人焉。是也。余以事實證之。而大不然。人之意志。恆達其所藉口之鵠而止。不能達於根本之慾望也。貪者雖積資鉅萬。而其所豫期之快樂。渺不可得。熱中者雖顯貴。而患失之苦。或甚於患得。色慾者。傳播種姓之餌也。當其滿足。則歡樂竭而哀情多。此非其彰明較著者耶。

　　或又曰。誠如子言。然吾人之所以勤動者。以滿足爲的。苟無所謂滿足。則誰復孳孳焉惟日不足者。蓋滿足與不滿足之差別既泯。則人類將無所用其勤動。是則區別一切事實之價值。又烏能不以快樂爲標準歟。

　　余亦云然。使滿足與不滿足之感悉泯。則一切事實。無價值之可別。而善惡之名爲無義。將無所用之矣。故所謂意志滿足爲善。誠顛撲不破之語也。然以是而證人生最終之鵠。即在滿足若快樂。則未爲切當。滿足也。快樂也。非人所慾望之鵠。而意志得其所慾望之時之狀態也。今吾詢快樂論者。以人生最終之正鵠何在。而彼且曰在滿足。在快樂。是猶吾詢以意志何由而滿足。而答以由滿足而滿足也。是則蹈同義異語之弊者也。夫所謂由滿足而滿足。其語何嘗不是。然不足以屬問者。以問者之意。欲知意志之滿足。必以何等客觀之内容充之也。雅里士多德勒蓋已於數千年前説明快樂及意志之關係矣。曰快樂。非正鵠也。現象也。當意志遂行之時。而隨以一適當之現象。是爲快樂。故快樂者。意志達其正鵠之記號云耳。吾人所以認識意志之滿足者。由快樂。而快樂論者。乃即以此認識爲善。猶曰有價值者不在事物。而在其所有之價值。得滿足者非在動力。而在其所有之滿足。豈非同義而異語耶。

快樂論者。亦或取消極之形式以爲言曰。驅生物而使爲正當之勤動者。非吾人寫象之快樂。而在吾人所感之苦痛。即不滿足之感是也。故吾人之勤動。以去苦痛爲鵠。

余以爲循此形式。亦足證快樂主義之不合於事實也。吾人果知有以苦痛苦不滿意爲行爲之動機者。如傷病則就醫。閒居無事則求娛樂。希勞動。是也。然一切行爲之動機。皆如是耶。借曰驅人類而動作者皆由於不滿意。則夫格代之賦詩。都來 Turer①之作畫。其皆由於不滿意耶。又如兒童之嬉戲。亦由於苦痛耶。余以爲不然。意志之衝動。本無所謂苦痛也。衝動而不滿足。於是乎苦痛生。人之由衝動而活動也。往往在苦痛未發之前。農夫之耕也。不待飢渴。彼見旭日之光。呼吸清晨之空氣。則不覺負耒而赴田。此果有何等苦痛乎。衝動與滿足之間。有一物障礙焉。則苦痛之感生。否則何所謂苦痛。其希望滿足之衝動。乃適以奮其愉快耳。

故余不信動作原因於感情之説。無論其爲快樂。爲苦痛也。自行爲之本義言之。衝動及意志爲第一義。感情爲第二義。感情中之快樂。爲意志達其正鵠時所生之現象。而苦痛者。意志不能達正鵠時所生之現象。是生物學家之定論。而余所將論述者也。

（二）論人之衝動有以苦痛之動作爲鵠者。快樂論或又變其説曰。人之

---

① "都來 Turer"，即約瑟夫・瑪羅德・威廉・特納（Joseph Mallord William Turner，1775—1851），又譯爲透納，英國浪漫主義風景畫家。

所以勤動不已而欲得之者。非在形式之快樂。而在於可快之行爲。若可以
滿足之善。故吾人每一瞬時。恆於其可以得最快之寫象者而從事焉。至是
而快樂論乃漸近於真理矣。然其説尚未能切合於事實。其失有二。（一）過
重寫象之失。昔叔本華謂意志非有豫定寫象之作用。其言甚是。徵之動物。
其生活動作之所由規定者。無意識之衝動耳。惟人亦然。故寫象者。未爲
重要。彼未嘗示意志以正鵠。亦未嘗永導之以實行。而生活動作之指導。
實在習慣。故當爲之説曰。凡人終始在其正鵠其希望之彀中。而每一瞬時
之行爲。必其於内部之構造。及外界之關係。皆爲最少窒礙者。故雖時時
得有所謂滿足。而究其所得之滿足。果於同一瞬時。得爲最大之滿足乎。
是不能無疑。且或其人惰而不事事。則其時亦將有所謂最大之滿足者乎。
是尤可疑者也。（二）混合希望與執意之失。凡人嘗有努力於並無快樂寫象
之事者。亦有值性癖之誘引而排斥之者。夫此等事實。余亦非謂彼必無説
以解明之。然感官之恐怖。與義務之崇敬。動物之性慾。與道義之意執。
痼癖之快感。與正當行爲之滿意。其差別至鉅。多數倫理學者悉分別言之。
而不能括以共通之概念。施泰因泰爾 Steinthal[①]嘗本康德及海爾巴脱二氏之
説。而別爲形式之快樂與痼癖之快樂者。是也。

　　更有進者。苦痛及苦痛之動作。實爲人生所不可廢。故宜擴充其快樂
若滿足之概念。并苦痛而包含之。此按之事實而無可疑者也。使誠有全智
全能之上帝。能置吾人於全無苦痛之域。吾人果樂此不疲乎。吾人當因窮
患難之中。恆想望無事之日。爲無上之境遇。及其久處順境。無可展布。
則轉憶其前日之困窮患難。以爲不可多得。苟吾人之性情。長此不變。則
未有不以全無苦痛之境遇爲無聊者。蓋使吾人之生涯。舉凡苦痛之原因。

---

① “施泰因泰爾 Steinthal”，即赫爾曼·施泰因塔爾（Hermann Steinthal，1823—1899），德國語言
　學家和哲學家。

如一切危難。一切抵抗。一切失策。悉得而遠避之。則所謂努力也。競爭也。冒險心也。戰爭之衝動也。喜勝而惡敗也。皆由是而消滅。此自然之理也。然而吾人果得此無障礙之滿足。無抵抗之成功。則必深厭之。如常勝之遊戲焉。夫弈者苟知每局必勝。則無樂乎對局。獵者苟知每射必獲。則無樂乎從禽。彼初無覬覦利益之希望。而以弈獵爲消遣者。正以其或勝或負。或得或否。不能預必耳。否則興味索然矣。人之生活亦然。獅之在曠野。飢渴迭至。寒暑交侵。則大苦之。以爲我苟得安居巖窟。每日獲肉。則吾願足矣。無何。爲人所捕。畜之柵中。飲食有餘。而牝牡之欲亦遂。其始彼未嘗不樂也。未幾。即厭其局蹐而大無聊。人見其然也。乃縱之於廣大之囿。俾得搏噬自由。彼又厭其得食之易。而無聊如故。然則彼其所欲望者。不外乎前日之所厭苦。漂泊是已。飢渴是已。爭鬬是已。曠野是已。謨罕默德①不云乎。死於兵革之武夫。享天堂快樂三日。則更懷曠野之鏖戰。良有以也。

　　且如詩歌者。吾人之生涯及意志所藉以寫照者也。吾人所喜者。其爲寫平和甯静之境。叙快樂幸福之事者乎。然則維闌 Wieland 之雅里斯替伯 Aristipp②宜若爲吾人所喜誦。其詩中人物。自雅里斯替伯以下。無不遂其所欲。其家甚富。其居爲綺麗之室。而能攬都美之風景。其體質美麗而健康。其思想之敏慧。所思必通。所求必獲。其性情至溫良。至沈静。喜與人同樂。而於他人急劇之競爭。則淡然若全不經意者。凡吾人所希望之幸福。殆莫不具焉。宜若爲吾人所喜誦。然而讀之者。殆無不厭倦。是何故乎。將以其皆寓言乎。是或然。然吾人獨不喜以此等極樂之寓言自慰藉也。又

---

① "謨罕默德"，即穆罕默德（Muhammd，570—632），伊斯蘭教創立者。
② "維闌 Wieland 之雅里斯替伯 Aristipp"，"維闌 Wieland"，即克里斯多夫·馬丁·維蘭德（Christoph Martin Wieland，1733—1813），是德國啓蒙時期的詩人、翻譯家和主編。*Aristipp* 爲其所著哲學小説，出版於 1796 年，內容主要基於古希臘哲學家亞里斯提卜（Aristippus）的生活及其享樂主義哲學。

何故。是無他。吾人本不堪此等生活故耳。此等生活。使吾人天性中最深
之衝動。無自而發起。則因而無所謂滿足。故無論何人。決不能離抵抗競
爭之境而生活也。如眞理至可貴也。然使不待極深研究幾而能得之。不待
與外道競爭而能存之。則又何貴之有。競爭也。致身也。皆人生所不可去
之原質也。加里 Carlyle[①][英國文學家。生於一七九五年卒於一八八一年]
氏於其英雄及英雄崇拜論 "On" Heroes，hero-worship" 嘗言其理曰。以今
生及來生逸樂之果報爲足誘人爲善者。侮人也。雖至賤之人。其所貴有甚
於逸樂者。彼夫受雇而爲兵者。以殺人爲業。誠人人所賤視矣。彼尚不徒
以操練及領餉爲足。而別有所謂軍人之名譽。故知人類者。決非徒貪逸樂。
咸欲使其行爲高尚而誠篤。以養成人格。而無愧於神明。苟示以門徑。則
雖愚賤之人。亦一躍而爲英雄矣。乃或者。欲以逸樂之果報誘之。何其誣
人之甚也。誘人之道。曰困難。曰克己。曰死義。曰殉道。是皆足以鼓道
義之熱情。而熄其計較利害之觀念者也。人之所貴。有甚於幸福者。雖區
區社會之名譽猶然。況其上焉者乎。凡宗教家之所以能博信用者。亦在其
不阿世人之嗜慾。而能激發其高尚之理性焉。

　　夫人情激刺之機。誠不僅競爭抵抗之境。然而此境之激刺。最爲有效。
此維蘭之小説之所以不耐讀。而生離死別之傳奇。血戰陰謀之稗史。尤爲
吾人所喜。誠以此等著作。類皆能鈎抉生活理想。非若村詞之枯寂而無味
也。昔雅里士多德勒嘗推究人情偏嗜悲劇之故。以爲由吾人恐怖與惻隱之
情。藉是而感動。人之天性。本以此等情感爲動機。而悲劇能與之以機會。
此其所以有快感也。是説也。猶所謂知其一未知其二者。悲劇之所動。蓋
尚有種種强烈之感情。憤怒也。野心也。讐恨也。懺悔也。失望也。戀愛

---

① "加里 Carlyle"，即托馬斯・卡萊爾（Thomas Carlyle，1795—1881），英國哲學家、評論家、歷
史學家和散文作家，著有《法國大革命》《論英雄、英雄崇拜和歷史上的英雄事迹》。

也。義勇也。大度也。悲憫也。好勝也。死無畏也。是皆感情若衝動之最深邃者。惟悲劇能激而出之。蓋吾人躍躍欲試之隱情。忽有悲劇焉自外而昭揭之。此其愜心爲何如耶。

由是觀之。則如恐怖若惻隱之感情。誠亦有時而爲快感。如悼亡之悲。雖盡世界之珍物。不足與易焉。是殆非苦感而快感乎。雖然。是亦充類至極之言耳。若正言其理。則自吾人之意識之根本。觀人生意志之正鵠。實不在最大快感最小苦感之屬。而在各從其理想以爲生活。快感也。苦感也。於吾人意識中。並無所謂積極消極之正鵠。不過於意志及意識進步之途。常有此等現象。與吾之生活動作相隨而已矣。

（三）以生物學之公例正快樂論之見解。至於快樂苦痛之價值。則當以生物學之說證明之。快樂也。苦痛也。其於人生有何等之關係。是生物學者所洞悉而無疑者也。

苦痛者。生活破壞之現象也。故一切苦痛。每在其未盡破壞之前。而受之者輒逃避焉。或防禦焉。以維持其生活也。今有二生物於此。其性質雖略相同。而獨其苦痛之感覺。互有敏鈍之別。是二者。於其維持生活之道。孰宜孰否。理最易覩。大抵鈍於苦感者。不免猝見滅亡。而敏於苦感者。恆得巧避危害。故感覺性能之缺乏。直與感官之缺乏同其效果也。快樂者。關於食色機能之意識。隨進步之途而生此現象者也。其始限於飲食若生殖之動作而已。及生物之進化。而飲食以前。若追迹角逐之爲。生殖以後。若撫育子孫之事。亦皆有快感隨之。是二者。普通動物之所同具。於維持生活有直接之關係。前者所以維持一身之生活。後者所以維持種族之生活者也。凡有機物之所以爲生活者。在乎新陳代謝。常分泌其無用之原質。又吸收有用之原質而同化之。苟其吸收同化之動作中輟。則生物死矣。種族之生活亦然。人皆有死。分泌其無用之原質也。而償之以繼嗣之生殖。繼嗣之生殖中止。則種族滅矣。然則快樂之義如何耶。生物學者曰。快樂者。所以誘導吾人。猶苦痛之警告吾人也。吾人由苦痛而知生活之所以被損。即由快樂而知生活之所以裨益。一則戒吾人以退避。而一則導吾人以進取。二者謂之認識善惡之原型可也。

　　意志若衝動。有不含情智之分子者。雞雛出卵。即能啄粒。非必苦於飢而快於食。其所由發動者。殆如巖石下墜。水晶凝結。殖物生長。悉由自然力之所規定。生殖機能之衝動亦然。在下等動物。初無所謂苦樂之感也。及生活之進化。而感情亦隨而發展。自高等動物以至於人。殆無不含有特別之感情者。此其感情。即因其生活動作之或有障礙。或有裨益。而生苦痛若快樂之現象。是也。在生物學別感情爲苦感快感二者。是猶分植物爲草木二類。其理不圓。正言之。則人類有一種感情。與機能之種類相當。而藉以意識其機能者。而此等感情。本有苦樂之況味云爾。

　　精神之生活。以漸進化。則又由感情而生智力。智力之職分。在即感情所營之動作而更完美之。使意志知美惡之別。而有所取去是也。凡人官體之感覺。可謂之感情之儲材。觸覺者。創苦之感之材也。味覺者。消化食物以前之一作用。隨吾舌之同化作用而生。所以先驗食物之宜否者也。故味覺非快則苦。其於意志衝動也。非相同則相反。嗅覺者。又爲味覺以前之一作用。即各物體之微子。流布於空氣中。而先驗其能否同化。果否宜於健康者也。視覺聽覺。不必攝取物質。僅於其物至微之運動。而認識其爲何物。然其原始之職分。亦在識別各物之宜於健康與否。故亦含有快感苦感之性質。惟不如味覺嗅覺之明瞭耳。耳之識別物質。尤與意志衝動。非爲直接。特間接識別之以嚮導意志而已。至於悟性。則由連合作用。本其已知之事物。而推及於所未知者。乃遂脫離感情之範圍。而其職分。則亦在以其推知之物宜於健康與否者。嚮導意志。使知所取去焉。

　　是故生物學者。不以快樂爲人生專一之正鵠。而以之與苦痛對待。同
爲嚮導意志之作用。意志者。藉快感嚮導之力。營一種機能以促生活之
進步。是則快感也者。漸達至善之徵候云爾。而持快樂論者。乃即以徵
候爲正鵠。試叩以苦痛之職何在。則未有不窮於置對者。快樂與苦痛。
有不可離之關係。苦痛爲避害之嚮導。其理甚明。然則快樂又寧非進取
之嚮導耶。

　　且又有一種事實。自生物學界觀之。有決不能持快樂主義以解釋之者。
即吾人之衝動既已饜足。則快樂亦隨而止是也。醉飽以後。更進酒食。則
有苦而無樂。惟其有刺激口舌之力。故苦痛爲之稍殺。牝牡之慾亦然。間
有以生殖機關爲縱欲之具者。障礙疾痛。隨之而起。若猶不覺悟。則鮮有
不喪其機能而失其生命者。

　　（四）論快樂不足以定行爲之價值。人之意志。本不以快樂爲至上之正
鵠。而局外者之評論。亦不以快樂爲有至上之價值。有人於此。發明一種
藥劑。使服之者能沈醉於極樂之幻境。而其人之身體與在其左右之人。均
不至因此而有危險。吾儕其將勸人服之。以爲得增益其生活之價值乎。即
持快樂論者。亦將不以爲然。是何故耶。將以其快樂基於幻象故耶。抑以
爲夢中之快樂。必不如平時之快樂耶。是皆不然。然則吾人所以反對之者。
豈非以其快樂不本於自然。而其所謂圓滿之生活。不足以爲人生實際之生
涯故耶。然則此等生活。雖有無限快樂。而自吾人之意志。及人生之價值
評之。實爲不足顧問者矣。

　　論者或曰。此等生活之無價值。由沈酣幻境之人。無所事事。不能裨
益於他人。則其一人之快樂雖多。而於最大多數最大量之快樂。則反有所
減故也。然則吾請由前喻而擴充之。使其藥劑爲一經發明。則不待何等勞
働。何等費用。而全國民均得沈酣於極樂之幻境。吾人將以彼發明者爲人

類之慈父乎。意者一民族欲躋於具足生活之境。不得不以其無限之信用。服從於非常懇切之政治乎。使有人焉。如所謂柏拉圖派之哲學家。果有祕術。能使民族悉變爲無限馴伏之性質。吾人其舉全國而委之乎。史稱耶粹登 Yesuiten 教徒之於巴拉圭 Paraguay①也。干涉備至。凡作息寢起之屬。無問日夜。悉有一定規則。使其效果。果如世人所傳。被治者一無異詞。然則快樂論者。將以此等政治。在一切社會。一切政治間。爲最圓滿最愉快。而彼被治之土人。果已躋人生至善之境乎。若是。則彼等必將謂吾德政治家。宜變全國人民爲馴良之俗物。使每日治事及飲食遊息之時間。皆能服從規則。且將更進而頌哀耶 Aia 島叱人成豕之妖婦杞爾崔 Circe②爲慈母。而以漂流彼島之人爲最大幸福矣。（此爲希臘神話見和美耳 Homer 之 Odyssee 篇③）藉曰不然。則以快樂爲人生最高正鵠之說。又烏得而不破耶。夫快樂之所以有價值者。由其出於正當動作之成效。若壓制人類之天性。以求快樂。惟其耳目而不惟其精神。猶以爲得策。則吾將以快樂爲人類之玷矣。

　　（五）至善之積極義。余既排斥快樂論之說。乃即至善而規定其積極之義。蓋余之意見。以爲吾人之正鵠。苟以最普通之形式表明之。則在使吾人之生活機能爲天資之基本者。動作於軌物之中而已。各種動物。無不欲營其適於天性之動作。蓋現其天性於衝動。而因以規定其實行焉。惟人亦然。人也者。恆欲盡其精神之能力。以營夫原本至性發揮歷史之生活。

---

① "耶粹登 Yesuiten 教徒之於巴拉圭 Paraguay"，即耶穌教徒在巴拉圭及其周邊地區的殖民地時期，耶穌會傳教士通過基督教教化土著人。
② "哀耶 Aia 島叱人成豕之妖婦杞爾崔 Circe"，即喀耳刻（Circe），古希臘神話中的重要角色，是一位有妖術的女巫。根據《奧德賽》記載，當奧德修斯到達艾亞島（Aia），喀耳刻將他的船員變成了豬。
③ "和美耳 Homer 之 Odyssee 篇"，即《奧德賽》（*The Odyssey*），是古希臘文學中的一部史詩，作者爲荷馬（Homer）。

是故遊戲也。學問也。勞力也。貨殖也。占有也。享受也。建設也。創作
也。皆人之所欲也。又如戀愛也。畏敬也。服從也。王治也。戰爭也。克
捷也。詩歌也。夢寐也。思惟也。研究也。亦皆人之所欲也。凡其所欲。
無非循生活自然進化之秩序而與之俱進者。人莫不欲有人偷之經驗。是故
有兄弟則欲與之爲兄弟。有朋友則欲與之爲朋友。有同僚則欲與之爲同僚。
在公民之間則欲與之爲公民。遇仇敵則欲與之爲仇敵。對於所愛。則欲爲
情人。對於妻子。則欲爲良夫爲慈父。務欲一切經驗之。以維持其生活之
內容。而又欲字育子女以繼述之。苟其所經驗者。事事合於軌範。而有以
證其爲正直之人。則始達人生之正鵠。沒世而無憾矣。而究其所以爲生活
之內容者。乃無一不得自國民生活之歷史。故吾人又得謂人間之意志。在
以其人之標榜。表彰國民之生活。而又有以維持之發展之也。

　　是義也。本人類學及生物學而平心以觀察之。至易明瞭。一生物之意
志。不外乎衝動之體系。而實行其衝動。則爲其種族生活之內容。故與其
謂一生物之所以存。在維持其種族之生活。而又使之進步。則毋甯謂一種
族之所以存。由於一生物之有生活。雖謂每一生物。皆爲其種族中之一分
子。而營其生活之動作焉。可也。人類之異於他生物者。惟能由動物自存
之衝動。進而爲觀念自存之衝動而已。蓋人類以下之動物。其所以爲意志
者。惟恃無意識之衝動。以規定其行爲。而人類則能意識之。其正鵠之生
活。必如何表彰。如何實行。而後成生活內容之模範。恆結爲理想。而現
於其心目之間。於是務實現其理想。本之以求完成其本質。發展其生活之
動作。而定其價值焉。夫此等理想。在人類誠亦萬殊。希臘人與羅馬人。
斯巴達人與雅典人。各異其理想。男子與女子。軍人與學者。農民與漁人。
亦各異其理想。而即其模型之原本言之。則要歸一致。如人類雖形貌萬殊。
而自解剖學生物學之模型觀之。則無害爲一致也。自精神之生活以漸發展。

而理想亦以漸分化。隨理想之分化而本之以實現者。亦益因人而殊。於是
意識中表彰理想之直覺。各異其明昧之度。抵抗魔障奮追理想之能力。亦
各異其强弱之度。然而人類無不有理想。且無不本其理想以爲完成其本質
發展其生活之動作。則無論何人。必不能不承認其事實也。

　　國民亦然。嘗有一種理想。而務實現之。宗教也。文學也。所以印象
其理想。神祇也。英雄也。所以表彰其模型。國民益進化。則能採其過去
之歷史。以構成理想。而實則全世界文明歷史之生活。乃皆觀念之所管轄
也。彼其完成本質發展生活之動作之模型。既已發現。則自能制其故見。
動其新思。而終實現於動作。試觀十五世紀博愛之義之運動。非由於當時
之生活理想乎。宗教改革。非由於信仰基督教及構成新生活之理想乎。法
王路易十四①時代之歷史。非由於崇拜勢力及品位之理想乎。又若法國大革
命。非由於適合自然及理性之新生活之理想乎。是等事實。其所由貫徹歷
史之大業。與夫激動各人之意志。而使之一呼衆應者。則皆人類新理想之
勢力爲之也。

　　於是吾人實現理想之鵠。常非雜以有所覬覦之觀念者。其理至易明矣。
國民有自由若勢力若名譽之理想。而務實現之。必非雜以希圖快樂若幸福
之見。雖其理想實現之時。未嘗無滿足之感。而此等滿足。果否爲人類全
體之最大快樂。固非其所計也。國民之有理想也。決不暇計其價值。爲自
由則爭自由。爲勢力爲名譽則爭勢力爭名譽。其於幸福。有幾何之得失。
非所計也。國民欲實現其理想。則直前勇往。舉各人之利益生命以爲犧牲。
而各人亦願犧牲其利益生命而無悔。即使各人未必無吝於犧牲之見。而既
爲國民之一分子。則必欲以身殉之。且也歷史之判斷。亦如歷史之意志然。

_____

① "路易十四"，即路易十四（Louis ⅩⅣ，1638—1715），法國國王（1643—1715）。

以此義標準。凡國民未有以快樂價值爲標準。而自判斷其過去之歷史者。惟置其本質之觀念於歷史之人物及事變。而據之以定其價值。如吾人尚論腓立大王 Friedrich den grossen①及其戰爭。決不以當時國民所得之苦樂如何爲標準而斷之。惟視其所得之名譽品位等諸内容。果否近於客觀之正鵠。凡歷史科學家之説亦然。彼誠知標準快樂之希望。決不可達也。惟哲學家。則有抱此希望者。然以吾所知。能達其希望者。蓋無一人焉。

（六）歷史之論據。凡余所論人類意志究竟之正鵠。與夫行爲價值究竟之標準。皆非余一人之私言也。昔希臘之道德哲學家。夫既已發揮之。不惟此也。凡道德哲學。自快樂論外。殆無不合於此説者。柏拉圖及雅里士多德勒之言曰。至善者。本質狀態及生活動作之適合於觀念者也。人類之幸福。在執持人類一切之道德而實習之。斯多噶哲學家亦曰。合於自然之生活。在以一切實體爲意志之鵠。故吾人究竟之鵠。在合於理性之生活。而吾人營合於理性之生活。則即吾人之所以求安甯也。亞基那 Aquino 派之多馬 Tomas②亦曰。一切實體。各循其天性而求達於圓滿之域。由理性之意志者。思惟之實體也。由感官之衝動者。感覺之實體也。由自然之衝動者。無感覺之實體也。凡此等直覺之觀念。至霍布斯③及斯賓那莎 Spinoza 而再現。二氏皆以爲各種實體。皆以維持其本質爲鵠。而生物之本質。則生活及實行而已。斯賓那莎且言思惟之實體。即以思惟爲本體焉。索弗特彼格 Chaftesberg④及拉比尼都之所見亦同。皆以爲資質之調和發展。即人生及宇

---

① "腓立大王 Friedrich den grossen"，即腓特烈二世（Fredrick Ⅱ，1712—1786），普魯士國王（1740—1786），軍事家、政治家，史稱"腓特烈大帝"（Fredrick the Great）。
② "亞基那 Aquino 派之多馬 Tomas"，即托馬斯・阿奎那（Thomas Aquinas，1224/1225—1274），中世紀經院哲學家、神學家，著有《神學大全》等。
③ "霍布斯"，即托馬斯・霍布斯。
④ "索弗特彼格 Chaftesberg"，即沙夫茨伯里伯爵（The Earl of Shaftesbury，1671—1713），也譯爲舍夫茨別利。英國倫理學家、美學家，新柏拉圖派代表人物。

宙之軌則也。康德亦贊成此説。其言曰。人類最真最深之本質。即由實踐理性（亦謂之義務之意識）所決定之意志而實現之。黑智兒 Hegel[1]及修拉瑪希 Schleiermachen[2]之説亦然。以爲人道生活之歷史。以客觀之正鵠爲内容。各人之生活。即所以構成是等歷史内容之一部分。是其生活之所以有興趣有價值。而又有以滿足其本性中最深之慾望焉。

　　達爾文基本生物學而得一人世觀。亦與此相類。彼於思辨哲學之研究。固全本現實之歷史見解。而設新法以論究之者。乃於其所著人種論第四章。檢衆快樂主義之説。而有大相差違者。其言曰。吾嘗思下等動物。皆有交際之本能。即所以發展其全種族之普通幸福者也。何謂普通幸福。即此種物體之最大多數。皆從其生活之條理。而有至大之勢力。至健之生涯。以開發其能力。以抵於圓滿之域也。人類交際之本能。其發展也亦猶是。吾竊願以人類之普通幸福。（即安甯）爲人生究竟之正鵠焉。不甯惟是。即約翰穆勒亦嘗於不知不覺間爲類是之言。而與其所持之快樂主義有不相容者。彼言快感不惟有分量之差。而又有性質之差。於是得一結論曰。與其爲滿足之豚。毋甯爲不滿足之人。余以爲是言也。彼不啻自舉其所持快樂若滿足有無上價值之宗旨而摧破之。蓋一言價值。則即脱快樂之本域。而就快樂所自出之機能也。穆勒謂快樂有種種。而實則機能有種種之謂。種種快樂。皆由種種實體。營種種機能。而有是種種感情隨之而起云爾。

　　於是雅里士多德勒説明至善（即究竟之正鵠）之言。所謂幸福者。（即安甯）在實行德行。尤在實行最高之德行者。雖至今日。猶不可易也。

---

① "黑智兒 Hegel"，即格奧爾格·威廉·弗里德里希·黑格爾（Georg Wilhelm Friedrich Hegel，1770—1831），德國古典哲學的主要代表，唯心論哲學的代表人物之一，著有《精神現象學》《邏輯學》《法哲學原理》等。
② "修拉瑪希 Schleiermachen"，即弗里德里希·丹尼爾·恩斯特·施萊爾馬赫（Friedrich Daniel Ernst Schleiermacher，1768—1834），德國哲學家、新教神學家，德國解釋學奠基人，著有《論宗教》。

（七）詳論至善之積極義。論者或難曰。若是。則陷於循環論法之弊。前者不嘗言道德之所以有價值。由其有裨於生活之發展乎。然則道德之實行。不過一種作用。而今胡又以此爲究竟之正鵠也。

答曰然。余既已言之矣。凡有機體。其各部分。常爲作用。而又同時即爲其正鵠。以其爲全體之一部也。如臟腑官骸。皆所以維持身體生活之機關。而同時即爲身體之一部。身體者。非能外各種維持之機關而成立。此等機關之全體。即所以構成身體。故此等機關之活動。本爲其維持生活之作用。而又同時即以此等機關之活動爲其生活也。美術品亦然。劇之一齣。本爲其全劇之一部。而同時即爲其正鵠之一部。然則道德之生活。何獨不然。彼以各種德行爲全部之機關。而其實行也。即所以構成內容之一部。既占內容之一部。則烏能不分受其全體名譽之一部乎。吾人精神界之道德生活。本有機體也。其各種勢力。各種機能。且爲作用。且爲正鵠。故各部之內容。皆各自有其無上之價值。然使其絕關係於全體。則無足道矣。如剛毅之有價值。以其爲克盡一定職分之機關。苟其離生活之全體而獨立。則價值何在。目之爲用。以其爲全體中視覺之一機關。而由是更以視覺爲其無上價值之內容。剛毅之於戰爭也亦然。詩人言不爲戰士者不得謂之人。以此也。凡積極之道德皆然。消極之道德。若不詐不盜不淫。以其對待於真理財產婚姻諸善之作用。而始有價值。其本體無所謂善也。若乃守真理。保權利。持家族秩序。是等積極之道德。則皆爲圓滿生活之一作用。而同時即爲其內容之一部。是以各種德行之實行。若研究學問。若興殖財產。若社會秩序。若家族生活。若子女教育。皆爲生活之一作用。而同時於其內容亦爲重要之部分也。

彼斯多噶派哲學家。蓋嘗見及之矣。彼以爲道德有三別。（一）有無上之價值者。（二）有作用之價值者。（三）有作用而兼正鵠之價值者。一切外著之德行。有作用之價值者也。因各德行之活動而隨之以快感。有無上之價值者也。道德則有作用之價值而又兼正鵠之價值。蓋以其影響於幸福之點言之。是謂作用。而以爲幸福之一部分言之。則亦究竟之正鵠也。

吾人更進而論之。一切之道德及動力。固既爲作用。又爲正鵠。而於此二者之間。乃不能無分量之差。生物之各機關。於其全體。關係有重輕之別。劇有各齣。於其全劇之中心點。有遠近之別。道德生活之各機能。於其正鵠。亦有中邊位置之別。或疏於正鵠而切於作用。或疏於作用而密於正鵠也。此其關係。雅里士多德勒已見及之。以爲實際正鵠之中心點。在動作其各種特別之勢力。故其對於人類。在使之動作其所受特別之理性。使吾人以科學之規則認識正鵠之中心點者。哲學之領域也。舉其基於實踐理性之道德而實行之者。於哲學有密接之關係者也。其他經濟機能及生活機能。則關係較疏焉。此等皆爲自然基礎。即人生固有之內容。當有此必然之豫想者。而其動作之感情。得以直接斷定。則已爲生物學之所認可。故人類欲得最大之滿足。惟在動作其學理之理性。及實踐之理性而已矣。

凡後出之生物。必優於古代者。此天演學家歷史學家所幾經考察而得此相同之結論者也。最下級之動作。對於外界。務求食而避害。以自全其生活之動作而已。以漸進化。而生殖之機能具。於是種族之愛情生。感官之感覺。進而爲高級之智力。於是交際之生活。與知識之生活。始有基礎。至於人類而交際及知識之生活發展最高焉。其發展也。爲吾人本於記憶歷史之能力而直接知之者。即進化史中一部分之內容。所謂人道史者也。人道之歷史生活。所恃以爲主要之內容者。一則吾人之所認識。益廣益深而益見其實際。一則吾人之交際益溥博益密切也。而是二者之所由達。則在發展其理性及交際之道德。以理性認識事物。而示意志。以達其正鵠之方向。以交際之道德營家族國家社會之交際。而後人生之本質所以爲歷史之實際者始可完焉。

　　是故人類之生活。能發展此等最高之能力。而使其下級之能力從屬之。則人格益高。否則動植物之機能。感官之衝動。無意識之情欲。得占勢力。猶是卑劣之生活而已。所謂圓滿之生活者。吾人精神之能力。發展至高。以之思維。以之創作。以之行動。無不達於圓滿之度之謂也。以人類歷史中之境遇觀之。交際之道德。於生活中實為重要之部分。所以平和人生之境遇而使之互相維持者也。故人有恆言曰。真與善。圓滿生活之兩方面也。雖然。讀者毋以是而謂余之所見與惟心論同。蓋余固非以感官之一方面（即動物機能之一方面）為可忽者。孩提之童。喜直覺。嗜遊戲。亦不失為生活之一部分。且如飲食也。快樂也。亦圓滿生活中之所應有。特不可以是占生活全部之勢力而已。

　　由是余更得以一人之生活而論其為正鵠為作用之兩方面。吾人之圓滿生活。吾人之正鵠也。而自吾人為國家或文明社會之一分子觀之。則又不過一作用。柏拉圖曰。國家者。大人也。然則一國之機能。猶之一人之機能。而國民與一人之關係。猶之正鵠與作用之關係。惟其作用仍為正鵠之一部。蓋全體者。固積各部而成立者也。於是吾人又得一評定人格之新標準。人之盡其國民之義務也益多。則所以供國民精神界歷史界之生活者。若學問若道德若美術皆益大。而其歷史界之價值。遂亦隨之而益大。是則不關於其狹義道德之價值。而惟關於其對於國家之義務者也。雖然。是説也。願讀者毋以惟心論視之。

　　吾人非僅以哲學科學文學美術之所現。評定國民之價值。凡國民及其生活之動作。未有不屬之者。若任保護之軍人。若任指導之政治家。若通商外國者。若航海者。若工藝家。若發明新器者。若耕稼者。若傭者。若教育子女之慈母。若嬉戲之嬰兒。無不與焉。是非特精神界內容之基礎。

而實各占其一部分焉。

吾人更由國民而進於更高之境遇。則爲世界之一分子。而有所謂人道。人道者。仁之觀念。所藉以爲具體之表示。而吾人經驗界考察至善之效果。以此爲終點者也。圓滿之人道。若以基督教之語代表之。則地上之天國是已。是謂至善。是謂人類究竟之正鵠。而於是國民道德。亦對之而爲作用。然其作用。亦仍爲正鵠之一部分。可知也。各國民之品格。皆以此正鵠爲其最高之標準。由其仁之觀念發展之程度。而第其品格之高下焉。凡國民及進化之階級。雖未有全無價值者。而其社會。其政治。其精神。其道德。其美術。其宗教。凡是等生活之發展。去仁之觀念之中心點。不能無遠近之差。則國民品格優劣之差視之矣。

仁之觀念。吾人尚不能以具體者表彰之。僅於精神界歷史界生活普遍之概念。想像其輪廓而已。一切人類學歷史界之研究。雖足供吾人以資料。而吾人尚不能有所構成。吾人欲設一觀念。使希臘人。羅馬人。埃及人。巴比倫人。支那人。日本人。無數黑色人種。無數印度人種等。悉舉其生活之內容。向必至之鵠而爲互相關係之生活。吾人竟不能構成之。神之理想之人類史。吾人雖能見其斷章而比較之。而此種種斷章。各有何等作用。非瞭於其全體之組織。不能知之。而吾人終不能爲全體組織之觀念。所謂歷史哲學者。欲集各種斷章而爲全部。以窺其組織之概者也。然其所得爲者。惟排比斷章之次第。於古代中世及近世初期狹隘之文明社會以內。指示其歷史界銜接之迹。而稍稍循必至之鵠以解説之。是等科學之不能終達其希望。固已彰著。吾人僅僅知歷史之斷章而已。即使吾人能悉知過去之歷史。尚不過全史中之一小部分。而於未來之無窮歷史。非所與知也。人類者。恐尚在歷史之初期。各國民各文明社會之歷史生活。殆不過人類全體歷史生活之初編。而世界貿易。世界郵政。或足爲他日人類精神界歷史界統一生活之端緒。吾人在此時期。而欲構成歷史哲學。是猶讀詩一二章。而即欲推論其全篇之觀念。烏可得耶。

　　然而人類生活。尚不過一切實際事物之全生活之一部。一切實際事物之全生活。吾人僅能爲形式之概念。而不能以直覺者表彰之。而惟託之於譬喻。是謂不可思議。是謂神。而其精神界歷史界生活之發展。則謂之天國。神也。天國也。非若各種科學概念。可以直覺之。而惟以感情若意志之實在關係之。彼固超越於認識之範圍。而惟示實際事物必有最高統一之信念而已。神之觀念。既在吾人智力以外。則神之世界之觀念。亦必超越智力以外。無待言矣。使必以學理解說之。非如十八世紀之神學家。違因果律。而臚列經驗界事實。則如黑智兒派哲學。强以論理規則。附會普遍之概念而已。惟吾儕智力。雖不足以理解至善之內容。而尚得由宗教美術。以譬喻者想像之。蓋宗教美術。皆借有限而可思議之事物。以指示無限而不可思議之境界者也。

第
三
章
一

厭世主義

（一）厭世主義之理論。余將研究倫理學中第二根本概念。即所謂本務之概念者。先舉近今思想界之厭世主義而略論之。持此主義者。謂人生本無價值。即使人生含有有價值之原質。而其反對之價值。已占優勝。則其和在零以下。故有生不若無生。此與吾前章之説。所謂吾人一切生活機能。循正則而動作者。其事即有價值云云。正相反對也。

詩人之作。關於厭世觀者頗多。如意大利詩人里泊德 Leoparidi①所作述懷之類是也。然樂天觀之詩。亦復不少。如馬鞻義亞爾那 Matthen，Arnolds②所作伊的那之唵披鐸黎 Empedocles on Etna③（Empedocles 西西里之哲學家生於西歷紀元前四六〇年相傳投身 Etna 山之噴火口而死云）之類是也。此等詩歌。皆詩人真摯之感興。無可非難。蓋感情者。事實也。不能以繩之是非。故吾人可以分折之。釋明之。且或玩賞之。或憎惡之。而獨不能詰

---

① "里泊德 Leoparidi"，即賈科莫·萊奧帕爾迪（Giacomo Leopardi，1798—1837），意大利詩人，著有《致意大利》等。
② "馬鞻義亞爾那 Matthen，Arnolds"，即馬修·阿諾德（Matthew Arnold，1822—1888），英國詩人、文學與社會評論家，著有《文化與無政府狀態》《多佛灘》《色希斯》等。
③ "伊的那之唵披鐸黎 Empedocles on Etna"，即馬修·阿諾德創作的描述古希臘哲學家恩培多克勒（Empedocles）在埃特納火山自殺的故事，浪漫主義文學代表作之一。

難之也。

　　然而哲學界之厭世主義。則異是。如叔本華 Schopenhauer 者。不特爲厭世感情之詩歌。乃以理論證明人生之無價值。且證明人生價值之論之爲謬誤者也。其說亦持之有故。而實不免於謬誤。吾人不能不詰辨之。吾人之詰辨。非能轉移厭世家之感情也。惟暴露其學說之謬見而已。以余所見。厭世主義者。未必有至溥至當可爲根據之學說。大抵本於其人厭世之感。而引以爲主觀界之真理云爾。

　　厭世主義有二別。感覺界之厭世觀。（亦謂之快樂主義之厭世觀）及道德界之厭世觀。是也。前者謂吾人之生涯。苦痛多於快樂。故不若無生。後者又增以客觀道德界之考察。而見爲並無價值。因而謂人生之不幸。不惟其事如是。而亦理所當然者也。二者以外。又有歷史哲學之厭世觀。則謂人類日益進化。而苦痛及罪惡之增加。與之爲正比例者。是也。

　　（二）感覺界厭世觀之證明。此之證明。以數量之關係爲根據者也。其說曰。人之生涯。苦感常多於快感。然則欲證明其說。不得不用算學及統計學之方式。而最近之厭世文學。有習用之語。即所謂快樂決算。所以定人生之價值者也。是言也。比例商業而爲之。蓋商人決算財産之式。常檢其簿記中所存所負之數而互消之以定贏絀也。厭世論者既襲用此名。將亦嘗設一簿記。列記人生苦感快感之數、而後決算之。乃知苦感之總數。遠逾於快感之總數耶。

　　此等決算。其可能耶。以余所見。厭世哲學家之著作。蓋未有爲是決算者。夫欲驗決算之可能與否。莫若以普通人之日記爲之。例如於日記中臚記一日中苦樂之感。爲（甲）快感。（一）夜中安睡。（二）朝餐甚適。（三）讀有益之書若干節。（四）得友人來書。（乙）苦感。（一）於報紙中見可厭之新聞。（二）爲鄰人琴聲所擾。（三）疲於應客。（四）食不適口。而使習語快樂決算之哲學家。衡量其快苦之數量、而分別記之。可乎。

或曰。是無理之要求也。夫余非不知此等要求之無理。然對於習語快樂決算之哲學家而爲此要求。則決非不合於理。何則。彼苟不能以數學之式統計苦樂之數量。則何由而爲苦感多於快感之斷定。彼苟不能於日記中苦快各感。分記其數量。則又何由而爲苦樂數量之統計。彼苟不能於簡單之情狀。如安睡之快與應客之苦。爲苦樂孰多之決算。則又何由而決算於至複雜至曖昧之情狀。彼苟不能爲一日之決算。則何由而決算一生。彼苟不能爲一生之決算。則又何由而決算全人類之生涯耶。

德國有一小説。述甲乙兩少年。由相同之境遇及希望。而漸趨於反對者。彼等嘗同學於某校。相善也。且互許爲同志。畢業以後。甲試爲吏。其才爲長官所賞。不次遷擢。名振全國。娶大臣之女。未幾。遂迭歷各級。被擢爲大臣焉。乙則好深沈之思。欲以學術鳴。則爲義務教員。而從事於著述。彼之主義。不爲世人所歡迎。其所著鮮有讀者。而其人亦見疏於社會。無可展布。然彼尚不以爲意。而矻矻如故。年三十有五矣。而長此困窮。其父母重憂之。及千八百四十八年之政變。而二人之境遇乃互易。其互易以後之境遇。可無論。而前此兩人之生涯。快樂孰多。果可以決算乎。甲有貴顯之樂。而有患得患失之苦。其比例如何。乙有境遇之苦。而有思想自由之樂。其比例又如何。

厭世論之説。亦有不必爲此決算者。彼蓋以普通之議論代之。請述其一二。其一。爲自昔相承之説。謂快樂者不外乎苦痛之除去。故常在達其希望瘳其疾病去其恐怖之時。快樂之性質爲消極者。而苦痛則爲積極者。所謂快樂苦痛。實則苦痛小大之別耳。如其説。則日記中當僅記苦痛而已。無事乎記快樂也。夫快樂果僅僅爲苦痛之除去。快感苦感。果爲同義。而與積極之事實。無所矛盾耶。果爾。則得爲感情下絕對之斷定。而易其快樂即苦痛之除去之語。爲非苦痛不能生快樂。是其爲虛僞之斷定至明矣。體慾者。苦痛耶。體慾實快樂之豫感。而謂康健之人不之感耶。兒童不嘗見製餅而愉快耶。其食餅以前。必有苦感耶。安睡以後。則思遊戲。將以療其痿疲之苦痛耶。是豈非掩耳盜鈴之見解耶。且其謬誤之點。尚有不可掩者。若快樂即情欲苦痛之除去。則夫情欲强大者。其快樂亦不得不隨之而强大。而事實乃反之。凡有强大之情欲者。營求而得之。其快樂不過少量而已。惟其初淡焉漠焉。而忽於意外得之。乃始有至純至切之快樂。試觀之於兒童。其情欲大者其滿足也小。吾人所常見也。

　叔本華者。以意志之性質。證明厭世主義者也。其說曰。意志者。本無意識。常爲無鵠的之努力而已。彼不動於鵠的之寫象。而顯爲盲動之生涯。故無可確指爲滿足者。且感情生活之內容。純以苦痛、危險、失望、恐怖、構成之。缺陷之苦痛。驅吾人而使之動作。不達其鵠。則苦痛隨之而增。幸而達之。雖若有去苦得樂之一瞬。而此快感者。轉瞬而消滅。決無保持之望。故一切快樂之究竟。失望而已。意志若欲避此循環之苦況。而無所營求。則又不勝其無聊。故與其久靜也。毋寧投艱難危急之境以自遣。蓋意志常躑躅於感情之間。而不能脫其範圍。如行人在荊棘之叢。左右顧忌。無之而不傷者也。

　雖然。平心而論之。叔本華之說。蓋偏見也。人之生涯。固有不脫於危險及無聊之感情者。而得脫之者。蓋亦多有。初不若身入棘林者之狹隘也。康健之兒童。生長於純樸安全之境遇者。雖離其父母之左右。而尚無危險及無聊之意識。苟其生活條件。適與相宜。則雖更歷數年。而尚不知之。農夫之勤動。初非迫於危險。日出而作。日入而息。彼雖强欲知勤動之爲苦痛。休息之爲無聊。而終不能。往往有日復一日。年復一年。經數十年。作息如故。而無大危險大無聊之閱歷者。其間固亦不免有苦痛。雖然。苦痛者。幸福之原因。吾人所經驗也。將謂此等農夫之生涯。僅少數之變例耶。然幸福之生涯。與不幸之生涯。比例如何。成功之生涯。與失敗之生涯。比例如何。尚無統計表以供吾人之證明。則吾人與其信厭世論者之口給。毋寧信純朴者之判斷也。正直安全之生涯。非變例也。幸福之生涯。亦非變例也。此等斷語。雖不中。蓋不遠矣。若乃厭世論者所摹寫之意志。則非健全者之意志。而被虐待於社會者之意志也。此其意志之厭世也固宜。

　　叔本華則又曰。人類之多數。誠不必遭際大不幸。而得粗遂其幸福之生活。然生活之全體。徒爲無鵠的之努力。其究也。空虛而已。其意謂人生者。如在漏舟之中。盡力以救其沈没。其舟以時漸沈。而終不免於覆没。人生汲汲於避死。而日近於死。亦然。人生之無謂。所以如是者。造物不仁。賦吾人以希望未來之迷執也。兒童之呻吟於學校者。自冀長大以後。必享幸福。工徒之被虐待於其師者。以爲吾畢業以後。獨立自營。則將去苦而就樂。艱於生計者。常神遊富貴利達之境。凡此等未來之希望。既已達之。則所謂幸福者。仍渺不可得。然而一息尚存。則其迷執終不可破。且及其既死。而子孫又繼承之。嗚呼。人生之可厭。蓋如此耶。

　　夫以生活意志終無滿志躊躇之一日。而謂爲無鵠的之努力。誠然。意志日日於其現在不得之事。而爲他日得之之希望。誠然。人生之終局爲死。而其辛苦經營之果效。或自享之。或貽贈他人。無所謂絶對之善狀。亦誠然。雖然。遂由是而爲人生可厭之斷語。則尚有誤解者。蓋如叔本華之所寫象。是人生不以其生活爲鵠的。而別求諸外也。通例。以人生比之旅行。使旅行而營業。則或際營業之無成。而厭其旅行爲徒勞。然人生果若營業之旅行耶。余以爲不然。人生者。非若營業之旅行。其鵠的在旅行之外也。人生者。非作用、而實鵠的。得以漫遊喻之。漫遊者。非有永久不絶之利益在其後。故無所謂鵠的。且亦不免有中輟之時。而不能爲絕對之繼續。故亦無所謂滿足。旅人之欲望。常先旅人而進行。旅人達前此欲望之境。而欲望又已前進。登山者。於啓行之始。既懸山巓於目前。及其流汗喘息而登之。則眼界漸開。而鵠的益遠。乃無所謂休息及滿足之期。漫遊者。蓋日日如是。及其還鄉里也。而始靜止。然則其旅行之全體。將重苦旅人。而彼遂不復爲此無益之艱苦耶。是必不然。彼乃以是爲大快。彼蓋於其所經之大危險。大奮勵。爲愉快之記憶。而爲第行旅行之計畫也。

　　懷疑於人生之價值而無以證明之。其有異乎懷疑於漫遊之價值者乎。人之漫遊也。雖若有種種之缺陷。無鵠的也。失望也。困苦艱難也。於其最後。求一永永留滯之點而不可得也。然即全體觀之。而常爲吾人所深喜。人生亦然。苟其一生之中。勤動也。遊戲也。變態至多。則於其暮年。回顧一生之閱歷。而不勝其愉快。且其最得意者。乃在崎嶇險阻之境遇。然則意志所達之鵠的。即一切閱歷之隨於正直之人生者是已。老人常好陳述其往昔之交遊若經歷。且常好爲自敍以公於世。苟人生之内容。僅僅失望而已。彼又何苦而爲此耶。彼等如觀劇然。其始也。窘迫、爭鬬、歡樂、悲憂、交至迭乘。演者觀者。皆有應接不暇之勢。卒也、以平和之景象結之。當是時也。演者弛其力。而觀者乃追想其全曲矣。叔本華曰。若起死者於九原而問之曰。汝欲再生乎。彼必答曰、否。其言殆然。如觀劇者。不必願觀同一之劇也。然而演劇之價值。並不以此而貶。如吾人雖有至愉快之旅行。然其第二次之旅程。未必願循故步也。凡老人有還童之希望者頗多。彼夫成年者。恆不欲復爲童子。童子不欲復爲嬰兒。而老人乃反之。得毋曆平和之境遇。而又已休養其跋涉世路之勇力故耶。

　　是故厭世哲學家之感情論。所謂人生苦痛多於快樂。失望多於成功。因而無價值者。爲余所不能信也。

（三）道德界厭世觀之證明。此之證明。謂人生者。不幸也。無價值也。由客觀界反覆考察之。

求所謂有價值之內容。而不可得者也。德與智。變則也。惡與愚。正則也。叔本華嘗醜詆人生。不遺餘力。曰彼等皆粗造品也。凡粗造品。品劣而價廉。多所產生。因而多所棄擲。自然之理也。奸惡也。愚鈍也。普通人之二特質也。大多數之人類。愚鈍甚於奸惡。常瀕於飢餓。而不知有高尚之精神生活。徒營營於一身及子孫之餬口而已。彼等常注目於地上。醉生夢死。一死而無復遺迹。彼等之愚鈍。既如此矣。而又雜之以奸惡。彼等見他人精神體魄之優長。若財產名位之顯達。稍高於彼等。則嫉妒之而憎惡之。其不敢侵襲之者。恃警察之力而已。豢猛獸者必以鐵檻間隔之。人類亦然。以恐怖之鐵。製爲刑法之檻。始得阻其互相侵襲之行爲。彼等苟一脫刑法之羈絆。則俄焉互相攻擊。彼等所自詡爲道德者。苟揭之於光明界。其種類皆同。其好交際也。由於誇衒。其有同情也。由於自愛。其重名譽也。由於恐怖。其守平和也。由於怯懦。其勉慈善也。由於迷信。間有少數之人類。奸惡之特質。超於愚鈍者。必其意志較强。知識較多。故不爲法律所制限。若猛獸之出柙然。蹂躪他人。無所不至。彼多數之怯懦頑固偏狹者。羊耳。少數之獰猛狡詐者。狼耳、狐耳、軼此二種之範圍。而有智德者。僅矣。自然之創造天才也。一世紀中。殆不過二三次。其創造賢者也亦然。

此皆叔本華以其絕世之雄辨。彈劾人類。而摹寫其不能有價值於道德界知識界之狀況者也。抱此等思想者。不惟叔本華。自希臘先哲倡言多數愚物以來。傳誦之者。奕世不絕。若霍布斯。若魯駭福德。La Rochefoucauld[①]

①　"魯駭福德。La Rochefoucauld"，即弗朗索瓦·德·拉羅什富科（François de La Rochefoucauld，1613—1680），法國箴言作家，著有《箴言》等。

若康德。皆然。

　　此等見解。然耶否耶。如以爲然。則不可不以統計法證明之。世界之人類。果惡多於善。而愚多於智耶。欲確證之。則不可不爲人口之統計。雖然。智愚善惡之差別。決不能見之於統計表。人之年齡形狀貧富。雖可以計量。而道德及智慧之性質。無術以計量之。是故爲人類平均價值之判斷者。全恃特別主觀之所經驗。以爲標準。若冀其判斷之稍近於正確。則在乎判斷者要求之適當。與其觀察經驗有便利之機會。彼夫斷人類爲大多數無價值者。其觀察經驗之條件。果何如耶。

　　凡非難人類者有二族。一爲在宮廷者。二爲隱居之哲學家。吾人通常以宮廷之人爲通世故而知人性。然宮廷之生活。果適於研究人性耶。彼所謂相知者。皆宮廷之人。而宮廷之生活。果得望其有正則之行動耶。此甚可疑者也。法之魯駭福德。觀察路易十四之宮廷者也。所以養誇衒縱恣之習慣者。甯有過於非色野離官者乎。觀泰尾 Taiue[①]所記。法國貴族之集於宮廷也。非以盡瘁職務。而惟從事於王國偉大豪奢之表彰。彼等以無益之粉飾終其生。彼等之生活。非爲己也。而僅爲聳動世人耳目之作用。其所勉者。剋剝人民勤動之所得。以納於王之内帑。乃各藉年金恩給之名以分潤之。蓋日朘國民之脂膏以恣其佚樂而已。其爲養成惡德之所。宜也。腓立大王。常目蘇爾采 Sulzer[②]（十八世紀德國美術家生於一七二〇年卒於一七七九年）而言曰。彼乃亦不覺屬於此可憎之種族。此不特彼一時興到之語而已。彼於晚年。常對其所親者而爲輕蔑人類之語氣。雖然。彼果於人性有所知乎。曰、有之。彼有知何等人類之機會乎。曰、是必爲常集於宮

---

① “泰尾 Taiue”，即伊波利特·阿道夫·泰納（Hippolyte Adolphe Taine，1828—1893），法國思想家、文藝批評家、歷史學家，著有《論知識》《當代法國的由來》等。
② “蘇爾采 Sulzer”，即約翰·格奧爾格·祖爾策（Johann Georg Sulzer，1720—1779），瑞士哲學家、美學家和美術評論家。

廷者無疑。若欺誣同職之外交官。若希寵競名之文人學者。若熱中於富貴
者。此皆具服者所一望而知其志趣者也。雖其左右。亦間有出類拔萃者。
若勇敢之軍人。若正直之官吏。要之彼所交際者。大率干禄固榮之人。而
大多數力田捆屨之民。非其所見。彼之所統計者。人類之小部分而已。

　　哲學家之少數。亦被許爲能知人性者也。雖然。若叔本華、康德、霍
布斯之流。果有善知人性之機會耶。是不能無疑。彼等見解之不得其當者。
不一而足。如家族者。於普通人類道德性之發達。最有重要之關係者也。
而彼等皆無之。彼等晚年。皆罹於煢煢無告之苦狀。吾人讀康德自敍。至
晚年苦於生計之煩累。僕隸之紛爭。及叔本華自記。至深匿財貨。惟懼見
竊。出入食肆。覓少許之佳話而不可得。未嘗不爲之惆悵而悲憐也。彼等
不特無被愛戀被關切者而已。乃亦無其所愛戀所關切者。人之常情。親其
所愛戀所關切者。常過於被愛戀被關切者。而彼等乃皆無之。則其抑鬱無
聊。而謂人我間竟無愉快之關係者。誠無足怪也。人之對於普通人類。而
施其親愛若信用也。常本其狹少之經驗而推之。人若既失其親近之五人以
至十人。則彼即有舉世無親之感。又若遇不見信不見愛之五人以至十人。
則彼即憤而爲人類之敵矣。又有不可忘者。是等厭世家。類皆從事於學問
著述。則其關於人性之知識。大抵得諸學問著述之社會。夫世界誇術、武
斷、詔諛、嫉妒之習。有甚於此等社會者乎。吾以爲如叔本華者。苟稍移
其考察學問家著述家品性之精力。而兼用之於平心靜氣從事職業之社會。
則其判斷人性之説。將爲之改變。不至因是而抱厭世之思想矣。

　　且吾人盍一考中立不倚純粹無疵者之見解乎。請以格代爲標本。格代
之爲人也。健全而圓滿。凡親接德意志國民之生活。能抉其隱微之點。而
得淵深溥博之知識者。殆未有過於格代者也。彼能不使其印象自客觀界而
逸遁。而其鎔鑄而敍述之也。又有絶人之技。是則吾人讀其手簡自敍之屬。

不知不覺。而被導入於彼之生活世界者也。佛朗渡 Frankfurt①者。彼之故鄉也。其景物爲彼少時之知己。其後。至來比錫。Leipzig②至士多拉堡。Strassburg③至射生哈默。Sesenheim④至威都剌。Wetzlar⑤而終抵威馬爾。Weimar⑥其交遊中。雖亦發揚沈鬱。不一其類。大抵安心樂道之人爲多。而持道德界厭世觀者甚罕。其間固亦不免有稍稍傾於邪惡者。而要以有惻隱之心。具正直之德。持公平之見解者。爲多。吾等進而觀格代之詩歌。則其關於人性之理想。現身於客觀界。而爲模範人物。使吾人恍然親炙其交遊之人物。若格次。Götz 若耶格蒙德。Egmout 若海爾曼。Hermann 若多羅台亞。Dorothea（四人皆格代詩中所寫之人物）舉德意志各階級人民之代表。而以詩人之筆摹寫之。何一非强毅、鎮静、和樂之態度耶。其間固亦兼寫鄙薄柔弱譎詐暴戾諸性質。而是等皆不過詩中主人對映之資料而已。然則人類黑暗之一方面。能激起叔本華等憤怒輕蔑之念者。殆爲格代所未窺見者乎。曰、否。彼於其寓言俚歌雜詩散文之中。痛斥當時文學家之誇衒狹隘卑鄙者。亦不一而足。若擷取之以爲厭世主義之問答書。足以哀然成帙。即觀其寫魔費斯脱弗勒。Mephistopheles（否斯脱小說中之魔鬼）其淋漓書致爲何如耶。然而此等事例。要決不足破壞其親信人類之觀念也。

　　讀者若猶不屬於吾之論證。則盍一讀哥的哈弗 Yeremius Gottheef⑦之瑞士農夫談。或一讀羅德 Fritz Reuter 之名著斯通替德 Stromtid⑧乎。其中之人

---

① “佛朗渡 Frankfurt”，即法蘭克福（Frankfurt），德國西部城市，德國重要的工商業、金融和交通中心。
② “來比錫。Leipzig”，即萊比錫（Leipzig），德國東部城市。
③ “士多拉堡。Strassburg”，即斯特拉斯堡（Strasbourg），法國東部城市。
④ “射生哈默。Sesenheim”，即塞瑟奈姆，法國下萊茵省的一個市鎮。
⑤ “威都剌。Wetzlar”，即維茨拉爾（Wetzlar），位於德國黑森州。
⑥ “威馬爾。Weimar”，即魏瑪，德國中部城市，德國歷史上第一個共和國——魏瑪共和國誕生地。
⑦ “哥的哈弗 Yeremius Gottheef”，即阿爾貝特·比齊烏斯（Albert Bitzius，1797—1854），瑞士小說家。
⑧ “羅德 Fritz Reuter 之名著斯通替德 Stromtid”，即弗里茨·羅伊特（Fritz Reuter，1810—1874），德國作家，《斯通替德》（Stromtid）是羅伊特所著的描寫德國北部農村地區生活的小說。

物。固亦有沈淪邪徑者。輕率怠惰者。愚劣無用者。然而謹慎静肅之態度。進取之勤勉。堅實之能力。健全之常識。活潑之觀美心。關於他人福祉之熱望。對於虛僞邪惡之憎惡。彌縫其間。使讀者油然感之。其間未嘗無因落魄而爲競爭者。要皆以勇敢熱誠與外力抵抗者也。且吾人盍讀里歇多Ludwjg Richter①所寫之人類社會及其自敘乎。詩人之自敘。莫善於里歇多矣。

夫哥的哈弗、羅德、里歇多之流。豈皆自欺欺人之樂天家乎。是必不然。吾人信人類之中。有純全之德行者至多。吾人苟觀人類於外界集合之場。鮮能得愉快之印象。若汽車。若大都會。若劇場。若公會。大抵喧擾耳。追逐耳。讒誣耳。誇衒耳。嫉妒耳。勢不能無惡感。然而當生活範圍狹隘之所。若家庭、宗族、工場之屬。試即其各人而觀察之。則感情頓異於前。懇至之父母。謹慎之族長。賢良之職工。隨在而可見也。無論黨見至深。恆發大言於公會之人。苟一涖議場。則凝神注意。而不敢輕忽他人之言。與其演説於公會之時。乃前後判若兩人。可以證人類苟接近於實際生活之範圍。則能發見其誠恕謙慎之德。此哥的哈弗之流所致意者也。如叔本華者。乃專觀人類於遠方若羣集之所。遂如否斯脱中之華格那。Wagner②聞遠方市場之喧擾而聾聾矣。

詩人之觀察人類。固亦有抱特別之見解者。若擺倫。Byron③若索克拉。Shackray④若法國及北方諸國（丁抹瑞典挪威諸國）之詩人。彼未嘗不接近人生。而洞見其實際之狀態。然而彼之見解。則謂人生之美觀。以漸消滅。

① "里歇多 Ludwjg Richter"，即路德維希·里希特（Ludwig Richter，1803—1884），德國畫家。
② "否斯脱中之華格那。Wagner"，否斯脱，即歌德所著《浮士德》。華格那（Wagner）是《浮士德》中的重要角色，被描繪爲文藝復興時期的音樂家、詩人、政治家、革命者。
③ "擺倫。Byron"，即喬治·戈登·拜倫（George Gordon Byron，1788—1824），英國浪漫派詩人、諷刺作家，著有《恰爾德·哈洛爾德游記》《唐璜》等。
④ "索克拉。Shackray"，即理查德·布林斯利·謝里丹（Richard Brinsley Sheridan，1751—1816），英國小説家、劇作家。"索克拉"是對謝里丹的昵稱或別稱，來源於謝里丹的喜劇《醜聞學校》（*The School for Scandal*），其中有一個名叫"索克拉"（Sir Benjamin Backbite）的角色，這個角色是一個到處賣弄口舌、説長道短的人，他的名字也因此成爲謝里丹的代名詞之一。

所謂光輝幸福親愛誠實者。不過舞臺表面之光景。苟一探其背面。則艱難
殘忍之屬而已。是吾人所經驗者也。雖然。是等見解。惟能適用於社會表
面之人羣。若政治家、俳優家、藝術家、會社員、發明家、著述家、而已。
自昔論者目政治爲損人品性之具。以爲一切公務。皆有損人品性之傾向。
誇衒虛詐。殆與公務有不可離之關係。雖然。凡人類中。刺戟耳目之階級。
決非社會之中堅。苟有一國民焉。僅恃此等階級之人類而構成之。必不久
而崩解矣。表裏違反之風尚。於今爲烈。然則及何時而始無此風尚乎。及
何時而使人一觀背面之狀態。無待改良之計畫乎。雖然。及何時而能解吾
人此等之迷惑。則至可疑也。今日者。詆諆人類。暴露人類醜惡之方面。
爲文學界風尚之題目。訐發人類之虛僞粗野。爲詩文之任務。此豈人心傾
向真理之情狀耶。吾人所不敢信也。吾人於熱望真理以外。又有一衝動焉。
以見是等黑暗之生活爲愉快。是僅足以養空談若侮辱而已。彼藝術新派。
所揭爲寫實主義者。果健全者耶。果有歡迎之價值耶。吾不能無疑。虛僞
固非。吾人對於實在之狀況。固不能掩目而不睹。世界雖有監獄。有病院。
有瘋顛院。人類之幾將入此而尚未入者。甚多。彼厭世文學家所持以爲研
究人性之資料者。果皆足以充監獄病院瘋顛院之内容者耶。未可遽信也。
自實際言之。彼等雖有可以充此内容之幾兆。而彼尚不願一蹴而就之。吾
人不宜以其解剖書輕示於人人也。弗蘭克 A.H.Francke①曰。吾人當讚美神
明之善業。而毋語惡魔之劣迹。此不可不致意者。蓋人心具有至易導火之
質料也。可爲至言。

　　苟人類不能如叔本華盡去生活欲望之説。則日抱厭世之義於胸中者。
至危險也。吾人之於生活。誠不能有奢望。苟自知願望之不可以盡達。與

---

① "弗蘭克 A. H. Francke"，即奧古斯特·赫爾曼·弗朗克（August Hermann Francke，1663—1727），
　德國路德教會的牧師、神學家、慈善家、聖經學者。

他人之未可盡信。誠亦足以防失望之苦痛。然使專心致意。以抉摘人類弱點爲事。則徒足以養輕蔑人類嫌忌人生之習慣而已。蓋厭世思想。雖不能猝襲健全之人。而素有厭世之傾向者。則濡染至易。積久而遂爲精神界之痼疾。人苟時時顧慮氣候。若過暖、過寒、太乾、太溼之屬。則一年之中。可以杖策而散步者。殆不過二三日。人苟循叔本華之説。積一切忤逆之經驗於胸中。必馴至所見無非惡人。所至全無生趣而後已。曾何若尋味人生光明之方面。與人類可以敬愛之故。而强恕以行之耶。叔本華之忠告吾人也。曰、宜常注目於人類黑暗之一方面。以養憎忌人類之思想。吾則以爲忠告之言。蓋有逾於彼説者。曰、有德於人。毋望報也。亦毋望人之有德於我。苟由是而得意外之施報。則至可喜也。世人苟去其互相恐怖之念。則不特以愛助於人爲喜。且以不待干請而能助人爲喜。此至確之事實也。且人苟施而不望報。則當夫受者以誠摯之意。現爲感謝之容。而益覺其愉快矣。今之世界。一方面雖有厭世主義。若倨傲之社會民主主義。而一方面。則慈恕之道。固有實行之者。夫鼓勵慈恕之感情。詩歌之職也。詩歌者。非爲人類描無影之幻象。而在乎應有盡有。自感情小説之驕子。使吾人失其對於實在之興會。而於道德界生消化不良之疾。吾人之生趣。遂爲之泯滅焉。今之時代。其此病流行之期乎。往者。奧爾擺赫 Auerbach[①]及弗拉太格 Freytag[②]小説之盛行也。其於市民及學者之道德。不免失之誇衒。今也承社會主義家批評之影響。而釀爲反動。反動之弊。不久而將去。所不待言。藝術之本領。在描寫健全活潑進取之生活。而一切虛僞邪惡卑劣。則藉爲對照之資料焉。彼據對照之資料。而以正筆描寫之。是謂藝術之病。

---

① "奧爾擺赫 Auerbach"，即貝特霍爾德・奧爾巴赫（Berthold Auerbach，1812—1882），德國浪漫主義文學的代表作家之一。
② "弗拉太格 Freytag"，即古斯塔夫・夫賴塔格（Gustav Freytag，1816—1895），德國小説家、劇作家、文學理論家。

適足以播其病於人類而已。

　　由是觀之。厭世主義者。非能以科學之理論以證明之。不過以各人對於人類之經驗。循普通結論之式。而表示之云爾。生活無價值之結論。即人不善我。我亦不愛人。而人我之安寗。皆所不顧云爾。吾人皆有以一人經驗。構普通結論之傾向。人苟遇二三英國人。而意氣不甚相合。則必構爲結論曰。英國人者。無禮儀無知識之人民也。

　　且吾人關於人生及人類之邪惡。尤常欲構爲普通結論。以爲鎮靜慰藉之資。例如爲妻女所給者。常欲爲女子難養之說。著述而不爲世所重者。常欲爲世人不辨墨白之說。且如吾人遇一失意之人。而告以此爲希有之遭遇。則彼將益增其苦痛。苟語以此等運命。爲人人所不能免。則彼之苦痛頓減。皆其例也。叔本華者。厯受教習、惡少、及婦女之輕蔑。而不勝其苦痛。由是而立厭世之說。蓋基於其特別之經驗。而立爲普通結論。以自慰也。是故厭世主義者。彼之良藥也。彼常因其膽液質之缺點。而生惡感。則以此藥療之。雖未能去其痼疾之根本。而時有輕損苦痛之效。如麻醉劑焉。人之感情。本有自觸發之而復自鎮定之之性質。普通結論。即其所以自鎮者也。世界惟我失意。惟我不見禮於人。則不免有自取其咎之嫌疑。自得普通結論。而人人皆有此不幸。則人類之不幸。爲理勢之當然。而我不至自立於非難之衝矣。凡人蒙利己主義之定評者。恆感歎於利己主義之橫流。且彼苟與人交際。而不能饜其利己之慾望。則動以利己主義詆人。亦其例也。

　　（四）歷史哲學界厭世觀之證明。文明進步。而人類益增其苦痛及邪惡云云者。叔本華與盧騷。其代表也。叔本華由感情界立說。而謂文明有增進苦痛之傾向。盧騷由道德界立說。而謂文明有增進罪傾向。

　　厭世之歷史觀。有輸入於常識者。亦未可忽視也。歷史閱歷之思想。

隨基督教而流行於歐洲國民之間。如猶太小説然。以具足生活爲在事物之始。彼言人類原始之狀態。純潔無罪。而享幸福於樂園。歷史者。人類墮落之始。閱歷之究竟。則爲末日審判。蓋罪業困難及墮落之潮流。日增其勢。人遂將構成一反對基督教之王國。而世界由是滅亡矣。希臘人之歷史觀。亦有持此見解者。詩人希西亞若。Hesiodos[①]嘗歷記世界之年代。謂始於黃金時代。而終於鐵朝代。又自歎不幸而生於鐵時代焉。此等思想。可以生理學説明之。老人之氣質。恆於過去之時代爲樂天觀。而不屬意於現在。蓋彼無能力以赴現在之事物。又不求其原因於己。而歸咎於時代。於是常憶其少年時代之赫濯矣。蓋老人者。有維持歷史之力。使少年因彼而得過去之知識。若歷史之光明者也。凡少年於特別榮譽之傾向。與其家世名德之傾向。常有關係。而德育之機關。與憑藉歷史之傾向。亦同一作用也。凡人以特別原因而不滿意於現在者。恆好稱述過去之所長以恥之。

皇古寓言。因歷史學之發起而消滅。本文明之進步。科學之精研。而投其光於實際之過去。吾人之歷史觀。大爲之變化。十七世紀之先哲。既移過去之黃金時代於未來。十八世紀。又據新見解而整理其秩序。從知歷史之閱歷。由黑暗而光明。由草創而完備。確爲進步之狀態。此其研究之鵠的。蓋當歷史學啟蒙之時期而既達矣。

盧騷者。反對此樂天之歷史觀者也。文史哲學主義。Die Philosophie der Romantik 如西零者。對於原始種族。頗抱純粹完全之觀念。叔本華雖亦治歷史哲學。而全爲文史哲學之苗胄。其於歷史中進步之傾向。一無所顧。悉抹殺其内部關聯之神理。而謂歷史中所演之劇。不變其内容。而僅變其姓名及服飾者也。其間隨歷史而發達不止者。惟有苦痛。故得謂動物之幸

---

① “希西亞若。Hesiodos”，即赫西奧德（Hesiod，約活動於公元前 8 世紀），又譯爲赫西俄德，古希臘詩人。

福。過於人類。而實則動物之不幸。少於人類也。人類知識日增。而苦痛之新原因。亦隨之而日生矣。

　　叔本華此説之證論。得約舉之如下。（一）生物者。隨其性質之進於複雜而益感苦痛者也。所謂文明進步焉者。即需要增加。而滿足其需要之作用。亦隨之而增加之義也。然則欲望也。困難也。失望也。甯不隨之而增加乎。（二）人類者。隨知慧之發達。而益能洞察未來者也。動物者。於現在之生活感瞬時之苦痛而已。及其生活之大不利。而竟死。則固非其所豫知也。人類則往往豫見不幸之相襲。老死之不可免。而恐怖之。憂慮之。以增其苦痛。是最大之苦痛也。畏死之念。常有迫人以自殺者。（三）人格有二。不僅現實之己。而又有理想之己。是也。理想之己。其受損也尤易。其感苦痛也尤劇。名譽之不得。戀愛之不遂。爲苦痛最永之源泉。人之受誹謗失名譽也。其苦痛蓋遠過於支體之創傷也。重以此等傷殘之機會。隨文明之進步而益增。蓋文明程度益高。則社會益以複雜。人類互相依屬之關係。益紛多而強固。則人益立瘀抨擊之衝。觀農夫之生活。大抵蕭閒。而政治家著述家之生活。抑何況瘁。則思過半矣。（四）人類之生活益發展。則同情之感益發達。而人我之苦痛交迫之。動物者。見其同類之苦痛及死亡。而漠然不爲之動。人類則雖在野蠻蒙昧之時代。而已寄同情於其周圍之人。見其所愛者之疾病若死亡。則與身處其境無異。是故最善良者最多苦痛。蓋既有特別之苦痛。而又加以普通之苦痛也。無鬱憂病之痕。而能爲善士偉人者。非吾所能想像也。

　　此等見解。非不合於事實。其如所見太偏何。人類進化。不特感受苦痛之性。因而增劇。其於快樂之一方面。亦復日益激昂。日益複雜。而且日益鞏固也。吾人若假定有脊動物之苦感。較無脊動物爲強。則於肉體生活之現象。説明較易。如取蟲類而引裂之。彼亦誠感苦痛。然較之犬類僅

截一股神經之時。不可同日語也。而犬類當狩獵之際。其快樂之感。又豈
蝗蚓得食之樂所能比擬與。

是故吾人若本真理而言之。則不能不據厭世家之說而爲之補正。
（一）彼謂人類隨生活之發達而需要增。則苦痛亦增。夫需要增進。則所以
應其需要之作用。不亦與之增進乎。吾人緣是而動作日益複雜。則得施展
其最偉大最發達之能力。而快樂之感。亦隨之而增劇矣。試觀德意志海岸
之居民。若農夫。若職工。若漁夫。若水工。其較之歷史以前同地居民之
生活。何如耶。彼其勞心力。感困乏。誠倍蓰於古人。然其勤動之效果。
亦豈古人之快樂所能比擬者。吾人非敢質言快樂之增進。較苦痛爲劇。其
理或然。而特無以證明之。雖然。使必謂苦痛之增進。較快樂爲劇。又豈
有說以證明之與。

（二）彼謂人類因豫知將來之苦。而觸發其憂恐。則苦痛益增。然使一
切苦痛。僅成於一時之感覺。則非吾人所難堪。蓋吾人之所以爲缺乏憂愁
及肉體之苦所壓制者。以爲由此發端。崦將不能驟脫云耳。至於快感之所
以有價值。乃誠在豫期之希望。故吾人敢質言人類之感情。因希望而益增
恐怖。蓋無所謂不幸矣。人之氣質。不必盡同。而吾人於將來之豫期。被
欺於恐怖者。不如被欺於希望之甚。至於記憶。則尤常以樂天觀欺吾人者
也。吾人於過去之幸福及勝事。常存於記憶。而爲快樂之源泉。記憶者。
以理想改正過去之圖畫。悉删其所雜苦痛之痕迹。而僅留快樂之印象者也。
至於過去之苦痛。苟充塞記憶。則失其刺戟之性。如彼遭破家之戚者。爲
不覺苦痛之憂鬱。是也。且吾人常因經驗之困難災禍。而發生自尊之念。
試觀自敍行述者。夫孰不有護前之癖與。

（三）彼所謂理想之己受損之苦痛。則夫競爭勝利之日。因完全之名譽
而得快樂者。優足以償之。人之求名譽也。使不勞而獲。則亦何以發展其

高尚之才力乎。且如理想之己。雖受損傷。而吾人固自有療治之良藥。此尤吾人所不可不記憶者。損傷及疏略皆能使人矜持。而矜持可以藥苦痛。此則叔本華所當引以自省者也。

（四）生於同情之苦痛其理亦然。人我既得幸福以後之快樂。優足以償之。諺曰。貽人苦痛。苦痛僅半。貽人快樂。快樂二倍。信斯言也。快樂之利益。四倍於苦痛。然則人我同情之感。不且於人類幸福有至大之效力歟。

約而言之。由文明進步。而苦痛之種類及强度。固隨之以增。然快樂亦然。是以歷史派之樂天主義者。謂歷史之進步。確增幸福。而其厭世主義者。則又謂確增苦痛也。吾人於此兩説。皆無以證明之。蓋在理論。雖皆能自圓其説。而在實際。則無可爲證憑者。吾人惟得一最確之結論。則所謂文明進步。則感受性增進。而苦痛快樂皆益自强大而已。然則苦樂之比例相等與。曰、是或然。然苦樂之和。必非如正負兩數之和而成零。蓋吾人觀於康健及普通之體格。多於病弱而畸形者。則不得不疑快樂者。較之苦痛而尤爲普通矣。雖然。吾人反覆求之。所謂感情之種類及强度者。不特不能統計而已。且吾人當統計之始。不得不於一定之時間。而詢各人以爲苦爲樂。而答者恆曰。余兩無所感也。使問者欲再請其注意。而彼必答以不能。然則人類自於其苦樂之感。抑何嘗有特別重要之關係。如樂天論厭世論哲學家之所論證者與。

（五）道德界歷史之厭世觀。道德界歷史之厭世觀。盧騷於前世紀之後半。所大聲而疾呼者也。彼以爲人類原始之狀態。無罪而有德者也。自文理進步。而以漸澆漓。故吾人苟能以漸接近於原始之狀態。則純潔樸厚之德。以漸發見矣。是等美德。決不能見於巴黎交際社會。與夫非色野王宮。惟於農夫牧豎之間。庶幾遇之耳。彼之第一著述。最膾炙人口者。對於科學藝術能否改良風俗之問題而作者也。彼謂道德頹廢之原因。即當於科學藝術之發達求之。其後提容耐 Diyoner 大學①以人類不平等之原因問題。懸賞徵文。彼作文以應之。則變其前此之見解。而謂道德頹廢之直接原因。在社會階級之發達。其略曰。文明進步。而貧賤富貴主從之區別起。人性本善。而漸加以不良之進化。一方面。使爲若主者有倨傲驕侈殘虐之行。又一方面。使爲臣下者有怯懦卑屈虛僞之習。重以社會分化。而事物漸有背於自然評價之傾向。事物之自然價值。準實際需要之度而生者也。而在社會。則以便宜之價值。代自然之價值。凡事物能使有之者顯著於社會。其價值始貴。如珠玉本無何等價值。其所以有價值者。供文飾之需耳。自社會以此等爲富貴之標準。而始得莫大之價值。此其價值。由爲他人所不能有而起耳。知識亦然。在文明社會。有知識者得以顯著。然其知識。非人生實際需要之知識也。有實際需要之知識者。其爲人。常謹慎而聰明。而所謂文明與學識之作用。則屢屢與是反對。抑壓人類健全之常識。及自然之判斷力。奪社會根本道德之文雅。而代之以虛僞及浮華以腐敗社會之生活焉。彼於民約論中。約言當時文明及啓蒙之關係曰。吾人有不德之名譽。不愼之理性。不幸福之快樂而憶。此尤傳誦一時者也。

　　盧騷之見解。亦復持之有故。而究不免失之偏激焉。由文明進步。而社會分化。新生種種惡德。誠所不免。然種種美德。亦由是而生。不可忘也。爲君主者。於前述諸惡德外。不亦嘗有勇敢大度節制威嚴審慎諸德乎。爲臣下者。於前述諸惡德外。不亦嘗有忠節致身誠實諸德乎。凡人在社會間之地位。苟適宜於其天賦之能力。則其從事職業也。其性質之發達。較爲便利。此無論其地位之上下。而皆當認爲有幸福之關係者也。事物亦然。

---

① "容耐 Diyoner 大學"，不詳。

文明之産物。不徒有技術之價值而已。科學及藝術。固不免有增浮飾靡者。然期合於自然應於實際之價值。亦不得而抹搬之。貨物之由工商業而製造。若輸運者。豈得僅視爲有技術價值而已乎。盧騷夢想自然狀態之無罪而有福。此路易十五世①時代之夢而已。是猶南海諸島及北美土人。其所夢想者。非實際世界之反映。而僅爲反對其社會生活之狀態而已。吾人苟直接與曚昧之民族交際。則決不能見有矜持正直福德具備之野蠻人。如十八世紀諸小説所描寫者。善乎。約翰穆勒之論自然也。曰、人類貴重之性質。非自然之賜。而文明之效力也。吾人平心而觀察之。勇敢、誠實、清潔、節制、正義、仁愛、諸德。皆爲後天之性質。而恐怖、虛僞、不潔、無節、粗野、利己。則轉爲野蠻人類之特色焉。

　　然則道德者。果隨文明而進步乎。吾人誠所贊成。然而歷史家之持厭世主義者。對於穆勒之見解。則力攻之。以爲未開化之人民。固未具有文明社會之美德。然而文明社會之惡德。則彼亦無之。不觀歐洲大都市之無賴社會乎。又不觀隱匿於善良社會之名。而其祕密爲舉世歡迎之著作所暴露者乎。凡野蠻人之凶德。彼等何所不有。穢劣之佚樂也。狡獪之惡意也。兒戲之伎倆也。是等豈皆變例乎。以文明之數量計之。不道德方面之發展。蓋遠過於道德之方面也。是等思想。欲有以質證之。莫如具體之問題。試考察新德國國民之道德。以與啟蒙時代。宗教革命時代。十字軍時代。以至日耳曼時代之德人相較。其優劣果何如乎。吾人得爲結論曰。文明進步。則道德之文化。亦隨之而進是已。蓋快樂及苦痛之感情。日益增劇。則德與不德之程度。亦日益發展也。動物者。立於奇零之點。無善無惡。道德之分化。始於人情具備之時。人類在最幼稚之階級。彼此互相類似。尚無

① "路易十五世"，即路易十五（Louis XV，1710—1774），法國國王（1715—1774）。

明瞭之區別。及文化進步。而各人善惡之識別漸彰。其間庸俗之流。尚在中立之地位。善惡之衝動。兼收而並蓄之。惟具特別人格者。始可確然爲善惡之區別矣。一方面。爲神聖之愛。致身之忠。對於眞理及正義之熱誠。而一方面。爲非常之敗壞。雖然。即此兩方面而對比之。善多於惡。惡之爲變例。爲對比於善而顯著之之作用。蓋不容疑。崦其事殆將與世界終古焉。希伯來之神語。謂自然世界。自明暗分離始。歷史世界。自善惡分離始。基督教本之以演爲教義。則謂歷史之內容。由其善惡分離之閱歷而成。神界。魔界。善惡之對比。到明晰也。而人類位於兩界之間。次第分爲二羣。或超入神界。或墮落魔界。及全人類悉爲兩界所吸收。則爲審判之日。對於作惡而墮魔界者。爲絕對之分離若放逐焉。

　　或曰。苟文明進步。而吾人快苦之感性增。於是道德分化而善惡之強度亦增。則所謂道德及幸福之增加。能多於不德不幸之增加者。可疑也。且歷史之自然閱歷。不能放逐邪惡。而必待末日之審判。然則厭世主義。非至當耶。人生無正鵠。無價值。如叔本華所揭者。非正當耶。人類之不辭勤苦鬱悶、而以身爲犧牲者。不亦大無謂耶。

　　曰。吾人不能作是想也。謂善之與惡。快之與苦。常以同一比例而發現。及增加。因而積極及消極兩分等之和。等於零者。殆不合於事實。善與幸福。較之惡與過誤。常過重。而此過重之分量。又常爲同一比例。此雖無術以證明之。而不妨姑信之者也。信斯言也。則吾人於厭世主義之說。又安能贊成之乎。

　　厭世主義之論證。率以歷史生活之價值。爲在能實現絕對幸福絕對完全之終局。此謬見也。此等終局。本非吾人所可期。蓋歷史之生活。所謂一無抵抗者。非吾人所能想像。而所謂絕對幸福絕對完全之世界。不特吾人之黽勉無所用。而生活亦且廢棄也。且也。生活之價值。本不在其終局。
而在乎全體之閱歷。故待別之生活。皆各有其價值。如幼稚及青年之價值。
初不在乎能達壯歲。而自有其幼稚時代少年時代之價值。其在壯年及晚歲
者亦然。此事亦得以歷史證明之。吾人之思想。常希望將來時代之幸福及
道德。勝於前代。然使其不能爾爾。吾人固亦未嘗歸咎於歷史。蓋時代者。
不徒爲馴達完全正鵠之階段。而又以其各遂固有之生活。有獨立之價值也。
希臘羅馬之國民。初不以其遺文明之澤於吾人而生活。彼等固自有其生活
也。彼等之生活。自占人類全體大生活之一部分。非僅附屬之價值也。人
類之歷史。即如原始基督教之所希望。僅及基督降生後第一世紀而止。而
以前歷史生活之價值。初不以此而消滅也。惟是歷史生活之各時日。雖各
各自嘗甘苦。自占價值。非其餘事實所能奪。而其價值之所以高。則在與
後此時日爲合理之結合。蓋歷史生活。猶演劇也。彼實至大之劇。而詩人
所編之劇。則不過模倣其斯須耳。人未有謂劇之各齣。必待全齣告終。劇
中人物皆有歸宿。而後得價值者。蓋各齣者。固於全劇內容之中占其一部
分也。而此各齣者。又不可爲孤立之斷片。必有扼要之樞。以組織爲合理
之全體。歷史之閱歷亦然。特別之事實。特別之人物。決不止於無關係之
集合若繼續。而必能形成合理之全體。雖然。孰能舉人類歷史由全體觀念
而演繹爲各部份之狀態者。鑿鑿言之。如善觀劇者之定評乎。是爲歷史哲
學之職分。而終恐此等說明。

　　終爲神之哲學所獨具。如畢達哥拉士之言也。格代曰。吾人之於人類
歷史。猶常人之觀劇也。徒賞其特別之事狀。常新之變化。而不能領會其
全體之意義也。吾人研究歷史。常由各方面。蒐集斷片。其能鎔合此等斷
片爲全體。以抉出人類歷史神聖之思想而說明之者。不特尚無其人。而亦

不能期其人於將來。惟吾人往往有見其全體組織之願望。是即所以使吾人
能信宇宙者必有普通之理性。循其內界確不可易之性質。以聯合歷史生活
之要素者也。吾人之爲自敍也。常自爲訟直。苟人類當其末日而作自敍。
則見其歷史中種種劬勞争鬪困難失敗之蹟。亦必自爲訟直。而決不爲神惡
論之口吻也。

第
四
章
一

害及惡

（一）物理界之害。人類之害。余別爲二。物理界之害。及道德界之害。是也。物理界之害。又有二別。一外迫之害。其原因在自然界者。是也。一自具之害。吾人身體及精神之弱點。是也。

物理界之害之外迫者。即一切自然勢力。能障礙吾人之所需要及希望者也。磽土之民。恆濱凍餒。居熱帶若寒帶者。其動力常爲氣候所壓抑。其他若水旱地震一切意外之災害。皆屬之。綜合是等一切之害。而以一最普通之概念言之。則得謂之吾人動作之鵠之抵抗。抵抗之最普通者。苟其無之。則吾人之動作及動作之鵠。亦隨之而消滅。世界一切之事業及文明。固無不起於抵抗決勝也。使田自生穀。圃自生蔬。則無所謂稼穡樹藝。使氣候適應於身體。則無所謂建築。使一切什器。天造地設。則無所謂工藝。如是。則與方士所謂仙境者無異矣。夫吾等所居之世界。所以異於仙境者。正以有各種抵抗。因而有與此抵抗相應之動作。故吾儕今日之資性。與其居於仙境。正不如居此實際世界之爲宜也。至若特別之抵抗。則其及於吾人之效果。亦與普通抵抗無異。洪水者。示隄防之法。火災者。啟建築進化之機。雖亦有特別之人。或於特別之抵抗。特見爲有害而無益者。然能利用之。則亦未嘗不可以轉禍而爲福。他日追憶前事。將恍然於不幸之遇。未必非福也。禍害之來。或以自力勝之。或以他人之助而勝之。則不惟不爲吾害。而轉爲美利。事後思之。其樂無量。此其況味。人亦孰不經驗之哉。

　　由是而知自具之害。若所謂身體及精神之弱點者。其效果亦然。使有人焉。其體魄至强。其角勝外界之力至大至久。迥絶恆蹊。又若有人焉。具絶人之智力。識別事物。從無遲疑謬誤。則其所得。乃與前所謂居仙境者無異。蓋人類勢力之增。與外界抵抗之減。其效本同。充其量。必至於仙境而後已。穀物之有價值。以其力耕而得之。若不勞而獲。則價值盡失。人之能力。亦猶是也。吾人具此官體。適宜於此世界之生活。故種種生活。與吾人之意志感情無不相應。居超越人世之境者。固宜別有超越人類之官能。而吾人之官能。固適合於吾人之職分矣。且使吾人僅此官能。而又益以疾病或聾瞶廢疾之屬。益有以弱吾人之性質及勢力。而其效果。乃亦與外界意外之害相等。疾病者。教人以衛生卻病之術。且使病者及其家屬。知整理家政。鼓勵其生活之勢力。而養成忍耐恭順親愛惻怛諸美德。至若聾瞽諸疾。雖不免有困難之際。然或因此而使其他官能。具特別之能力。有特別之發明。蓋常有之。吾人雖不能舉種種疾病。而悉臚舉其效力。然吾人自具之害。苟能利用之。亦未嘗不可以轉害而爲益。則固已較然可覩矣。由是觀之。害者不特爲現實者。而且爲必有者矣。

　　鳩之能翔於空中也。以有空氣之抵抗。而彼乃以爲苟無空氣。則其翔也更自由。此康德所以諷人。使知悟性之動。必須經驗實事者也。人之意思。不可無對象之抵抗。亦然。無抵抗則無動力。無障礙則無幸福。純粹之幸福。爲純粹之真理然。有之者其惟神乎。在人類。則享幸福者必當有障礙若損害。猶之識真理者必當有蒙昧若謬誤也。

　　（二）道德界之害。物理之害。爲人生所不可少如此。抑未知道德之害。即吾人所謂惡者。果如何乎。

　　余以爲惡者。亦人類歷史生活所不可少之原質也。何以言之。凡惡之原型有二。曰肉慾。曰我慾。肉慾者。感官之衝動。或爲理性及道德之力所不能制。而暴露其弱點。如放蕩、怠惰、輕率、怯懦、及一切不節制之類。是也。我慾者。損人以利己。如貪慾、不正、惡意等之淵源。是也。苟肉慾我慾。一切消滅。則世界因無所謂惡。而亦將無所謂善。慎重、忍耐、剛毅諸美德。必有與之抵抗之肉慾存焉。使人類無苦痛之恐怖。則無所謂剛毅。無快樂之剌①戟。則無所謂節制。故惡朕不存。則美德亦無自而起也。無待乎惡而爲善者。意者其惟神之德乎。然而非吾人之所可思議矣。人類交際之德。亦必有感官自然之我慾。與相對待。苟無我慾。則正直仁愛之德。亦無自而生。蓋一切美德。無不含有克己之原質者也。

　　不甯惟是。即外界實現之惡。亦爲玉成美德之一要質。驗美德之擴充。由其與實現之惡相競。違反正義之事。使見者受者。勃然增權利之思想。詐僞狡猾。所以表真摯篤實之價值。而殘忍谿刻。則又爲慈祥寬大之反影也。

　　凡人類中所稱爲偉人者。無不先與惡競。蘇格拉底之名。於今不朽。以其爲宵小所忌。仰藥自盡故也。耶穌之所以爲耶穌。亦以其被磔於十字架故。彼不嘗自言之乎。曰。我之所以備嘗艱苦者。即所以躋於莊嚴圓滿之域者也。蓋其甘處磔刑之心象。所以激人類畏敬之心。與夫堅定之志者。其力莫大焉。使當時無保利賽人。Pharisaser②無腐儒。無凡僧。無俗吏。無

---

① “剌”，有誤，應爲“剌”。
② “保利賽人。Pharisaser”，即法利賽人，公元前 2 世紀至公元 2 世紀猶太教一派，强調保守猶太教傳統，反對希臘文化的影響。

狂亂之民人及凶殘之兵士。則不能映表耶穌。是等惡象。猶莊嚴佛像之金粉然。古昔讚美歌。蓋以此等爲救世主運送幸福之罪過焉。

是故吾人苟於古今歷史中。删除其一切罪惡。則同時一切善行與罪惡抵抗之迹。亦爲之湮没。而人類中最高最大之現象。所謂道德界偉人者。亦無由而見之矣。

不惟此也。歷史界生活之内容。亦且因之而消失。蓋歷史生活之形式。不外乎善惡相競之力。與時擴充而已。鄰國無侵畧之謀。則何事軍備。國民無不軌之行。則焉用法令。軍備法令。國家之所以與外交内政之阻力相競爭者也。使一切阻力悉去。内而人民。外而國際。無不以正直、平和。慈祥、樂易之道相接。則戰争、外交、裁判、警察、行政界一切進取之氣象。悉爲之消失。而圓滿之國家。亦不可見矣。宗教者。亦不外善惡相競之形式。使諸惡不作。人類悉爲神聖。則宗教亦隨之而滅焉。

惡之不可免也如是。然則惡亦爲正軌乎。其亦與善有相等之價值乎。余以爲不然。惡之爲惡。非自有存立之價值若權利。特對待於善而存立。以爲實現諸善之作用云耳。善之與惡。猶明之與暗。畫工不設陰影。則無以發光彩。然其本意。固在光彩而不在陰影也。猶古人所言烘雲託月也。詩人亦然。不描寫庸惡陋劣之迹。則無以見俊偉美善。然其本意。固在俊偉美善。特借庸惡陋劣諸象以顯之耳。無論生活界歷史界。凡善皆獨立自存。而惡則附屬之以爲刺戟抵抗之作用。故惡者。消極者也。無自具之價值。其爲實現之事。則由對待於善而然。彼本具自相矛盾之性質。故無組成之力。康德曰。惡者。與其矛盾破壞之性質。不能須臾離者也。然則世界無積極之不德明矣。

不德之無規則。如誤謬然。凡真理皆有盡一之統系。而誤謬則無之。

耶比克脱 Epiktet[①]亦作 Epictetus 斯多噶派哲學家生於六〇年卒於一二〇年）曰。誤謬者。無正鵠者也。目前之事實。善人或蒙困厄。惡人或被尊榮。而歷史則有公論焉。仁人義士之生涯。雖極至艱難辛楚。無地自容。而功德既立。千載不朽。其同時庸惡之流。雖窮極豪侈。而沒世則名不彰焉。此歷史之所以垂訓者也。觀耶穌之事。其理最明。蓋歷史之迹。足以動吾人高尚之心堅定之志者。誠未有如耶穌被磔之甚者焉。

方披拉圖斯（Pilatus）[②]之罪耶穌也。曰汝不見罪汝赦汝者在汝目前乎。其意氣之壯如此。當是時。彼之目中。固僅有一僭稱猶太王之一狂人。其死生存亡。與羅馬帝國曾何關影響。然自今觀之。則不特主客易位。而披拉圖斯與其他俗僧凡吏之事迹。悉皆湮滅。其所流傳後世者。僅此磔死狂人之事跡。蓋德人敍耶穌慘死者。不能不及披拉圖斯之名。故耶穌遺馨千載。則彼亦隨之而遺臭。其所以千載不朽者。非其榮譽。特使後人知當時裁判教案之人。不足爲定讞云爾。

由是觀之。惡人之事蹟。率皆湮滅。其偶有流傳者。特爲粉飾善人事蹟之具。固確不可易矣。

然則吾人安知此等記憶。非即神之意識中無上記憶之一部分。而此等悠久之意識。非即精神界事物本原之實體耶。且安知此等善爲實惡爲虛之意識。其在無上意識中。非如光爲實暗爲虛之確實者耶。

昔奧古斯丁（Augustinus）[③]嘗本雅里士多德勒之言。以駁波斯教徒（Manichäer）曰。惡者無自具之性質。特因善之缺陷及消失而名之爲惡耳。

---

① "耶比克脱 Epiktet"，即愛比克泰德（Epictetus，約 50—約 135），古羅馬新斯多葛主義哲學家。
② "披拉圖斯（Pilatus）"，即本丟·彼拉多（Pontius Pilatius，？—36），羅馬帝國猶太行省的第五任羅馬長官，判處將耶穌釘死在十字架上。
③ "奧古斯丁（Augustinus）"，即奧勒留·奧古斯丁（Aurelius Augustinus，354—430），羅馬時代基督教神學家、哲學家，教父哲學的主要代表。

斯賓那莎及拉比尼都。亦以爲圓滿及實現者神而已。善與惡之區別。本於吾人不完全之考察法耳。其在統一事實之神。則一切皆爲必有。皆爲圓滿焉。夫吾人不能離我而考察事物。而吾人於一切事物。既知其爲寫象。而非本體矣。且吾人知惡者非與善有同等之價值。而其對待於善也。亦非有積極之勢力。然則世界雖善惡互見。而不得謂世界之無價值。固已明矣。

（三）余之見解非寂靜主義。世或以余之論害惡也。謂有不可免之性質。因疑爲寂靜主義者。是大不然。余之見解。非謂害惡既不可免。吾人當安坐而認容之。謂既有害惡。則吾人隨時隨地皆有攻擊之制壓之之責任也。蓋世界之有害惡。所以供吾人攻擊制壓之鵠的。苟吾人見其爲必有而遂認容之。則大誤矣。疾病之不能振起醫術。及練習忍耐悲愛之情者。困窮之不能動心忍性者。詐僞之不爲真理戰勝者。惡意之不爲善心屈服者。是皆實際之害惡。吾人不可不盡力攻擊之而制壓之。豈有坐視其蔓延者乎。

或難曰。害惡既爲世界所必有。則世界未毀。害惡終無由而滅。吾人雖努力攻擊之制壓之。亦徒勞耳。斫須特拉 Hydra[①]之頭。屢斫而屢生。（見希臘人傳奇中 Hydra 卒被 Herkomer 所焚死）斫之何益。信斯言也。其不袖手而坐視者幾希。

余答曰。吾人之與害惡競爭也。其動機之所由。不在戰勝以後滿志之寫象。而在於受此害惡之壓迫。人明知達一需要。除一障礙。則必又有一新需要一新障礙隨之。然曾不足以殺其奮進之力。蓋無論何等事狀。必有一必得之效果。即以正攻邪。以善攻惡之實際。是也。吾人最重之職分。不在滿足人類之幸福。而在自營其正當之生活。此其正鵠。隨時隨事。皆可以達之。格代曰。有能力者。直道而行。不問其效果如何。諒哉。清靜

---

① "須特拉 Hydra"，即海得拉，古希臘神話中的九頭水蛇。

無爲。而坐待害惡之迫壓者。不特不能制壓之。而且爲之屈服。不勇敢。不活潑。是即沮喪衰弱之源也。苟自强不息。則不惟自感其能力之可恃。而且時時覺害惡之屈陷於我也。此其爲滿足也何如。夫豈以去一害惡又有一害惡隨之。而遂爲之短氣哉。未來之害惡。關係於未來之人類。非我所敢與知。而除去目前之害惡。則吾人之職分也。

由是觀之。余之見解。非導人以寂靜。而實使人甯靜者也。吾人知究竟之效果。知善之必勝。則足以消憤怒之情。而起悲閔之念。何則。人苟見惡之終勝而善之終敗也。則矜閔惡人之心。雖仁聖猶或難之。今則不然。惡之爲物。本無可存之價值。其所以存。則將以發揮吾善也。則悲閔起而憤怒殺矣。耶穌之將死也。不詈凡僧俗吏。而乃爲之禱於神曰。請恕彼等。彼等蓋不自知其爲惡也。夫彼等欲滅耶穌。而卒無效。耶穌雖被磔。而精神終古不朽。彼等乃反爲天下後世所詬詈也。雖然。是固非耶穌所爲。彼等自造因而自食其果焉。

詩人之寫善人也。雖處困厄悽愴之境。曾不憤怨其反對者。而從容就死。如科迭利亞、Cordelia①特西摩奈、Dcsdemona②是也。然彼等卒能以善勝惡。惡之勢力。不足以破壞其內蘊之平和。而適足攻錯之。以成其完全之品格。過此以往。惡之爲物。不期滅而自滅矣。

由是觀之。吾人之於害惡也。必以正大及活潑之作用與之力戰。使歸於善而後已。則始爲盡職焉。

世人對待害惡。常有二誤。（一）意氣沮喪。轉爲害惡所勝也。（二）神經銳敏。於害惡之原素。分析太過也。精析害惡者。海姆利脫 Hemlet（相傳西歷紀元前五百年頃之魔王）之技。適以自取覆亡者耳。

---

① "科迭利亞、Cordelia"，即考狄利婭，莎士比亞戲劇《李爾王》中的人物。
② "特西摩奈、Dcsdemona"，即苔絲狄蒙娜（Desdemona），莎士比亞戲劇《奧賽羅》中的人物。

（四）論生死。夫人之所視爲大害者。曰死。無論其爲一人。爲國民。爲全世界之人類。殆皆視爲不免於死者。

雖然。是謬見也。人之有死。不特自外界觀之。有不可免之勢。即自內界察之。亦實有不可免之鵠焉。格代曰。死者。自然界所以得多許生活之善策也。夫自然界欲營歷史之生活。計誠無善於有死者。無時代之變易。則無歷史。不死之人類。其將營所謂非歷史之生活乎。此其內容。非吾人所能想像焉。且也。既無所謂死。恐亦將無所謂生。人類無親子之關係。則凡深邃之道德心。如慈孝親愛。恐亦將無自而付界。是故人類既欲營歷史之生活。則死之不足惡。固亦明矣。且也。人類之生活。本非有無限之性質。蓋限於其能力若內容也。自生理學及心理學觀之。各種動作。皆有循環之傾向。故思想行爲。恆有一定之形式。然又有一相等之原則焉。即循環之動作。恆不免積漸萎縮其作用。而終抵於麻痺之境。意志及悟性。變動不止。積久則亦漸失其應變之彈力。人之老也。雖日接外界之事物。而不能受其新影響。亦無自而利用之。茫茫然若隔世之人。及其既衰而死。則並非外力侵襲之咎。而其本體固不能不如是矣。在生者視之。以爲彼既盡其生活之職分矣。雖死無憾。即死者之自視也。亦然。然則生者死者。皆以死爲自然之規則焉。何害之有。蓋死者之所欲爲。夫既已經驗之矣。其所爲者。固已顯於世界矣。其所爲盡力之子孫。若國民。若眞。若善。若美。則固不隨之而俱死也。曾何憾焉。

若乃中年早逝。未得盡其職分。或生無幾時而夭折。則事殊前例。幾不可解。又或疾疫蔓延。無論賢愚老少。死亡相繼。則雖賢人君子。亦不免因而惶惑。蓋此等特別之事。誠未易以理論證明其正鵠。當此之時。惟有感人力之微弱。悼天道之難知。而益增其敬慕上帝之念而已。惟早逝之人。爲生者所戀悼。恆倍於尋常。希臘人常以青年士女之早世①爲非不幸。梭倫 Solon②之言可證也。且以他方面觀之。則皆夭死之不專屬於老人。而其他少壯者。樂易者。勤奮者。亦或不免。此等生活界普通之秩序。亦稍稍有可以理論。證明其正鵠者。如希臘賢人布里柰 briene③之訓毗亞斯 Bias④曰。汝平日所以自完者。當使汝雖旦夕而死。亦無遺憾。與壽至百年無異焉。此稍稍足以解釋之矣。吾人之壽夭。不能自知。雖速死而無遺憾。雖老壽而不失其毅力。吾人所當務也。無問壽夭。而悉已爲之準備。則雖死而何憾耶。（按此與吾孔子朝問道夕死可矣之意正相脗合）

　　人死而功業足以利後世。則其人之生涯。猶存於子孫國民之中。雖謂之不死可也。若乃國民有時而滅亡。世界有時而殄滅。則奈何。時則人生價值之基。不且一切爲之破壞耶。夫國民生活之階級。不能免於循環。與一人無異。而僅有大小之別。此不可易之論也。徵之歷史。國民皆不免有老衰萎縮之時。若思惟行爲一定之習慣。若歷史沿襲之思想。若構造。若權利。與時俱增。於是傳說足以阻革新之氣。而過去足以壓制現在。對待新時代之能力。積漸銷磨。而此歷史界之有機體。卒不免於殄滅。當是時也。各人又安有能力。用以生殖傳衍。本舊文明之元素。以構新歷史之實質耶。人類全體亦然。雖非歷史所能證明。而以此論推之。知其不免於絶滅。徵之物理學。恆星及太陽系統。綿當歷生長老死之階級。其生也。自他星體而分離。由是發展焉。成熟焉。經無量數之生活。而乃老衰焉。萎縮焉。若地球。若人類。亦莫不然。

　　人類之不免於殄滅也如是。然則人類之生活。又有何等價值耶。余以

---

① "早世"，有誤，應爲"早逝"。
② "梭倫 Solon"，梭倫（Solon，約公元前 630—前 560），雅典政治家、改革者、詩人，"希臘七賢人"之一。公元前 594 年出任雅典執政官，制定法律，進行改革，史稱"梭倫改革"。
③ "布里柰 briene"，即普里安，古希臘地名。
④ "毗亞斯 Bias"，即拜阿斯（Bias），生平不詳，"希臘七賢人"之一。

爲不然。花之開。數日耳。歌舞。數時耳。而價值自若。凡内容有限者。其現實亦不能無限。人也。國民也。人類也。其生活皆然。其本質之内容本有限。其發達安得而無限。凡事物有限者皆無常。互永劫而不失其現實性者。惟無限之實體而已。然而人類之不免於滅亡。其一切價值。並不因之而消失。否則人類何爲而勤動。何爲而困苦。何爲而競爭耶。將謂其爲最後滅亡之種屬乎。則又不合於事理。凡一種屬。苟於其生活若本體。既無價值矣。則不能因其父子相傳時代之關係而忽生價值。然則人類之價值。決不因其與最後種屬之關係而生也明矣。科學哲學文學美術之價值。由其影響於現在之人類而成立。其尚能及效果於未來耶。非吾人所敢預言。如煩瑣哲學。Scholastische philosophie[1]業已過去。業已無裨於吾人。然不能謂其無價值。以其於中世後半紀人類之生活。有至大之價值也。無論何等哲學。其價值均不能歷刼而常存。文學美術政治法律皆然。世間事物。孰非無常。然決不以是而失其價值。蓋生活之全體若各部。固各有其鵠者也。且夫世人之以其生活及生活之内容設想爲滅亡者。非所謂死。而在時間經過之每一瞬間。使凡事物過去者皆謂之滅亡。則吾人之生活。每一瞬間。常往而不止。即常滅而不存。又何待死。使過去者猶不滅亡。則人類之生活。常爲現實者。常爲有關係者。雖死亦不得而殄滅之矣。死者。不過生活連續之截止。而不能影響於過去之生活。使謂過去者必無價值。而現在者始爲現實。吾人與夫吾人之生活。必在現在吾人之意識中者。始有現實之性質乎。然而現在者。一點耳。非有廣狹也。吾人之生活。成立於包有過去及未來之時間之經歷。而不能成立於現在之一點也。使以吾人過去之生活爲與非現實同義。則是謂一切生活。無有含現實之性質者也。豈其然乎。

---

① "煩瑣哲學。Scholastische philosophie"，即西歐中世紀占統治地位的一種基督教哲學——經院哲學。

第
五
章
—

義務及良心

（一）義務感情之起原。上文所述。於吾人之意志。何自而滿足。及意志之性質。以何爲正鵠。已可明瞭。蓋吾人既知意志之正鵠在舉一人若一種族之生活而保存之。發展之。吾人又分析善之原素。知人之行爲及性質。有增益小己及他人安甯之傾向者。始謂之善。以是爲準。而持以判斷一切行爲之價值。亦與意志之正鵠無悖焉。雖然。猶若有與之矛盾者。蓋吾人恆以不爲其所欲爲而爲其所當爲者爲善。善者。盡其義務之行爲也。而義務者。不必與自然意志之趨向相同。是謂義務與性癖之矛盾。人之循性癖而行也。未行之前。義務之感情常諫止之。苟不從其諫而決行。則既行以後。義務感情又從而責罰之。然則性癖之所視爲善者。在義務感情則以爲惡。吾人因以意志之反對性癖而現爲義務感情者。謂之良心。

由此等現象觀之。若大有可疑者。吾人所欲爲之善。與吾人所當爲之善。較然相反。將何以解釋之乎。將吾人往昔之一切考察。皆有誤乎。將道德界之所謂善。與吾人自然意志之所謂善。僅同其名而不同其實乎。

欲決此問題。不可不先研究義務感情之起原。

　　夫執意之實體。何以有當爲之感情乎。義務之感情。與自然之性癖相
矛盾者。果何自來乎。將別由超絶自然界而入於執意之實體之統系中乎。
持宗教見解者。則曰。良心者。神之聲也。

　　雖然。其意善矣。而無裨於説明。蓋倫理學之不得以神爲原因。猶物
理學也。自然律及道德律之基本。誠在超絶界。而吾人欲爲經驗界事實之
説明。則不得立基於超絶界。而仍當以經驗界爲範圍。且余固已得之於經
驗界矣。

　　達爾文著人種原始論。不嘗於其第四章言之乎。彼嘗證明獸類感情之
發展。與人相似。曰。有母犬臥撫其雛。見主人出獵。欲從之。既而戀其
雛。不克從。及見主人獵而歸。則帖尾乞憐。若甚愧者。蓋悔其不忠於主
人也。家畜亦有二種衝動。（一）本之自然者。（一）得之於訓練及習慣者。
不免日彷徨於兩衝動之間。達爾文以爲　是義務感情之本式也。其發生之端。
即由決意之本於教育若習慣者。與其自然衝動相衝突。於是時也。内界有
一種感情。迫以棄自然衝動而從其本於教育習慣之意決。是即原始之義務
感情也。吾人雖亦能反對其本於教育習慣之決意。然不免因妄徇自然衝動
之故。而動其憂苦慚愧之情。是爲良心不安之本式。良心之不安。亦得謂
之由交際。若技術之本能。本永永運動。故對於目前至强之自然衝動之壓
制而反動也。此等感情之發展。在人類尤爲强大。蓋人類之記憶過去。較
之獸類。益久而益確。則其本乎教育習慣以決定其意志。而與目前之自然
衝動相反對者。其力自益强矣。

　　難者曰。如是。則於人類之義務。何以有特別之權威者。尚未之説明
也。命以當爲之權威。非由自然衝動之生活而發生。而良心之反動。與歉
於自然衝動之感情。又不同原。然則所謂義務者。其對於自己意志之權威。
又何能發生於自動衝動之統系中乎。

　　余以爲此等事實。亦得以進化論之直覺説明之。蓋義務之權威。生於意志及習慣。申言之。則生於人與全社會之關係也。

　　習慣者。在一種屬中各分子意志動作之大同者也。其在禽獸。即生活之本能。凡禽獸之生活。隸於三種原理。曰衝動。曰本能。曰己之經驗。屬於衝動者。營養、呼吸、生殖、各機能之營爲。屬於本能者。營巢、作窟及遷移之隨氣候而逐水草者。是皆本於其先世生活之閲歴。不學而能。是謂有機之智力。此等智力。或不本於其先世。而爲其所新發明者。則己之經驗也。

　　惟人亦然。而擴其本能之範圍。則成爲習慣。習慣之同於本能者。在於不知不識之中。以複雜之職分。適應其生活之正鵠。是謂種族之智力。而其與本能異者。雖不必意識其適應於正鵠。而常意識其存在及其責任。蓋習慣之普通形式。常以當爲云云或勿爲云云命令人己者也。故吾人得謂習慣爲有意識之本能。彼不若本能之得諸遺傳。而得諸教育。不得於自然之決定。而得之於意識之動力也。更進而求之。則習慣者。爲全社會意識之動力所維持。尤異於本能。彼禽獸之不徇其本能者。受自然界之果報。而人類之不徇習慣者。則受外界人人之反動。如非難排斥之類是焉。

　　請舉其例。高等動物。某生殖機能。類皆爲特別發展之本能所左右。當挐尾之期。常一牡一牝。或一牡數牝。同棲而爲家族之生活。以阻他牡之雜交焉。常於猴類見之。（達爾文人種原始論[①]第二十章）蓋其本能能左右其生殖機能。使勿羅雜交之害。此等秩序。確有保存生活之傾向者也。其在人類。亦有婚姻之習慣。或一夫一妻。或一夫多妻。其於將來之種族。則以教育養成其習慣。尤以女子教育爲甚。貞操淑德。所以確保各人之習

――――――――――――――

① “人種原始論”，即達爾文所著的《人類的由來及性選擇》。

慣。有違之者。輒爲社會所不齒。教育之效果。綿延於交際社會之中。違道德訓誡者。固爲人所斥責。而違習慣者。則反動尤烈。婦女不貞。則永爲各家族所擯斥。而男子之娶之者。亦隨之而爲社會所輕蔑矣。

　　其他種種習慣。恐亦有基於本能。與此相類者。如殺傷掠奪。自昔著爲厲禁。此等習慣。恐亦起原於獸畜合羣之本能也。人類成立國家。由於權威與服從之關係。而亦於獸羣中萌芽之矣。由是觀之。義務者。不起於一人內界之意志。而實由外界以無上之權威脅成之。明矣。義務原始之內容。風俗也。習慣也。及人類益進化。而義務與風俗習慣之關係。以漸變更。而義務遂具人格之性質。然溯其原。則義務者。不過徇習慣而命令其生活。蓋本乎父母師長祖先及國民之意志。而指示吾人。雖謂之以習慣之權威爲服飾。可也。由人類最高之權威。而更發展之。是謂神之權威。神者。模型人類而爲之。以國民之意志爲其意志者。及宗教發展。而神遂爲習慣及權利之保護者矣。父母之權威。國民之權威。神之權威。三者。由當爲云云之感情意識之。是感情者。即所以裁制性癖。使服從於最高之意志者也。謂之最高意志者。以其非由外界脅迫而束縛之。乃發自內界無上之權威。使不問事勢如何。與脅迫束縛之有無。而必服從之焉。

　　（二）義務與性癖之關係。吾由是得返之於前之問題。而論合於義務之善。與合乎性癖而增人安甯幸福之善。其關係如何。

　　余本上文之結論而言之。則曰。以風俗習慣之概念媒介。則可以調停於義務之善與性癖之善之間矣。蓋人之有風俗習慣。猶禽獸之有本能。所以推行種種生活職分之行爲。而使之合於正鵠者也。風俗習慣之力。有裨於社會之保存。與各人正當之發展。而義務之於人。則以其行爲不與風俗習慣相悖爲期。然則合於義務之行爲。即所以增進各人及社會之安甯幸福。而吾人之意志。又安有不以人我之安甯幸福爲鵠者。是故意志之正鵠。實

與義務之命令一致。性癖與風俗習慣。一人之意志與社會之意志。其所以
規定各人之行爲者。大抵相合也。以前舉之事例證之。風俗習慣。屬於男
女居室之關係者。無論一夫多妻。一夫一妻。要皆以確立家族生活之制。
而使之得以持久。夫人之意志。亦孰不以持久其家族生活爲鵠者。然則性
癖與義務。殆無所爲扞格。其或有扞格者。偶然耳。且如殺傷掠奪。而自
昔風俗習慣之所禁。豈非以其與各人之意志相反故耶。各人之意志。皆以
種族安甯爲鵠。則必願其同族之人互相友助。互相親睦。諺曰。人爲社會
之動物。以此也。其或相殺傷焉。相掠奪焉。則誠偶然之事耳。風俗習慣。
以社會之保存及安甯爲鵠。而社會之所由保存安甯者。在整齊其家族之秩
序。維持其內部之平和。苟有不合此等風俗習慣之種族。則其與守此風俗
習慣之種族相遇而爭存。未有不爲所屈服者。是故社會之安甯。包容各人
之安甯。而各人之幸福。不能獨立於社會幸福以外。則雖謂風俗習慣之所
期。即在各人之安甯可也。而吾人無不自期其安甯者。則雖謂各人之所期。
亦即風俗習慣之所期可也。人而欲達其所期乎。舍風俗習慣。無他道焉。
自一方面觀之。本風俗習慣以盡其生活之職分。與固有之正鵠最宜。由又
一方面觀之。苟違於風俗習慣。勢必與全社會相衝突。而小己之安甯。無
自而保存。然則風俗習慣與小己之意志。義務與性癖。夫豈非相合者其常。
而相反者其變耶。

　　不觀風俗習慣入人之意志至深耶。苟有一人焉。欲破壞風俗習慣。則
人人出死力而保護之。是故風俗習慣之普及而無阻。爲人人所同欲。偶有
一二人與之相背而馳耳。苟非人人所願其普及而無阻。則即不得以風俗習
慣名之矣。是故道德律者。非特某事當爲之空談而已。乃正以表彰實事界
普及之形式。謂之自然焉可也。

　　然各人意識中。義務與性癖。往往見爲互相扞格者。何耶。曰、是亦

有説以處之。蓋各人所以有風俗習慣之意識者。必在其性癖之鵠與風俗馳之時。苟性癖與風俗習慣相合。則良心無自而見其作用。良心之沈默。即其贊同性癖之時也。平時夫婦相愛。並不意識其爲義務。一旦愛及他人。則意識夫婦之義務矣。婚姻者。意癖所贊成。故不意識其爲義務。然時而人人以家族爲累。避之若浼。如古代某某民族。濱於滅亡之時。則社會及各人。皆以婚姻爲人之義務矣。生活之義務。人所不意識也。一旦有自戕其生活之性癖。則知自殺之不德。而意識生活之義務矣。饑食渴飲。人未有目爲義務者。然生活既爲義務。則飲食亦然。而人固未嘗意識之者。以其與性癖無差池耳。若遇有禁其適當之飲食。或阻其大食暴飲者。將不期而有義務之意識矣。財産亦然。凡以財産之增殖及保存爲義務者。皆在其殖産之衝動有所不足之時。以通例言之。凡財産義務之意識。皆在制限之條。如毋偷盜、毋詐欺、毋貪、毋吝、是也。言語之意識爲義務也亦然。毋多言、毋躁、毋詐、是由。由是觀之。義務者。衝動之制限也。有義務必先有衝動。無衝動則亦無所謂義務。溯義務之源。乃屬於消極者。其曰毋如是云云。乃由衝動之軼出其畛域而人始意識其有制限之義務也。其爲積極之式。則不曰汝當云云、而當爲吾欲云云。及其自然衝動之有所歉而義務生焉。乃易吾欲云云、而爲汝當云云耳。

是故義務與性癖之衝突。變例耳。義務之命令。即道德律。所以爲全社會實現之意志。表彰其性質及趣向也。道德律之有變例。猶生理學焉。其數皆甚少。道德律。本至複雜之現象。而得其經驗之規則者也。人固有聾聵暗啞者。不以是而破人能視聽言語之規則。人即有淫盜詐欺者。亦何足破夫婦有別財産有制言語有信之規則乎。

吾人苟即國民全體而考察之。則可以渙然而無疑。蓋國民全體之性癖。恆與義務一致也。國民常欲代表道德律。道德律者。非由外鑠我。而國民自己之意志之表彰耳。惟在各人。則偶有性癖義務衝突之時。或當爲而不欲爲。或不當爲而欲爲。於是意識之中。常覺道德律之自外來而制限其意志焉者。然以普通之意志推之。則終以贊成道德律之命令者爲多。且見他人之違道德律者。恆以行爲言語若思想抑止之。而無所躊躇也。

（三）評康德之見解。本康德之見解。則道德之基本。即在性癖與義務感情之衝突。彼以爲人之行爲能有道德之價值者。必其一循義務感情。而不假性癖之力。或且反對現在之性癖焉。因性癖而仁慈者。無所謂道德。華克菲爾 Wakefield①（英國 York 州之市）有牧師焉。自謂一生愜心之事。在未嘗以疾言遽色臨人。其友人亦共言其如是。以康德之說評之。則此等品行。雖脗合於義務。而不必有道德之價值。與他種性癖無異。以其達於道德界循義務而非循性癖之定律也。康德之言曰。有人於此。無樂生之感情。雖有濟困扶危之力。而惻隱之心則無之。然彼尚以扶濟爲義務而力行之。是爲道德。人之於己也亦然。保其生命。增其幸福。循性癖而行之。無所謂道德也。及其不幸而墜至困大厄之中。以速死爲幸。乃尚以義務之故。而勉保其生命。乃爲真道德焉。蓋康德之意。以爲人類者。必於其意志中悉屏性癖衝動之屬。而粹然餘義務之感情。乃始可以評定其價值。然使人類僅以義務之故而行善。則枯寂無味。殆若傀儡。此其說之不衷於理。所不待言。而康德之說。要亦有可採者。蓋義務與性癖之衝突。雖非通例。本義務以抑制感情。雖不必爲道德價值之正則。然而道德之性格。要待義務與性癖衝突之時機。而始能表彰之。有一富人。拾十金於道。而返諸遺金者。吾人不能以是而遽定爲正直之人。以區區十金。無加損於富人之財產也。使有貧者。道拾十金。雖以得之爲利。而獨以義務感情之故。卒返

---

① "華克菲爾 Wakefield"，即韋克菲爾德，英國約克郡的一個城鎮。

諸其主。則吾人得以是而斷其爲正直。或且許之爲善人矣。是故其人之性癖與義務不衝突。其意志無本義務而抑性癖以定行爲之機會。則吾人無自而評定其人之品格。定品格之合於道德與否。必在義務與性癖衝突之時焉。

　　雖然。因是而謂從容中道之意志。遜於克私從理者之價值。則誤矣。而康德力持其説。彼以爲薄情之人。漠視他人之苦痛。而不以動其心者。較之富於同情之人。得天獨厚。蓋占有道德界最富之源泉者也。其行善也。無藉乎性癖。而悉循義務感情。是其於道德界爲有至高無上之性格者矣。夫若人者。其貴於薄志弱行之徒。固已。康德蓋循己之品格而論之。然吾人不能想象爲最高尚最圓滿之人格。何則。如所謂天使者。其意志渾然至善。不勉而中。以康德之説繩之。將不得爲至高無上之品格。然吾人又孰敢謂天使之性格未高尚未圓滿耶。

　　康德之視義務意識也過重。而其徒非希的 Fichte①尤甚。然吾人之行爲。不必皆由於義務之意志。則確爲事實。而亦不得謂之過失。至欲使決定意志之動機。一本於道德律。而因以制御一切自然之衝動。則非特吾人所不能。而亦可以不必也。自昔道德哲學者。恆欲以一切意志之動作。悉受指導於義務寫象者。始爲圓滿。斯賓那莎謂賢者專以理性之命令決定其意志。而不使其衝動有幾微影響於行爲。即邊沁及穆勒之所謂賢者。亦與之大同小異。蓋皆以斯多噶派及伊壁鳩魯派爲模範者焉。自實際言之。則理性若義務之寫象。不必若是其重要。蓋理性若義務之寫象。所以整理衝動。而不能代任其責。衝動之於生活。猶懸錘之於機械。決非理性所能代。何則。理性者。無運動力者也。

① "非希的 Fichte"，即約翰·戈特利布·費希特（Johann Gottlieb Fichte，1762—1814），德國哲學家，德國古典哲學的代表人物，主觀唯心主義者，著有《全部知識學的基礎》《自然法權基礎》《論學者的使命》《對德意志民族的演講》等。

康德一生痛駁合理論。而尚不能全脫其直覺說之範圍。及其歿後。學者始稍稍知貴自然。此時期之學說。所持以爲根本之直覺者。謂最高最善之境。非能由理性而思議之。亦非能由一種有意識之規則而實行之。乃由無意識之中。轉化而成立者也。此在美爲最著。而善亦如之。善及善之圓滿。不能由倫理學之規則而演出之。成立之。猶美之不能由理性演出之。而由美學之規則以成立之也。最純粹之美術品。由天縱者以無意識之感覺構成之。而美學不與焉。最圓滿之道德。亦由天縱者以其本能實現之。而倫理不與焉。美學也。倫理學也。皆無創造之力。其職分在防沮美及道德之溢出於畛域。故爲制限者。而非發生者。美及道德之實現。初不待美學倫理學規則之入其意識中。或爲其注意之中心點。不甯惟是。人苟以美學倫理學之規則、入其意識或爲其注意之中心點。則往往轉爲實現其美與道德之障礙。人之作書。泥於字書之規則。則反易致誤。此人之所稔知也。決正字學之疑問者。莫如執筆即書之爲當。決道德界之疑問者。亦以節擬議而促實行爲寡過焉。

平心論之。人類所以有道德之價值者。決不在深思義務。而意識其爲行爲之動機。蓋勉強而行之。與安而行之者。固未可同年而語也。傳康德者。其所述果確耶否耶。康德之爲人。果以義務爲其行爲之動機耶。非余所能知也。雖然。余敢自明。決不以此等敍事爲可貴。蓋義務感情。雖可爲去惡之作用。而大人君子。決非有以義務感情實現之者。大抵由活潑之地感情之衝動而陶鑄之焉。

（四）論先天直覺論道德哲學之謬誤。又有先天直覺論之謬誤二三事。不可不附論於此。蓋此派道德哲學。以義務之命令。如數學之單元。僅以直覺認識之者也。例如正直爲善。詐僞爲惡。不必知其所以然。而自認爲不易之真理。苟欲推究其原因。證明其理解。不特無所用之。而亦決不可能者也。

余以爲以事實言之。道德律者。誠無論何人。可以不求其原因與理解。而直認之爲眞理。蓋其內容。不外乎風俗習慣之由積極消極二形式表彰者。而風俗習慣。即存於全社會各人之意識中。人之所以知風俗習慣者。由其有種種特別判斷。足以褒貶人我種種之行爲者。每遇特別事故。直判斷之而不疑。此由於練習者也。人之所以知道德界普通形式者亦然。自幼少之時。而已鐫其印象。叔本華謂人常不憶其學而知之之眞理。而誤以爲天賦。諒哉言也。且一切指示行爲之言語。其意義中。率已含有道德界是非之判斷。如詐偽貪鄙。已含有擯斥之意。公平節儉。已含有褒賞之義。是也。是以詐偽爲惡之屬。其分析判斷之形式。確爲構成於先天。而後由道德律意識爲不易之大法。此無可疑者也。道德律不以各人若社會之利益爲標準。而直發爲不可思議之命令若條禁。此則直覺論之所表彰。確合於事實者矣。

然直覺論者。又由是而推演之。遂謂此等大法。初非以客觀界事實爲基礎。而倫理學之職分。在即種種之命令若條禁。循其體系而排比之。綜合之。藉以發見普通之定理。使得附屬於自然律焉。則大謬矣。蓋所謂不可思議之命令若條禁。見於各人之意識而爲道德者。其所以存在。所以正當。皆於客觀界有其基本。即其能維持各人及社會之安甯。是也。道德哲學之職分。在證明其基本。猶法律哲學之職分。在即法律之內容及形式而證明其基本。所以爲人人證明其交際界相當之職分。而發見其不得不然之性質也。各種科學。且未有僅以臚列事實爲鵠者。況哲學乎。

直覺論倫理學。尚有其他之謬誤。即謂良心者。無論何人。亦無論其際會何事。皆能於其主觀客觀兩界。確示以義務之命令。是也。康德曰。道德律命人以當爲之事。無論何人。皆易知之。又曰。義務之爲物。盡人知之。若俗究何者爲正當而悠久之利益。則必統宇宙全體而衡量之。決非吾人所能知也。

余以爲正當而悠久之利益。誠所難知。然謂義務之命令。盡人易知。則不合於事實。行爲之中。固有人人知其義務者。然不得謂凡事皆然。凡事理稍稍複雜者。其義務所在。往往不易知之。今有保險公司之職員。違公司之規律。而貽利益於逾期納金之被保者。自其良心言之。與偷盜等也。然其爲之也。非以圖小己之私利。而以助其友。則自其良心言之。是亦與義務衝突。仍不可不求公司之利益。而避其損害也。然使吾人又進而變其事狀。使被保者對於公司。一切如約。惟於形式之措置。小有不合。而公司亦得藉以爲不給保險金之口實。乃於公司付金之期。而職員偶見有被保者不合形式之措置。足以使公司不必給金者。彼又稔知被保人或其遺族。不得此金。則困厄將不可狀。然則何以處之。將隱匿其事以救被保者及礦遺族耶。抑暴露之以利公司耶。當此之時。其良心所指示者。以何者爲義務耶。即康德派學者。尚能準循理而行之格言明晰而斷之耶。

以盜竊之術取人財產。其爲背於義務。固矣。其或乘人之急。而貸之以金。徵取重息。又能以巧術遁於法網之外。而因以吸盡其財產。是亦宜良心之所斥也。然吾恐人之良心。或亦有許之而不禁之者。彼將曰。是徵取重利。而要不失爲一職業。人人急於自計。又何暇爲他人計耶。吾試更進而變其事狀。謂貸金於人者。其取息也。不可利己而損人。必其人我兩利者。然則貿易之事將如何。有一銀行於此。獨得西班牙革命軍不日起事之報告。而知其爲他銀行所未注意者。乃悉舉其所有西班牙各業之股票而售之。以嫁其至巨之損耗於買者。其行爲正乎否乎。在初入市場。未諳商情者。其良心必深以其事爲不安。以其違己所不欲勿施於人之義也。翌日而見買者。必不能無慙色。雖然。吾人之營貿易。必先問其有害於人否耶。此不可能之事也。凡貿易。非賣者買者各持利己主義而不顧他人之利害。

則不行。人孰不欲購廉價之物。於賣者之損耗與否。殆不暇顧。賣者亦孰不以其貨物之得售爲幸。其價值之果否相當。而果否有損於買者。亦恆有所不顧。正耶不正耶。其界限又何在耶。

　　此等事狀。猶其簡單者也。使更以複雜者考察之。則其理更易明。有一少年。既與一女子訂婚約。可不踐其約乎。夫約之不可不踐。不待言也。然使其訂約之始。未及審慎。而僅爲一時感情之所驅。既訂以後。乃始得其情實。而知一踐此約。則其身將淪於非常困厄之境。將不經彼女之承諾而廢其約乎。則其約固神聖不可侵也。將忍而踐其約乎。則既已知訂約之誤。而知踐約以後。彼此皆將犧牲其終身之幸福。然則將何以處之。彼女既不我絕。我遂與之婚耶。將遷延之耶。將遂因而自盡耶。抑以我之不能踐而不欲踐爲權利爲義務耶。

　　有一政治家。偶於其所屬政黨之一意見。不能贊成。而其黨方草一宣言書。以彰其黨之偉績。使彼簽名。彼從而簽之耶。是自欺也。拒之而不簽耶。將失其在政界之動力。而大爲前途之障礙。彼將何以處之。是亦非康德之定律所能斷者也。以吾意言之。則彼先當自問此事之關係果何如耶。如無重大之關係。則屈意而殉黨議。未爲不可。否則將不能共事也。苟其事而關係重大。則與其瞻徇黨見。毋甯離黨而自申其見之爲正焉。

　　難者曰。如是。則將使道德爲之無定。而疑義百出。莫可究詰矣。曰、道德者。非吾人能使之無定。而彼本無定。且亦無時而定者也。道德者。非可恃簡單之機械作用。本於先天能力。如所謂實踐之理性及所謂良心者一瞬而得之。又非舉種種特別之機會、而得以普通之規則包攝之者也。

　　謂無論何等事實。其合於義務與否。不難一瞬而知之。此爲直覺派道德哲學根本之謬誤。而又與他之謬誤相隨者也。彼謂道德之命令。爲一定之規則。不容有一變例。凡不合於道德律之行爲。皆爲悖於義務。皆爲不道德。吾既已辨之矣。請又述吾之倫理學説與直覺論最明晰之異點如下。

康德全部學説之中樞。即在以道德律爲至普通至正當之性。其性爲絶對者。爲合於論理者。而所謂合法性及道德性。則亦與之一致。正鵠論之道德哲學。則反是。其所謂道德律。乃與衛生術之本生理學以爲法則者相類。蓋皆取經驗之規則者也。然則道德律之不能無變例。與一切經驗規則何異。凡一種行爲。其於爲之者及受之者之生活。或益或損。誠常有其慣例。然人事至爲複雜。同此行爲。而忽生反對慣例之效果者。時亦不免。於是雖破道德律之形式。而未爲不道德。且或必如是而始爲真道德也。求之實際之行爲。實際之判斷。吾人蓋時見之。而直覺論倫理學。不能有以解説之。此亦其學説未純之一證也。

請舉其例。軍人之第一義務。曰服從。謂於其職務爲絶對之服從者。是也。軍人以服從爲義務。即近世國家所賴以存立者。其義務之重如此。故稍違之。則置重典焉。然間亦有破此義務而良心不之咎清議不之責者。如約克 York 將軍於韜落鏗 Tauroggen 宮之會議①（事在千八百十二年十二月三十普將軍 York 及俄將軍 Diebitsch 會議於俄之 Tauroggen 宮而結中立條約時拿坡崙一世方被窘於俄而歸）本一己觀察政界形勢之見解。公然背國王之命。破軍人服從之義。而與敵國結平和之約。此其行爲。尚合於義務而爲道德律所許可耶。以康德之律繩之。必不然。在將軍亦固知背王命而行。於國爲不祥。且一啓其端。他日即欲以普通之律繩檢普國之軍人。而或且無效焉。

將軍再四躊躇。而後決然行之。蓋將軍之所躊躇者。曰、吾背命而棄

---

① “約克 York 將軍於韜落鏗 Tauroggen 宮之會議”，即約克和奧爾巴尼公爵弗里德里克（Frederick，1759—1830）1812 年率普魯士軍隊遠征俄國，12 月 30 日私下與俄國將軍提比奇·薩巴爾幹斯基（Diebitsch）締結中立條約，斷絕普魯士與法國的關係，使普魯士免受戰爭影響。

服從之義務。極其流弊。可以亡吾國也。而其後乃決然行之者。則曰。吾不違王命而行之。則吾國且速亡也。卒之將軍之所爲。乃爲輿論所認可。普王蓋嘗欲責之矣。而旋以爲是。以及今日。歷史家無不以茲事爲有功於國者。且其事甚不利於法人。而法之歷史家。亦無以難之。是則官吏反道德之成例，違國家之命令。專斷政策以救國家之危急。而爲輿論所公認者也。凡事狀類此者。皆不能以普通之規則決定之。使僅僅持普通規則而已。則軍人者。不可不服從。雖值何等事勢。決不能違其服從之義務。而專斷政策者也。然而國家當存亡危急之際。非反經行權。不足以救亡而圖存。則不能不破普通之規則而行之。夫所謂普通之幸福爲最高之規則云者。固一切規則中神聖不可侵犯之條件也。軍人苟有誤犯此條件者。則政府雖以死罪蔽之亦宜。

　　道德律亦循此條件而規定者。故亦不能無變例。蓋道德律爲人類而存。非人類爲道德律而存也。法家之古諺曰。世界可滅。而正義不可不存。康德派之道德哲學亦曰。生命可壞。而規則不可不存。此其義。謂規則之重要。超於各種特別之正鵠也。然法律實爲國民而存。且欲藉以從道德律而反有破壞生活之效果。則吾人甯棄形式而取內容。舍作用而趨正鵠矣。

　　（五）良心。吾前者論良心之起原爲風俗習慣之意識。蓋即風俗習慣之存於各人意識中者也。而所謂良心之權威。則在監臨人類全體。抑制其反對道德法律之意志。而因以爲道德法律之保障。其於人也。始則爲父母師保之權威。以風俗習慣中種種客觀界之道德輸之兒童者也。進而爲社會之權威。其範圍較大。以名譽誹議。表彰各人行爲之判斷者也。進而爲法吏之權威。以刑罰禁止罪戾者也。又進而爲神之權威。則舉道德法律而託於宗教之徽幟者也。人之行動。苟與有此等制裁此等保護之道德標準不相容。則其執意。必爲其根本之意志所抑止。於是乎各種行爲。皆有感情以干涉之。未行以前。或鼓舞焉。或諫止焉。既行以後。或慊心焉。或悔恨焉。是爲良心之作用。良心之内容。隨民族而異。種種民族。有種種本質狀態。有種種生活條件。因而釀成種種風俗習慣。良心内容之不同視之。惟其形式。則一致。不外乎以高等意志之意識。自各人内界。抑止其不合道德之意志。且恆以此高等意志。爲超絶人間而本於神之勢力焉。

主良心原於神意之說者。不惟以歷史學心理學之解說爲不完全。而且更以爲危險。謂是直侵犯良心之神聖而殺其效力焉。即以歷史學心理學說明良心之學者。亦往往信以爲然。來 P，Rée①（所著良心之起原於一八八五年出板）氏研究良心之起原。而論以歷史學心理學研究之效果。曰、由是良心之命令。失墜其神聖。凡知良心起於人爲之說者。皆將違其命令而靦然無愧焉。

雖然。余以爲不然。良心命令之責任。固非特人類學學說中論理學之結論。若心理學之定義。所能使之破壞者也。吾人即確信論理學之結論。謂良心者所以表彰國民漸得之經驗。即道德足以維持人生。而不道德則足以破壞之。而良心之正當性質。並不因是而消失。然則吾人以國民之遺傳知識爲强證。而謂良心即道德之自然秩序。由客觀而反省。豈遂以此解說。而破壞道德秩序之正當性質乎。且至於心理學說。無論其對於風俗習慣者如何。而亦不必有何等阻力。凡人精神之作用。受之於遺傳若教育者。雖一旦證知其爲誤謬。爲無理。而其勢力並不即爲之消滅。邃於科學者。或不能脫迷信之習。持無鬼論者。或冥行而恐怖如常人。然則此等固非寫象及感情中謬誤無理之原質。而實爲其重要之原質矣。使人人無所謂道德及良心。而一切云爲。皆決之於計較及顧慮。則國民殆不可以一日存。此盡

---

① "來 P，Rée"，即保爾·瑞（Paul Rée，1849—1901），德國哲學家。

人所知也。雖大哲學家。未學以道德哲學指導其日用行常。而爲之指導者。衝動也。感情也。道德也。良心也。好善惡惡之情也。化學至進步矣。而人之味官嗅官。不因之而爲具物。日常飲食。所以別甘苦芳臭者。仍恃味官嗅官之作用。且其精審。亦有爲化學試驗所不能及者。調和飲食。人皆承數十百年遺傳之知識。而不必專依化學。化學之職分。在解説而不在發明。用以爲改良飲食之指南。誠非無補。然欲廢普通之耆欲。遺傳之知識。而一切本化學之理。以律飲食。則失之愚矣。世有欲屏除良心若風俗習慣之力。而專以道德哲學律行爲者。何以異是。

　　論者難曰。子言誠善。其如失不可思議之制裁何。余曰。不然。以余。觀之。人類殆必無以道德及神聖之感覺爲不出神意之一日。此等感覺。苟非有至深至久之基本。在宇宙性質中者。豈能無端而發現於人類之意識中耶。且人類之於世界。豈真若駢枝然。徒於其表面有偶然之關係。而與神之本質固無與耶。善夫施泰因泰爾引希波革拉第 Hippokrates[①]（西歷紀元前四六〇年生）之言以敍其言語學起原也。曰、一切事物。皆屬於神也。即皆屬於人類也。是誠能以歷史心理學發人類萬事之祕緘者矣。

　　論者又難曰。良心之起原。既如經驗論之説。終不免使人類有法律以外何所不爲之思想。蓋其初固以道德律而出於神之命令也。今若以神之有無爲可疑。又或決神之爲烏有。則舉其所謂命令而唾棄之。非自然之勢乎。余答曰。然。是誠自然之勢。而決非真理也。道德律即如經驗論之説。決非偶然斷定之制度。而實以宇宙之性質及人類之性質爲其根本也。其所謂良心。即道德生涯在客觀界適令自然之性。而反射於各人之意識中者。其於保存生活既有最大之價值。豈以研究其起原之故。而頓失其價值。譬如

---

① "希波革拉第 Hippokrates"，即希波克拉底（Hippocrates，公元前 460—前 370），古希臘醫生，被譽爲醫學之父。

古人。以人之言語爲本之神授。今已知其説之無據。而言語之價值。曷嘗爲之消失耶。

　　文典之規則。人既確知爲人類所發明。而其可憑藉之性不失。則道德律之起原。雖爲吾人所確知。而必不失其可憑藉之性可決也。國民之於知識界。無論何人。無不循其國語而承認其規則。國民之於道德界。亦孰不徇其風俗習慣而承認其良心之命令者。人固知國民之言語。即己之言語。國民之良心。即己之良心。而小己之執意及感情。固無不自國民演出者也。福禄特爾 Voltaires 學派①。以闢除迷信爲科學第一之職分者也。彼痛斥神學家良心説之妄誕。意氣發揚。大聲而疾呼之曰。良心者。無價值者也。良心者。狡猾之僧徒。欲陷人類之精神於奴隸界。而假造之者也。此等大言。使十九世紀進化論之人類學者。大爲之詫異。蓋進化論者。以一切人事。盡循自然之勢而發展之。假定爲其研究歷史之起點也。彼福禄特爾之流。闢除謬誤之學説。而并其所説明之本題。亦斥爲妄誕而無價值。則其説之不能成立。乃與神學家同。進化論者。確信普通存在之機關。必本於先天。而爲關係於保存生活必不可無之機能。故以説明此等機能與人生之發展。有何等意識。爲科學之職分也。

　　且科學於此等地位。尚不可不有實踐之職分。即不破壞其機關。而務有以保存之完成之是也。破壞良心。且僅僅因良心之釋義有本於妄誕之教育若妄誕之學説（神學）者。而遂并良心而破壞之。其於各人及國民之生活。不得不爲大恥也。舊學説所舉之良心。雖多缺點。且或有謬誤之點。然尚勝於無之。善夫希的微克 Sidgwick②之言也。（見所著倫理學之方法四

---

① “福禄特爾 Voltaires 學派”，即由伏爾泰創建的學派。伏爾泰，原名弗朗索瓦-馬里·阿魯埃（François-Marie Arouet，1694—1778），法國啓蒙思想家、文學家、哲學家、歷史學家，資產階級啓蒙運動的主要代表人物，反對專制制度和天主教。
② “希的微克 Sidgwick”，即亨利·西季威克（Henry Sidgwick，1838—1900），英國經濟學家、功利主義哲學家，主要著作有《政治經濟學原理》《倫理學史綱要》等。

七〇葉）曰。吾人於一切行事。如行世之道德者。苟發見其有缺陷之點。吾人改良之之責任。尚不如保守之之責任爲重要也。功利論者。於行世之道德。雖知其不出於理性。而本於人爲。然決不可以是而生厭薄道德之心。至於直覺論者之迷信。意以道德爲不可思議。爲神之規則書。則所當排斥。不待言也。蓋功利論者之於道德。固以尊敬驚歎之情考察之。見其組織之分子。經數十百年之久而成集者。乃如自然生物。能以其合於物理之有機體。挾其後天之構造。以適合於非常複雜之鵠的。其間固有不可不慎擇之者。而要之亦有影響於人類之幸福。故人類而無道德。則如有一至重至大之機械。關乎積極之規則者。猝失其所以運動之之道。此雖有政治家哲學家。將亦無可如何。而人類之生涯。洵將如霍布斯所謂日趨於寂寥、貧困、陋劣。且日近於禽獸。而亦無以久存矣。

（六）良心之分化。　　良心者。表彰客觀界之道德性於各人意識中。即以風俗習慣爲基本。故其普通之作用。固在防遏各人意志衝動之不合於規則者。然非其至高無上之狀態也。良心者。由其能爲圓滿生活之代表。而更有積極之效果。蓋有所謂理想者。先自國民之客觀界道德性。得其性質。而各國民則發揮其圓滿之寫象於宗教及詩歌等。蓋此等寫象。既充實於若人之意識中。則即由若人之著作而發現焉。自精神界歷史界之生活。益益發展。而此等理想。遂益益現爲特性者。爲各體者。一切歷史之發展。皆分化之作用也。學者之所假定。人類由原人分化。而爲種種之人種及民族。遂各有其種種之風俗習慣。以示其精神之特性。及其進化益深。則各人之精神亦由國民精神之本質而分化矣。民族之文化較低者。一族之民。種類大同。各人之寫象、思想、判斷、習慣、行爲、凡精神生活之內容。殆無不同者。及其更進化。而生活內容。益豐饒而駁雜。各人構造之差別益大。人之有各自研究事物之思想者。以其不慊於國民之宗教神話中所謂普通生活之思想也。而哲學即由是起。一切哲學之原始。皆由各人之思想。與國民普通之思想相暌。而各人之判斷。與風俗習慣之關係不固。則各人趨特別之方面。而形成爲特別之生涯。自由之生涯日擴其範圍。則羈束之生涯日縮其區域。各人之生活與他人之生活。益爲不失其特別人格之關係。如親子夫婦然。而與圖式之法則。益多齟齬。於是特別之規則益發達焉。

　　由是所謂良心者。遂一變其意義。向也範於風俗習慣。而各人自失其生涯之價值。今也屈於特別之理想。而社會乃失其現實之生涯。此等特別之理想。萌芽於國民定居之地域。與其風俗習慣。固不能全無關係。然以其與普通生活之內容及見解相暌。而抱此理想之人。遂與風俗習慣相衝突。其衝突也。不惟不爲良心之所咎。而反爲道德界必須之意識。於是乎主觀之道德性。對於客觀之道德性。而轉占高等之位置矣。

　　由精神意志中超人之力。形成其脗合人格之生活理想。而務實現之。至不憚與當時之客觀界道德衝突。而感化及於百世者。此歷史中最大之戰爭也。人類之英雄。即此戰爭之主人也。彼常反對人爵。反對無益及不純之理想。反對虛飾。以說明新真理。而顯示新準的。新理想。務使人類之生活。得新勢力。而益遂其高等之進化。基督則其人也。基督之宗教道德。較之當時國民之宗教道德。至爲高尚。其神之觀念。較之當時國民之神之觀念。至爲高尚。見夫國民之所謂正直。乃皆可鄙可悲。而不足行之以自麗。遂與其徒。蟄出國民規行之外。破安息日之禁。廢斷食之制。而易之以互相親愛之新命令。守舊者大懼。務保守其疇昔之規則。則遂與基督鏖戰而殺之。然基督雖備嘗艱苦。以身爲犧。而其道卒占勝算。由其篤信建立慈愛新國爲天命之說也。彼蓋對於後世之渴望神國真理正直而欲得之者。感精神氣魄親愛自由之不足者。熱心紹述其事業被磔被焚而不悔者。各示以至高之模範焉。

　　與此等聖賢反對者。有若拍拉圖之共和國中所述之暴君。有若布里哈

脫 Burkhardt①之意大利文學後古時期文明史中所述不畏神人大恣情慾之斯
否察、Sforza 波里加、Borgia 皆其人也。凡有强大之天才者。可以爲暴君。
即可以爲聖賢。格代所著之否斯脫 Faust 小説。形容精神界由極惡而至極善
之變化者也。其於第一篇。言否斯脫之爲人。蔑視國民之信仰風俗。而惟
以縱肆其大欲爲的。彼欲悉全人類所應得之福利而獨擅之。彼不惜犧牲無
辜少女使破其家族之幸福與其精神界之平和。以供彼之情慾。卒使少女格
利町 Gretchen 者。因彼而陷於殺母殺兄之罪。然彼一無所芥蒂。而投身於
缽羅克卑格 Blocksberg 之軍中。此殆爲格代自寫其感情之强烈者。其第二
篇。敍此窮凶極惡之人。轉而爲克己慕義之事。而其所以實現此觀念者。
尚若有所未副。蓋以第一篇之否斯脫。而奮自救拔。則惟有趨至高尚之鵠
的。而爲大悁鬱、大競爭而已。以暮年至巨之防水工程當之。尚爲不類。
以格代之天才。而所敍乃止於此。則以大悁鬱大競爭者。爲格代生平之所
未經驗。故以其遠軼於主觀範圍之故。而不敢縱寫之也。

　　大惡與大善之兩模範。其外界之舍風俗習慣而不顧。雖若相同。而其
內界之關係於風俗習慣若國民者。乃大異。暴君之所以爲暴君。蔑視風俗
習慣而破壞之。徒以自肆其情慾。將以專有樂利而擅握政權也。基督之所
以爲基督。非必欲破壞風俗習慣。而在欲實現其高尚之理想。彼固自知其
將不得名譽權威。而且受屈辱轢碟也。彼蓋謂吾受天命而來。固在普救衆
生。而非若常人之僅求榮譽而已也。

　　（七）道德界之虛無論。　道德界虛無論。所舉人格之特質。在無所謂
義務意識。無所謂生活理想。亦無所謂良心。彼本其學理。而屏斥義務命
令若道德律之不可據。曰、義務者。空名耳。生活者。在爭自存。利於爭

---

① “布里哈脫 Burkhardt”，即雅各布•布克哈特（Jacob Burckhardt，1818—1897），瑞士歷史學家、
　　文化哲學家，文藝復興研究領域的先驅。

存之作用。皆謂之正。殺人也。詐欺也。暴行也。苟其有效皆善也。以此
爲惡者。無爭存之能力而劣敗者耳。所謂法律規則宗教云云者。皆若主所
發明以奴隸臣民之精神。賢者固知其無服從之義務也。人無所謂對待他人
之義務。亦無所謂對待自己生活之義務。所謂理想者。如鹹水之泡。徒足
以玩兒童欺愚夫者耳。何謂善。曰、實行其所欲而無所忌憚之爲善。俄國
一貴人嘗言曰。余無所信。無所畏。無所愛。道德義務何物耶。恐怖希望
何物耶。親愛理想何物耶。自由自主之人。以現在爲正鵠。至於未來及過
去。何足道哉。

　　虛無論之說如此。吾人可以駁詰之乎。吾人可以使彼自承其誤乎。曰、
不能。使吾人告以彼之感覺。胡異於人。則彼將曰。余之感覺。誠異於諸
君。諸君雖見有所謂義務感情若理想。而余則無所見。且余亦欲見之也。
使吾人欲揭其短。謂徒顧目前之快樂者。可鄙也。彼將曰。不然。余以爲
無實行所欲之勇。徇空想而自謝目前之快樂者。乃誠卑劣耳。此等强詞。
於論理界殆無可攻擊。故吾人不能使彼自承其謬。欲使彼自承其謬。必彼
我之間。於生活價值。有感覺相同之點。無之。則一切辯論。皆無益也。
不惟無益。且使彼堅信其說。雅里士多德勒嘗曰。吾人於各問題。各學說。
不必評議也。惟見其有矛盾之點。可令自承其謬者。則攻擊之。否則徒辯
而已。余所不取也。足以箴今日學者好辯之風矣。

　　虛無論之說。不能以論理駁詰之。然果可以實行之乎。抑人類中果有
專顧目前情慾之人乎。恐虛無論者之作此空想。乃彼誤解自己。并誤解其
意志。彼之所說。乃非其所欲。彼於直情徑行以外。常有自保其生之欲望。
彼於觀念界亦有自保之沖動。彼亦不能自脫於其所斥爲虛飾虛僞者。彼自
以其感覺毫不受影響於世界之風俗習慣。若義務感情。而實不然。彼時而
有良心發見之時。在彼亦當自驚。吾人雖不能以言論之力。使彼有義務感

情之覺悟。然而彼固於不知不識之間。自有之矣。

　　吾人不能閉彼虛無論者之口。使自承其誤。猶之不認有日者。吾人勢亦不能以論理覺悟之。然而日之光明。盡人皆見也。虛無論亦然。病熱者恆見幻象。吾人不能使彼自知爲幻。病狂者恆有錯亂之觀念。吾人亦不能使彼自知爲錯亂。以其病熱病狂故也。爲人類學人種學者。見彼奉虛無論爲人生圭臬者。固已得其真相。曰、彼乃欠一人類應具之機關。而欠此機關之人。其沈淪墮落。大率如是。良心者。誠人類最重要之機關哉。且更進而研究之。則此等畸廢之精神。恆與畸廢之衝動相因而生。如沈湎酒色之癖。每與感情及意志之錯亂相隨。或且爲其原因。是也。此等精神畸廢。類皆抱厭世之想。或不免於自殺。其有不本於先天而僅爲知力錯亂之結果者。或不至若是其甚焉。

　　（八）義務語意之範圍。　關於義務觀念者。尚有一二疑問。如有功之行爲何謂耶。人類得爲義務以上之事耶。義務所許可之行爲何謂耶。義務所不命令亦不禁止之行爲。將無所謂善。亦無所謂惡耶。人果有對於己之義務耶。凡此等疑問。關於事實者少。而關於詞義者多。區別其詞義之廣狹。而昭然若發矇矣。

　　義務觀念。以最狹之義言之。則吾人對於他人主張之權利。而定其當爲及不爲。如償債、踐約、及勿偷盜、勿詐僞、是也。至其濟人之急。成人之美。則在義務以上。以其出於自由之意志。初非如前者之有所謂責任也。以此義言之。則無所謂對於自己之義務矣。

　　以義務之廣義言之。則凡與風俗習慣及道德律一致之生活及行爲。皆謂之義務。如有人揖我而問途。而吾不之告。是即違義務者。蓋義務觀念中。固有親愛同胞之命令也。若乃履危蹈險。舍身以拯人。則在義務以上。爲之則爲有功。不爲之亦無損於義務。蓋聖賢豪傑之所爲也。以此廣義言之。吾人得有對於自己之義務。發達自己之能力。是也。人若以疏忽之故而弱其身體。又或以懈怠放蕩之故而傷其精神之能力。是亦違義務者。然義務之責人。乃有一程度。所行者在此程度以上。即爲有功。於是義務許可行爲之概念。亦可定。雖有當務之職分、與盡其職分之能力。而偷安而不之爲。非義務所禁也。又如人雖別有當購之物品。而以佚樂之故。耗其金錢。此亦非義務所禁也。要之在尋常德行之範圍中。小有出入。固爲義務所許容焉。

以最廣之義言之。則行爲之被許容者、與有功者。皆無自而區別。如基督教徒之責其子弟曰。汝當完全其道德。如在天之父然。彼等決不能軼此要求以上。是以神之前無所謂功績。履行一切命令者。亦曰余盡義務而已。而人類終不能抵清淨無垢之域。雖在聖人。亦且曰余不過無功之僕隸焉。

第
六
章
一

利己主義及利他主義

（一）利己主義與利他主義非截然相衝突者。　所謂利己者。行爲之動機。係於己之利害者也。所謂利他者。行爲之動機。係於他人之利害者也。大抵道德論者。多以此二種動機爲鑿柄[1]不相容。故以爲種種行爲。非出於利己心者。必係於利他。而非出於利他心者。必屬於利己。因是而演爲二種相反之道德原理焉。利他主義之原理曰。行爲之有道德價值者。在其動機之純然利他者也。利己主義之原理曰。以一己之安甯爲種種行爲之鵠的。不但不當禁止。而實爲道德界不可不然之事。

始用利他之義之名者爲孔德。Comte[2]其意即如此。其主張至高之利他主義者爲叔本華。叔本華之言曰。凡行爲必有動機。動機者。非利即害。利害者。非關於己。即關於他人。凡動機關於他人之利害者。其行爲始有道德之價值。故道德價值者。生於利人悦人之行爲。否則其動機在一己之利害。則全爲利己之行爲。而無道德之價值。至於害人以利己者。則謂之

---

① “鑿柄”，有誤，應爲“鑿枘”。
② “孔德。Comte”，即奧古斯特·孔德（Auguste Comte，1798—1857），法國哲學家，社會學和實證主義的創始人，著有《論實證精神》《實證哲學教程》等。

惡而已矣。（見叔本華所著道德原理十六葉）

　　與叔本華派之至高利他主義相對者。爲至高之利己主義。至高之利己主義。常因反動而偶現。如尼采晚年之見解。蓋近之。此即叔本華利他主義之反動也。且叔本華所抱之感情。本有傾於利己主義之趨勢。彼嘗輕蔑平人而崇拜天才。謂人類所以有價值者。在少數之天才。而世人皆其作用也。勢必因而有至高之貴族性利己道德。如尼采所唱者矣。然而又有平民性之利己道德。則如霍布斯及斯賓那莎二氏之說蓋近之。其言曰。人各圖自存而已。是自然之秩序。而亦道德之秩序也。人各以其正當之幸福爲鵠的。是即正當之行爲。而道德之要求。亦盡於此矣。人各自得其幸福。即所以助他人之安甯。蓋人人正當之利害。固彼此相和。而殊途同歸者也。

　　至高之利己主義。其於論理界尚無所謂矛盾。且人人純持利己主義而行之社會。尚爲吾輩所能想象。人人純持利他主義而行之社會。則直非吾輩所能想像矣。且如經濟社會。以契約若賣買爲基本。利己主義之原理。間有因之而實現者。蓋經濟社會中人。各以己之利害爲鵠的。集同此鵠的之人。而後乃有此社會也。若粹然之利他主義實行。則人人各注意於他人之利害。而於己無與。社會將有土崩瓦解之勢。其爲不可行也至明。而粹然之利己主義。其不可行也亦然。蓋基本於利己主義之社會。雖若可以想像之。而非人之心理所能實現也。即如經濟社會。雖注意於自己之利害。然而感情之影響。禮儀之離合。他人位置之關係。一己良心之勸阻。種種動機。嘗迭出而障礙之。人類果能僅有一利己之動機、而悉去其他之動機乎。果能捨皮相之利益、而擇取正當之利益乎。眩於目前之利益。而失正當之利益。果吾人所能免乎。以爭自利爲幟。吾恐社會之無自而維持也。況休戚相通。若父子夫婦之關係者。非以利他感情而基本。烏乎能哉。母以利己之故而育子。若亦非必不可有之事。而實際乃不可得。所謂母子利福無不一致者。亦不過詞義範圍之關係而已。凡吾人以關於他人利害之感情爲利他感情。所以別之於利己之感情也。而論者或曰。利他之感情。亦我之感情也。故亦得屬之於利己之動機。而一切動機。皆爲利己者。蓋吾人之行爲。皆由我之意志及感情之發動而決定。初未有以他人之意志及感情決定之者也。雖然。是説也。仍不足以調和利己利他之兩種感情也。蓋如彼之説。則所謂利己之意志發動。乃遂不能無直接利己與間接利己之區別。而間接利己者。猶是利他之意志發動也。是故吾人得決言之曰。無利他之意志沖動。則人生亦無自而成立。猶之無利己之意志衝動也。小而一人。大而社會。非兼此二者。殆不足以遂其生活焉。粹然之利他主義。與粹然之利己主義。皆謬誤之道德原理也。悉本於謬誤之人類學。彼等皆以古昔理論之各人主義爲前提。以爲人者。各以絕對之獨立而生存。其與他人交際者。偶然耳。而人與人之交際。非利己則利他。持利他論者曰。利他之行爲。道德也。其他或無善無惡。或爲惡。利己者反之。曰、凡一人與他人之關係。皆求遂其己之利益而已。邊心於所著立法原理之卷端。記一種直覺。即此二主義之基本也。其言曰。社會者。由各人集合而成之想像團體。各人者。其會員也。此等直覺。自十八世紀之季。德人已皆唾棄之。蓋國民非想像之團體。而各人亦非想像之會員。國民者。實際連合而生存。其與各人之關係。猶軀幹之於四支。四支由軀幹發生。其有生命也。由於軀體之有生命也。各人由國民而發生。其有生命。有動作也。亦由於國民之有生命也。各人爲國民之一員而動作。其所言。則國語也。其所抱。則國民之思想也。其所感所欲。則國民之感情及欲望也。而國民之所以存立。則亦由各人生殖及教育之作用。此各人與社會之關係之在於客觀界者也。及其現於各人之主觀界。若意志。若感情。則遂不復有自他之區別。此吾人所親歷也。惟道德哲學者不承認之。而乃有粹然之利己主義與粹然之利他主義。各不相容。要亦違於事實之謬見而已。徵之實際。凡人皆未有單純主義之行爲。而其行爲之動機及效果。常徘徊於利己利他二者之間。而其畛域亦稍稍泯滅矣。

　　（二）以行爲之效果核之。　人之行爲。能無影響於一己及他人之生活者。未之有也。故吾人考察一切之行爲而判斷之。勢不能不於人我之幸福。皆有所注意。知昔人所謂對己義務對人義務之區別。決非正當之部類也。背於對人之義務者。決不足以爲對己之義務。背於對己之義務者。亦決不足以爲對人之義務。

　　自衛其生。若粹然利己者。然稍稍考察之。則知一身之健康。不徒一己之關係而已。一切障礙。恆由其發生之所。而播影響於四方。凡不慎於衛生而致疾者。一家恆受其影響。至其身罹重疾。則不但家族悉爲之戚戚。而生財必損。靡費必增。人人悉被其累。而其人本有職業。則必以疾病之故。使其同僚。於自盡其職以外。又爲之分任其勞。然則人之康彊無疾。而足以任職者。其利益於人。不已多乎。是故余甚贊成斯賓那莎之説。謂自保其身。即人生第一之基本義務也。苟人人本於理性之自愛心。較今爲深。則人生之苦痛。將去其强半。人人無沈湎酒色之失。則人生之不幸。殆十失其九矣。其於生計界也亦然。經商殖貨。似以利己。然而職務之勤勉。家政之整理。皆由是而生。是亦對於他人之義務也。其直接之效果。在家業之昌榮。子女教育之良善。而鄉黨國家。咸享其利益。國民之繁盛。必以各家族之繁盛爲基也。否則放蕩無藝。奢侈無度。不特害於爾身。而且凶於爾家。其陋劣之習慣。孱弱之體質。數代遺傳。不復可改。馴致敗壞風俗。流毒全國。其影響顧不大與。

　　於是吾人得斷言之曰。人之品性行爲。有裨於一己之康健者。即有裨於社會之進步。有礙於一己之康健者。即亦有關於社會之退化。即斯賓那莎所謂吾人當以利己者利人是也。而轉而求之。則凡裨益社會之公德。實行之者必足以增一己之安寗。而違背之者亦適足爲一己之障礙。蓋無疑矣。

　　發展社會公德之區域。以家族生活爲最重要。人類之中。以家族生活。包容其對人之義務者。殆占多數。人之行爲品性。凡能增家族之幸福者。皆於一己有至良之效果。固不待言。而善教子女。尤兩親最大幸福之源泉。不善教育者之惡果。亦視不盡他種義務者爲尤烈焉。吾人通例。以生計界之公正爲對於他人之義務。而實亦對己之義務。有多數俚諺足以證之。社會中亦常於不知不覺間。作如是觀矣。此等觀察之合於真理。雖不能以統計學證明之。而得以心理學證明之也。覬不義之財者。常足殺其正直營業之性質。然恃詐偽以自存。則無論何時。皆瀕危險也。由正當之職業而獲利。足以自增幸福。若由偷盜而得之。則不足重。如曰不然。則雖僅僅爲一次之偷盜。又能不浪費而保存之者。何以人人仍目爲不義之財耶。全社會之是非褒貶。恆關係於各人一切之行爲。人即一時幸遁之。而積久則終有受其裁判之一日。古今以祕密之行爲而得幸福之效果者。未之有也。人皆知謹慎公正温良爲對人之義務。然此即自求多福之道。人嘗能推己及人。使親戚朋友。皆得平和福祉。則其平和福祉之先。必反射於己。而以傲慢猜忌狡獪獰惡之行爲。貽苦痛於人者。其苦痛之反射也亦然。由是觀之。對人之義務與對己之義務。決非截然分立者。一身之安寗。與家族社會國家。互相錯綜。能自盡其義務者。即以增社會之安寗。而爲社會盡義務者。亦即以增自己之安寗焉。

　　（三）以行爲之動機核之。　吾既即行爲之效果。求其利己利他之區別而不可得矣。吾再以行爲之動機求之。而其不可得也如故。蓋一行爲。非起於一動機。物理界之運動。常有多許之因緣。意志之決定。亦有多許之動機也。一行爲之起也。其所以結合而爲之原因者。有本於固有之意向者

焉。有本於臨時之事狀者焉。人之意向。或關於性質。或關於生活。其因
已多。而臨時事狀。又包有直接間接之請求、懲惡、諫止、賞譽、誹譏之
屬。則尤複雜矣。爲農夫者。耕耘穫積。窮年而不倦。由於利己之動機耶。
抑由於利他之動機耶。此無謂之問也。使吾輩問農夫曰。汝之勤於田園也。
爲己乎。爲人乎。彼將以問者爲妄誕。否則將答曰。不如是。則田園將蕪
也。曰、田園何以不可蕪。則曰。是農夫之恥也。彼其所以治其家者亦然。
自倫理學者考察之。則知農夫之勤於田園以益井里。教其子弟以助國家。
悉出於彼之所自願。彼又務增進其生計界之動力。使必舉彼之行爲而區別
之。若者爲己。若者爲人。則竟有所不能。要之種種行爲。均爲己而亦爲
人。合有意識及無意識之鵠的爲總量而決定之者也。凡舉各種行爲而別之
曰。若者爲己。若者爲家族。若者爲這會。是與計快樂之數量者同。皆倫
理學家誤以概念之區別爲事實之區別者也。

　　其在學者及美術家政治家。何如乎。凡學者當其七十生日若其他令節。
則世人所以頌祝之者。必曰。是人者。爲國民若人類之幸福而盡力者也。
而其人亦或以此自表。如伏爾弗 Wolff[①]自序其所著之書曰。吾愛人類。吾
書皆爲利人而作云云之類是也。夫伏爾弗之言。余非不信。然吾抑不知彼
著書之初。固嘗先提一人類幸福之問題。次則計畫其何以利人類者。乃始
發見其所謂理性之思想。而後執筆而書之耶。是不能無疑。吾意伏爾弗必
先得一問題。而務欲明辨之。繼則既得明晰之思想。而欲以筆達之。於是
時也。時而思透澈其論。以邀讀者之激賞。學術雜誌之表彰。抵制反對者
之攻擊。其愉快爲何如。時而思盡力發揮真理。則得使利益人類之認識。
益高其價值。因而成此多種之著作也。夫由此種種之希望而著書。其所著

----

① "伏爾弗 Wolff"，即克里斯蒂安・沃爾夫（Christian Wolff，1679—1754），德國哲學家，德國自
　　然法學派的集大成者。

之書之價值。並不因之而貶損。至於專爲利人之鵠的而著書者。亦不必無遠劣於好名者之所著也。叔本華者。素不措意於他人之利害者也。其著書也。皆欲洩其所窺見之大祕密。而公之於世。未有以利人爲鵠的者。彼之著作。如詩人之行吟。美術家之奏技。自實現其精神界之祕妙而已。夫使世界有我而無他。則一切著作。誠皆無謂。無聽者則演説家必不啟口。無讀詩者則詩人文士或未必下筆。然當其經營之始。固不必專爲他人設想也。格代嘗語伊克曼 Eckermann[①]曰。余未嘗以著述家之責任自繩。如何而爲人所喜。如何而於人有益。余所不顧也。余惟精進不已。務高尚余之人格。而表彰余所見到之真若善而已矣。

英雄之致身者亦然。留尼達士 Leonidas[②]（斯巴達王紀元前四九一四〇年）率其隊與波斯大軍力戰而死之。其動機爲利己乎。爲利他乎。是亦無謂之問。而強欲分其所不可分者也。彼爲祖國而戰。固無待言。然祖國者。彼之祖國。而非異邦人之祖國也。如曰。彼爲其名譽而戰死。然彼之名譽。非即斯巴達之名譽耶。吾人尚能強以利己利他之名區別之耶。於是吾人得爲之論曰。凡致身者。亦所以自存也。所以存其觀念之己也。彼之不惜以生命爲犧牲。乃欲存其大於生命高於生命之己也。消極之自殺。無關於自存。不得謂之致身。凡所謂致身者。皆含有利己之元素者也。所謂舍己殉人者。矛盾之言耳。致身者無不圖自存。其所以舍財産若生命而不顧。則以其所保有大於此焉者也。反之而小人有以貨利之故而賣其朋友、若名譽、若祖國者。彼固非有惡於朋友名譽祖國。特以貪貨利而爲之。故君子小人之別。在其所見之幸福高下如何。而人格之高下隨之。蓋觀其所

---

① “伊克曼 Eckermann”，即約翰・彼得・埃克曼（Johann Peter Eckermann，1792—1854），德國作家，歌德晚年的助手和摯友。
② “留尼達士 Leonidas”，即列奧尼達（Leonidas，？—公元前 480），斯巴達王（公元前 491—前 480）。

見幸福之價值。而得以定其最深之意向矣。

物理學者。嘗言宇宙間無一孤立之點。物質世界之各原質。皆與他原質互相影響。道德世界亦然。各人之行爲。必有影響於全道德界。而全道德界之現象。亦必反應於各人之行爲。全道德界之現象。勢不能究竟其效果而證明之。亦猶物理世界。不能究竟一運動之效果也。一巖石之落。似不足以動地球之重心。而必非無所動。一人對於煙草若咖啡之好惡。似與煙草咖啡全體之貿易。無甚損益。而決不能無損益。且於全世界之農業及生計。皆有影響也。一人於一行爲、一美術、一思想、一言語之好惡。若與全國民之風俗美術思想言語。無甚變動。而決不然。凡事實。一切現象。皆互相關聯。無論何人。於他人之行爲。不能毫無繫屬。其見聞他人行事也。輒判斷之。或以爲善。或以爲惡。而一切判斷之效果。即爲對於一切行爲而助進之或阻礙之輿論。蓋人人以爲他人行爲皆與己有直接之關係。而或推之或挽之焉。

然則爲利己主義利他主義之區別者。果無謂之至耶。行爲之動機。果全無差別。可被以利己若利他之名者耶。

曰否。余意非謂此也。吾人所遇之事。己之利害與他人之利害相衝突。或近似於衝突者。蓋往往有之。於此時也。非損人以益己。則必屈己以利人。此其大有關係於道德之價值也無疑。雖然。人我利害之衝突。利己利他兩動機之矛盾。非正則而變則也。以正則言之。利己利他之兩動機。固一致矣。生存之道。非如多數倫理學者所説。物競日烈。終無平和之一日。蓋人人雖未能驟脱於物競之範圍。固已有多數之人。不待爲激烈之競争。而能生存者。處健康之家族。厠秩序之社會。盡正則之職務。則所經驗者。大率人己兩利之道。鮮有迫於非損己不能利人之境者焉。

（四）道德之判斷。　以道德律判斷之。凡損己利人者。無論情事如何。

皆爲義務耶。或本非義務而可爲盛德耶。叔本華之見解蓋如此。而世人普通之說亦然。蓋言語之習慣。固若以利己之與惡。利人之與善。其義從同矣。然吾人試詳察之。則其事固非可以片言折之者。一切行爲。出於利他之衝動者。果實際爲人耶。具利他之鵠的者。其果有利他之效果耶。世固有以利人爲幟。而其實乃貽害於人者。其意固親切於人。而受其影響者。轉淪於傷殘腐敗之境。不智者之善。非善而實害。猶是自然衝動之未經陶冶者耳。莎士比 Shakespeare①於其所著梯蒙 Timon von Yulia 劇本②中。力寫無識而好善者之惡果。殆無遺蘊。是故僅僅利他之性癖而已。在道德律未足以爲善。況專以此爲善耶。

　　更進而求之。爲損己利人之行。而果有利於人。則無論其事如何。不能不謂之善。謂之義務矣。雖然。吾人其以他人小利之故而棄吾重大之利益耶。欲塞病者至小之希望。或少殺其病勢。遂犧牲吾之財産、若健康、若生命、以供之耶。是義務耶。是即非義務而尚爲盛德耶。且吾人其當犧牲吾親子兄弟之利益。以充他人之希望耶。平心而論者。必曰否。父子兄弟與我之關係。視他人爲密切。吾以徇他人希望之故而損吾父子兄弟之安甯。是非特不合於義務。而反背之也。是故人僅僅能犧牲其性癖若利益而已。未足以爲善。必其能以此而增進他人重要之利益。乃爲善耳。犧牲其身以救他人之生命。以殉國民之公益。是爲大善。不能自制其欲。因而陷他人於不幸。則惡也。然則道德界善惡之判斷。以其鵠的之在客觀者之關係爲基本。吾人本是而定利己利他兩義取舍之標準。將曰。無論我利他利。常先其大者而後其小者乎。凡功利論之以社會之利益爲鵠的者。皆用之。

---

① "莎士比 Shakespeare"，即威廉・莎士比亞（William Shakespeare，1564—1616），英國戲劇家和詩人。
② "梯蒙 Timon von Yulia 劇本"，即《雅典的泰門》一劇。

以最大多數之最大幸福爲絕對之鵠的。種種行爲。皆視其客觀界之價值。而以其所生幸福之量計之凡損己之事。苟其所益於人者視所損爲大。則必行之。其或所益於人者小於所損。則不必行之。

　　然吾人欲以是爲普通之標準。則尚當更狹其規定。以免誤解。蓋吾人所當先致意者。幸福若安甯。非若貨幣之可以把握而授受者也。幸福者。動力之效果。吾人當自以勤勞得之。而非他人所能贈餽者。他人惟能自其左右貽以相當之助力而已。是故普通之標準。決非可以簡單之式示之。而所謂吾人之行爲。必如何而能得最大多數之最大利益。亦非吾人之所能決算。吾人惟能無所躊躇而斷行道德之行爲而已。是非取決於客觀界利害之量。而取決於鵠的之自然秩序也。余之義務。以余職務地位之所屬者爲第一。由余與他人特別之關係而生者次之。由余與他人因偶然之關係而生者又次之。若後者之利害。視前二者爲重大。則余當自離於重心之己。而特別爲之盡力。此吾人於事實界所易決者也。譬之人之以他人之環列其周者。爲有向心力之衆球。則視其去我中心點之距離。而定其動力所及之率。此物理器械學之規則也。其所以不能不如此者。則以種種利害。使皆以客觀界之全量影響於吾人。則吾人中心點之本質。必爲之崩解。而吾人之一切行爲。亦崩解而無效矣。故一切助力之效果。悉視助者與被助者之距離。而減損其比例焉。

　　夫吾人之於利害。非必無捨近而就遠者。爲國家之生存及自由而舍其身。爲正義眞理而舍其家。固吾人所不辭。且吾人亦嘗贊成撒馬里亞人能不顧其一身之利害而救其見捕於賊之鄰人。蓋是時。自彼以外。固未有能救之者也。惟以常例言之。則終以先近而後遠爲準。慈善者自家庭始。此英人最善之俚諺也。

　　（五）進化論倫理學說與利己利他兩主義之關係。　論者或曰。基本於進化論之倫理學。不足以説明社會之道德。蓋自然淘汰者。能使人養成强大、敏捷、頑忍諸德。以爲一己趨利而避害。決非以克己之德教之。況犧牲其身耶。凡人必無所顧忌。則足以自利。而力益强。自然淘汰者。所以發展如此之模型者也。因而進化論之倫理學説。亦不能不贊成之而提倡之。充其義。必將以無所顧忌之利己主義。爲自保存自發展而達於圓滿之道矣。

　　余答曰。否、使人類能孤立而自存。則是説或然。然人類之所以生存者。非特有社會及國家乎。肉食之獸。孤立而能生。故其生活形式之發展。或如論者所言。然人類所以占優勢於生物界。而毒蟲猛獸不能爲害者。全恃其有結合社會互相維持之能力。若言語、若悟性、若器械之發明、皆屬焉。凡合羣力以達一共同之鵠的。其力莫大。由是而愛羣性遂爲自存之要素。因而演爲各種性質。如信義、友悌、及犧牲私利以徇公益之類。皆是也。即此種種性質。而求其最固最深之根據。則即在服從社會親愛同胞之性質。故能實行社會之道德。而不爲自然所淘汰。且爭存於各民族間。而特占優勝也。蓋人類最險之敵。即人類。故一民族與他民族競爭益烈。則一族中之結合益固。而貪詐怯惰之弊益擯。及其與他族息爭而言和也。則内部之統一。漸趨於弛緩矣。平和之時代。人往往有侵侮同胞。以圖其小己之自由若利益者。在抵抗異族之時。此等性癖。無自而發生。即有發生者。亦未幾而抑制之。在文化之初期。人類愛羣性最强。各人皆僅爲民族若都市之一分子。而並無獨立之人格。否則不足以自存。故如忠義、信實、勇敢諸道德。尤爲往昔英雄時代所最重也。

　　吾儕於此。不能不一核斯賓塞爾利己衝動益減、利他衝動益增之説。其言曰、人類益進化。則其性情漸與交際之生涯相愜。而戰爭之禍。與年俱減。且人類戰爭之本能。亦與年遞減。而以交際之本能代之。於是戰爭之形式。悉爲平和交際之形式所制壓矣。斯賓塞爾蓋以生物學之所證明。

凡生物對於其子孫之注意。益廣其範圍。則其爲生育子孫之故。而犧牲其一身之精力若壽命者。乃益縮其範圍。故由是而演繹之。且豫期之曰。利他主義益發達。則對於他人幸福。亦爲其須臾不可離之快樂。而下等利己之快樂。益爲此高等利己之快樂所抑制。而且其時一切自然界之缺陷。必已隨文化之進步而益減。而所謂利他主義者。至不必有憐憫惻怛之狀。與犧牲其身之行爲。而悉爲同情歡喜之態。同情歡喜者。無損於己而可得。亦利己之快樂也。斯賓塞爾既以人類快於利他之興味。將若是其大。則亦自慮其說之過甚。而又以下說調停之曰。人皆知他人亦欲得此歡喜。而且知他人各有得此歡喜之能力。則各循其自然。而不至追求過甚焉。

斯賓塞爾爲此說而又附記之曰。吾爲此說。不冀名爲基督教徒。而實爲異教徒者所贊成。雖然。余今者不能避異教徒之呵而曲從其說。

斯賓塞爾以過去之進化史爲基。而設想未來之世界。然其於過去之跡。不免有以挾偏見之故而忽視之者。即戰爭與社會之關係是也。戰爭者。對於外部而發展其敵對之本能。亦即對於内界而發展其交際之本能。戰爭稀。則戰爭之本能。固爲之弱。而内部結合之勢力。亦爲之漸弛。斯賓塞爾所述之進化史。交際益繁。則戰爭益減。其事誠確吾人固早已異於美洲土人之手不釋兵。而商工業之競爭。乃日益激烈。蓋生活狀態。既已改變。則人之性質。漸與相應。本自然之理。人類固由是而益習慣於共同之動作矣。二千年前。與馬利古斯 Marius[1]及該撒 Casar[2]戰爭之日耳曼人。自不如其今日之子孫之習於商工。然吾人不能以此等之習慣。與利他感情之發達。并爲一談也。人類即未有互相親愛之情。而僅爲利己感情所驅迫。亦將循秩

[1] "馬利古斯 Marius"，即蓋烏斯·馬略（Gaius Marius，公元前 157—前 86），羅馬將軍、執行官。
[2] "該撒 Casar"，即蓋烏斯·尤利烏斯·凱撒（Gaius Julius Caesar，公元前 100—前 44），羅馬將軍、政治家和獨裁者，史稱"凱撒大帝"（Caesar the Great）。

序而共事。如今之商工社會。相疑相嫉之情。遠多於疇昔之農夫是已疇昔德國之農業。業主與佃人。無連合。無詐欺。不行險僥倖。不傾軋同類。一家財政。鮮有與他家相關者。及通力合作之制。日益複雜。而互相軋轢之點日多。試問今日種種社會。其軋轢最甚者。何在乎。官吏乎。教員乎。僧侶乎。抑又農夫乎。兵卒乎。是人人所能答也。此其故。由商工社會。遠不如農民之質樸。一方面雖若增其友睦信任之狀。而一方面乃增其嫉妒猜忌之心也。

斯賓塞爾之説。以家族關係之發達爲論據。余以爲家族之關係。亦向兩方面而發展。當今之世。恆有不和之家族。爲古人所不及料者。蓋自各人之特性。日漸顯者。則彼此好惡憎愛之情。亦日益劇烈。此自然之理也。觀夫山野羣居之禽獸。平和度日。遠勝人類。則思過半矣。

國際亦然。文明之國民。以平和爲常。而戰争爲變。野蠻之人反是。文明之國民。以戰争爲進化之阻力。而野蠻之人。則視之若遊戲然。夫戰争固可弭乎。斯賓塞爾則固豫言之。然一國民固能不萌侵畧他國民之思想乎。吾恐國界不泯。則互相侵畧之思想。必與此終古。如曰國界終有泯滅之一日。則時局大變。將有何等新歷史。何等新生活。亦無煩吾人今日之豫爲籌議焉。或曰。斯賓塞爾之未來樂天説。誠屬夢想。然其説即有謬誤。仰豈非有益於人生之謬誤耶。蓋推斯賓塞爾之意。在激勵人類。使爲未來之世界致力。固人人所信也。夫未來世界之理想。於人類之感情及行爲。不能大有影響。其或聞而信者。蓋亦有之。然或不免因是而生他種之效果。即誤視過去及現在之世界而憎惡之。此則斯賓塞爾立言之過也。斯賓塞爾以生物學之綜合爲公例。而於人類歷史中複雜之事實。不免有所遺忘。又彼既挾未來樂天説之成見。則不能平心以判過去。此其所短也。夫未來世界。即使其最高尚之幸福若道德。而過去之人類。並不因是而失其所謂幸

福道德也。彼等之生涯。不特最宜於彼等。而尤爲人燈進化所必不可少之
狀態。此其狀態之不失爲有價值。亦猶人類於幼稚時期。以嬉戲爲樂者。
亦不失爲有價值之時期也。夫商工之模範。固有其幸福。有其可崇拜者。
戰爭之模範亦然。意者若亞希爾 Achilles（希臘之英雄以勇聞）亞歷山大
Alexader①之流。當商工業極盛之時代。尚有崇拜之者乎。抑僅僅人類未脫
猛獸性質之時。相與崇拜之乎。要之猛獸必爲猛獸所崇拜。則確然矣。

① "亞歷山大 Alexader"，即亞歷山大大帝（Alexander the Great，公元前 356—前 323），古代著名
的統帥，馬其頓國王（公元前 336—前 323）。

第七章

道德及幸福

　　余前者既言及道德及幸福之關係矣。茲更當詳言其理。而由兩方面考察之。一曰道德之影響於幸福者。二曰幸福之影響於性格者。

　　（一）論道德之影響於幸福者。　善者得福。惡者受禍。是一切國民所據爲第一原理。以爲考察道德界一切事物之根本者也。此等確信。由彼等生活經驗之結論。而常表之於俚諺之中。斯彌得 L.Schmidt①所著希臘倫理學第一。凡希臘人之俚諺及文詞。關於此義者。網羅無遺。且爲之序曰。人類之運命。至公至正。善人受賞。惡人受罰。此希臘人最確實之信仰也。斯彌得謂和美耳 Homer 之詩。已以此義爲主旨。嗣是以後。是等思想。遂爲希臘著詩述史者之根本問題。彼等以爲此等正義之實行。即人類運命受治於神之確證也。凡神雖亦有喜怒哀樂之情。一如人類。而由其全體言之。則確爲正義道德之保護者。神於犯罪者。破契約者。背君父者。不善遇賓客者。皆罰之。於殺人者死之。其應報固有遲遲者。或且有施之於其子孫者。其後由東方輸入輪迴轉生死後裁判諸説。則且謂其應報有施之於來世

---

① "斯彌得 L. Schmidt"，即路德維希·施密特（Ludwig Schmidt，1859—1928），德國哲學家，古希臘文化學者，著有《希臘倫理學》。

者。然要之犯罪者無論如何。決不能免於刑罰而已。神之愛善人也。務使
其身及其家。無遇不幸。無犯罪惡。而以幸福終其生。希臘語所謂見愛於
神者。即指敬神而愛人之人也。

　　舊約全書中之詩篇及記事。亦以此等直覺爲其根本之思想。其記事諸
篇。皆謂天神甄別各人及各國民之行爲。而示其賞罰。其詩篇之所贊賞。
則皆正義誠篤及最深之信仰也。

　　神之於服從神命者。決不忘之。雖其子孫。猶貽以多福。正直者雖時
亦不免困厄。而神必不以此而墮落之。或轉以其困厄爲幸福之媒介也。而
不信神者。則必不免於墮落若覆亡。

　　由此等直覺之學理而進化。是爲希臘道德哲學之内容。彼等不惟以是
爲出於偶然之神意而已。乃謂一切事物之性質。皆有道德與幸福相結合之
力。然其幸福之概念。偏注於内界之性質。蓋謂德行直接之效果。不必在
外界之幸福。而在内界之幸福。即所謂内界之平和也。外界之幸福。不必
爲仁人君子所必得。而要其德行。固已有吸收外界幸福之力。且即使外界
之幸福。終不可得。而内界之幸福。則固可操券矣。此等原理。即近世倫
理學之大勢。亦與之符同。若霍布斯、若斯賓那莎、若拉比尼都、若伏爾
弗、若昔弗脱布里、Chaftesbury①若謙謨、皆從事於正義安甯互相因應之證
明者也。然則近世之倫理。亦以正義自生幸福。不義自生不幸之主旨爲其
中心點。德也。安甯也。名譽也。内界之平和也。一類也。不德也。不幸
也。恥辱也。内界之阢陧也。亦一類也。無論何時何地。德與内界之平和。
不德與内界之阢陧。未有不相與結合者。惟安甯名譽之於德。恥辱不幸之
與不德。則未必如響斯應耳。

---

① "昔弗脱布里、Chaftesbury"，即沙夫茨伯里伯爵三世安東尼・阿什利・庫珀（Anthony Ashley
　　Cooper，1671—1713），英國政治家、哲學家、啓蒙思想家。

持此見解以論道德及幸福之關係者。所謂樂天主義也。反對之者。則
爲厭世主義。持厭世主義者。謂惡人常享幸福。而善人常陷於不幸。檢各
國民之文學俚諺。而求其反對於福善禍淫之證據。誠亦不難。蓋常有小人。
恢地其侮弱媚强之詭計。而因以攫取富貴者。狡狐小説①。（原名 Reineke
Fuchs 其曰 Fuchs 狐也 Reineke 者此狐之名也）格代所許爲通俗之聖經者也。
其中亦含此義。暴威之代表者。獅也。詭譎之代表者。狐也。是爲君及大臣。
其他正直之羊。馴良之兔。素野之熊。樸訥之狼。則皆在下位。新約全書。
亦承認此義者也。正直者不可不爲正義及真理而嘗艱苦。是爲古代基督教之
根本主義。凡基督教徒。皆不可不如其祖師基督之備受屈辱凌虐而不悔焉。

　　樂天主義與厭世主義孰是。將厭世者是而樂天者非乎。余以爲不然。

　　凡各人各國民所持厭世之思想。在樂天主義中。固有説以調和之。夫
吾人誠不能謂善人必無遇外界之不幸者。如慎於衞生者。間或寢疾。而習
於縱欲者。或反健康君子固窮。而小人得志。忠藎之臣。恆爲君主所憎疾。
而便佞者則寵禄及之。此誠人世所不免。然此等事狀。恆使世人異常注意。
而爲之不平。豈非明示其不合於普通之規則。而當爲變例耶。凡以輕薄縱
恣之故。而夭逝其身者。人皆以常事視之。曰、是固然。然使以守義持正
之故。而遭際困厄。甚而至於死亡。則人無不歎天道之難知者。賢者進。
不肖者退。人皆習以爲常。至如素行不軌而忽致巨富。則人將永以爲口實。
是豈非人世之常態耶。

　　凡變則者。足以證明正則之可據者也。前舉各例。使非反於自然之理。
則人亦何由而曉曉耶。求利者以詐僞。不如正直。求友者以詭譎。不如懇

───────────

① "狡狐小説"，源自中世紀的德國民間故事，故事的主角狐狸雷尼克（Reineke）是一隻具有人
　性化特徵的動物，故事描繪了它的奸詐和聰明才智，幷且探討了社會中的權力、貪婪和道德
　等問題。

篤。要之有德者必有幸福。而不德者必陷於不幸之下正則。固不以偶有變則而搖動也。

　　善善惡惡。正則也。而亦有變例。如惡人之惡直而醜正是也。淫奔之女。遇貞淑者而惡之。彼以爲世有貞淑之女。而淫奔者遂爲世人所詬病。故多方以讒誣之。搆陷之。必使陷於汚辱而後已。彼固以爲非辱人則不足以榮己。是即惡人所具陷人爲惡之衝動也。他如諂諛者忌克者之惡正人君子也。皆然。彼自以爲受正人君子之彈斥。而因而爲世所鄙夷焉爾。故無論何時何地。苟有一社會焉。爲奸佞者所把持。則其間正人君子。必不爲人所敬愛。而轉受輕蔑凌暴之待遇。然而奸佞之徒。勢不免互相衝突。舉全社會爲怨毒之府。而土崩瓦解之勢成矣。希西亞若 Hesiod①之詩。有寄其厭世之思想者。嘗預寫社會崩解之狀曰。父子不相愛。賓主不相敬。朋友不相信。兄弟不相親。子長則罵詈其父母。而凌侮之。不畏神罰。不守盟誓。而破壞他人之都府。行義守道者見鄙。而小人見重於世。權利悉爲豪強者所占。而禮讓者無與。奸譎之徒。陷害正人。舉一世而爲凌辱憎怨嫉妒之府焉。是誠善爲希臘人寫地獄之變相者矣。

　　觀於此。而基督教中。人生道德之見解。亦可知已。古代基督教徒現世之概念。殆與希西亞若所寫者同。試讀其羅馬書而以希臘羅馬之世態比較之乎。彼羅馬書第一章之言曰。一切惡德。若不義、若邪慝、若貪婪、若暴狠、若妬忌、若凶殺、若爭鬪、若詭譎、若刻薄、若讒害、若毀謗、若怨神、若狎侮、若傲慢、若矜夸、若矯詐、若不孝父母、若凶頑無信、若不情、若不慈。是皆神之法律所謂行之者必死者也。彼等既知之而猶行之。且不惟自行之而又喜人之行之云云。持此等見解以觀世。而又顯揭之。

---

① "希西亞若 Hesiod"，即赫西奧德。

是則基督教之發現也。不爲世人之所容。固宜。蓋基督教徒亦自知之矣。

　　基督教又有預言之一事。則世界末日是也。彼等謂人類必不能常存。且亦無常存之價值。蓋彼等所見之世界。全如希西亞若及保羅①之所寫。則其不能常存也無疑。然世界至今未滅。而基督教歷經挫折。漸受信仰以後。以迄於今。人類之行爲。實迴不同於彼等之所寫。然則彼等所謂當時人類之不能常存。亦復不誣也。且古代基督教徒。亦非僅抱厭世主義。而以此世界爲不可救者。新約全書。有勸教徒見善果則贊天父而行善事之一章。又提摩太全書②第四章第八節。言敬神者凡事有益。今生來世。皆可操券而得之。是皆言善人在世宜得幸福。與舊約全書之說同也。又有當附記者。則基督教徒。不以困厄爲不幸是也。彼等謂困厄者所以玉我于成。故雖有何等困厄。決不稍擾其精神之平和。及神賜之幸福。彼等且以爲被迫于世人。正彼等非此世間人而爲悠久天國之民之一證。彼等雖當道德與幸福不相一致之時。而確通道德之敬虔與內界之平和。密接而不離。不甯惟是。彼等直以道德之敬虔與內界之平和一而非二也。於是吾人又得一結論曰。實行道德者。僅以道德爲其鵠的。即使外界之幸福不與之偕。其感覺之部分。若有所苦。而要之實行道德。即精神之幸福也。斯賓那莎曰。幸福者。非道德之應報。而即道德也。是也。人苟不以道德爲鵠的。徒以求禍畏罪之故而行之。則一旦外界之幸福。不如其所期。將遂不免有天道無知之怨。然使彼反其道以行之。而幸得如其所期。彼果能無慊乎。然則道德與幸福。確有內界之關係。而不德與不幸。亦不能不有密接之關係。明矣。吾人固亦能設想。有一人焉。縱欲無度。永不自覺其良心之苦痛。而逸樂以終其身者。然世界果能有是人乎。吾恐行不德者終不能免於良心之苦痛也。

---

① “保羅”，原名掃羅（Saul，約2—約64），基督教早期的重要人物之一。
② “提摩太全書”，即《新約·提摩太全書》，新約聖經中的一卷。

（二）論幸福之影響於性格者。　吾嘗言幸福有屬於內界屬於外界之別。外界之幸福。即富貴、權勢、名譽、健康、勝利、及其他一切滿志之事是也。此等幸福。其影響於性格者何如乎。

享幸福者。常有損性格而失安甯之虞。此觀察一切文明國民之人事。而可認爲第二之真理者也。余於希臘人善人得福惡人受禍之思想。既詳敍其原因矣。而彼等又以爲外界之幸福。與內界之幸福不同。舊約全書之詩歌。謂幸福足以長傲。凡享外界幸福者。必流於驕慢。驕慢者必逞暴行。逞暴行者將受神譴以亡其身。是即希臘國民所認爲自然之理者。蓋徵之希臘詩人及歷史家之所言而可知。惟出類拔萃之賢者。始能永享幸福。是誠確有根據之直覺也。幸福與成功。常易使人自足。而流於驕慢。享幸福者雖尚明於評人。而常昧於自知。自誇其功。而視他人之沈滯坎坷。則以爲無能。於是見他人之勤力而不之重。見他人之困厄而不之憐。日肆其驕侈。而遂爲神人所共憤。凡戰勝而驕者。常輕蔑鄰國。凌其弱者。虐其所敗者。自以爲安全無患。而一旦覆亡隨之矣。

夫吾人何以睹享受快樂之人。而輒起嫌惡之情。此其事不可忽也。酒池肉林。以肆口腹之欲常使見者不歡。見肆情縱欲之人而不之嫌惡者。殆非人情。故耽逸樂者。常以離羣索居爲幸。誠恐爲人所見。興味索然。而好虛飾者。乃務以幸福誇耀於人。又何故耶。吾人。讀英雄傳。及其戰勝困難。既達初願。則無復興會。故爲之作傳者。於其得富貴享名譽以後之事蹟。常略之。格代自敍。所以絕筆於移居華因慢爾 Weimal①之時也。格代之傑作否斯脫小說曰。耽逸樂者凡人耳。可謂名言。蓋晏安者。酖毒吾人之精神。使之墮落。否斯脫所以能抵抗天魔之誘惑。惟不耽逸樂故。彼天

————————————

① "華因慢爾 Weimal"，即魏瑪（Weimar）。

魔以種種逸樂誘否斯脱曰。吾將使之同流俗而耽逸樂也。然否斯脱雖輾轉流俗之中。而卒能蟬蜕於逸樂。此其所以能抵抗誘惑也。彼之自拔。由其品性高尚。不爲逸樂所動而已。

　　由一人而推之於團體若國民、社會、黨派、亦然。苟其共享幸福。則衰亡之兆見已。彼將由是而失其自知之明。耗其實力。弛其節制。卒也顚覆於其素所鄙夷之敵人。蓋世之可畏可疾者固未有過於矜伐而驕奢者也。

　　幸福者衰亡之媒。其證據如此矣。而不幸之境遇。若失敗。若坎坷。乃適以訓練吾人。而使得强大純粹之效果。蓋吾人既逢不幸。則抵抗壓制之彈力。流變不渝之氣節。皆得藉以研鍊。故意志益以强固。而忍耐之力。謙讓之德。亦由是養成焉。幸福者。常使人類長其互相衝突之性質。而不幸者。則使人類以温和、含忍、正直之性質。互相接近。夏日旅行。忽逢驟雨。則雖互相疾視之人。相與同止於亭軒。而談笑無猜。其在一都會、一國民、遭大不幸。則雖平日相憎相慢者。皆同心協力以禦侮。皆其證也。最高尚之道德。非遭際至大之艱苦。殆未有能完成者。基督爲衆人崇拜。歷百世而未沫。即以其際遇艱苦之故。當其時。官吏虐之。庶民誹之。弟子叛之。而彼遂被磔於十字架。此正所以玉成其爲素王也。方彼之被磔也。蓋將曰。吾於此世界所經營之大業成矣。吾雖爲善而得禍。然終不以世人之誹謗若凌虐。而擾吾內界之平和也。基督教者。粹然苦痛之哲學也。梭缽 Hisb[1]（書名）曰。苦痛者。此世間人類之生涯也。可謂能抉發基督教之本旨者矣。希臘人之思想。亦有如是者。不受教育於艱苦者。不能爲大人君子。此美納多 Menander[2]之言。而格代引之以冠其自敍者也。而希臘國民

---

[1]　"梭缽 Hisb"，不詳。
[2]　"美納多 Menander"，即米南德（Menander，公元前 342—前 291），古希臘劇作家，被認爲是古希臘新喜劇的代表。

之悲劇。亦以發揮艱苦能使人高尚而純粹之理爲多。

苦痛者。刑罰也。而又良藥。蓋源於幸福之精神病。如暴慢之類。得此而始痊。此希臘愛西布斯 Aschybus①悲劇之觀念也。正人君子。並無所謂精神病。而有時橫遭不幸。則力能忍之。亦足證人類意志之强大。能不爲自然所束縛。而達於高尚之地位。如蘇格拉底之從容就死。不亦見不幸之不足以困正人君子乎。馬克斯奧力流 Marc Aurel②曰。不能誘吾爲惡者。何害之有。此之謂也。

由是觀之。確實之幸福。必合幸與不幸而成之。所謂際遇佳運之人。必非終身逸樂之謂。正謂其迭處於幸不幸之間。而比例適得其當。如歡樂與苦痛。成功與失敗。滿足與缺乏。爭鬬與平和。勞力與休息。互相調劑而適得其平者。是也。吾人之精神。幸與不幸。不可以偏廢。猶植物之繁茂。不能偏廢雨暘然。彼夫一生沈滯者。或迫而爲厭世之思想。然終生處順者。果遂可以爲幸福乎。縱使彼幸而不流於暴慢。然於人生最大之事變。未能閱歷。則其最大之材幹。亦無由而發展。常勝之將。無練韜略之機會。全福之人。亦無展其精神界一切能力之機會。彼將以其運命爲不利於己。如頗里克拉脫斯 Polykrates③之自憎其幸福者矣。

於是吾人得斷言之曰。實際之生涯。必適應於人性實性之需要。大抵幸不幸交迭而經驗之。人之多得幸福者。固不必引爲大戚。而多際不幸者。亦無所庸其怨尤焉。幸不幸之比例。必如何而後爲適當。吾人自信之而已。無術以證明之。故幸不幸之輪迴。雖無時歇絶。而篤信其理者。乃不易得。

---

① "愛西布斯 Aschybus"，即埃斯庫羅斯（Aeschylus，公元前525—前456），雅典悲劇作家，被譽爲"悲劇之父"。
② "馬克斯奧力流 Marc Aurel"，即馬可·奧勒留（Marcus Aurelius，121—180），古羅馬皇帝（161—180），哲學家，著有《沉思録》。
③ "頗里克拉脫斯 Polykrates"，即波利克拉特斯（Polycrates，？—公元前522），古希臘薩摩斯島的僭主。

然人類之備嘗艱苦以亡其身者。蓋亦多矣。而孰敢謂現在之生活條件。果有障礙於人性之發展耶。

　　國民之境遇。在當時視爲最屈辱之時代。而後日轉認爲繁榮之基本者。往往有之。徵之德意志之歷史。耶拿 Yena 之戰①。德人最屈辱之時代也。而異日稱霸歐洲。乃基於此。若夫一時之勝利富强。爲衰亡之兆者。尤古今史乘所常見者矣。

　　世蓋有不滿於現在世界。而馳想於其他之極樂世界者。無論其想像之無據也。即使果如其所想。別有天地。而容彼居之。恐彼轉記憶其素所嫌忌之世界。而以爲較勝矣。世嘗有厭其故國而遷居海外者。未幾而鄉思頓生。乃悟一身與故國之關係。至爲密切。今之持厭世論者。亦然。苟使彼暫離大地。居於星界。其思慕故土之思。將油然而生。而悔其持論之不衷矣。

---

① "耶拿 Yena 之戰"，即 1806 年在德國耶拿（Jena）和奧爾斯塔特（Auerstedt）之間發生的一場戰役。法國皇帝拿破侖率領的法軍在耶拿擊敗了普魯士軍隊。

第
八
章
一

道德與宗教之關係

（一）道德宗教歷史之關係及其因果。　道德與宗教。其果有必不可離之關係。起於其內界之性質者耶。抑各自獨立。而僅有偶然之關係耶。余今將論此問題。而先考其歷史。

　　徵之於人類學。人類之進化。達一種階級。則宗教與道德。必有密切之關係。一切道德。皆受諸神之制裁。合宗教及道德之命令而構之以爲法典。敬虔也。德行也。一也。其最著者。如摩西戒律①。合宗教道德及法律之義務而一之。悉爲神律之一部。此等義務。皆有相等之責任。以其同本於神意也。有犯之者。則衆罰之。是爲國民宗教之義務。於是以畏神爲道德之基。而敬神與行善。瀆神與作惡。其義同也。持此直覺者。不惟猶太教。即基督教及回教亦然。且如希臘人、羅馬人、印度人、波斯人、埃及人、及亞西利亞人之所信仰。亦莫不然。一人及一社會生活之形式。皆具於宗教。所以規定國家社會之制度。一人之生涯。及一切道德習慣者。悉以宗教爲基本焉。不甯惟是。即在亞美利加之墨西哥人、祕魯人、其宗教

---

① "摩西戒律"，即摩西十誡，在猶太教中，以摩西爲代表的先知所傳達的法律和規定。這些法律和規定被認爲是猶太教的基石，也是舊約聖經的重要部分。

與道德。亦皆有同一之關係。華依次 Waitz①嘗以古代亞美利加人之格言。
有不遜於希伯來及耶穌教徒之言者。證其國民文化之進步。且斷言之曰。
欲驗一國民文化程度之深淺。莫善乎觀其本於宗教之道德。而究其宗教及
道德融合之度如何焉。

　　然則宗教與道德之關係。吾人苟不於其根本求之。又何從而求之哉。
雖然。徵之事實。則亦有與此相反者。最幼稚之宗教。僅以魔術欺人。與
道德一無關係。崇拜偶像之教。亦於崇拜者之行爲。非所過問。苟此等事
實。皆屬於根本者。則道德與宗教之關係又何在耶。

　　吾人由其外部而觀察之。則得而爲之説曰。宗教之儀式。爲科學之第
一對象。其重要之儀式。不能稍有省略。苟小誤之。則不惟無益。而且有
害。徵之印度及猶太進牲之儀式。而可知也。是以祭司必富知識。凡宗教
儀式之知識。皆祭司社會相與講明而傳習之。由是漸有定制。無論何人。
必當恪守。一切道德法律。漸被攝入於其法典中。而一切人民。皆對之而
有責任。然則所謂超絕之義務。其初附屬於宗教。而後乃擴充之於道德及
法律也。

　　宗教義務及道德義務之間。尚有屬於根本屬於内界之關係。一切道德
命令之性質。大略從同。如獎勵殉道、潔齋、持戒、節欲之屬是也。而一
切宗教儀式之所表彰。亦不外乎屈己意以從高尚偉大之神意。故謙讓者得
神佑。而傲慢者獲神譴。道德之所獎勵。亦即在制限己意以服從權威。壞
亂道德。與褻瀆神聖。實具同一原因於内界。即傲慢之習慣也。神爲傲慢
之敵。故即爲道德之保護者。凡人類之無勢力者。無權利者。漂泊異鄉者。
羸弱者。尤爲神所呵護。如人有侮慢賓客若老幼者。則神必罰之。此其所

---

① "華依次 Waitz"，即西奧多・韋茨（Theodor Waitz，1821—1864），德國人類學家、心理學家。

致意者也。

　　抑考求宗教道德之關係。更有進於此者。吾人於一切宗教得謂之對於
超絶之實體而信仰者。凡宗教。皆以不滿於經驗界所見實體之感覺爲前提。
魔術教及偶像教。亦因豫想有超絶之勢力若實體爲自然勢力所不能達者。
乃欲以魔力達之。自人類之生活進化。而意志亦漸趨於精神界。蓋當其文
化最稚之時。意志之鵠的。專在動物之要求。及其進步。則其鵠的乃移於
盡善盡美之生活。即所謂人道之理想也。人類意志之趣向既變。則其所豫
想超絶世界之構造。亦與之俱變。而始有多神教。在偶像教尚爲漠然無定
之魔力。而多神教則益以邃遠。而爲有人格有歷史之實現。多神教之所謂
神。乃以代表人類美善生活之理想。而使之實現於目前者也。希臘之神界。
所以代表其國民理想之人類世界於客觀。故諸神之形體。各表希臘人人生
理想之一方面也。而此等超絶界。亦不能無影響於經驗界。彼等謂諸神者。
常注意人類之生活。誘掖之。保護之。糾責之。以導人類於美滿之域。雖
魔術之性質。未能盡去。其人民爲欲達健康富貴成功勝利之故而祈禱者。
尚占多數。然國民之先覺者。漸盡斥妖術。使普通人民。皆以諸神爲人類
美滿生活之表象。非必有所欲望。而專以崇拜渴仰爲宗教之本領焉。歷史
中進化最高之宗教。爲一神教。其理想之要素益多。如基督教者。蓋盡脱
魔術矣。耶穌及其徒。惟求神意之實現。而基督教之祈禱。則以凡事出於
神意者皆善爲前提。是其歸依渴仰之至篤者。彼等以爲神意者。神聖也。
公正也。慈悲也。吾人當以己之意志實現之於客觀界。以明神意。以當默
示。此誠人類至純粹至深邃之意向矣。

　　於是余得爲結論曰。凡一國民之宗教。皆反映其意志於超絶界。以表
其最深之欲望者也。以信仰之心觀之。超絶界爲現實。而經驗界則非現實。
且本有價值。然超絶界與經驗界。決非截然不相通者。何則。一切純粹之

黽勉。皆向理想界而進步者也。

　　於是道德與宗教之關係可知矣。二者同出一源。即熱望其意志之達於美滿之域者是也。惟在道德則要求之。而在宗教則實行之。蓋圓滿也者。在道德界僅爲抽象之敍述。而在宗教界則爲具體之直覺也。自客觀界言之。道德與宗教同物。而以二方向現之。人之以其意志及行爲勉達於美滿之域者。道德也。以神爲美滿之代表而藉以充塞其感情信仰及希望者。宗教也。

　　若夫宗教與道德結合。則宗教之制裁。必大有助於道德之陶冶。犯宗教戒律者。恆有不勝愧怍之感。此即可移用之於道德之命令者也。且宗教寫象之定向。尤有效力。即死後生活之信仰。所謂人類未來之生活。皆直接受轄於神者。是也。自現在世界觀之。神之勢力。不免稍遠。所謂福善禍淫之作用。亦非出於必然。故作惡者尚以得逃神鑒爲希冀。及其死後。則一切無可掩蔽。而悉受神判。爲功爲罪。皆有公平之賞罰。而無所逃避。生前稔惡者。其應報悉由自取。而剛正敬虔者。亦得屬其願望而無遺憾焉。由是觀之。宗教界之恐怖與希望。非大有擁護道德之力也與。

　　高尚之人。於此等動機。更爲純粹。以爲神也者。不惟爲公明之法吏。而實親愛吾人之慈父也。無褻其公明。無負其親愛。此敬虔之人所造次顛沛不敢忘者也。凡俗之人。其宗教心亦不免凡俗。彼且以爲未來賞罰。可以市道襲取之。苟能盡義務於宗教。則雖恣行不德。亦復何傷。一切罪惡。皆可以施捨僧寺之金錢銷滅之。凡宗教之儀式。漸趨複雜。則此等弊習。皆所不免。耶穌所以詆猶太教之保利賽主義[①]。路德[②]所以攻天主教之慈善

---

① "保利賽主義"，猶太教中一個派系，也是一種宗教信仰和行爲方式。保利賽主義強調律法的遵守和儀式的重要性，幷強調個人的責任和自我約束。
② "路德"，即馬丁·路德（Martin Luther，1483—1546），德意志宗教改革家、神學家、哲學家，基督教新教路德宗創始人，著有《九十五條論綱》等。

會。斯賓塞爾所以短新教中之迷信派[①]。皆以其弊習也。弊習積而不袪。則爲宗教界之大害。將使愛真理崇道德之情。爲之痿疲。而又爲發生狂信之素地。狂信者。以爲不敬吾人之所崇拜者。即不敬吾人。即吾人之敵。實即吾人所崇拜之神之敵也。屠戮此輩。使無遺種。即吾神所獎勵之善行焉。

　　（二）論其内界必然之關係。　吾於是又轉而就最初之問題。道德與宗教之結合。其果源於本質而不可離乎。將僅於一定之進化階級。偶然結合。不過一時之現象乎。未來世界。二者果將分離乎。然則道德者將無待乎宗教。而自能達於美滿之域乎。

　　此等問題。至近世而始爲熱心研究之對象。數百年來。道德與宗教之不可離。既所共信矣。及近世而一切學理之直覺。皆非常破壞。於是道德宗教不可離之成說。亦有疑之者。教會之信仰。先不行於學者識者間。而普通人民。亦漸脫於信仰之範圍。至於今日。純粹之物理世界觀。流行最廣。彼等以爲道德與宗教。倫理學與形而上學。截然兩事。吾人之處此世也。決無煩考察世界所以構成之故。此等考察。一人之私事耳。至人類有道德之價值。則無論其爲惟物論者。無神論者。汎神論者。懷疑論者。及其他論者。均毫無異同也。

　　今之深疾此等直覺而痛駁之者。亦間有人焉。其說曰。無信仰者必不顧未來。而僅耽目前之快樂。學理之惟物論。必演而爲實踐之惟物論。雖多數之學理惟物論者。注重風俗習慣。防其惟物主義之波及於實踐界。然學理之惟物論。一轉而爲實踐之惟物論。乃理勢之所不可免者也。

　　彼等以爲人之於形而上學有特別見解。及於論理學爲無信仰之說者。將有不顧道德律之弊。此余所未敢贊成者也。余敢曰。凡人無論有何等哲

---

① "新教中之迷信派"，基督教的分支或派系，他們對超自然現象、巫術和其他非正統的信仰和實踐持開放態度，這些迷信派通常與傳統的基督教信仰和實踐存在明顯的分歧。

學見解。而其負責任於道德律。則皆同。蓋道德律者。非由人類隨意創造。而實其生活及安寗所自出之自然律也。其所以不隨人類之意見而變更者。以此。然則持無神論惟物論之見解。而遂目道德律爲贅疣者。不得不謂之謬見矣。

雖然。余非謂無信仰者之必無道德。而有信仰者之必有道德也。世固有不信教會之條義。並不信宗教之原理。而行爲悉合於道德者。亦有確持宗教之信仰。克盡宗教界之義務。而所行乃流於剛愎傲慢若狡詐者。

然余亦不以因是而謂道德與宗教。處世與世界觀。各不相關係者爲然。

世界觀之截然相反對者二。其一以善之在世界。最爲重要。所謂現實者自善而生。亦即爲善而存。吾得取拍拉圖世界以善之觀念爲基之語。而名此見解爲觀念論世界觀。人類所以有神之信仰。則即以善爲世界之基本及鵠的故。如菲希的①所謂世界秩序最終之基本即道德者。是也。故觀念論世界觀。又得名之爲有神論世界觀。而與此見解截然相反者。惟物論世界觀也。惟物論之説。謂現實之原理。絶無關於價值有無之區別。且現實界全體。由原子及其合於規則之運動而構成。本無所謂善惡。惟隨時間之經過。而一切事物生焉。生物亦全由原子之偶然聚合而生者。生物有苦樂之感。不過原子運動之一變化。所謂苦樂也。善惡也。如是而已耳。一切原子。既偶然而結合。則亦偶然而離散。故獨體必有死。而種族亦必有滅亡。生物構成之條件。如是而已耳。是故苦樂善惡之名。皆可消滅。而所餘者惟無情之原子及自然律而已矣。

吾人於此兩相反對之世界觀。必不能無所取捨。而取捨之間。於其意向及處世。不能無關係。其人有觀念之内容者。必傾於觀念論世界觀。其人僅有物質之生活者。必傾於惟物論世界觀。此爲自然之理。蓋意向爲本。而世界觀爲末。故以生活規定信仰。而非以信仰規定生活也。菲希的曰。

---

① “菲希的”，即約翰·戈特利布·費希特。

人之擇何等哲學也。視其人爲何等人。信然。人苟殉無意識之衝動。而肆目前之嗜欲。則又安得有高尚偉大之世界觀耶。人之判世界之價值也。視人生之價值。而其判人生之價值也。視一己生活之經驗。苟其一己之生活。僅僅殉無意識之衝動。肆目前之嗜欲而已。則其視世界也。謂不過原子之離合聚散。亦固其所。若乃對悠久之鵠的。偉大之觀念。而生活焉者。則必先知一己之生活。次則知人類之生活。既而知世界之若是其高尚。若是其偉大矣。若而人者。知歷史之生活爲有意義。且現實界全體。實與一己之意向。循同一之方針而進行也。蓋一己生活之價值。與全世界價值之影響。有如此者。

於是吾人得謂世界觀者。包一切價值之判斷。而表彰之。即各人意志之反映也。凡人之解釋現象也。無不符合於其意向。一切生活。各欲以其所親愛所珍重者圍繞之。則亦欲得其所視爲高尚之世界觀圍繞之。以屬其心。意志凡庸者。得虛無論世界觀而已安。則反嫌觀念論世界觀。而謂一己無關於宇宙之鵠的。意志高尚者。不屑以一己爲原子離合聚散之現象。爲宇宙之贅疣。必如觀念論世界觀所謂我亦世界原理所演生。必能與之爲根本之調和。而一切黽勉必非無效焉者。而其心始屬也。

生活之影響於信仰也如是。而信仰則亦反應於生活。人既信善之有勢力矣。信神矣。則足以鼓其勇敢而增其希望。吾敢言人之處斯世也。無此等信仰。而能立偉大之事業者。未之有也。一切宗教。以信仰爲基本。其師若弟。以信仰戰勝於世界。古今來殉教者。終身爲觀念而生活。抵抗詰難。閱歷艱險。甚至從容就死而無悶。誠由善必勝惡之信仰也。人豈有別無遠效巨功之信仰。而無端就死者耶。是爲世界史中最大之事實。苟舉此等事實而删除之。則所餘者何事耶。若乃無所信仰之人。則意氣必因而沮喪。圖目前之快樂。而遑恤其後。無信仰者之常態也。格代曰。世界史中第一深遠之題目。信仰及不信仰之衝突而已矣。信仰最盛之時期。不問其信仰形式如何。而功業爛然。常垂範後世。若乃不信仰制勝之時期。則亦不問其不信仰之形式如何。而要其各種事業。雖亦間有震驚一時耳目者。皆轉眴而歇絕。此則人人趨樂易而避艱苦之效果也矣。

（三）論宗教與科學之關係。　或曰。自科學日益進步。而信仰之無謂。不既大明乎。有神論及觀念論。非皆多神論時代之驕子。而古昔迷信之遺傳乎。以科學證明之。世界之經行。非皆由無關善惡之自然力所規定乎。

方今多數之學者。恆贊成此説。彼等皆以爲科學之認識。能破壞宗教直覺之基本。而余則不以爲然。余於此書。雖未暇爲形而上學之詳説。然不能不略舉其端緒也。

古人之信仰。謂神者。有人格之一體。存立於經驗界。而其偶然之意見。能影響於斯世。此其説之被摧廓而不可復立也。誠然。又如此説者。無論其所謂同於人格之體。爲多、爲一、無甚區別。既皆以神爲實存於世界以外。而偶然影響於斯世。則無論其爲多神論。一神論。而概念則同。欲持此等直覺之有神論。以與原本科學之無神論相抵抗。誠知其難也。然原本科學之無神論。非哲學之峯極。而僅其端倪。以其未立積極之學説。而僅舉往日上帝創造世界如工師創造時表之謬説而摧破之耳。而摧破謬説。未能成一家言。要當進而究種種之問題。如宇宙果爲何物。其構造如何、本質如何之屬。是也。

或曰。此等問題。非既經解釋者乎。世界者。由無量數極微之原子偶然聚合於空間。互相影響。以成種種之現實而已。

夫以此等見解爲無疑之理者。所在多有。然太抵少年方始卒業學校。而稍稍讀通俗之自然科學書者爲多。若好學深思之士。則鮮或抱此見解。而輒以其無疑之理爲可疑。若柏拉圖。若雅里士多德勒。若斯賓那莎。若拉比尼都。若謙謨。若康德。若叔本華。若黑智兒。若羅底[①]。若佛希尼。Fechner[②]皆不慊於此等見解者也。凡認此爲無疑之理者。率由其急於立無神論之學説。而不暇精心研究。苟精心以研究之。則將頓覺其可怪。世界者。果由各各絶對獨立於其原始界存立界之原子所組成耶。然則一切事物。又何由互相影響。而使物理學者。不得不假定普通相關之律。謂各原子常被規定於其他原子之全體耶。而所謂普通相關者非大可怪耶。各原子既已絶對獨立。則其運動也。非亦當絶對獨立而毫無關係耶。抑自然律者。驅一切原子。使之互相爲影響耶。然所謂自然律者。乃以表彰原子實際之運動。而非由外界竄入者。然則以絶對獨立之原子。而又普通相關。非大可怪耶。又安得不設想其本質及運動本有無量差別耶。且一切事物。果皆由原子發生。則其能發生而爲宇宙體系。若有機。若思想感情之實體。抑何可異。假曰是皆原子秩序之變化而已。然由其變化而演成種種之歷史。抑何不可思議。於是原子論者。亦悟原子秩序變化之説。不足以説明思想感情發生之由。乃遂謂原子者。非徒有廣袤及運動。而且含有統一之原則及精神之原理焉。

吾人若由此説而追究其終極。則將如斯賓那莎倫理學中所詳敍之説。其説曰。世界者。現實也。其絶對一致之本質。則實體也。一切事物。雖若爲獨立之狀。而實皆實體之所規定。實體次第展發。爲有意識進化之世界。與無意識進化之世界。而此兩界間。又有普通中行之性質。至管理此兩界之自然律。則又出於實體之自動。而非若機械之受迫於外力也。夫實體既不受外力壓迫。而特由內部衝動。以開展其本質之內容。而爲現實界。

---

① "羅底"，即弗里德里希·威廉·約瑟夫·謝林（Friedrich Wilhelm Joseph Schelling，1775—1854），德國哲學家，浪漫主義哲學代表人物之一，德國古典哲學中重要的轉型人物之一。
② "佛希尼。Fechner"，即古斯塔夫·費希納（Gustav Fechner，1801—1887），德國哲學家、物理學家、心理學家。

是即其惟一自由之原因焉。斯賓那莎之言如此。彼苟不過偏於反對神學反
對正鵠論之研究。則必由此而更爲之説曰。吾人認識宇宙。當先以物理學
天文學之法。認識外見之世界。至於內見之世界。即所謂以有意識進化者。
吾人觀察之之範圍。不能如外見世界之廣大。惟各於其心意中直接認識之
而已。故吾人於人類界及動物界內界之生活。乃由其形象之現象而推知之。
而於人類以上之精神生活。則又無從而認識也。吾人於是舉內界生活稍劣
之現象。以解釋動物之精神生活。又舉內界生活之最高度。以當吾人之本
質。而解釋人類以上之精神生活。由此義而吾人以智、善、公正、神聖、
諸屬性、歸之於神。吾人非敢以學理規定之。又非敢以理性及意志歸之。
蓋神之本質。本非人類所能規定。而理性意志。又僅能現勢力於斯世。如
視覺聽覺爲斯世之機關。然不可以語於人類以上。吾人惟欲以最美滿之觀
念。摹寫其本質而已。繪畫雕塑之術。所以表神之狀態者。悉按吾人之形
體以摹寫之。自古迄今。未之有變。吾人固非謂神實有此形體。不過以人
類最美滿之形體。爲神之實體之符號而已。神之本質。雖不可思議。不可
寫象。而吾人以人類最美滿之精神爲之符號。其理亦猶是也。

　　吾人於此。蓋不能不循現實界之所指示焉。地球爲宇宙之一部分。其
發展之歷史。爲吾人所知之較審者。彼其由無機物而進化爲有機物生活。
又由有機物生活而進化爲精神生活。至於人類。尚矣。思考之哲學家。所
構爲概念之圖式者。新生物學家。業以歷史之進化證明之。吾人若擯斥因
果相循如二物相逐之謬説。而從來比尼都及羅采之見解。知現實之一切部
分。當其運動而變化也。由自力而一致。則夫地球進化。當人類歷史生活
達於極度之時。即爲近於最高之形式。而合於雅里士多德勒所謂全宇宙者。
由正鵠之神而運動而接近焉者矣。

　　余之所以謂道德律爲精神歷史生活之自然律者。以此。歷史生活。既

爲一切生活中之一部分。則道德律不能不源於一切生活之本質。故余得謂吾人苟能知人類之精神生活。必如何而於宇宙開展史中。達內界生活最高之度。則所循之道德律。即爲實體自定之最高形式矣。此於新生物學説。爲結合自然與歷史之媒介者也。額拉吉來圖 Heraklitoo①曰。一切規則。由惟一規則而成立。惟一規則者。神之規則也。培根亦曰。哲學者。淺涉之、易使人爲無神論。而深究之、則又使人爲有神論。洵然。

　　吾人據實際而言之。一切科學之研究。在近世雖有非常進步。而於宇宙之大祕密。則非惟未能闡明。而轉滋疑竇。蓋於其本體之深奧。與夫形式之繁多。益見有不可思議者。在雅里士多德勒若多馬之時代。不嘗以世界爲單純而易知耶。及天文學物理學進步。而益增深微窈渺之觀。其所計數之幾萬億里。幾萬億年。幾萬億振動。使吾人之寫象。近於無限。又自生物學者得顯微鏡以助進化史之研究。而於有機體及其生滅變化之理。益覺其深奧。人類之生活。昔人所信爲始於神之創造而終於神之裁判者。隨歷史學研究之進步。而益驚其不可思議。由是觀之。科學之進步。非真能明瞭事物之理。乃轉使吾人對於宇宙之不可思議。益以驚歎而畏敬也。是故科學者。使精心研究之人。不流於傲慢。而自覺其眇眇之身。直微於塵芥。則不能不起抑損寅畏之情。奈端②如是。康德亦如是。格代曰。善思者有最大幸福。在既已研究其所可思議者。而從容寅畏其所不可思議者焉。

　　此等寅畏之情。即爲宗教之泉源。寅畏者。含抑損依賴二義。抑損者。念宇宙之無限。而自視等於蜉蝣。依賴者。悟宇宙非徒有强大之威權。而實有大生廣育之能力。是謂宗教之感情所自起。而寫象及概念。則爲表此感情之符號。以傳之他人。而結合宗教社會爲鵠的者也。故宗教者。非久

---

① "額拉吉來圖 Heraklitoo"，即赫拉克利特（Heraclitus，約公元前 540—約前 480），古希臘哲學家。
② "奈端"，即伊薩克·牛頓（Isaac Newton，1642—1727），英國物理學家、天文學家和數學家，經典力學的創始人。

歷國民生活之社會。無由而發生。蓋宗教爲社會之公業。與言語詩歌道德法律同也。且由是而知概念之形式。尚非最有效力。善哉格代之言曰。吾人所以爲不可思議之媒介者。曰宗教。而宗教以所由表彰獎勵之美術及其必不可離之儀式爲重要。蓋美術及儀式之職分。在舉神人關係之超乎感覺超乎概念者。而以感覺者可見者指示之也。

　　余以爲此等感情。爲吾人不可失之性質。表彰感情之形式。今後雖有變化。而其本質則必無變化。科學進步之效力。雖迭更現實之寫象。而常爲宗教感情留其餘地。宗教者。必無滅亡之期。以其爲人心最深最切之需要也。吾人遭際幸福。而欲無流於傲慢。無動於蠱惑。則當思幸福者。非我所能自造。而神實賜之。及夫際遇不幸。則當思斯世事物。質之於神。皆非有絕對之價值者。又或於吾身及世界之未來。有所懷疑。而欲不陷於迷信。則常思依賴於神。而悟世界萬事。皆所以濟度人類者也。苟真信仰衰退。則將有迷信代之而興。其事非偶然焉。

　　抑余以爲正人君子。類皆有宗教之感情。蓋人類精神之發展。益進於純粹優美之境。則其寅畏之感情。所以爲宗教之基本者。亦必隨之而益深。吾人苟以真摯之意處世。必有見於現實與理想。或有天淵之差。而益爲之抑損。又見於人類生活之日益強大而自由。則能信善之終操勝券焉。

　　（四）不信仰之原因。　　或曰。正人君子。固亦有不信宗教者。且有持不信宗教之說者。何故。余曰。是固有之。請言其理。宗教之資性。在人本不能無強弱之差。而智力及意志發達過度者。或亦障礙其高尚自由之感情。有大算學家。聞人說詩而不懌。曰、是何所證明者。是由其日事證明之業。不涉自餘興趣。積久而自算學以外。幾不知爲何事矣。達爾文嘗語人曰。吾感受詩歌之能力。隨年而減。無論何人。苟終身注全力於科學之研究。鮮不如是。又或熱中於實踐問題。則其餘不與此相關者。多淡漠置之。是其人雖不失爲正人君子。而要不得爲正則之發展。蓋彼於內界生活最重要之方面。所謂最優美最高尚最自由者。不能遂其發展之度也。今之人類是者特多。蓋今日之長技。如分業分科。及以機械之理證明生活狀態。是皆助偏頗之發展。而多數學者。乃轉以近代之特色誇之。古代希臘哲學家。中世學者。十七十八兩世紀之思想家。其觀宇宙也。不類於方今學者之狹隘。凡偏嗜一事物一職業者。其發展必不免偏頗。誠不如古昔時代之生活。其一方面之動作至簡。而方面特多。人類與事物。關係繁賾。以故想象則活潑。感情則豐富。而發展亦自平等也。今日分科之習。最爲減殺宗教感情之助力。而尤以科學之分科爲甚。在客蘭因 Krain 鍾乳穴中之蜥蜴。以視覺之無用。而馴致無目。是生物學公例。所謂不用之機關必消失者也。今之科學專門家。殆將類是。如治語言歷史學及自然科學者。習慣於微渺之考察。而達觀大局之能力。因以減損。甚者且至於消失。於是見脫略細故者。則底爲癡鈍。見窺研大道者。則目爲空想。抑不知客蘭因穴中之蜥蜴。亦將詆有目之蜥蜴爲駢枝否耶。

（五）靈魂不滅之信仰與道德之關係。　人類有死後生活之想象。而遂有靈魂不滅之信仰。是古今人所共信爲道德之原泉者也。其意謂人類苟無死後之生活。則道德不過空想。道德既爲空想。則人之處斯世也。鮮不逞快一時。無復遠慮矣。然以余所已述之見解衡之。則科學之道德。不必有此關係。蓋靈魂不滅之信仰。雖大有關於生活全體之狀態。而於道德哲學則不然。無論死後之生活。爲有爲無。其於倫理學之規則。一無變更也。道德律者。此時代此地球之人類。所以爲歷史生活之自然律者也。假令此世之生活不過爲死後生活之豫備。固當循道德律以營之。其或僅有此世之生活而已。直無所謂死後之生活。則道德律之常循亦然。蓋循道德律以營此世之生活。其應報即在此也。初不必別索之於死後也。

　　且自教育界言之。欲以死後生活之信仰。以行道德命令。殆無可希冀。
蓋此等信仰。方今已日漸衰退。此人人所公認。而亦不能保其復興。此自
然科學及人類學之效力也。人類學之説曰。死後生活者。各國民各有特別
之形式。而皆爲夢想。如北美土人及耶士克摩 Eskimo（黑人之一種居北美
及白零海峽）人之夢想漁獵。古代日耳曼人之夢想戰争與宴飲。回教徒之
夢想美人與樂園。要皆不滿意於目前之生活。而想像其幸福於死後之世界
而已。

　　死後生活之不過夢想也。如是。然而靈魂不滅之信仰。則不然。蓋其
思想與康德派哲學所謂此世生活即本體悠久生活現象之形式者相同。特藉
感官以表彰之耳。

　　時間者何物乎。其現實自有之形式乎。果爾。則凡時間所有者。將即
爲現實所有之條件。或且曰。必現在所有者始爲現實所有之條件。何則。
非現在者必爲過去或未來。過去者今已無之。未來者今尚未有。故不能不
專屬之於現在也。雖然。進而求之。則幾無所謂現在。蓋吾人所謂現在之
一瞬間。固已一瞬而過去。是故現在者不占空間之一點。現在所有。不可
謂即現實所有之條件。苟現實而不消滅乎。無論其爲過去爲未來。將無非
現實。故時間所有者。非即現實所有之條件。當如康德之説。時間者非現
實存在之形式。而吾人感官直覺之形式也。吾人之意識。與此直覺之形式
結合。而後現爲時間之經歷。其本體則固永永連續者。乃作隨死而滅之想。
何其無謂耶。生活者決不隨死而破壞。此世之生活。既爲現實不滅者之一
部分。則決無消滅。決無變化。如加里馬爾 Karl Moor[1]所謂槍彈一發。則
賢與愚、勇與怯、貴與賤、毫無差別也者。又何其無謂耶。死者雖能妨此

---

[1] "加里馬爾 Karl Moor"，即約翰·克里斯托弗·弗里德里希·馮·席勒（Johann Christoph Friedrich
von Schiller，1759—1805）在劇作《群盜》中創作的主要角色之一。

世生活與未來之連續。而於生活之內容。決不能變化而破壞之。蓋現實者固有永不可變化若消滅之性質也。

意者是不過抽象之見解。而無何等效力乎。是不然。使吾人不過以一瞬間現象於他人之目前而即隱。吾人能不顧所現者果為何等心象乎。吾人明知一瞬間之現象。在彼等意識中。一瞬而已忘。然吾人決不願現以醜惡之心象。蓋無數人類各以其心象生死於未來人類之意識中矣。而吾人之心象。不特印於彼等一瞬間之意識。亦不特印於後世之記憶。實即為現實永遠之印象。且或不止心象。而即為吾人之本質。然則吾人又安能徇目前之佚樂。而不顧其現於現實之本質之美醜耶。

論者或曰。現實者。全無意識。而我亦無之。且我既無意識。則人亦無之。然則我之與實在。有何等關係耶。

余曰。是不然。論者果有以證明現實之必無意識乎。否則何以知實體者必不有其本質內容之絕對意識耶。將古今大哲學家所公認之見解。皆不免誤謬耶。神之意識。與世人之時間意識不同。故人無從而思惟之。寫象之。敘述之。然吾人遂敢謂自可思惟可寫象可敘述者以外。固必無一物耶。且何人敢謂斯世之時間意識。必非永存意識之一部分。而凡具有時間之實在。必非永遠實在耶。如曰不然。則論者又何以說明時間意識之發生及存在乎。

且也。意識隨年而變更。少年之生活。常以未來為鵠的。其後則過去以漸而增。及其老大。則其所謂實在之概念。乃全屬於過去。彼夫老大之人。追溯過去之生活。而定其價值者。何由乎。快樂乎。正直乎。基督教徒常誡人曰。凡人當無忘臨死及死後之不滅。而常行其臨死無悔之事。此洵確實之言。而又有大效力者也。人之將死也。無論貴賤賢愚。皆有棄擲一切快樂富貴名譽之見。而惟反省其過去行事之一時。於此時也。試自問之而自答之。凡過去之行事。使汝痛苦者何在。汝平日所受之困厄損失乎。抑汝所行不正不直之事乎。使汝慰悦者何在。衣食玩好之娛乎。抑正直之行爲乎。由是觀之。過去者即永遠之現實矣。論者或又曰。過去者僅存於吾人之記憶中耳。雖然。安知記憶中之實在。非必非本體之實在乎。又安知一切記憶。必不爲絕對記憶。而又爲神之絕對意識之一部分乎。然則吾人之生活。必有與永遠之現實一致者矣。

　　據基督教之信仰。而以哲學之術語表明之。其義亦然。基督教所謂永遠之生活。非感官時間之生活。而超乎感官及時間。不由衣食成立。而由不可思議之莊嚴福祉成立之者也。自斯世生活之終。而本質不復有狀態變化之事。蓋時間之中。不能有永無變化之生活。故死後則必無時間之生活也。基督教之信仰。不惟以抽象及消極之作用。表彰永遠生活之超乎感官時間而已。乃又舉超絕感官時間之生活之思想。而以感官時間生活之形式寫象之。其所謂天國。有黃金之衢。珍珠之門。有被白衣手櫰枝而讚美神父神子之天使。其所謂地獄。則舉人類所嫌惡恐怖之事物以構成之。是等皆心象也。而又不止於心象。雖脫離感官世界。而尚不免有此等執著。是信仰之特質也。信仰者。右擲而左拾之者也。一切宗教信仰。常徘徊於感官及超絕感官之間。徬徨於想像與思想之中。其所謂神。一方面爲超絕時間感官。而溥博無限。悠久不變。一方面則又爲有限之實化。有思想。有感情。有意志。是以言動憂喜之屬皆具焉。多神教常畀諸神以人類感官之性質。至爲自由。故在美學界。極美滿之觀。是吾人今日所以尚驚歎於希臘諸神也。自基督教興。而始於感官世界之內部。有特別之關係。以其在思惟想像久已分離之時代。此則色諾芬派。Xenophanes[1]柏彌尼德派。

---

[1]　"色諾芬派。Xenophanes"，即色諾芬（Xenophon，公元前431—前355），古希臘歷史學家，《遠征記》的作者。

Parmenides[①]柏拉圖。雅里士多德勒之功也。然基督教尚未能篤守想像思惟分離之説。古代獨斷派之僞科學。嘗有欲舉此二事而再結合爲一系者。他日果有一時期焉。能洞察此等結合之徒勞。而確然爲思想與心像概念與符號之別否耶。果有一時期焉。認定信仰之形式。如拉飛爾 Raffael[②]所繪基督母子之象。僅爲功德之符號。而非完全之概念否耶。夫基督母子之象。不足以爲神之本質及功德之十全概念。將遂失其價值乎。當是時也。假有僞科學者。必欲證明其象爲十全之概念。則其效果如何。恐即有政府權力保護之。而亦見惡於人人。且并其像而惡之矣。

① "柏彌尼德派。Parmenides"，巴門尼德（Parmenides of Elea，約公元前 515—前 5 世紀中葉以後），古希臘哲學家，色諾芬的學生。
② "拉飛爾 Raffael"，即拉斐爾·桑西（Raffaello Sanzio，1483—1520），意大利畫家、建築師。

第
九
章
一

意志之自由

（一）意志自由問題之歷史。　　余於此章所論。亦爲倫理學與形而上學之關係。即意志自由之問題是也。

意志自由之語。有二義。心理學之義。及形而上學之義。是也。前者之義。謂己之意志。爲決意及行爲所原因之能力。後者之義。則謂意志及特別之決定。無他原因也。

大抵世人所謂意志自由者。皆用心理學之義。如云自由之行爲。即謂其最近原因。在行爲者之意志。如云不自由之行爲。則謂其原因在種種外界之勢力。若直接物理之壓束。及間接脅迫眩惑之事實。皆是。以其決意之原因不在意志也。然此等情形。自柔緩之影響。而至堅强之脅制。有無數級度。因而自完全自由以至完全不自由。亦有種種級度。如人之留於一室也。或於其間有所事事。或別無出行之故。或以留此而待其所希望。或以一出而將受責。或以一出而禍害隨之。或以受局錮受束縛之故。其不同也如此。可以知人之境遇。自完全自由以至不完全自由。實有無數級度矣。

以此義言之。意志之自由也。人人公認。無復疑義矣。然而在形而上學之義。則意志之自由與否。諸説紛紛。殊如聚訟。爲自由説者曰。意志者。即決定最後之原因。不被規定於他原因。而亦無所謂意志之原因。蓋意志者。在因果律世界閲歷以外者也。其説有二。甲之説曰。人類意志。雖不能有他原因。而爲在因果關聯以外之動力。然循其所有之合法性質而動作。則被規定於其性質而已。如叔本華之説曰。行爲者。由實在而演生。即屬於此派者。然則意志者。無他原因。而即自以意志爲原因也。乙之説曰。特別之行爲。皆無他原因。而爲無關於內外兩界閲歷之新原質。然則意志者。無法之動力也。

自昔論者。咸以形而上學中意志自由之義。爲哲學中最難最大之問題。而余則以爲不然。蓋此問題。發生於一定之事機。苟其事機既亡。則此問題亦隨之而消滅。事機者何。即哲學界之神學。所謂煩瑣哲學者也。

希臘哲學。並不以此爲固有之問題。不過有偶然之辨論而已。蓋希臘哲學家。大抵以人類爲自然界之一部分。因而循夫管理自然界之普通適合性。固無疑也。

自中世哲學以基督教義爲基本。而此義遂爲至難解釋之問題。

基督教有二定點。一曰。神以其意志創造人類。故人本善也。二曰。人之性。實不免爲惡也。此二點者。基督教之根本義。所以有救度之説。而又教會之所以不可不設者也。然則世界何以有惡。其由於創造者乎。曰、神。至善而全能者也。其所創造者。必善。然則惡者。必發生於世界創造以後。其由外界輸入乎。曰、否。自神所創造之世界以外。無他物也。然則惡也者。必生於神所創造之物。然神所創造之物。何由能反對創造者所賦之性而爲惡乎。形而上學之自由意志論。即對此難點而爲解説者也。其説曰。神者。賦人類以自由之意志。俾能自擇其善者。蓋人類苟無自由選擇之權。則將無所謂道德也。然既曰自由。則即有可以正負互見之性質。

故人類亦得用其自由之意志以擇惡而行之。此正當之所以能違神命而罹罪也。亞當之罪。即人類全體之罪。故惡者。不生於神而生於人者也。

是説也。果可以去基督教義之難點乎。茲姑不論。惟是造物者。果能以執意及行爲之力之絕對自由者。賦於所造物乎。決意及行爲。非原因於所造物之性質乎。然則創造其性質。非即創造其行爲乎。論者或曰。決定者。非所造物性質之結果。而別由於外界絕對之宿命者也。是説也。尚不足以祛純粹神學之惑。如所謂絕對之宿命者。生於神之全智全能乎。抑由於神惠之不可不徹。與夫人類行善之力自然缺陷而生乎。此葛爾文、Calvin①及路德、Luther 所以反對意志自由之説也。葛爾文據論理學及正當之宿命説以駁之。路德爲自然人類無自由擇善之能力説以駁之。由此觀之。形而上學中意志自由之義。爲是爲非。迄未有定論也。

若夫近世哲學之基本於新科學者。其於此問題也。恆存而不論。蓋自然界閱歷之有統一性、及合法性。爲近世根本直覺之一。發明於十七世紀之大哲學家。而其勢力日以熾盛。殆無有能抵抗之者。精神閱歷之解釋。亦益傾於直覺。霍布斯謂精神之閱歷。運動耳。在形而上學。不能有意志之自由。猶之運動及物質。不能自虛無而發生也。至於在心理學之義。則意志之自由。無待言也。彼又嘗簡言之曰。有行爲之執意。是謂自由。然不能有執意之執意也。足以斷此問題矣。

斯賓那莎之哲學。不容有孤立而現實之原質者也。則以精神爲精神自動機。來比尼都及伏爾弗。務區別算學之必然性。及物理學之必然性。以避定道論之非難。皆徒勞而已。康德及叔本華。雖唱睿知自由之説。而於經驗世界。不能不認爲受因果律之制限。夫精神世界與物理世界同。不能

---

① "葛爾文、Calvin"，即約翰・加爾文（Jean Calvin，1509—1564），法國宗教改革家、神學家，基督教新教加爾文教派（法國稱胡格諾派）創始人。

不受精神界自然律之制限。其有偶然若不合者。以其至複雜而難知耳。在物理世界。氣象學及生理學之閱歷。亦多有不能豫測而決算者。使吾人於精神閱歷界。有一時事物同時觀察之悟性。則夫視人類之行爲。殆若星辰之運動知。今之生理學家。業以一切精神閱歷。皆規定於因果律之假定說。爲其根本直覺。蓋謂精神閱歷。不過隨於腦及神經系統中生理學閱歷之現象。而生理學閱歷。即物理學閱歷之一種。常被規定於因果律。然則隨之之精神現象。亦必受因果律之規定矣。所謂同一性質構造之有機體。其受同等刺戟之時。必有同式之反動者。其說果確。則謂有同一性質。及有同一性癖氣稟經驗寫象之精神。受同等刺戟之時。亦必有同式之反動者。其說亦必確矣。而且身體性質之遺傳。既受規定於因果律。則精神之性質。亦必同之焉。

　　（二）以事實評意志自由問題。　　形而上學中意志之果否自由。苟以事實證之。則意志也。行爲之性質之發展也。自有規定之者。如人類意志有一定之性質。而又值一定之機會。受一定之刺戟。則其任意之行爲。前後相同。此人人所稔知也。

　　吾今更舉人人所不能反對之事實以爲證。夫人與人之意志。何由而現於世界乎。以吾人所見。人類生活之始。即在時間之中。其始也。無原因乎。抑其原因可以自由選擇乎。是皆不然。蓋人者。父母之所生。與禽獸同也。身體精神。皆肖其父母。其氣質、性癖、感情、智力、皆爲父母所遺傳。而其所屬國民體魄精神之習慣。又從而濡染之。未有能自定者。且如人類男女之異體。其原因雖未之詳。而決非人所能自主。然則人類不能脫自然律之管轄。固已明矣。

　　人之資性。受外界各方面事物之影響而開展。其事雖亦有出於自然者。而以出於人爲者爲多。幼稚之時。受家庭教育。皆取諸國民之生活形式。

是故其言語。則國民之言語也。其概念判斷。則國民之概念判斷也。其後
又陶鑄於國民之風俗習慣。教育於學校。薰陶於宗教。及其長也。又受社
會之感化。而終身不能脫此等勢力之範圍。果安所得自由選擇之餘地耶。
人人由其門第。生而爲某級之人。則終身不能去之。而社會之所以影響之
者。曾無已時。社會者。常以言語行爲。示人以邪正敬肆可否之分。常以
一定之職分命令之。或要求之。曾有何人能不爲時代所指使耶。建築家之
所營。非其所欲。而時代之所欲。如第十四世紀。行峩特式。及第十六世
紀。行文藝復古時代之式。及第十八世紀。而行科學式。是也。學者亦然。
其於科學問題也。非自擇。而爲時代之所擇。於第十四世紀。研究實體及
屬性之抽象論。及第十六世紀。模倣費爾基 Virgil[①]拉丁文諸作。及第十八
世紀。競爲數學物理學之研究。若攻闢迷信之論。今則競研究希臘文豪歷
史之湮滅者及有史以前之遺物焉。

　　然則各人之資性及發展、及位置職分。皆自其父母、若教育者、若國
民、若時代、若一切外界之事變、規定之。人者。社會之產物也。人之於
社會。猶枝葉之於草木。未有能以一己之意志。規定其形體若機能者。人
之現於斯世也。爲國民中之一人。而行動於世界。其生活及國民之生活。
俱埋蘊於人類之歷史社會中。而終以全世界之閱歷爲之歸宿焉。

　　論者或曰。吾人之意識。未嘗知有若是之制限者也。凡人皆有一種確
實之感情。謂不能直接受外界之束縛。而惟吾意所欲爲。又皆有一種確實
之意識。謂能循己意以構造未來之生活。余時時得輟余之業務。而從事於
其他。余又得移居於彼得堡。若倫敦。若亞美利加。此皆循余之所欲。而
無不可。然則余之能自變其生活之內容也甚明。故余之意識。確以爲吾人

---

① "費爾基 Virgil"，即普布利烏斯·維吉爾烏斯·馬羅（Publius Vergilius Maro，公元前 70—前 19），
　古羅馬詩人。

之處世。吾人之動作。吾人之性格。皆可以自由變更。而且恐有不能不變更者也。豈此等意識皆爲謬妄乎。

余曰、否。吾人之意識。非有所謬妄也。彼所以告吾人者。謂吾人之希望。若情癖。若商度判決。皆爲規定吾人生活內容及形式之重要原質而已。彼蓋告吾人曰。余非如機械之輪軸。受外力而動。而實動於內界意志之媒介云爾。凡有機體與無機體之區別。在前者之構成。由外部機械之作用。而後者之構成。由內界原理之動力。如雕刻品。可以錐鑿成之。而於有機體。則凡器械之作用。僅能破壞之。而不能構造之。故人類者。不成於外界之機械。而成於內界之作用。吾人意識之所以告吾人者如是而已。初不謂一切特別之閱歷。皆無因而生。又不謂生涯中一瞬間經歷各事。皆與一切已往之事無關。又不謂內界之原理。即所謂小己者。全無原因。又不謂小己者。由孤立之原質而發見於斯世也。蓋吾人之身體。本由物質演成。惟既已發育爲有機體。則當其發展之初其。雖大受物質之影響。而及其進化之程度漸高。則漸能抵抗物質之勢力。遂能由其意志而變更外界密切關係之事狀。且能間接自變其形體也。由是觀之。吾人意志之所告。曷嘗與前論相矛盾乎。

（三）論對於行爲之責任。　論者或曰。然則所謂責任者安在乎。人類之所由成者。神也。自然也。人類行爲之惡。其罪亦當歸之於神及自然。在人類又何所謂責任耶。且也。其資性與意向。其父母與朋友。均非己所能選。而悉由於外界勢力之所釀成。在人類又何所謂責任耶。

答曰。是說也。前是而後非。蓋使人類果出於神若自然之所創造。則人類之善惡。神若自然誠不能免其責任。家庭中世生不良之子孫者。不免爲不良之家庭。國民中常有不良之民人者。不免爲不良之國民。世界中苟常爲不良之人類。則亦不免爲不良之世界。吾人若假定某某爲世界之創造者。則因不良之世界。而斥爲不良之造物。亦固其所。美善之人生。苟足以爲神之名譽。則醜惡之人生。自不得不爲神之尤垢也。

彼謂世界有惡。則不得有至善之神者。其說亦持之有故。中世哲學家。乃欲以惡起於人類意志之說破之。誠不能有效。欲破其說。則必謂善待惡而始存。故惡爲善所必需。如吾前者所論而後可也。

惡之原因。苟在神若自然。則神若自然之當任其責。固已。然吾人對於惡人之感情。若判斷。若動作。初不以是而有變更也。夫惡因固不能生善人。然吾人亦不能以惡人之別有惡因。而遂謂之無罪。評人物之價值者。視其人物如何。初不必問其何由而致此。即吾人對於人物之動作。亦然。如人於果實不良之木。恆伐而爲薪。初不以其對於不良之果實而負責任也。人於家畜之不良者。剿絕其種。初不因其以自由意志而爲惡也。其間雖亦有變例。如木在磽确之地。家畜受粗惡之豢養。其不良之因。不在其資性。而在別有不利發展之條件。則變更其條件。而已足以改良。而要之資性不良者。吾人固未有不排斥之者矣。

吾人對於人類之感情亦然。惡人不能以其家庭之世有惡德。而免於譴責。即彼亦不能不自認爲罪戾也。使有人於此。曰、吾之爲惡。由吾祖先遺傳。有錯亂之性慾。而歉於道德之品性也。吾人決不以是而減其譴責之感情。又使有人於此。曰、吾之身家。本非卑陋。徒以值某某機會。遇某某損友之誘惑。而吾之自主力太弱。遂隨之而墮於惡行也。吾人將深閔其遭遇之不幸。而圖爲之濟拔矣。

是故責任有二。一各人對於其生活之責任。二積人而成之社會。如家族。黨會。國民。人類。有對於各人生活之責任。以上文所述之事實徵之。各人生活之善惡。固足以定其所屬社會之價值。而各人仍不能免其責。且也。社會之價值。既由各人之價值而定。則凡對於社會之感情及判斷。俱以各人爲中心點焉。

抑余常有疑焉。責任問題。何以起於惡行。而不起於善行乎。將吾人之對於善行也。不必問其何由發生。而已足定其價值乎。抑吾人好善之情。不及惡惡之激烈乎。

法律者。以道德爲基本者也。故法律界之責任。與道德界之責任同。其所關於選擇自由者。初不問形而上學之意義。而惟徵之於實際。故法律之所謂罪人。初不問其由遺傳若教育而有此性癖。或由其絕對意志之所規定也。惟有二三學者。過重形而上學中意志自由之義。或又眩於統計表所揭之數而不勝其迷惑。則從而爲之說曰。社會者。果有罰各人之權利乎。實則受罰者當在社會。試稽僞誓殺人及壞亂風俗之罪案。往往有一定時期。循一定規則。與自然現象無異。然則罪惡者。正社會中必有之現象。而所謂罪人者。不過犧牲其身以充社會中罪惡統計表之資料而已。

答之曰。各人之罪。社會與有罪焉。而又不可以不受罰。論者之言誠然。蓋社會者。貽罪人以犯罪之性癖。而又與以誘惑之機會者也。雖然。社會不已受罰耶。各人之犯罪。非即社會之罰耶。犯罪者與因其犯罪而受累者。皆社會之一分子也。且社會又因其罪而招恐怖不安之狀態。是非社會所受之第二罰耶。且也。罪人所受之罰。亦即社會所受之罰。蓋罪人之困苦。即社會中一人之困苦也。是非社會所受之第三罰耶。最後。則社會全體。受其所執行之罰。如縻巨款以設監獄。供罪人衣食。又非其對於國民之罰耶。然則社會之受罰。固已重矣。何惑之有。

由社會全體觀之。刑罰者。爲社會治療一切病害之方術也。社會欲脫於病害。而受此苦痛之療治也。固宜。

刑罰之於罪人。爲治療之術。所不容疑。蓋使彼知其動作之初。所豫期之鵠的。必不能以惡行達之。而非正則之行爲。必不足以招幸福也。是故監獄者。道德之病醫院也。其病有可愈者。有不可治者。與普通醫院無異。且設監獄而置罪人於其中。亦猶患傳染病者。必別置諸病院。而隔絕交通。以免病毒之傳播焉。死罪者。對於罪人之惡意。而施最後之治療也。使彼得延其生命。則亦徒增罪惡。而毫無裨益耳。且亦使道德之病之不可療者。毋播其病毒於四方焉。

　　在現實之世界。此等事實。確不容疑。道德界及法律界。既已以心理學之意志自由爲前提。則凡人類之意志。已現於行爲者。必對之而有責任。而此意志之所由起。非所問也。若乃行爲不本於意志。則無所謂責任。如病狂者。精神錯亂。不能如常人之有執意。有判決者。是也。而常人之感情過激者。亦多類之。當其時。爲感情所驅迫。不遑顧慮。則其行爲非發於其固有之意志。故雖或罹罪。司法者亦稍從末減焉。然不得全爲無罪。蓋其被迫於感情而不能自制也。由其意志之薄弱。治意志薄弱之疾。莫論罰若也。至若過失之出於不得已。而無關於其責任者。不以罪論。彼既無罪惡之意志。則雖其行爲誤陷於罪戾。而其意志之健康。固無待乎救藥矣。

　　論者或眩於精神物理學之思想。而爲之説曰。一切罪惡。皆由於精神錯亂。與病狂者等耳。吾人既以狂人爲精神病。則凡一切不正之行爲。亦當謂之精神病。若偷盜者。若縱火者。以科學之法檢察其衝動。實爲精神錯亂之故。是即精神病之本於遺傳或後天者也。凡有是等衝動者。當以病者視之。余答之曰。有偷盜若縱火之衝動者。視爲精神狀態之失其常度。則凡少年男女之放蕩者。亦得以此視之。然其結論如何乎。凡醫師療疾。必以經驗之良方。使一切精神病。皆得以衛生治疾之方術療之。而所謂有偷盜縱火之衝動者亦然。則吾等誠願舉是等精神病者。而悉付諸醫師之手矣。而彼乃不能。則吾等別用經驗之方術以療之。固非彼所能阻。夫對於無賴之青年。爲確有經驗之方術者。抑制之而已。對於縱火偷盜之衝動。

吾人亦有習用之方術。雖未能奏十全之效。而亦時得其防遏之力。則監獄是已。使醫生果能發明一種治療之術。較之監獄。尤爲確實。尤爲單純。條件尤簡。糜費尤少。則吾人固將舍習用之方術而從之。或曰。然則汝何故不行是術於狂人乎。狂人獲罪。何以不控訴之與監禁之乎。曰、使對於狂人而控訴之監禁之。其效大於醫藥。則舍彼而取此。所不待言。然吾人公認控訴監禁。不足爲療狂之術也。且使狂人而有自害或害人之動作。則亦何嘗不拘禁之乎。

　　若乃以罪惡之衝動爲疾病。而欲放任之。且亦不爲之救藥。則誠吾人所大惑不解者。吾人之於疾病。常取種種方術。不亦有資於燃燒截切之作用者乎。

　　（四）人類自由之定義。　　然則人類本無所謂自由之意志乎。普通用語所謂意志自由者。意蓋謂人類本質。有現實及積極之特質。與動物之有意志而無自由之意志者有別也。如是。則人禽之別何在耶。

　　動物之動作。皆被規定於目前之沖動。若感情。若感覺。其見食物而捕之。遇獵師而避之。皆爲一時之衝動感情感覺所驅使。初未有思慮、若疑惑、或決斷也。思慮、疑惑、決斷、三者。至動物進化爲人類。而始能之。

　　思慮、疑惑、決斷、人類之特質也。人類之行爲。定於決斷。而決斷者。思慮之果也。人之思慮也。常擇其能行之事。而又爲適合於一己及社會生活究竟之正鵠者。故人類之所以自規定者。不由衝動若感情。而由其正鵠之思想也。於其正鵠思想中。含有生活及動力之全體。乃由此全體觀念。而決定特別之動作。故動物之生活。各各分裂。不過互相關聯而已。而人類之生活。則特別之行爲。無不被規定於統一之觀念也。在實踐界所謂自我觀念之統一。即良心。常舉精神界之生活。如感情、如黽勉、如思想、如行爲、而一切規定之。而其觀念中所具規定一切特別動作之能力。

即吾人所謂自由意志也。是故自由行動云者。謂其行爲之所由規定。在正鵠及理想。在義務及良心。而不在一時之刺戟若欲望而已。

余於是更推極而言之。則所謂人類意志。不免爲自然律所管轄者。自一種意義言之。自不失爲正論矣。

彼夫動物者。自然界閱歷之轍迹也。其於自然界。尚爲被動於外界刺戟之部分。進化而至人類。則稍稍能軼出自然之勢力範圍。而位乎其上。於是能規定自然而利用之。而不爲自然所規定。是則所謂人格也。人類所以能自主於一切行爲之頃者。以此。其對於行爲而有責任也。亦以此。

論至此。則知本此義而認爲自由之意志者。非人類本質所固有。而得之於練習。固甚明矣。夫意志之自由。在人類歷史中。既由練習而得。而其在各人之一生也亦然。人之初生。初未有自由之意志也。其受驅使於一時之欲望。與動物同。及其既受教育。則理性之意志。始能發展其抑止動物衝動之能力。惟人類是等能力發展之程度。至爲不齊。其全爲動物衝動所左右。而不能抑止之者。爲粗暴鄙野之人。其或全無此等衝動者。則又爲枯寂酷薄之人。皆非中正之道。蓋人類者。位於動物之實體及理性之實體之間者也。

然則人類果能如其意志以成己乎。是問也。然之可。否之亦可。其所以爲然者。蓋人人有自教自助之能力。故於一己之生活。無論其爲外界者。爲内界者。皆得以有意識之作用。循其所抱之理想而構成之。而於其自然之衝動。常能壓服之而整理之。惟其事非能恃單純希望若決意之力。必其省察涵養。積久而不息。而後能之。與體育無異也。如人有不能安睡之習。欲本其一時之意志以矯之。勢必無效。苟能衛生合法。運動以時。則其習自去。達摩士的尼。Damosthenes①希臘人之以雄辯名者也。相傳其始甚訥

---

① "達摩士的尼。Damosthenes"，即狄摩西尼（Demosthenes，公元前 384—前 322），又譯爲德摩斯梯尼，雅典雄辯家、政治家。

於口。然立志爲演説家。刻苦砥礪。卒達其志。而垂大名於宇宙。吾人欲訓練內界之性質。亦不外是道也。如人有易怒之癖者。自知其非。而欲抑制之。非必能猝然而效也。宜資於適當之預防法以漸去之。如屢避發怒之機會。則積久而怒癖漸去。此即生物機關由閒散而消失之理也。其或必不能避。則時時舉妄怒之所以爲凶德。克己之所以爲美德。而反復尋繹之。毋使遺忘。則怒癖亦漸消焉。由是觀之。人類之能本其意志以化其本質也無疑。蓋人類於其强盛之沖動。能避其發動而撲滅之。於其微弱之衝動。則又能爲之助長而發達之也。諺曰。習慣者。第二之天性。諒哉。

雖然。又得謂人類不能循其意志以自成。何歟。曰、此謂成人之原理。爲人類所固有。而不受意志之管理者。即最深之意志也。人類不能以其意志自規定其意志。如身入甕中。而不能運甕然。其所能規定者。惟生活歷史中之經驗性格而已。故叔本華謂人類不能自變其本性。良然。如不知暴怒怯懦譎詐之有害者。本無矯正之意志。則決不能自變其性格。而爲溫厚剛毅正直。是也。惟叔本華之意。謂一切意志之性質及動作。未有能變化者。則不得不謂之謬見。蓋其説不特違於眞理。而且阻人節性之功也。余則曰。凡人自知其性格之不善而欲變之者。皆可變也。惟不能徒恃希望。而必擇其足以達此鵠的之作用而行之。否則將終不能變之矣。

據往昔附屬於實踐哲學之心理學。以説明此義。至爲利便。如柏拉圖區別精神爲理想、意志、及動物欲望、三部。由此部別。而於自由意志爲實踐之解釋。乃單純而有效矣。蓋理性者。人類本始自由之小己。入世以後。結合於動物之衝動及感情。而以指導訓練此二者。使服從於己及己之正鵠爲天職。高尚之勇敢。正當之憤怒。好名之心。皆所以助理性而訓練感官之欲望者也。在實踐道德。務使理性能盡其職分。而勿忘其價值。若感官欲望之恣肆。則最可恥者也。若斯賓那莎。若伏爾弗。若康德。其於道德哲學。所謂道德界之效果。皆然。斯賓那莎言理性與感動相反對。伏爾弗言高等欲望力與下等欲望力相反對。康德言實體之人類與現象之人類。實踐之理性與感官之利己性。互相反對。皆以爲人之自由。在能以精靈管轄動物之欲情。其不自由。則由其以動物之欲情管轄精靈焉。

此自由意志之積極義也。而道德哲學。當説明自由意志之時。必不能據二三形而上學者之狂想。如所謂各人之意志及執意本無原因焉者。以易此至確而有效之概念。蓋自由意志者。從通例解之。則謂人類有一種能力。能以其良心及理性。規定感官之衝動及性癖。使從於正鵠及規則而生活也。而人類既有此能力。則能由是而構成其本質。固無可疑者矣。

西洋倫理學家小傳

（一）雅里士多德勒。　Aristotle 以西歷紀元前三百八十四年。生於希臘殖民地加爾西底客 Chalkidike 半島之答拉西 Stagira 市。三百二十二年。歿於歐盤亞 Enböa 島之加爾基斯 Chalcis 市。柏拉圖之弟子也。在希臘哲學家中。最爲博學。嘗採德謨頡利圖 Demopritos 主義。以補其師柏拉圖之説。而立詳實之進化論。其於倫理學。取幸福主義。著述極多。不及枚舉。Nikomochische Ethik 者。其倫理學主要之作也。

（二）奧古斯底奴斯。　Aurelius Augustinus 生於西歷三百五十四年。歿於四百三十年。基督教中宗教哲學之大家也。著有 De Civitate Dei 及 Confessioues。

（三）培根　Francis Bacon。以千五百六十一年。生於倫敦。歿於千六百二十六年。與特嘉爾共排擊中世之煩瑣哲學。而爲近世哲學之先導。所著 Novum organum scientiarum。排雅里士多德勒之論理學。爲當時學界所

西洋倫理學家小傳

（一）雅里士多德勒 Aristotle 以西歷紀元前三百八十四年。生於希臘殖民地加爾西底客 Chalkidike 半島之答拉西 Stagira 市。三百二十二年。歿於歐盤亞 Enböa 島之加爾基斯 Chalcis 市柏拉圖之弟子也。在希臘哲學家中最為博學當採德謨頡利圖 Demo-pritos 主義以補其師柏拉圖之說而立詳實之進化論其於倫理學取幸福主義著述極多。不及枚舉 Nikomochische Ethik 者其倫理學主要之作也。

（二）奧古斯底奴斯。Aurelius Augustinus 生於西歷三百五十四年。歿於四百三十年基督教中宗教哲學之大家也著有 De Civitate Dei 及 Confessiones。

（三）培根 Francis Bacon 以千五百六十一年。生於倫敦歿於千六百二十六年與特嘉爾共排擊中世之煩瑣哲學。而為近世哲學之先導所著 Novum organum scientiarum 排雅里士多德勒之論理學為當時學界所驚服近世經驗學派以培氏為鼻祖焉。

（四）邊沁 Bentham 功利論派之倫理學家也生於千七百四十八年歿於千八百三十二年。

（五）孔德 Auguste Comte 近世法國之大哲學家也以千七百九十八年生於法之蒙邦 Monlpilicer 千八百五十七年歿於巴黎所著 Cours de philosophie positive 為社會學之

驚服。近世經驗學派。以培氏爲鼻祖焉。

（四）邊沁　Bentham。功利論派之倫理學家也。生於千七百四十八年。殁於千八百三十二年。

（五）孔德　Auguste Comte。近世法國之大哲學家也。以千七百九十八年。生於法之蒙德邦 Monlpillcer。千八百五十七年。殁於巴黎。所著 Cours de philosophie positive。爲社會學之鼻祖。

（六）達爾文　Charles Darwin。進化論之大家也。所著 Origin of Species 及 Descent of man。爲破天荒之傑作。英國足以誇於天下者也。

（七）耶必克丟　Epiktetus。斯多噶派之哲學家也。

（八）伊壁鳩魯　Epikuros。生於紀元前三百四十二年。殁於二百七十年。反對斯多噶派之克己主義。而唱快樂主義。自成一家。然其學派甚不振。所著書亦不傳焉。

（九）菲耐爾　Gustav Thoedor Fechner。精神物理學之創立者也。其倫理學之著述。有 Ueber das hoechste gut。

（十）黑智兒　Georg Wilhelm Friedrich Hegel。以千七百七十年。生於斯都德瓦爾 Stuttgast 千八百三十年。殁於柏林。承菲希的及西林之後。而立絕對觀念論。嘗執德國哲學界之牛耳焉。

（十一）額拉吉利圖　Heraklitos。希臘哲學家。折衷於密理圖 Miletos 派之宇宙論。及埃黎亞 Elea 派之本體論。而唱萬物循環論。黑智兒之哲學。蓋源於此云。

（十二）海爾巴脫　Johann Friedrich Herbart。生於千七百七十六年。殁於千八百四十一年。承康德派。而組織實體論。爲實驗心理學及近世教育學之鼻祖。

（十三）霍布斯　Thomas Hobbes。英國之政治學者。著 Leviathan。生

鼻祖。

（六）達爾文 Charles Darwin。進化論之大家也所著 Origin of Species 及 Descent of man。為破天荒之傑作英國足以誇於天下者也。

（七）耶必克丟 Epiktetus 斯多噶派之哲學家也。

（八）伊璧鳩魯 Epikuros 生於紀元前三百四十二年。歿於二百七十年反對斯多噶派之克己主義而唱快樂主義自成一家然其學派甚不振所著書亦不傳焉。

（九）菲耐爾 Gustav Thoedor Fechner 精神物理學之創立者也其倫理學之著述有 Ueber das hoechste gut。

（十）黑智兒 Georg Wilhelm Friedrich Hegel 以千七百七十年生於斯都德瓦爾 Stuttgast 千八百三十年歿於柏林承菲希的及西林之後而立絕對觀念論嘗執德國哲學界之牛耳焉。

（十一）額拉吉利圖 Heraklitos 希臘哲學家折衷於密理圖 Miletos 派之宇宙論及埃黎亞 Elea 派之本體論而唱萬物循環論黑智兒之哲學蓋源於此云。

（十二）海爾巴脫 Johann Friedrich Herbart 生於千七百七十六年歿於千八百四十一年。

承康德派。而組織實體論爲實驗心理學及近世教育學之鼻祖。

（十三）霍布斯 Thomas Hobbes 英國之政治學者著 Leviathan 生於千五百八十八年。歿於千六百七十九年。

（十四）呵弗丁 Hoeffding 今世實驗心理學之大家也其於倫理學著有 Ethik。

（十五）謙謨 David Hume 以千七百十一年生於壹丁堡 Edinburgh 歿於千七百七十六年爲近世懷疑論之代表著有 Essays 五卷。

（十六）康德 Immanuel Kant 德國之大哲學家也千七百二十四年生於哥甯斯堡 Kö-nigsberg 歿於千八百四年鎔合大陸之合理論派及英國之經驗學派而組爲批判哲學其於倫理學著有 Grundlegung zur Metaphysik der Sitten 及 Kritik der praktischen Verunnft 及 Metaphysink der Sitten

（十七）拉比尼都 Gottfried Wilhelm Leibnitz 以千六百四十六年生於來比錫 Leipzig。歿於千七百十六年祖述特嘉爾及斯蓜那莎之合理論而唱元子論博學強記世稱爲雅里士多德勒以後之第一人云

（十八）羅底 Rudolf Hermann Lotze 近世德國之大哲學家也始治醫學而後治哲學其所

《倫理學原理》第 215 頁

於千五百八十八年。歿於千六百七十九年。

（十四）呵弗丁　Hoeffding。今世實驗心理學之大家也。其於倫理學。著有 Ethik。

（十五）謙謨　David Hume。以千七百十一年。生於壹丁堡 Edinburgh。歿於千七百七十六年。爲近世懷疑論之代表。著有 Essays 五卷。

（十六）康德　Immanuel Kant。德國之大哲學家也。千七百二十四年。生於哥甯斯堡 Königsberg。歿於千八百四年。鎔合大陸之合理論派。及英國之經驗學派。而組爲批判哲學。其於倫理學。著有 Grundlegung zur Metaphysik der Sitten。及 Kritik der praktischen Verunnft。及 Metaphysink der Sitten。

（十七）拉比尼都　Gottfried Wilhelm Leibuitz。以千六百四十六年。生於來比錫 Leipzig。歿於千七百十六年。祖述特嘉爾及斯賓那莎之合理論。而唱元子論。博學强記。世稱爲雅里士多德勒以後之第一人云。

（十八）羅底　Rudolf Hermann Lotze。近世德國之大哲學家也。始治醫學。而後治哲學。其所著 Mikrokosmus。風行世界。

（十九）馬古奧力流　Marcus Aurelius。羅馬帝也。治斯多噶派哲學。

（二十）穆勒　John Stuart Mill。與其父皆爲英國功利派之倫理學者。而尤以論理學名。

（二十一）李端　Isaak Newton。近世物理學大家也。生於千六百四十二年。歿於千七百二十七年。

（二十二）尼采　Friedrich　Nitzsche。德國近世之大家也。文詞之高尚。爲哲學家所稀見。而其所持之主義。學者多非難之。

（二十三）巴彌匿智　Parmenides。紀元前五世紀頃希臘之哲學家也。爲埃黎亞派之代表。

（二十四）修拉瑪希　Friedrich Ernst Daniel Schleiermacher。以千七百

著 Mikrokosmus 風行世界。

（十九）馬古奧力流 Marcus Aurelius 羅馬帝也治斯多噶派哲學。

（二十）穆勒 John Stuart Mill 與其父皆爲英國功利派之倫理學者而尤以論理學名。

（二十一）李端 Isaak Newton 近世物理學大家也生於千六百四十二年歿於千七百二十七年。

（二十二）尼朶 Friedrich Nitzsche 德國近世之大家也文詞之高尙爲哲學家所稀見而其所持之主義學者多非難之。

（二十三）巴彌匿智 Parmenides 紀元前五世紀頃希臘之哲學家也爲埃黎亞派之代表。

（二十四）修拉瑪希 Friedrich Ernst Daniel Schleiermacher 以千七百六十八年生於德國之北勒斯勞 Breslau 千八百三十四年歿於柏林。近世德國之宿學也以千七百八十八年生於但澤 Danzig 千八百六十年歿於馬茵河濱之佛朗渡 Frankfurt am Mein。新教中第一神學家也

（二十五）叔本華 Arthur Schopenhauer 近世德國之宿學也以千七百八十八年生於但澤 Danzig 千八百六十年歿於馬茵河濱之佛朗渡 Frankfurt am Mein。力攻非希的西林黑智兒諸家之哲學而祖述康德唱先天觀念論一時歐洲之哲學界爲之震撼焉。其於倫理學著有 Ueber die Freiheit des Menschenlichen Willens 及 Ueber das

Fundament der Moral

（二十六）索匪脫布利 Shaftesbury。英國之道德哲學家也生於千六百七十一年歿於千七百十三年著有 Characteristics of men, manners, opinions, times

（二十七）施的維 Shidgwick 今世英國之著名倫理學者著有 Mothode of Ethik。

（二十八）蘇格拉底 Sokrates 希臘之大哲人也生於紀元前四百六十九年也蘇氏雖不遇而逝而其事業赫然照耀青史其哲學思潮之流演迄今而未沬也力鬭詭辯派之有害於名教又爲守舊派所忌卒飲鴆而歿時三百九十九年也

（二十九）斯賓塞爾 Herbert Spencer。英國近日之大家著綜合哲學實驗學派之健將而集進化論之大成者也著書甚多其屬於倫理學者曰 Data of Ethics。

（三十）斯賓那莎 Baruch Spinoza 以千六百三十二年生於亞摩斯德爾登 Amsterdam 歿於千六百七十七年屬於合理論派矯正來比尼都之二元論而唱一元論著有 Ethics

（三十一）多馬 Thomas von Aquius 煩瑣哲學之集大成者也生於千二百二十五年歿於千二百七十四年著有 Summa philosophie de veritate fidei acatholicae contra gentiles

（三十二）福祿特爾 Voltaire 近世法國學者也生於千六百九十四年歿於千七百七十

倫理學原理

二百十七

六十八年。生於德國之北勒斯勞 Breslau。千八百三十四年。殁於柏林。新教中第一神學家也。

（二十五）叔本華　Arthur Schopenhauer。近世德國之宿學也。以千七百八十八年。生於但澤 Dauzig。千八百六十年。殁於馬茵河濱之佛郎渡 Frankfurt am Mein。力攻非希的西林黑智兒諸家之哲學。而祖述康德。唱先天觀念論。一時歐洲之哲學界。爲之震撼焉。其於倫理學。著有 Ueber die Freiheit des Menschenlichen Willeus。及 Ueber das Fundament der Moral。

（二十六）索匪脫布利 Shaftesbury。英國之道德哲學家也。生於千六百七十一年。殁於千七百十三年。著有 Characteristics of men，manners，opinions，times。

（二十七）施的維　Shidgwick。今世英國之著名倫理學者。著有 Mothode of Ethik。

（二十八）蘇格拉底　Sokrates。希臘之大哲人也。生於紀元前四百六十九年。力闢詭辨派之有害於名教。又爲守舊派所忌。卒飲鴆而殁。時三百九十九年也。蘇氏雖不遇而逝。而其事業赫然。照耀青史。其哲學思潮之流演。迄今而未沫也。

（二十九）斯賓塞爾　Herbert Spencer。英國近日之大家。著綜合哲學。實驗學派之健將。而集進化論之大成者也。著書甚多。其屬於倫理學者。曰 Data of Ethics。

（三十）斯賓那莎　Baruch Spinoza。以千六百三十二年。生於亞摩斯德爾登 Amsterdam。殁於千六百七十七年。屬於合理論派。矯正來比尼都之二元論。而唱一元論。著有 Ethics。

（三十一）多馬　Thomas von Aquins。煩瑣哲學之集大成者也。生於千二百二十五年。殁於千二百七十四年。著有 Summa philosophie de veritate fdei acatholicae contra gentiles。

（三十二）福禄特爾　Voltaire。近世法國學者也。生於千六百九十四年。殁於千七百七十八年。以攻擊基督教之腐敗爲一生事業。

（三十三）色諾芬　Xenophanes。埃黎亞派之鼻祖也。生於紀元前六世紀之末。九十餘歲而殁。對於密利圖派之宇宙開闢論。而唱本體論。

八年以攻擊基督教之腐敗爲一生事業。

(三十三) 色諾芬 Xenophanes 埃黎亞派之鼻祖也生於紀元前六世紀之末。九十餘歲而

歿。對於密利圖派之宇宙開闢論而唱本體論。

教育部審定批語

倫理學原理

此書本德國泡企生原著譯者乃由日本蟹江義丸氏譯本而重譯者也

全書立論無黨無偏讀之令人得正當的判斷且譯筆明暢說理精審亦屬此書特色可作中學師範參考書

部60)

Paulsen's Principles of Moral Philosophy
Translated into Chinese
COMMERCIAL PRESS, LTD.

己酉年八月十四日印刷
己酉年九月八日初版發行
中華民國四年二月十六日四版發行

（倫理學原理一冊）
（每冊定價大洋壹元）

著作人　紹興蔡元培

印有模　上海棋盤街中市

發行人

印刷人　鮑咸昌　上海北河南路北首寶山路

總發行所　商務印書館　上海棋盤街中市

印刷所　商務印書館　上海北河南路北首寶山路

分售處　北京天津保定奉天龍江吉林長春四安太原濟南開封成都重慶漢口長沙安慶蕪湖南京南昌杭州溫州福州廣州潮州

商務印書分館

前清宣統三年四月初三日星報五月十四日註冊

此書有著作權翻印必究

六○五

《倫理學原理》版權頁

《倫理學原理》編者説明

裴植　編校

1. 底本描述

《倫理學原理》是德國哲學家、倫理學家泡爾生的代表作《倫理學體系》的一部分。1900 年，日本學者蟹江義丸將《倫理學體系》的“序論”和第二篇“倫理學原理”譯成日文，冠以《倫理學原理》之名出版，“序論”仍用原名，“倫理學原理”改稱“本論”。1910 年，蔡元培將日文本《倫理學原理》譯成中文，由商務印書館出版，即爲此底本。

2. 泡爾生

弗里德里希·泡爾生（Friedrich Paulsen，1846—1908），也譯作“包爾生”“保爾遜”，德國哲學家、倫理學家、教育家，新康德主義者，就學於埃爾蘭根、柏林、波恩、基爾等大學，是費希納的學生，柏林大學教授。在哲學上，主張以康德爲依據調和宗教世界觀和對自然界的科學解釋。他一方面反對天主教和新教的“耶穌會教義”，指責教義學束縛了批判精神和懷疑精神，敵視科學；另一方面反對唯物主義，尤其反對將物質看作某種客觀化的東西。他的《哲學導論》（1892）提供了一種類似赫爾曼·洛采和費希納的唯心主義世界觀，稱爲“一元論唯心主義”，把宇宙解釋爲一種具有心靈活動的精神實體。主要著作有《康德傳》（1889）、《倫理學體系》（1889）、《教育學》（1909）等。

3. 蟹江義丸

蟹江義丸（1872—1904），日本哲學家、倫理學家。1893 年進入東京大學文科大學國史科。後因爲轉科休學一年，在德語科學習德語，1895 年轉到哲學科。1897 年 7 月從文科大學畢業，到京都養病并在真宗大學（現大谷大學）教哲學。1898 年進入大學院（文科大學），專攻康德之後的德國哲學。同時，在早稻田專門學校、净土宗專門學院等學校教授哲學。1899 年爲東京高等師範學校講師，後爲教授（倫理學）。其間和井上哲次郎一起，編《日本倫理匯編》。1903 年，蟹江義丸以《孔子研究》（大學院的博士論文）獲得文學博士學位。1904 年因病去世。主要著作有《孔子研究》、《博爾塞倫理學》、《倫理學原理》、《日本倫理匯編》（和井上哲次郎共著）、《倫理叢話》等。

4. 蔡元培

蔡元培（1868—1940），字鶴卿，又字仲申、民友，號孑民，浙江紹興人，革命家、教育家、政治家。民主進步人士，中華民國首任教育總長。1916 年至 1927 年任北京大學校長，革新北大，開"學術"與"自由"之風；1920 年至 1930 年，同時兼任中法大學校長。他早年參加反清朝帝制的鬥争，民國初年主持製定了中國近代高等教育的第一個法令——《大學令》。北伐時期，國民政府定都南京後，他主持教育行政委員會、籌設中華民國大學院及中央研究院，主導教育及學術體制改革。1928 年至 1940 年任國民黨中央研究院院長。蔡元培數度赴德國和法國留學、考察，研究哲學、文學、美學、心理學和文化史，爲他致力於改革封建教育奠定了思想理論基礎。1940 年 3 月在香港病逝。

5. 商務印書館

1897 年 2 月，商務印書館由夏瑞芳、鮑咸恩、鮑咸昌、高鳳池等創辦於上海。他們多在教會創辦的印刷機構美華書館工作過，對出版業較爲熟悉。商務印書館起初只是印刷商業簿册表報，1900 年接盤日本人在上海經營的修文印書局，1901 年張元濟等入股，次年設立編譯所、發行所，出版《小學萬國地理新編》。之後，其出版業務欣欣向榮，日漸成爲中國著名的出版機構，以出版各種新式教科書和嚴復所譯名著而享譽全國。1906 年，清政府學部第一次審定初等小學教科書暫用書目，共計 102 種，商務印書館所出《最新初等小學國文教科書》等 54 種入選，占一半以上。商務印書館出版的譯自日文的書籍有各種教科書，一般科學書籍，以及哲學、政法和文史類著作等，範圍十分廣泛，產生了很大影響。如《經濟學講義》（杉榮三郎）、《心理學講義》（服部宇之吉）被京師大學堂采用爲講義。許多新學著作如《帝國主義》（浮田和民）、《格致教科書》（商務印書館編譯）、《倫理學講義》（張鶴齡）、《歐美日本政體通覽》（上野貞吉）、《群己權界論》（約翰·穆勒）、《世界近世史》（松平康國）、《世界文明史》（高山林次郎）、《新聞學》（松本君平）、《哲學要領》（科培爾）等，打開了中國人的視野，發揮了傳遞新知、啓蒙民衆的重要作用。①

6.《倫理學原理》對青年毛澤東思想的影響

《倫理學原理》是毛澤東在湖南省立第一師範學校（簡稱湖南一師）學習期間所讀到的一本書。當時，楊昌濟在湖南一師教授倫理學，所用課本

---

① 參見熊月之. 西學東漸與晚清社會：修訂版[M]. 北京：中國人民大學出版社，2011：510-511；熊月之. 晚清新學書目提要[M]. 上海：上海書店出版社，2014：895-898.

就是蔡元培翻譯的《倫理學原理》。當時多數同學對楊昌濟所授內容不感興趣，但是毛澤東認真聽講、勤做筆記。後來，毛澤東還以這本書所闡發的論點爲基礎，通過自己的批判性吸收，寫了一篇題爲《心之力》的文章，得到了楊昌濟的肯定，楊昌濟給這篇文章打了一百分。

楊昌濟雖然將此書作爲授課教材，但是他只講了書中的一部分內容。毛澤東則并不滿足於此，他不僅學習了楊昌濟所講授的內容，而且還通讀全書，并在通讀的基礎上，寫下了一萬兩千一百餘字的評語，并且用墨筆逐句加以圈、點，并畫有單下劃綫、雙下劃綫、三角、叉等符號，由此也可以看出毛澤東閱讀此書的細緻。

應當指出的是，就這本書的思想傾向而言，該書所體現的是心物二元論的基本態度。該書作者泡爾生在倫理思想上的特點是調和直覺與經驗、動機與效果、義務與欲望。該書日譯者蟹江義丸在日譯本序言中也明確指出，他之所以翻譯此書，就是擇取其在倫理學觀點上的調和折中。蔡元培在譯書序言中也指出，他翻譯該書是看重它"能調和動機論功利論兩派之學説"的特點。因此，當 1950 年 9 月毛澤東回憶他在湖南一師時期所閱讀的這本書時，他明確指出："這本書的道理也不那麼正確，它不是純粹的唯物論，而是心物二元論。只因那時我們學的都是唯心論一派的學説，一旦接觸一點唯物論的東西，就覺得很新穎，很有道理，越讀越覺得有趣味。它使我對於批判讀過的書，分析所接觸的問題，得到了啓發和幫助。"[①]

縱覽毛澤東所作的批語，可以劃分爲兩大類。一類是對書中的觀點表示同意，這一類批語主要用"切論""此語甚精""此語甚切"等表示，就

---

① 中共中央文獻研究室，中共湖南省委《毛澤東早期文稿》編輯組. 毛澤東早期文稿[M]. 長沙：湖南人民出版社，2013：252.

數量而言，這部分内容并不是很多；另一類則是對書中的觀點表示懷疑、不同意甚至是否定，這類批語常用"誠不然""此不然""此節不甚當""此處又使余懷疑""吾意不應以此立説"等表示，從數量上來看，這部分内容爲數不少。由此可見，毛澤東在閲讀此書時，不是被動地接受書中的觀點，而是在閲讀過程中邊讀邊主動思考，由此提出了許多與書中内容不同的觀點，表現出青年毛澤東鮮明的思想個性和在讀書學習方面的進取精神，同時也展現了青年毛澤東這一時期的思想認識。

在毛澤東閲讀《倫理學原理》所作的批注當中，由他提出的以個人主義和現實主義爲内容的兩大倫理學主張是最重要的理論成果。在閲讀該書第四章"害與惡"時，毛澤東對他當時的倫理學主張進行了歸納。他説，"吾於倫理學上有二主張。一曰個人主義"，"一曰現實主義"①。有學者指出，"個人主義集中反映了價值原則，現實主義集中反映了真理原則"②。這兩大主張鮮明地呈現了這一時期毛澤東的思想認識及他對《倫理學原理》一書所作出的批判性的吸收參鑒。

從個人主義方面看，此時的毛澤東明確主張實行個人主義。相比於泡爾生在《倫理學原理》中所表示的反對極端利己主義，認爲"利己之感情與利他之感情，常雜然而並存"的觀點，毛澤東在這方面的認識更加深刻具體。他認爲，任何動物都是"固以自存之衝動爲先，以保存種族之衝動爲後"③，因此《倫理學原理》所認爲的動物"其自存之衝動，固已與保存種族之衝動并存矣"的觀點并不準確。毛澤東與泡爾生在這方面認識不同

---

① 中共中央文獻研究室，中共湖南省委《毛澤東早期文稿》編輯組. 毛澤東早期文稿[M]. 長沙：湖南人民出版社，2013：178-179.
② 韓琦，田立年. 毛澤東《〈倫理學原理〉批注》的結構、主旨和影響[J]. 哲學動態，2022（11）：26-34.
③ 中共中央文獻研究室，中共湖南省委《毛澤東早期文稿》編輯組. 毛澤東早期文稿[M]. 長沙：湖南人民出版社，2013：124.

的原因在於二人對於主體的看法不完全一致。泡爾生實際上調和了不同主體之間在事實上并不等同的分量和作用，由此也就得出了主體間并存的結論。毛澤東則不然，他認爲，從思維上看，"我"是"萬事萬念之中心"，做任何事情，都應該從"我"這個中心出發，因爲"以我立説，乃有起點，有本位，人我並稱，無起點，失却本位"①。因此，利己與利他的關係，并不是泡爾生所言的并存關係，而是主體與對象的關係，是出發點與階段性過程的關係，同時也是目的與手段的關係。建立在這一認識的基礎上，利己主義顯然具有根本性的意義，而這也就是毛澤東所言的"實行利己主義者，念雖小猶真也"②。

　　毛澤東對利己主義的提倡，在當時具有一定的進步意義。這種意義在毛澤東閱讀該書第一章"善惡正鵠論與形式論之見解"時所寫的一段批語中得到了鮮明體現。毛澤東指出，"故凡有壓抑個人、違背個性者，罪莫大焉。故吾國之三綱在所必去，而教會、資本家、君主、國家四者，同爲天下之惡魔也"，"事固先有個人而後有團體"，"社會乃集許多個人而成，國家乃集許多社會而成。當其散則多，及其成則一。故個人、社會、國家皆個人也，宇宙亦一個人也。故謂世無團體，只有個人，亦無不可"③。這段評語不僅鮮明地表現出青年毛澤東主張個性解放的特質，而且"吾國之三綱在所必去"的表述也表明，這一時期的毛澤東已經形成了比較明確的反封建、反傳統的思想觀念，而這一思想基礎也爲五四運動爆發後毛澤東積極參加并領導湖南的五四運動，進而逐漸接受馬克思主義奠定了基礎。

---

① 中共中央文獻研究室，中共湖南省委《毛澤東早期文稿》編輯組. 毛澤東早期文稿[M]. 長沙：湖南人民出版社，2013：125-126.
② 中共中央文獻研究室，中共湖南省委《毛澤東早期文稿》編輯組. 毛澤東早期文稿[M]. 長沙：湖南人民出版社，2013：124-125.
③ 中共中央文獻研究室，中共湖南省委《毛澤東早期文稿》編輯組. 毛澤東早期文稿[M]. 長沙：湖南人民出版社，2013：132-133.

　　就現實主義來説，毛澤東是把現實主義作爲他所主張的個人主義的補充和延展的。對於何謂現實主義，毛澤東在批語中解釋説："以時間論，止見過去、未來，本不見有現在。實現非此之謂，乃指吾之一生所團結之精神、物質在宇宙中之經歷，吾人務須致力於現實者。"[①]如果單就概念層面所指稱的個人主義與現實主義而言，這兩者本是矛盾的，也即本不應該共同出現在同一人的倫理學主張當中。但是，毛澤東的倫理學主張與字面所理解的個人主義與現實主義有所不同。在毛澤東看來，個人主義和現實主義在地位上并不是等同的。當時毛澤東所理解的現實主義雖然也指稱主體在現實世界所進行的實踐，以及由此所實現的自身的社會價值，但是當時的毛澤東所認爲的現實主義，是服從於個人主義基礎上的現實主義，也是在個人主義的指導下所開展的現實主義。對此，毛澤東在批語中明確指出："如一種行爲，此客觀妥當之實事，所當盡力遂行；一種思想，此主觀妥當之實事，所當盡力實現。吾只對於吾主觀客觀之現實者負責，非吾主觀客觀之現實者，吾概不負責焉。既往吾不知，未來吾不知，以與吾個人之現實無關也。或謂人在歷史中負有繼往開來之責者，吾不信也。吾惟發展吾之一身，使吾内而思維、外而行事，皆達正鵠。"[②]雖然這時毛澤東所言的現實主義還是受個人主義影響和指導的現實主義，但是他在批語中也明言："如一種行爲，此客觀妥當之實事，所當盡力遂行；一種思想，此主觀妥當之實事，所當盡力實現。"而這一表述也明確地反映了毛澤東已經認識到滿足人主觀方面的精神需求是與滿足客觀世界的規律性要求相統一的，只要對客觀世界所進行的改造符合自己的"自完"要求，那麼改造客觀世界的

---

① 中共中央文獻研究室，中共湖南省委《毛澤東早期文稿》編輯組. 毛澤東早期文稿[M]. 長沙：湖南人民出版社，2013：179.
② 中共中央文獻研究室，中共湖南省委《毛澤東早期文稿》編輯組. 毛澤東早期文稿[M]. 長沙：湖南人民出版社，2013：179-180.

活動就應該"盡力遂行"。就這方面的認識而言，泡爾生在《倫理學原理》裏强調的是"主體出於義務，履危蹈險，舍身救人，爲之則有功，不爲之亦無損於義務"。顯然，這樣的觀點與毛澤東的看法不同，也并不爲毛澤東所認可。毛澤東所認爲的是主觀人格的良心與義務本身就包含着作爲現實主義的實踐，即"吾人須以實踐至善爲義務"，由此，他的認識明顯地比泡爾生的認識更加全面，也更符合善的標準。

社會主義討論集

張克恭 / 署

《新世界》雜誌社

社會主義討論集

民國元年烁季

張克恭署

《社會主義討論集》扉頁

《社會主義討論集》中《新世界》廣告頁

編輯大意

　　大凡一學說之出現。一問題之發生。其間必經歷幾許之周折。或遭攻擊。或相辯論。因之真理以愈辯而愈明。是學說是問題。乃愈確實成立而不可拔。社會主義之在歐美。早已成爲完美精博之一科學。經數千百學者之研求。得千百萬人民之信從。此偉大之暗潮。已浸灌西方之大陸。將即有河出伏流一瀉千里奔騰澎湃蕩滌舊污俗惡制度而改造一完①社會新世界之奇觀。惟我國是主義。方始萌芽。一般人民與學者。少見多怪。自必有反對者之攻擊。間亦有持之有故。言之成理。以聳動社會之聽聞者。是書即駁斥反對者之言。與夫同志者討論之作。裒而集之。一以解一般人民之疑惑。亦以備研究是主義者之導師也。

　　自去歲六月。江君亢虎②。於上海張園。開講演大會後。於是社會主義之一名詞。始灌入於一般人之頭腦中。當時即有民立報漁父③之疑問。東方雜誌錢氏智修④之反對。暨民軍於九月十四日。光復上海⑤。社會

---

① "改造一完"，此處疑缺一"美"字。當爲"改造一完美"。
② "江君亢虎"，即江亢虎（1883—1954），原名紹銓，江西弋陽人。近代中國無政府主義者，1911年7月在上海發起成立"社會主義研究會"，同年11月5日改組爲中國社會黨，宣傳無政府主義和社會主義理論。
③ "民立報漁父"，《民立報》，清末資產階級革命派報紙。1910年10月11日在上海創刊，于右任任社長，宋教仁、呂志伊、范鴻仙、章士釗等先後任主筆，以提倡國民的獨立精神爲宗旨，批判封建專制制度，提倡資產階級民主革命運動。1913年9月因揭露袁世凱爲刺殺宋教仁的元凶而被查封。"漁父"，即宋教仁（1882—1913），字遁初，號漁父，湖南常德桃源人。資產階級民主革命者，中國國民黨的創始人之一，提倡資產階級責任內閣制。1913年，因抨擊袁世凱專政而被刺殺。
④ "東方雜誌錢氏智修"，《東方雜誌》，近代中國歷史最久的大型綜合性雜誌。1904年3月11日在上海由商務印書館創辦，夏瑞芳主辦，徐珂、孟森、杜亞泉、錢智修等編撰。以"啓導國民，聯絡東亞"爲宗旨，贊成立憲，鼓吹改良。"錢氏智修"，即錢智修（1883—1947），字經宇，浙江嵊縣人。1911年起擔任商務印書館編譯所編輯，1920年7月任《東方雜誌》主編。1912年，錢智修在《東方雜誌》上發表《社會主義與社會政策》。
⑤ "光復上海"，上海爲同盟會、光復會重要活動基地，1911年10月10日武昌起義爆發後，同盟會中部總會於11月1日（辛亥年九月十一日）決定，由陳其美聯繫青幫、商團和士紳等，在江蘇、浙江發動起義。此時奉黃興之命到上海的李燮和已經組織好湘籍陸軍準備行動。11月3日（辛亥年九月十三日）上午，閘北民軍先行起義，占領巡警總局。當日下午陳其美率領敢死隊進攻江南製造局，未能得手。李燮和急令民軍往援，於次日攻克。上海宣告光復。此處寫的"九月十四日"指的是農曆時間。

社會主義討論集

編輯大意

大凡一學說之出現一問題之發生其間必經歷幾許之周折或遭攻擊或相辯論因之眞理以愈辯而愈明是學說是問題乃愈確實成立而不可拔社會主義之在歐美早已成爲完美精博之一科學經數千百學者之研求得千百萬人民之信從此偉大之暗潮已浸灌西方之大陸將卽有河出伏流一瀉千里奔騰澎湃蕩滌舊汚惡制度而改造一宗社會新世界之奇觀惟我國是主義方始萌芽一般人民與學者少見多怪自必有反對者之攻擊間亦有持之有故言之成理以聳動社會之聽聞者是書卽駁斥反對者之言與夫同志者討論之作裒而集之一以解一般人民之疑惑亦以備

《社會主義討論集》編輯大意第 1 頁

黨^①即於次日成立。不及一年。支部之設。已至三百餘處。黨員之多。已達二十餘萬人。其發達實爲前此各黨所未有。而反對者驚羨之餘。乃復鼓其簧舌以相詆諆。如李君愚如^②。以遺產歸公。改爲産業歸公。歐陽溥存^③。於東方雜誌作商兌一文。妄引經濟學。以難社會主義。并言社會主義。屏棄孤獨病廢之儔於死地。以强入社會主義者之罪。是等卑劣手段。本不足與辯。惟我國現時明悉社會主義者。千萬人中。不得一二。或有因彼謬論。而遂至惧相聽信。不惟對於社會主義多所障礙。即於社會進化。亦必有所需滯。故均不憚煩言。辭而闢之。非徒以折反對者之口舌。亦欲以堅一般人民之信從焉。故具録之。

　　蔡子民^④先生言。凡世界之人類有兩種。其一智識較高眼光較遠者。恒趨於向上進步一方面。知現社會組織之弊而不足恃也。故有社會主義。其一智識較低眼光較近者。恒依附現制度爲生活。不知社會主義爲何物。一聞改變社會以與其所依附爲敵者。驚駭之餘。故反對社會主義。此言可謂明悉社會主義在今日之地位矣。雖然。予以爲此二種以外。尚有一種人焉。其智識眼光。亦未嘗遜。特欲自炫其能。偏欲反對高智者所主張。以阿附現社會大多數無識者之信奉。此即今日非難社會主義著之言論以自鳴得意者是也。故吾黨對於不知社會主義者之反對猶可恕。而此輩實無可寬。是

---

① "社會黨"，即中國社會黨，中國第一個標榜"社會主義"的政黨，領袖江亢虎，前身是社會主義研究會，1911 年 11 月 5 日改組爲中國社會黨。以擁護共和，抵制君主立憲，土地公有，消滅階級，獎勵勞動，遺產歸公，普及教育等爲政綱。1913 年被袁世凱解散。

② "李君愚如"，李愚如，生平不詳，曾在 1912 年 4 月 5 日的《民立報》發表《社會主義（致民立報記者）》一文，提到當時上海社會黨某支部所懸黨旗寫的是"教育平等"和"産業歸公"。參見陳絳. 近代中國：第 14 輯[M]. 上海：上海社會科學院出版社，2004：124.

③ "歐陽溥存"，歐陽溥存（生卒年不詳），字仲濤，江西豐城人，宣統三年（1911）參加游學生考驗，賞政法科舉人。曾參加上海商務印書館編輯工作。著有《中國文學史綱》，參與編纂《中華大詞典》等。1912 年，歐陽溥存在《東方雜誌》上先後發表《社會主義》和《社會主義商兌》兩文。

④ "蔡子民"，即蔡元培（1868—1940），字鶴卿，又字仲申、民友，號子民，浙江紹興人。近代革命家、教育家、政治家。中華民國首任教育總長，1916 年至 1927 年任北京大學校長，開"學術"與"自由"之風。

集之録。即斥此輩之文爲多。如梁氏①當革命論瀰漫全國之時。偏持推戴異族君主立憲以樹異。嗣以君民立憲。根柢實通。乃復變本加厲。倡所謂開明專制論焉。夫梁氏豈不知革命之爲眞理。革命之爲必要者耶。觀其第一年新民叢報②所作。論國家思想。論破壞等篇。可以見矣。所以然者。欲自樹一幟以炫其能。彼之反對社會主義亦猶是也。而不知抗逆世界之大勢。適自墮於劣敗之域而已。今之非難社會主義者。何尙不知以梁氏爲鑒耶。悲夫。

是編之集。均係近時名作。崇論閎議。字字徵實。不尙空談。凡社會黨與非社會黨及關心時局之士。皆不可不一讀。此外對於討論是主義之文尙多。嗣當編爲第二集。以備崇拜是主義者之研究焉。

編者識

---

① "梁氏",即梁啓超（1873—1929），字卓如，號任公，別號任父、任甫、滄江，又別號中國之新民、中國少年、少年中國之少年、飲冰、飲冰子、飲冰室主人等，廣東新會（今廣東省江門市新會區）人。中國近代著名啓蒙思想家、政治家（維新派領袖）、學者。
② "新民叢報",《新民叢報》，辛亥革命前資產階級改良派創辦的重要刊物。1902 年 2 月 8 日在日本橫濱創刊，梁啓超爲主編，撰稿人有韓文舉、蔣智由、馬君武、康有爲、楊度等。

目
録

卷之一

卷之二

卷之三

社會主義討論集第一集目録終（第二集續出）

《社會主義討論集》目錄第 2 頁

社會主義討論集卷之一①

---

① 目録爲"卷之一"。

社會主義商榷案

亢虎

社會主義商榷之商榷

鄙人自寰游歸來。極力倡道社會主義近數月間。政界學界報界實業界。社會主義之名詞。口耳相郵。筆舌互戰。漸漸輸入一般人頭腦中。即所得同志通信。已不下數十百件。大都憤慨現社會組織之不平。而對於本主義掬熱血以表同情者也。顧平心靜氣。辨難質疑。爲理論之研究者。尚不多覯其人。昨閱民立報得漁父社會主義商榷一文。爲之狂喜。漁父之本意不可見。據所稱道。固非反對社會主義者。其言雖不專爲鄙人說法。而鄙人實極力提倡本主義之一人。意偶有異同。誼不容緘默。輒本商榷之怡。聊貢區區。原名書後。所以寄執鞭之慕。而非有對壘之心也。

原文所商榷者。不外兩大問題。一曰精審其自身之性質與作用。即社會主義派別甚多。果以何者爲標準乎。二曰斟酌其客體事物之現狀。以推定將來所受之結果。即社會主義實行。則於中國前途果有何影響乎。按前者可謂爲學理的商榷。後者可謂爲事實的商榷。鄙人於此。先以個人之意見。爲簡括之答案。一曰鄙人所倡道者爲廣義的社會主義。二曰鄙人認中

社會主義討論集卷之一

亢虎

●● 社會主義商榷案

社會主義商榷之商榷

鄙人自寶游歸來。極力倡道社會主義近數月間。政界學界報界實業界。社會主義之名詞口耳相郵筆舌互戰漸漸輸入一般人頭腦中卽所得同志通信巳不下數十百件大都憤慨現社會組織之不平。而對於本主義掬熱血以表同情者也顧平心靜氣。辨難質疑爲理論之研究者尙不多觀其人昨閱民立報得漁父社會主義商榷一文爲之狂喜漁父之本意不可見所稱道固非反對社會主義者其言雖不專爲鄙人說法而鄙人實極力提倡本主義之一人意偶有異同誼不容緘默輒本商榷之指聊貢區區原名國今日或尚非社會主義實行之時代。而確是社會主義鼓吹之時代。茲本此答案之宗旨。就原文所列之條項。用論理學①解剖之方法疏論如下。

上學理的商榷　學理的商榷可分爲四項。甲名稱。乙種類。原文所謂性質是也。丙作用。原文亦同。丁評論。原文所謂精審之工夫也。

甲名稱　社會主義之各種名稱。皆由展轉迻譯而來。原有之語義。與現用之字義。不盡密合無間。今惟一仍原文。

無治主義。通稱無政府主義。其實並禮教政治法律。凡範圍的。契約的。一切推翻。不止推翻政府已也。譯爲無治亦宜。無政府黨無章程。無規則。無儀式。無組織。惟以合意相聯結。實不成其爲黨也。莊子曰。聖人不死。大盜不止。剖斗折衡。而民不爭②。此派議論似之。

共産主義。産分動産不動産。此派中有主張一切共有者。有主張不動産共有而動産仍私有者。有主張不動産公有而動産則廢除者。即廢産主義。廢産主義。有名實俱廢者。各盡所能。各取所需。不計價值也。有名廢實不廢者。即一種進化的銀行匯劃法也。此外更有均産主義。集産主義。與共産頗不同。

社會民主主義。按有民主即有國家。故社會民主主義。可稱爲社會國家主義。亦可稱爲國家社會主義。其理想的國家。以法美瑞士等爲胚型。而於參政制度生産制度軍備問題關稅問題。皆大加修改之。以期益進於民主立國根本自由平等親愛三者之精神。

國家社會主義。此名稱不甚當。以與前條混同也。又有稱爲帝國社會主義者。亦不甚當。母甯③略仿原文。稱爲國家主義之社會的政策。

———————————

① "論理學"，即邏輯學。
② "聖人不死。大盜不止。剖斗折衡。而民不爭"，見《莊子·胠篋》。"剖"，《莊子》作"掊"。
③ "母甯"，同"毋甯"。

用之字義不盡密合無間今惟一仍原文。

無治主義通稱無政府主義其實並非禮教政治法律凡範圍的契約的一切推翻不止推翻政府已也譯為無治亦宜無政府黨無章程無規則無儀式無組織惟以合意相聯結實不成其為黨也莊子曰聖人不死大盜不止剖斗折衡而民不爭此派議論似之

共產主義分動產不動產此派中有主張一切共有者有主張不動產共有而動產仍私有者有主張不動產則廢除者即廢產主義廢產主義有名實俱廢者各盡所能各取所需不計價值也有名廢實不廢者即一種進化的銀行劃法也此外更有均產主義集產主義與共產頗不同。

社會民主主義按有民主即有國家故社會民主主義可稱為社會國家。

乙種類　社會主義分類法。聚訟紛如。訖無定論。因其中有相反者。有近似者。有名相反而實近似者。有名近似而實相反者。茲唯按原文所舉言之。

無治主義。與社會主義根本的理想相同。歷有密切之關係。而久已歧異。自成一宗。雖聲應氣求。而源遠流別。社會主義之名詞。殆不足以包括之。故凡原文論無治主義者。皆置而不辨。因不必加入此商榷之範圍中。使社會主義愈爲驚世駭俗之主義。反致可言者亦不能言耳。

共産主義。乃社會主義之中堅。蓋社會主義固直接緣經濟之不平等而發生者也。至於廢産主義。其精神仍與共産相同。均産主義集産主義。其方法不如共産之善。故雖以共産主義爲社會主義不祧之宗可也。

社會民主主義。乃社會主義最普通者。但在系統上。若與共産主義並列或相承。均有未安。無已。惟交互存之。蓋民主主義仍可主張共産。共産主義仍可主張民主。民主是政治一方面事。共産是經濟一方面事。雖可合亦可分。然必相輔而行。庶幾各得其道耳。

原文所謂國家社會主義。正名定分。不可加入社會主義種類中。故不論。下並同。

丙作用　共産主義之作用。必須根本上改革現在之經濟制度。而舉個人私有者。悉變爲社會公有者。先自土地著手。然後用整進法或漸進法。由固定的推至流通的。一切財産。皆使名義統屬於總團體之社會。而利益勻配諸各分子之個人。惟按其所盡義務勞力或勞心之程度。以爲制定所受權利之標準。其法有主張天然調劑者。有主張人工計算者。而下級生計及普通教育。則必一致普及。盡人得而享用之。當此之時。惟抽象之社會字樣爲資本家。而具體之個人。無一不爲勞働家①。更無貧富貴賤等階級矣。

———————————

① "勞働家"，即勞動者。

至於實施。則或用平和手段。由教育實業輸進。以全社會大多數之同意起行。或用激烈手段。先舉大革命大罷工。俾現社會惡制度破壞無餘。然後重新改造建設。絲毫不受歷史與習慣之拘束。而純由理想實現之。二者之難易當否。頗非立談所可決。顧近世學者多贊同後說。

社會民主主義之作用。絕對的反對世襲君主之存在。而以普通選舉法公推總統。且人民有少數彈劾權。及未滿期免任權。或用政府之組織。或不用政府之組織。惟以單院制的國會代之。地租歸公。軍備廢止。必不得已亦加嚴重之限制。豁免內地稅。訂國際關稅同盟。停徵出入境稅。不定國教。本新個人主義修改法律。當此之時。除未成人。不完全人外。無一無參政權。更無支配人者。亦更無支配於人者。即現任總統。祗在國會時。假定為國家主體之代表。一出國會外。即仍為社會普通之平民。此共和政體之極軌也。其實施之手段。亦分平和激烈兩派。一如前條。

丁評論　共產主義及民主社會主義。為社會主義大中至正之道。公論自在。何待妄評。按共產主義之精言。不外各盡所能各取所需二語。然徒取所需不盡所能者。將何以待之。若制定規條。過於繁密。則措施之際。必多煩難。近於無事自擾。且甚妨害個人之絕對自由。否則無比較。無競爭。無希望。孟子所謂巨屨小屨同價①。誰則為之。其於人類進化。似頗沮滯矣。若夫不勸而興。不懲而戒。無所為而為之者。恐又非一般人之程度所能驟及也。故鄙人主張教育平等。營業自由。財產獨立。廢除遺產制度。凡人自初生至成人。同在公共社會中。受平等之教育。一屆責任年齡。即令自由營業。所得財產。仍為私有。惟各個獨立。雖父子兄弟夫婦之間。界畫較然。不相遞嬗。不相授受。且其支配權。限於在生之時。死即收入

---

① "巨屨小屨同價"，語出《孟子·滕文公上》。

社會公有。如此則經濟可日趨於平。而仍不妨害個人之絕對自由。亦不沮滯社會之競爭進化。調和補救。或庶幾乎。民主政體之國家。各洲有之。惟非全用社會主義。故其功果不能盡圓滿如所期。如法如美。選舉之傾軋。官吏之腐敗。富豪之專橫。軍備之糜耗。昭昭可見。自鄶無譏[1]。亦足見民主政體之尤不可不用社會主義矣。瑞士較爲完美。實食社會主義之賜居多。然其壤地褊小。且爲四強大權力相持之交點。故得爲永久中立。而行政自然簡單。若廣土衆民。内政叢脞。外交頻煩。自籌攻守者。渡淮之橘。亦不敢遽必其遷地之果良也。然其作用。如前所陳犖犖諸大端。實任何國家唯一祈嚮之目的。而鄙人夙昔所主張者。亦於此無異詞。

　　雖然。更有向上一義。爲本題正文。而原文所未及者。則世界社會主義是也。世界社會主義之名稱。近於疊床架屋。其實可逕謂之社會主義。蓋社會主義云者。廣義的賅各種社會主義。狹義的即指此世界社會主義。無國家種族家庭宗教等等界限。而以個人爲單純之分子。世界爲直接之團體。其中雖有部類。亦必不以國家種族家庭宗教等等爲識別。而以學術或職業爲區分。而軍備關稅諸弊政。自爲無用之長物矣。即法律政治生計禮教風俗。亦靡不一改舊觀。別成新制。此實天然之趨勢。人世間將來必至之境界。而社會主義家萬衆一心。延頸企踵。勞精敝神。以期其早日湧現者也。繼此以往。或竟能純任自然。無爲而治。如無政府主義所夢想者。孔之大同。耶之天國。佛之極樂世界。即社會主義之究竟也。若社會民主主義。猶是一過渡之手續耳。

　　鄙人之主張雖如此。而第一答案已先聲明。所倡道者。爲廣義的社會主義。或問既有正確明瞭之主張。何必又爲廣漠寬泛之倡道乎。是有三義。

---

[1]　"自鄶無譏"，典出《左傳·襄公二十九年》："自鄶以下，無譏焉。"

一致不妨百慮。殊塗要於同歸。兼容并包。參觀互證。不敢武斷論事。尤不敢强迫脅人。所以尊重學者之自由。而資以思審選擇之材料。一也。吾道不孤。而知音有幾。宜棄小異以從大同。欲收集思廣益之功。必破入主出奴之見。二也。專治一種主義。亦必兼通他種主義。占三從二。執兩用中。比較之餘。是非乃見。罕譬喻之。如漢儒言通羣經方能治一經也。三也。然世勢所趨。思潮暗合。折衷盡善。會有其時。況同是社會主義者乎。

下事實的商榷　今先申述鄙人第二答案。即認中國今日。或尚非社會主義實行之時代。而確是社會主義鼓吹之時代也。故所謂事實者。原文就實行言。而此文僅就鼓吹言。究而論之。鼓吹即實行之第一步耳。所以認中國今日確是社會主義鼓吹之時代者。可分爲積極消極兩原因。

甲積極原因　即中國今日可鼓吹社會主義之理由也。嘗就歷史上心理上觀察得之。如左三者。自一方面言。爲中國人之缺點。自又一方面言。實中國人之優點也。

一中國人國家的觀念不完全　中國向來所謂國家。不外三義。一如今之行省然。即封建諸侯之社稷也。一則皇室。即朝廷一姓之起仆。或君主一人之死生也。一則天下。即世界也。以爲除中國外更無世界之存在也。三者皆與今日國家之定義不同。夫社會主義。無國家之界限者也。而歐美人國家思想。至爲深固。頗難滌除。中國不然。故可鼓吹社會主義。

二中國人種族的觀念不完全　中國人血統最雜。而同化力最大。自苗漢種外。夷蠻戎狄。三代以降。戰國之交。歷六朝五季。經遼金元清。異種名氏見於載記者。不下百數。今皆同文字。通婚姻。風俗習慣。無甚懸絶。歷代政策。不主歧視。和親賜姓。史不絶書。亦有尊己賤人之風。却少黨同伐異之禍。即如近來黨事慘變。平心而論。實由不良之政治構成。不專爲民族問題也。夫社會主義無種族之界限者也。他國之待異種人。政治教育婚姻交通。種種箝制。奴隸之不足。而犬馬驅策之。犬馬之不足。而草木芟夷之。紅黑漸亡。可爲痛憤。中國不然。故可鼓吹社會主義。

三中國人宗教的觀念不完全　中國本無宗教。孔子不過一哲學家教育家。佛教傳自漢時。信從者雖甚衆。以全國人口計。亦止九牛之一毛。況大半無業游民。或有託而逃焉者。不足爲真正教徒。其與儒者衝突。特一二文人筆尖遊戲而已。景教假國力以行。方在極盛時代。而人數不過僅如佛教。其別有所爲。屬於生計問題或權利問題者。尤十而八九。義和拳之亂。正由此兩問題反動而起。而在上者故利用之。豈真仇教哉。夫社會主義無宗教之界限者也。若婆羅門教佛教之數世尋仇。耶教回教十字軍之役。死萬萬人。亙百餘載。窮凶極慘。無道極矣。中國不然。故可鼓吹社會主義。

乙消極原因　即中國今日不可不鼓吹社會主義之理由也。嘗就歷史心理上。及近來内政外交上觀察得之。如左四者天時人事。相偪而來。雖欲趨避。其可得乎。

一政體之專制　中國自有史來。即爲專制政體。至夏而完成。至秦而堅穩。長夜不旦。於茲數千年。蚩蚩者氓。顛倒困頓於醉生夢死之中。宛轉呼號於刀鋸桁楊之下。一治一亂。視爲當然。文明自由。從未夢見。今雖號稱立憲。而大權仍在少數貴族之手。不過一成文的專制。依舊寡人政體之變相而已。夫人民欲謀公共永久之幸福者。斷乎必以共和政體爲皈依。世界大潮流。匯專制之江河。過立憲之港汊。以入於共和之海洋。人之順流而下者。由江河而港汊。猶可用舊製之帆船。由港汊而海洋。則必乘新式之輪舶。社會主義即是也。故爲政體之改革。不可不鼓吹社會主義。

二家庭之弊害　中國社會最重宗法。而家庭敝制至今而極。家長受家屬牽累之苦。家屬迫家長壓制之威。男女老幼尊卑親疏。無一人無一時不在煩惱苦難中。此不必父子責善兄弟鬩牆姑婦勃谿夫婦反目嫡庶妒寵而後然。即積善餘慶和氣致祥之家庭。其無形的痛楚。已有不可言語盡者。古人所以垂百忍之訓也。所謂天倫樂事。特如犴狴中人。苟免敲扑。則歌呼相慰藉耳。其影響所及。社會一切不道德不法律不名譽之行爲。罔不由家庭敝制。直接間接醞釀而成。鄙人別有專書。論之綦詳。而其決論。則惟社會主義爲對證之良藥度世之金針也。故爲家庭制度之改革。不可不鼓吹社會主義。

　　三内界之恐慌　中國今日公私上下。無不以經濟困難爲憂。質而言之。即人人有餓死之分也。此問題之原因。千端百緒。不易爬梳。如前條家庭之弊害。亦其一重要者。而財産不平等又其一也。餘則有由於政治者。有由於外交者。有由於實業者。而水火爲災。疾疫傳布。寇盜四起。市肆紛閉。此等事在他國受害三四分者。我國則必至十分。則以人事之不備也。鴻嗷徧野。菜色載途。亡國之音哀以思。亂國之日短以促。人人羨無知之樂。而廑有身之患。烏乎。誰實爲之。夫何使我至於此極也。此等敗象。決非補苴罅漏之政策所能彌篷①。亦決非消極慈善事業所能救濟。惟社會主義爲正本清源之至計。故内界之恐慌。不可不鼓吹社會主義。

　　四外交之挫辱　中國外交之失敗。不忍言矣。不但少年有志者知之恥之。即彼無才無德癡頑老子。亦何嘗不知之恥之。蓋羞惡之心。固盡人而具也。庚子朝廷之利用義和拳。即出自此羞惡之心。而野蠻排外。遂成五洲千古未有之笑談。其實近世列强揭櫫之帝國主義軍國民主義。而中國所亟擬學步者。其手段似較文明。其心理亦何嘗不同此野蠻也。且手段愈文明者。則其結果殺人愈多而愈酷耳。挽此狂瀾。惟有社會主義。世多疑中國今日而鼓吹社會主義。如宋襄公之不禽二毛。梁元帝之戎服談經。直自

---

① “彌篷”，有誤，應爲“彌縫”。

爲魚肉而已。此不知社會主義之真諦者也。社會主義尊重個人。反抗強權。
惟其尊重個人。故必人人有完全個人之資格。學術上生計上。皆能對於世
界各占一位置。而誰敢侮之。惟其反抗強權。故不問國家種族宗教之界限。
凡有以強權對待者。必一律反抗之。不自由。毋寧死。不甘服同胞之強權。
豈甘服外人之強權乎。且其心目中。亦不知有同胞。亦不知有外人。惟與
強權勢不兩立而已。人道正義。所向無前。而豈婦人之仁匹夫之勇哉。故
欲雪外交之挫辱。不可不鼓吹社會主義。

　　四者之外。更有一大原因。則世界之大勢是也。中國非世界中之一國
乎。今日非二十世紀中之一日乎。二十世紀世界之大勢。日趨重於社會主
義。千口一舌。千流一穴。其學説之弘通。勢力之盛大。共聞共見。不假
一二談也。中國今日實偪處此。門戶洞開。舟車靈便。歐美政學界之一顰
一笑。工商界之一鍼一縷。罔不與東方大陸有消息之相關。魯酒薄而邯鄲
圍①。其機如此。而謂社會主義獨能深閉固拒斷絶交通乎。鄙人斟酌於客體
之現狀者如此。至於推斷將來所受之結果。則成敗利鈍。非所敢知。祇當
論是非。不當計利害也。雖然。姑妄言之。吾知倡道者必極危險。舉名譽
地位財産。進而身家性命。恐悉將供筆舌之犧牲。而所倡道者必極亨通。
恰成一反比例。所惜者。中國勞働家程度較低。而此事非勞働家普及。則
不易實行。一因社會主義赤緊②與有生死存亡之關係。二則社會中固以此種
人占最大多數也。然中國則必先由學界報界。而政界工商界。迨及勞働界。
則實行之機熟矣。夫社會主義本期於實行。且鼓吹亦未始不是實行。但凡
事必經理想言論實行三段而成。而理想恆比言論高一級。言論恆比實行高
一級。且理想恆比言論早一步。言論恆比實行早一步。此所謂實行。非指

---

① “魯酒薄而邯鄲圍”，語出《莊子·胠篋》。
② “赤緊”，同“吃緊”。

作爲而指成功也。理解未明。輿論未附。雖有作爲。難望成功。故曰中國今日或尚非實行之時代。而確是鼓吹之時代。莫問收穫。但問耕耘。有志者好自爲之。

　　中國今日之社會主義。胚胎耳。萌芽耳。涓流耳。星火耳。鄙人不自揣度。抱一種狂妄之責任思想。倡道以來。日困於四面楚歌聲裏。徘徊瞻眺。邈然寡儔。前不見古人。後不見來者。並世同調。彌復寥寥。如空谷蟄居。見似人者而亦喜矣。況漁父之卓有見地者哉。惟紬繹原文。似於社會主義尚不能無疑。偶有所知。敢不奉白。切磋之雅。永矢弗諼。憶端午削迹杭垣。留別詩有句曰。湘纍憔悴行吟日。漁父差堪共往還①。蓋汎用楚騷故事。而初無所專指也。今不意竟得一漁父。與締此文字因緣。欵乃②一聲。煙消日出。伊人宛在。方將溯洄從之矣。

附社會主義商榷③

漁父

　　近來國人往往唱社會主義。以爲講公理。好人道。進世界於太平。登羣生於安樂。皆賴於茲。善哉仁人之用心也。雖然。吾人有不能不懷疑於其間者。以謂社會主義派別甚多。果以何者爲標準乎。行社會主義。則於中國前途。果有何影響乎。此二問題。實不能不與世之有志研究社會主義者。一商榷之。想亦識者所樂聞也。

---

① "湘纍憔悴行吟日。漁父差堪共往還"，典出《楚辭·漁父》。"湘纍"，即屈原。屈原遭到放逐後，在沅江邊邊走邊唱，面容憔悴，路過的漁父見到，和他進行了一場對話。"漁父"剛好是宋教仁的號，江亢虎此處實際上是用屈原和漁父的人生辯論借喻他和宋教仁的社會主義討論，表明雖然他們觀點不同，但最終殊途同歸。
② "欵乃"，有誤，應爲"欸乃"。
③ 目錄爲"附漁父社會主義商榷"。

　　社會主義之發生。蓋原於社會組織之弊。自歐西各國物質文明進步。產業制度生大變革。經濟組織。成不平等之現象。貧富懸隔。苦樂不均。於是向來所有平等自由之思想。益激急增盛。乃唱爲改革現社會一切組織之説。而欲造成其所謂理想社會。其説逐漸繁衍。殖長於歐西各國。遂析爲種種派別。而分馳並茂。迄於今日。語其旗幟鮮明主張堅實。約有四焉。一無治主義。即所謂無政府主義。在社會主義中。最爲激烈。其主張之要點。謂國家原以資本家與地主爲本位而成立。以是其所施政治法律。專以保護彼等爲目的。其偏私可謂實甚。故國家及政府萬不可不廢去之云云。各國之無政府黨皆屬此派。一共産主義。謂一切之資本及財産。皆爲社會共通生活之結果。以爲私有。實爲不當。宜歸之社會公有。由各個人公處理之云云。各國之共産黨及科學的社會主義家。皆屬此派。一社會民主主義。謂現社會之生産手段。皆歸於少數富人之私有。實侵奪大多數人之自由。宜以一切之生産手段。歸之社會共有。由社會或國家公經營之。廢止一切特權。而各個人平等受其生産結果之分配云云。各國之社會民主黨勞働黨。社會民主主義修正派。皆屬此派。一國家社會主義。即所謂社會改良主義。亦名講壇社會主義[①]。謂現今國家及社會之組織。不可破壞。宜假國家權力。以救濟社會之不平均。改良社會之惡點云云。各國之政府及政治家之主張社會政策者。皆屬此派。此四派中。第一第二派絶對否認現社會之組織。不認國家爲必要。惟以破壞現狀爲事。與現社會萬不能相容。故稱爲極端的社會主義。第三派不絶對否認現社會組織。惟欲以人民參與政權。而實行其國民主權及生産公有分配平等之制度。故稱爲穩和的社會

---

① “講壇社會主義”，德國新歷史學派社會政策論者所鼓吹的社會改良思想。1872年德國新歷史學派社會政策論者組織了“社會政策學會”，研究通過調整社會政策、實行社會改良、緩和勞資對抗、調和階級矛盾，逐步實現社會主義的方法，被奧本海姆譏諷爲“講壇社會主義”，這個稱號被這些社會政策論者欣然接受。

主義。第四派承認現社會之組織。於不紊亂國家秩序之範圍內。而實行其政策。所重在國家而不在社會。故亦有以爲非社會主義者。四派之根本理想。與見解。雖各不相同。而要皆有其立足點。以卓然成一家言。且皆有其手段。推行運動。以期其理想的社會之實現者。今吾中國而欲行社會主義。果以何派之學說爲標準乎。將採第一派耶。則必用極激烈之手段。破壞現在之國家政府。及一切主治之機關。此後無論何種美善之政治。皆不復建設。將採第二派耶。則除用極激烈之手段破壞現在之國家政府外。更必消滅現在之一切資本家地主及生產機關。此後既不建設政治。復不存留私有財產。將採第三派耶。則必組織大團體。日與現政府戰。以謀得參與政權。此後且以輿論勢力。改革現在之主權者與政府之組織。並一切生產分配手段。將採第四派耶。則必己身親居現政府之地位。假藉國家權力。以實行其政策。今之唱社會主義者。果有如何之見地如何之決心。而確以爲何派之學說可行於中國而謀其實行之道乎。此吾人所不能不亟爲商榷者也。

　　以吾人之意衡之。竊謂苟不主張真正之社會主義則已。果主張真正之社會主義而欲實行之者。則非力持無治主義或共產主義不爲功。而社會民主主義與國家社會主義。皆非所宜尊崇者也。蓋真正社會主義。在改革社會組織。以社會爲惟一之主體。而謀公共全體之幸福。再不容有其他之團體之權力。加於其上者。以故凡政治的權力。（國家）經濟的權力。（資本家）宗教的權力。（教會）倫理的權力。（家族）皆不得容其存在。而主張其學說時。若稍有此等權力之類似的觀念。插入其中者。皆不得謂爲真正之社會主義。此固理論所當然也。無治主義與共產主義者。其基礎既在絕對否認現社會之組織。則凡各種權力。自不能容其存在。而其目的即在以社會爲惟一之主體而謀公共全體之幸福。亦無所於疑。故欲行真正之社會主義。舍此實無他可採之說。社會民主主義。與國家社會主義則不然。前者所主張仍非政治權力不能實行。實不過改良國家組織。與國家經濟組織之説。而不可語於改革社會組織。謂爲社會主義。毋甯謂爲社會的國家主義。後者乃國家政策之一端。其所主張。不但不能改革社會組織。且與主義二字亦相去遠甚。只宜稱爲社會的政策。二者皆與真正之社會主義異其性質與統系。以學理的論法繩之。固不可附和流俗之見而概稱曰社會主義者。欲行社會主義而主張是二説。是適以維持現社會之組織。而使之永久不變。而"以社會爲主體以謀公共全體幸福"之理想。必因是不能實現。其結果遂與唱社會主義之本意相悖。故欲行真正之社會主義。此二派之説。實無可主張之理由。如必主張者。則必其無行真正社會主義之見地與決心。且未嘗以社會主義揭櫫於世而後可者。此亦理論所不得不然者矣。是故吾國之唱社會主義者。其所揭櫫。雖不明確。吾以爲必是主張無治主義。或共産主義。若不是之務。而徒拘墟於所謂社會民主主義與國家社會主義者。則是猶不解社會主義之真正意義爲何物者也。

雖然。凡一主義之推行。每視其客體事物之現狀如何。以爲結果。其客體事物之現狀。與其主義相適者。則其結果良。其客體事物之現狀。與其主義不相適者。則其結果惡。今假定行真正之社會主義（無治主義共産主義）於中國。則其所生結果爲何如。唱社會主義者。果一計及之乎。吾人試擬一良結果之現象。而各就其所及影響以論之。使吾國行真正社會主義。而得良結果也。則是吾國社會必已躋於不可不行無治共産二主義之現狀。與能行無治共産二主義之程度。夫政治之爲物。所以維持安甯。增進幸福者。財産之爲物。所以滿足生活者。蓋皆爲社會進化上不得已之制度。今因破壞一切組織而並去此。則必國家之內部外部。皆已康樂和親。達於安寧之域而無待維持。人民之精神方面物質方面。皆已充實發達。臻於幸福之境。而無待增進。社會經濟之生産分配。皆已圓滿調和。適於生活之用。而不必再求滿足之方。且正因其安甯幸福及生活過高之故。而生種種不自由不平等之害。故政治與財產制度。變爲不必要之長物而不得不以此二主義救濟之。既去此二物之後。真正之自由平等。因以享得。人類社會乃成太平大同之景象。古之所謂大道之行。天下爲公。選賢與能。講信修睦。人人不獨親其親子其子。貨物棄於地。不必藏於己①者。夫然後實現於今日。各國社會主義學者所擬之理想的社會。而求之不得者。而吾人乃竟一躍而達。其快樂固可知也。使吾國行真正社會主義而得惡結果也。則是吾國社會必尚未躋於行此二主義之現狀。與程度。政治或不足以維持安甯增進幸福。財產或不足以滿足國民生活。國家之內部外部。憂患叢生。人民之精神方面物質方面頹落備至。社會經濟之生產分配。耗竭凌亂。莫可名狀。國之所以幸存者。蓋亦不過賴有此僅存之政治與財產制度。以爲維繫。一旦變本加厲。並此而去之。人類社會。必至全然不得安甯幸福及生活。以成爲毫無秩序之世界。亡國滅種之禍。因是促成。乃至欲求政治與財產制度時代之不自由不平等而不可得。畫虎不成。反至類狗。吾人試想像此悲慘之狀況。其亦不能不生恐怖之心者矣。噫。行社會主義結果之良惡如是。然則唱社會主義者。果有如何之觀察。如何之推測。而以爲將來必得如何之結果。且於中國前途必有如何之影響乎。此吾人所又不能不亟爲商榷者也。

　　夫吾人非反對社會主義者。吾人惟以爲凡唱一主義。不可不精審其主義自身之性質與作用。並斟酌其客體事物之現狀。以推定其將來所受之結果。夫如是乃可以坐言而起行。故就己意所及。陳列其派別與將來之影響。以爲研究之參考。世之有志於社會主義者。其當以爲何如耶。

---

① "大道之行。天下爲公。選賢與能。講信修睦。人人不獨親其親子其子。貨物棄於地。不必藏於己"，語出《禮記·禮運》，"貨物"，有誤，應爲"貨惡"。

　　撰論既竟。偶繙原文。有謂中國而行社會主義。必國家之内部外部。皆已康樂和親。達於安甯之域。而無待維持。人民之精神方面物質方面。皆已充實發達。臻於幸福之境。而無待增進。社會之生產分配。皆已圓滿調和。適於生活之用。而不必更求滿足之方。云云。夫此等現象。惟社會主義實行以後。始得見之。而下接云。正因安甯幸福及生活過高之故。而生種種不自由平等。故政治與財產制度變爲不必要之長物。而不得不以社會主義救濟之。其意若曰。至此程度而後社會主義能實行。倒果爲因。誤解甚矣。且安甯幸福生活過高。豈反能生不自由不平等。所以不自由不平等。實坐政治與生產制度之敝耳。故當易其詞曰。正因政治與生產制度之敝。而生種種不自由不平等。故不得不以社會主義救濟之。以期安甯幸福生活愈高。乃原文則謂政治足以維持安甯。生產制度足以增進幸福。財產之爲物足以滿足生活。苟其如此。則作者所揭櫫之真正社會主義。乃真變爲不必要之長物矣。而豈其然。蓋其所稱安甯幸福滿足者。均僅指一部分最少數人言。未嘗就全世界大多數人一着想也。試就全世界大多數人着想。當知政治之不足維持安甯。生產制度之不足增進幸福。而財產之爲物之不足以滿足生活也。惟有實行社會主義。方能達此境界耳。又安甯或可不假維持。而幸福豈可無待增進。生活豈可不必再求滿足之方。社會主義正爲增進幸福。正爲再求滿足生活者。而顧曰無待曰不必。一筆抹殺之。非惟不知社會主義。亦大悖乎生物進化之例。與人心向上之理矣。今請以論理學式。制爲簡括之斷案。社會主義。所以求得安甯幸福滿足生活者也。現世政治與生產制度。不能求得安甯幸福滿足生活者也。故欲求得安甯幸福滿足生活。必廢除現世政治與生產制度以實行社會主義。

答李君愚如論社會主義書

達郪①

李君足下。足下以社會黨之主義。有教育平等。産業歸公二事。疑其未當。欲得記者之詮釋。善哉足下之問也。僕亦崇拜社會主義者之一人。茲對於吾國社會黨人所標榜者。則不敢附和。足下以爲疑者。亦僕亟欲討論之要端。今請先説明社會黨所標之主義。再申以鄙見。尚願足下有以正之也。教育平等之説。實無界限之可尋。然記者聞社會黨人之宣言曰。必求人類智識之平等。殆將以教育平等爲方法。而求臻於智識平等之域。僕以爲必不能之事也。智識者。天賦之良能也。非人力可爲範防。司教育者。既無法以勉愚者之必智。則唯有抑智者使入於愚。是但求社會之退化。非有他理之可尋。即使可是。猶不可能。野人之子。僻居山谷。不特無不平之教育。且無教育矣。及其稍長。賢愚自別。不待孰爲之主而自然至於如是。將又何法以求智識之平等乎。蓋物之不齊。物之情也。今欲以人力狙背其天常。而又不能防於未生之先。徒弊弊於既生以後。不待智者。已知其徒託夸言。若謂但求教育方法之平等。不獨共和國體。無不平等之教育

---

① "達郪"，即康寶忠（1884—1919），字心孚，號達郪，陝西城固人。早年赴日本早稻田大學留學，師事章太炎，1915 年起擔任北京大學講師、教授。

産○制○度○以○實○行○社○會○主○義○

●●答李君愚如論社會主義書　達窘

李君足下足下以社會黨之主義有教育平等產業歸公二事疑其未當欲得記者之詮釋善哉足下之問也僕亦崇拜社會主義者之一人茲對於吾國社會黨人所標榜者則不敢附和足下以為疑者亦僕亟欲討論之要端。今請先說明社會黨所標之主義再申以鄙見尚願足下有以正之也教育平等之說實無界限之可尋然記者聞社會黨人之宣言曰必求人類智識之平等殆將以教育平等為方法而求臻於智識平等之域。僕以為必不能之事也智識者天賦之良能也非人力可為範防。司教育者既無法以勉愚者之必智則唯有抑智者使入於愚是但求社會之退化非有他理之可尋。即使可是猶不可能野人之子僻居山谷不特無不平之教育且無教育矣。

《社會主義討論集》卷之一第 31 頁

也。即前清之世。階級素分。獨規定學制。一律平等。以科舉證之。可以
了然。已過之事實既如是。而忽有恐不平等之慮。誠如足下所云。無待社
會黨之宣言矣。故自智識平等言之。則其說妄。單自教育平等言之。則其
說愚。均無可議之價值者也。至於產業歸公之說。本出於社會主義之一派。
方今人士。頗復祖述其說。則有不容不辯者。社會主義之勃興。原於貧富
之不平等。已如來書所云。不待贅言。而其所以能成一家言者。亦非無故。
今試略述社會主義者主張不同之點。社會主義中。急進者約得二派。一曰
無政府主義。一曰共產主義。無政府主義者。以破壞現有制度爲神聖。欲
盡去人爲之束縳①。以復其天常。其主義爲消極之社會主義。共產主義者。
舉私人之財產制度。一掃而絕之。純以人類共有爲目的。而其中復有廣狹
之分。狹義者。且不承認有勞心勞力之區分。以爲凡爲人類。皆當平等。
從事於工農。自纖而衣。自耕而食。終歲收刈者。歸諸公團。計口按日。
以爲支用。彼有心力之區分者。僞人所作俑也。今之社會黨人。未有共產
主義詳細之宣言。以其教育平等之說參觀。固當屬於此派者也。廣義者。
則承認分業之制度。亦知天生斯民。本難齊一。智力分途。各有大用。今
之智者。輒能凌駕勞働。皆由貧富爲之厲階。使人類有貧富者。當斷貨幣
爲首惡。今欲挽其弊。宜先廢止貨幣。以對絕貧富之本原。而代以勞働支
取票。按社會全體產物之收入。爲社會人類全體之分配。（關於此復有二說。
一以爲當不問如何。採絕對平等之制。一以爲當視其盡力於社會之多少。
如何而付以等差之支票。）使社會之分業。決無高下之異。而但以無業爲大
辱。使一般人類。視大總統與荷擔者。無榮辱之差。乃其最終之目的。以
上所舉。雖不足以盡社會主義者之流派。而大率已具。彼無政府主義者。

---

① "束縳"，有誤，應爲"束縛"。

與狹義之共產主義者。不適於今日之社會。固無論已。即此廣義之共產主義。果能期諸實現乎。此僕甚願與持社會主義者。一商榷之也。方今之政治。未能至於大同之域。國家界説。至爲强固。縱觀列國。孰不以擴張己國爲主義。雖有賢者。高瞻未來。亦迫於事實之難廻。而不能得所以化之之方。今欲廢去貨幣。代以支票。必先以無國界無種界爲前提。夫推測此事進化之公理。種界國界。固宜有消滅之一日。然確能見諸事實與否。猶不可預料者也。即能見諸事實。果當在於何時。亦不可預料者也。斯意未達。而即欲圖已達之後事。此可斷其徒託空言者也。歐西社會主義之興。非一日矣。經濟革命之聲。遍於列國。假使其激烈之事實。現於近頃。雖其結果之究竟。難以先決。但此貨幣廢止之事。吾能斷其決不能實現。此稍明生計學①者所公認也。貨幣廢止之制。既不能實行。則所謂共產主義之種種理想。亦均歸於泡影幻夢之不可尋。然則經濟革命之興。亦不過使一般人民。受莫大恐慌。以致擾亂社會之秩序則有餘。以之求社會主義共產主義之實現則不能。二三積學之士。鰓鰓以貧富階級衝突爲慮者。非懼共產主義之實現也。苟使共產主義果能實現。則吾人亦將忍忍其痛苦。如政治革命之時。雖社會一時蒙其擾亂。而有政治改良之報償。又何不可爲也。實以經濟制度。一朝破壞。共產之説。既不能行。社會全體。徒受無窮之損。經數十年之培養。猶惕元氣之不復。此至不利益之舉也。論者多不察此。以爲防經濟衝突。即爲防社會主義之實現。其論適與事實之真相相反。不思甚矣。方今吾國貧富階級未烈。而忽欲採此矯枉過正之説。以求實行。毋亦好奇之心之所致耶。然僕又以爲貧富之衝突。亦不可不防者也。方今學者。多數所主張。則曰國家社會政策是已。當此列國並峙之時。自必當

————————

① "生計學"，即經濟學。

以國家爲前提。此國家內之人民。自宜爲絕對之保全。此毋庸致疑者也。欲使此國家內之人民。無衝突之可言。必先使其貧富無大過不及之差。即所謂抑富援貧是已。此種政策。一般學者。名曰社會政策。分析言之。可得二事。一曰消極。消極之策。抑富是也。舉一國公共之産業。不落於少數富人之手。而爲國家之公産。如森林鐵道礦山之屬。皆屬焉。至於租稅。則適用累進稅法。至於相續。則用棄子平均法。（即吾國舊制）使一國之人民。無巨富豪商。足以影響全國。此其要也。二曰積極。積極之道。拯貧是也。拯貧者。非僅拯救無告之民也。必以保護中産爲先。如農業銀行之設立。貯蓄事業之獎勵。中等實業教育之普及。勞動者之保護。工塲法之規定。皆屬焉。要於貧富未相懸絕以前。而保持其不至於懸絕之域。（吾國今日易行固勝歐美萬萬矣）然後國家得以鞏固。人民得以安寧。此不可易之理也。總而論之。共産主義者。至高尚之主義也。廢絕貨幣者。至確切之手段也。然而國界不去。終不可行。則又可斷言者。是共産主義。今日必不可行。社會政策。今日必不可緩。此僕所深信者也。造次作答。但憑胸臆。未能檢察名著。以爲左証。幸勿嗤其儉腹。惟足下察之。

致逵害論教育平等書

亢虎

逵害足下。讀大論社會主義。既聲明崇拜社會主義矣。又極口主張國家主義的社會政策。而謂社會主義。斷不可行。至滋疑惑。共產制度。乃全世界社會黨之公言。無俟鄙人申辯。惟大論教育平等。以爲各國靡①不皆然。即亡清亦無限制。而以愚妄見責。毋乃已甚乎。夫今日教育。果已平等耶。微論亡清。即歐美極文明國。教育一事。何莫非富貴子弟偏受之惠乎。強迫普及。空垂具文。其實貧且賤者。在家庭則以其父母無教育者之資格而不能受教育。在學校則學費縱可豁免而衣食雜費之供給。已大不支。就令一切皆仰賴於慈善家。而其父母尚將責以生產之事。而奪其至可寶貴之光陰。是仍不能受教育。此猶就普通學校論之。若高等學校。則一切爲富豪貴族壟斷盡矣。謂之平等。果心安而理得乎。本黨所主張者。不獨親其親。不獨子其子②。如周禮③所云。二十以下。上所長也。凡教育年齡內。一切資用。均由公共社會擔任之。然後教育平等。乃可得而言也。

---

① "靡"，同"靡"。
② "不獨親其親。不獨子其子"，語出《禮記·禮運》。
③ "周禮"，有誤，應爲"禮記"。

　　大論又謂智識平等。爲必不可能之事。似未深思。試問人類智識。果何自而來。蓋不外遺傳與感受兩要素合。使無論貧富貴賤。均受一致之教育。則感受大抵相同矣。然而智愚猶或懸殊者。則唯以遺傳迥別耳。例如甲乙兩人。自初生至成人。同居同學。而一龍一豬。必甲之父母。教育之程度。較乙之父母爲甚高。否則其父母之父母。若祖宗。異點太多故也。若教育真實平等。則其子若孫。雖尚不齊一。而數傳之後。亦愈趨而愈近。所謂雖愚必明。雖柔必强。人人皆有士君子之行。堯舜之世。比戶可封。豈唯智識。將道德亦漸平等矣。人羣進化。自必以向上主義爲依歸。抑智就愚。豈理也哉。惟教育雖極平等。而職業仍各區分。或勞心。或勞力。或識大。或識小。然此間卻①毫無貧富貴賤等階級。並無智愚賢不肖等階級。特趨向與地位之不同而已。子輿氏所謂物之不齊②。正是如此解法。非謂愚者必不可使智。不肖者必不可使賢。特功效有緩急難易。未可一概而言。若其事爲絕對不可能者。則教育爲無益之作爲矣。教育本以變化氣質。而本黨主張。苟能實行。則並先天的氣質而變化之。本黨初意。原自經濟之不平等想入。累究其原則。經濟不平等。由於能力不平等。能力不平等。由於教育不平等。故主張教育平等。正爲主張經濟平等也。鄙人學識譾陋。夙性不無議論短長。惟本黨黨綱。則確有正當明瞭之宗旨。貴報宜尊重團體。何可輕以愚妄二字。抹殺吾黨二萬人。餘不白。

---

① “卻”，有誤，應爲“卻”。下同。
② “子輿氏所謂物之不齊”，“子輿氏”，即孟子（公元前372—前289），字子輿。語出《孟子·滕文公上》：“夫物之不齊，物之情也。”

答江君亢虎論教育平等書

逵畧

江君足下。得來書。以僕所論共產主義。及教育平等二事。爲未協。反復詳言。足下今日。蓋社會黨之首領也。得與足下周旋於筆墨間。使得伸吾所欲言。固亦甚願。記者自謂崇拜社會主義。蓋崇拜社會主義者之宣言。有視民如傷之念。推其用心。釋迦基督之倫。不是過也。謂共產主義。不可行於今日。以有國界爲前提也。謂當采國家社主會義①之説。將以妨國民貧富之階級也。崇拜社會主義之用心。而哀其不切於有國界時之用。故主張國家社會主義。以爲漸進之方法。異日五洲大同。種國泯界之時。則所謂國家社會主義者。固可棄之如敝屣。是所謂共產主義。不可行者。爲今之社會立説。固未嘗與崇拜社會主義之念。稍有衝突也。共產制度。記者謂其不可行之理由。其要原於種界國界之難泯。（其他事實尚多）今足下既未能明言有可泯之道。則不能不認記者前述之理由。可不再論。至於教育平等一語。記者謂亡清科舉爲平等。今此學校亦平等。蓋自其教育設施言之也。足下所舉。乃其不能不受教育之故。不能承受教育之故。乃自其

---

① "社主會義"，有誤，應爲"社會主義"。

他之原因而然。非施設教育之不平等。夫不能承受教育之故。原於經濟者爲大。毋待具論。國家宜竭全力以拯此困厄。亦行政者所當爲。若欲求絶對之完滿。則非共產不可。共產之難行。已如上所述。不能答共產難行之問題。則不敢謂受教育者。必無他障礙。然不能以有障礙。即謂教育之設施不平等也。（記者對於教育平等初未見貴黨明白之宣言但自知識平等一語推之知貴黨所標者以教育之結果爲多故以爲教育方法之平等爲已然之事教育結果之平等爲不可能之事也）記者主張國家社會主義。固未嘗不以教育之普及爲先務。此與足下無大差之可言。至於智識平等一事。則不敢附和。足下既承認勞心勞力爲分業矣。此分業之中。頗有難易。大學之士。深思卓造。足以臧往而知來。中人之子。卒業於強迫教育。去而勞動。謂勞動者與學士無貴賤之可言可也。并謂其無智愚之分可乎。既不能使人人爲學士。又不能使人人爲勞動。而必謂可期智識之平等。吾甚願足下語以理由之所在也。至謂教育變化氣質。其説是矣。記者非謂愚者不能使智。亦非謂先天不能變化也。記者之主張。以爲無論施行何等之教育。社會必不能無勞心勞力之分業。（社會主義中固有勞心勞力當爲平均行爲者足下不識承認其説否）其對於社會之盡力。可不爲區分階級。然勞心者之智慧。終優於勞力。則敢斷言者。蓋智愚之稱。乃自其性質而言。智之勝愚。乃自然之結果。非故設之階級。視智愚爲平等則可。必謂可使社會無智愚之差則不可也。至謂求能力之平等。此語亦不敢附和。荷擔者畢生荷擔。猶有勝任輕重之不同。取輿夫以校科學發明之大師。能力相差。甯有涯際。謂社會視之不生階級猶可也。（自前篇所説廣義之共產主義言之亦有區別者矣）若謂其能力可以平等。必難信者。蓋足下之意。以爲能力不平等。則受社會之待遇必有差。故非先求能力平等不可。其理想善矣。尚願足下一加沈思果能實現否也。此種理論。非短言可盡。姑就足下所言。一爲答復。如足下尚欲賜教。則請將記者所舉重要之點。（如共產之國界問題能力平等之勞心勞力分業問題之屬）明白示駁。始敢承教。此種問題。方今急當討論者。記者雖不敏。頗欲一罄懷抱。俟教於閎識之君子也。尚有不揣冒昧。爲足下進忠告者。社會黨人所主張。歐西至爲複雜。深識之學者固多。無謂者亦衆。吾人欲研究一理。必爲科學的之研究。庶可見其根本。方今社會主義學者。最有價值之説。即所謂自社會學上所觀察之社會主義是已。（德國家社會主義甚近此）足下欲以社會主義之學説詔天下。必先爲潛沈之研究。然後能持之有故。記者不學無術。未能深詣。而此種問題。固亦嘗於舉世不爲之時。少加留意。初未敢以似是之言相瀆也。他日尚當申論社會學與社會主義之關係。再乞賜教。語多戇直。惟足下亮之。餘不白。

再答達啚論教育平等書[①]

亢虎

　　達啚足下。頃讀答書。至深紉佩。今早須赴崇明本黨支部。倚裝待發。不及詳陳。社會主義。當自社會學上觀察之。鄙見亦同。共產制度。必破除國家。蓋純粹社會主義。本以世界爲範圍也。本黨贊同共和。承認國家之存在。故不遽主張共產。而先主張遺產歸公。正是爲此。勞心勞力。職業雖宜細別。而行爲必當平均。將來吾人。每日除寢食游息外。必區爲何時間治勞心之事。何時間治勞力之事。以普通計之。各二時間爲得中。非惟合於社會原理。抑尤適於衛生問題。至於智識平等。能力平等。則仍毫無衝突。蓋就客觀的。即其所執之事務而言。雖有繁簡。而就主觀的。即其所具之精神而言。則無高下。語有之。獅子搏虎用全力。搏兔亦用全力。可以罕譬而喻矣。且正惟智識極平等。而職業極細分。以最高之智識。治最簡之職業。而後物質文明。乃愈進步。人生幸樂。乃愈增多耳。足下又何疑焉。餘不白。

---

① 目録爲"答達啚論教育平等書"。

致逵宕論共產主義書

家駒[①]

　　逵宕足下。屢誦大著。對於社會主義之真理。闡發無遺。佩甚佩甚。但鄙人有不能已於言者。願就足下一商榷焉。足下之言曰。方今吾國貧富階級未烈。而忽欲採共產主義以求實行。毋亦好奇之心之所致耶。誠如足下之言。其必俟吾國貧富階級劇烈之後。而始實行共產主義乎。不知共產主義。行於貧富階級未烈之時甚易。而行於貧富階級既烈之後則甚難也。吾國今日貧富階級未烈。實爲我國之幸。歐美之人。正馨香膜拜以求而不可得。乃吾既得之而反不欲居之。高其焰。助其波。以釀將來社會經濟之革命。至殺人盈野。浩劫不回。吾不知世之素來主張人道。希望自由者。固如是否。且足下固明明謂共產主義至高尚之主義也。夫主義既高尚矣。何以又謂今日必不能行。然則何日始能行。徬徨途次。日俟河清。吾未見其可也。足下之言。又曰。貨幣廢止之事。能斷其決不能實現。夫貨幣廢止不廢止。關於共產主義之能否實行也。共產主義。爲理之至公。事之至當也。其生產分配之權。一操於社會人類之手。考物物交換之世。貨幣固

---

① "家駒"，即宋家駒，生平不詳。

無存在之必要。是貨幣不能廢止之説。不足以爲據矣。至足下謂方今國家界説强固。至爲欲求貨幣之廢止。當以無國界無界種①爲前提。是説甚辯。今之一般號稱賢哲者。均鰓鰓以是爲慮。未始可以厚非之也。然而世間萬事。皆人爲之。飛艇凌空。翶翔上下。汽舟泛海。迴溯中流。昔之視若登天。望而興歎者。今固康莊大道。無復危險矣。則國界種界之説之深中人心。蓋亦未始不可復以人力弭之。惟欲弭此國界種界。當自廢除人治始。而廢除人治。又當自吾國始。吾知此言。足下必又以爲爲好奇之心之所致矣。然而民貴君輕之説生。崇本抑末之説出。而吾國無特權富民矣。無特權無富民。則廢除人治甚爲易易。歐美今日。特權與富民二者。方磅礡未已。欲廢除人治。其難實倍蓰於吾國。故曰廢除人治。當自吾國始。違俗之論。無當高明。尚希有以教之。餘不白。

---

① “界種”，有誤，應爲“種界”。

答宋君家駒再論共產主義書①

逷君

　　宋君足下。得書具論共產主義事甚詳。社會問題。非閎旦莫求其故者。頗爲寥寥。足下獨不棄迂遠。貽書相質。記者固甚願再商榷其義也。足下謂貧富階級未烈之時。正足以利共產主義之實行。執此説者衆矣。竊以爲貧富階級未烈之時。求一法以防貧富階級之發生。此當行之事也。若以爲共產主義可行。則不敢附和。蓋共產之説。首以廢絶貨幣爲前提。當茲國界未泯。競爭方烈之時。共產之説。究應否限於一國家範圍以内。若以爲無限制也。則我共之於人。人不共之於我。其爲無當。不待贅言。若曰限制之也。則將何術以平國界之出入。在足下之意。以爲當仍爲物物之交易。夫太古原人之時。其事已簡。繼以物物交換之不便。乃有貨幣之發生。自介貝以至金銀。其中間經無數之階級。苟使貨幣無必要於交換。則必無此貨幣之發生。此稍治經濟學者。能言其故。今乃欲據物物交換之事實。以證明貨幣之非必要。何異執茹毛飲血之俗。以證火食之無要也。夫貨幣之於社會。其功罪皆至於兩極。此治哲學者皆知之者也。以無代之之方。遂

_____

① 目録爲"答宋君家駒論共產主義書"。

不能爲絕端之破壞。言社會主義者。亦知之矣。故有勞働支票之倡議。究未能許其實現。世有達人。出其絕識。求一法以代貨幣。寧敢不歡忭鼓舞。爲之揚闡。若無此良法也。而徒欲以廢止爲單純之手段。是猶惡食之噎而自絕其吭也。貨幣廢止之說。既不能實現。則共產之方法。何所措施。國家之前提不去。則共產之界說。何所依據。足下又謂世界萬事。皆由人爲。其說是矣。然而挾山超海。終爲空言。舉鼎絕臏。適以自賊。個人之行動。猶有限於天常。而況社會心理。其幾至微。欲以吾人抽象之思。而求其實見於社會。此必不可能之事也。足下以飛艇汽船爲例。殆等視社會於機械。社會機械之說。其根據已爲薄脆。至於今日。已無可駁議之價值。願足下試取孔德[①]斯賓塞爾[②]諸氏之社會學。一探討之也。至謂破除人治。當自吾國始。使五洲閉塞。各守其國。吾國又何不可姑爲嘗試。以爲天下先。今當國家主義。彌漫五洲之時。乃欲屛棄人治。實行共同社會之意見。我之待人固善矣。不識人將何以待我。是何異釋迦牟尼之舍身以飼鷹虎。出自個人。爲博愛。施之國家爲自賊。何薄於同種之民。而厚於他族也。其用心本以圖個人之幸福。其結果卒至招一族之危亡。嗚呼。自有社會以來。個人即無絕對之自由。非不欲之也。以不可盡申其意。不得不強自抑裁。以求社會之安全。要亦圖個人之安全也。今乃惡社會組織之不利於天能之自由。而思脫離。不知舍此社會之約束。則有限之自由。亦不可保。孤懷閎識之士。雖常歎息其事。而終不敢爲者。職是故也。激昂者流。遂爲破壞一切人爲之倡議。要亦快心之論已耳。綜觀足下之說。與記者相異之點。足下欲爲個人主義之倡導。記者欲爲國家主義之倡導。足下主自由。記者

---

① “孔德”，即奧古斯特・孔德（Auguste Comte，1798—1857），法國哲學家，社會學和實證主義的創始人，著有《論實證精神》《實證哲學教程》等。
② “斯賓塞爾”，即赫伯特・斯賓塞（Herbert Spencer，1820—1903），英國哲學家、社會學家。

主干涉。足下傾心共產主義。記者主張國家社會主義。知其所爭之點。則
所爭者自決。要之貧富之階級。不可不防。防之者。國家社會主義是也。
共產主義不可實行。原於貨幣之制度不能廢。國家之界限不能去。以國家
之界限不去。故干涉之主義可采。足下儻有良法。使世界先去其國界乎。
然足下又可曰。先爲倡導。乃可實見。夫倡導之可矣。當茲國家存亡之秋。
舉國民之全體。傾心於國家主義。猶恐無以拯援。若導之於消極之個人。
亦可謂急其不當急者已。足下又謂記者常言崇拜社會主義。不當言社會主
義之不能實行。其說已見答江君亢虎書。不再贅論。即此奉復。餘不白。

社會主義討論集卷之二①

---
① 目録爲“卷之二”。

駁梁啓超非難社會主義論①

民意

　　去新歷十二月二日爲本報②紀元節慶祝大會。而記者適任筆記之責。既終會。以其詞登諸前第十號③。其間所記演説各稿。於孫先生④之言民生主義。尤競競焉。良以此問題隱患在將來。而此學於吾國亦鮮以能研究者稱也。記者從先生遊。屢問⑤其所稱道之理論。及其方案條理。多不勝述。顧緣擾於他事。不克編集爲文。以實本報。良自引憾。近頃見新民叢報第十四號。有梁氏"雜答某報"文。"社會革命果爲中國今日所必要乎"一節。力反對吾人所持之政策。雖未嘗不惡其恣睢悖謬。然自喜遇此而得貢言於我國民之機會。蓋樂以加我之詆諆。爲我研究之問題。以期第三者之易於了解。此記者夙所認也。爰爲文辯之。以告梁氏。並告一二惑於梁氏。而非難民生主義者凡爲駁論。貴先有自我之主見。繼審觀他人之言論。覺其

---

① "駁梁啓超非難社會主義論"，原標題爲《告非難民生主義者（駁新民叢報第十四號社會主義論）》，載《民報》1907 年第 12 期（以下簡稱 "《民報》本"），署名爲 "民意"。"民意"，爲胡漢民與汪兆銘共用之筆名，本文係胡漢民所作。胡漢民（1879—1936），字展堂，廣東番禺（今廣東廣州）人。中國近代資産階級革命派分子，中國同盟會成員，中國國民黨早期主要領導人之一。
② "本報"，指《民報》，中國同盟會機關報，1905 年 11 月 26 日在日本東京創刊。先後由胡漢民、章太炎、汪精衛等主編。陳天華、朱執信、廖仲愷、馬君武、宋教仁等參加撰稿，宣傳資産階級民主革命，批駁改良派《新民叢報》反對革命的言論。曾刊載《共産黨宣言》部分内容。
③ "以其詞登諸前第十號"，指 "民意" 發表在《民報》1906 年第 10 號的文章《紀十二月二日本報紀元節慶祝大會事及演説辭》。
④ "孫先生"，指孫中山（1866—1925）。
⑤ "屢問"，疑當作 "屢聞"。

社會主義討論集卷之二

●●駁梁啓超非難社會主義論

民意

去新曆十二月二日爲本報紀元節慶祝大會。而記者適任筆記之責。既終會以其詞登諸前第十號。其間所記演說各稿。於孫先生之言民生主義尤競競爲良。以此問題隱患在將來而此學於吾國亦鮮以能研究者稱也記者從先生遊屢問其所稱道之理論及其方案條理多不勝述。顧緣擾於他事。不克編集爲文以實本報良自引憾近頃見新民叢報第十四號有梁氏「雜答某報」文「社會革命果爲中國今日所必要乎」一節力反對吾人所持之政策雖未嘗不惡其恣睢悖謬。然自喜遇此而得貢言於我國民之機會。蓋樂以加我之詆諆爲我研究之問題以期第三者之易於了解此記者所持。爲與我見爲不合。不反覆而得發見其缺點焉。然後辨之。故其所駁者。即不必盡當。然持之有故。言之成理。兩端相折。而此問題之真相。倍易於發露。梁氏不然。其初固非有自我之主見。繼亦未嘗審觀他人之文。而但以問諸革命黨之故。則遂貿貿然執筆相攻。條理不一貫。更雜以同時自相挑戰之活劇。故所病於梁氏者。非好爲駁論也。病其不能爲駁論。而顛倒矛盾。自擾擾人。使閱者亦爲之瞀亂迷惑。而腦筋不寧者終日。從其後而規正之者。則又必不免於詞費也。即梁氏於此十四號之文。謂絕對贊成社會改良主義。而反對社會革命主義。於社會主義學説中。硬分其若者爲屬於改良。若者爲屬於革命。且企以此而斡旋其前後議論之矛盾。而不知其終不可掩。何者。梁氏於彼報去年第三號以前。既竭力認紹介社會主義之學説於中國。而其第三號以民報言社會主義也。則曰“此主義在歐洲社會。常足以煽下流”。此一度挑戰也。及第四號。則曰“如某氏持土地國有主義。在鄙人固承認此主義爲將來世界最高尚美妙之主義”。其所承認者。即第三號所斥爲煽動下流。各國煽動家利用之而有効者也。此二度挑戰也。既曰承認土地國有主義。爲最高尚美妙之主義矣。而今十四號文中又謂吾人言土地國有。爲“鹵莽滅裂盜取社會主義之一節。冀以欺天下之無識”。又謂以“簡單之土地國有論。而謂可以矯正現在之社會組織。免富者愈富貧者愈貧之惡果。是則不成問題”。夫彼第四號固已贊美土地國有爲最高尚美妙之主義。而特嫌其未能以實現於目前耳。而今則並斥之以爲體段不圓滿。不成問題。此三度挑戰也。然尤有奇者。則此十四號文四十八頁云。“社會主義學説。其屬於改良主義者。吾固絕對表同情。其關於革命主義者。則吾未始不贊美之。而謂其必不可行。即行亦在千數百年之後。”其第四十九頁亦云。“中國今日若從事於立法事業。其應參用今世學者所倡社會主義之精神與否。此問題則吾所絕對贊成者也。”至其篇中結論。則曰。“故吾

以爲種族革命不必要也。社會革命尤不必要也。"更易其詞。曰"今日欲救
中國。惟有昌國家主義。其他民族主義。社會主義。皆當詘於國家主義之
下"。依梁氏所區分者。則社會改良主義。自屬社會主義之一分類。而今日
當詘於國家主義之下。則並其所自稱絕對贊成絕對表同情者。亦皆當詘也。
相距數頁之間。而其文之不自掩也。如是。豈梁氏所謂絕對贊成採用者。
固止爲一種口頭禪耶。抑梁氏至於終局。又但以社會革命主義爲社會主義。
而社會改良主義非社會主義耶。此四度挑戰也。凡是。皆梁氏所持與吾人
辯爭之主題。即彼軍成立之徽幟也。（閱者審之作者亦自審此寧非犖犖大端耶）而猶反
覆顛倒。莫名其是。其他抑又可知。梁氏於他人文。爲己所不能辯攻者。
則輒抹以無辯駁之價值。若此類者乃真無辯駁之價值也。

　　梁氏於其本論之前。謂不可不先示革命之概念。而其概念曰。"凡事物
之變遷有二種。一緩一急。其變化之程度緩慢。緣周遭之情狀。而生活方
向。漸趨於新生面。其變遷時代。無太甚之損害及苦痛。如植物然。觀乎
其外。始終若一。而內部實時變化。若此者。爲之[①]發達。亦謂之進化。反
之其變化性極急劇。不與周遭之情狀相應。舊制度秩序。忽被破壞。社會
之混亂苦痛緣之。若此者。謂之革命。"（按此數行爲美國學者伊里氏經濟概論[②]上卷第
五章英國工業革命第一之前數行語梁氏從日本山正瞭[③]譯抄幾無一字改易自謂是所下革命概念云云
殊不可解或謂梁於彼報體例其著作徵引恒不言所出自民報第一號發行梁氏乃變其例既復屢爲民報糾

---

① "爲之"，有誤，應爲"謂之"。
② "伊里氏經濟概論"，"伊里"，即理查德・西奧多・伊利（Richard Theodore Ely，1854—1943），
　美國經濟學家，美國經濟學會創始人，著有《政治經濟學引論》（*Introduction to Political
　Economy*）、《近代法國和德國的社會主義》（*French and German Socialism in Modern Times*）、《美
　國工人運動》（*The Labor Movement in America*），關注勞工運動和社會問題。"經濟概論"，即伊
　利的著作《經濟學概論》（*Outlines of Economics*）。
③ "山正瞭"，即山內正瞭（1876—？），明治至昭和年間日本經濟學家，1902 年畢業於東京大學
　政治學科，1913 年至 1920 年任長崎高等商業學校校長，後爲東京高等商業學校教授，著有《殖
　民論》《社會經濟學原理》。1905 年，由山內正瞭翻譯并解説的《伊利氏經濟學概論》出版，書
　中翻譯介紹了伊利的著作《經濟學概論》。《民報》本下有"譯本"二字，此脱。

題、即彼軍成立之徽幟也。閱者審之作者亦自審而猶反覆顚倒莫名其、是其、他抑又可知梁氏於他人文爲己所不能辯攻者則輒抹以無辯駁之價值。若此類者乃眞無辯駁之價值也。

梁氏於其本論之前謂不可不先示革命之概念而其概念曰。「凡事物之變遷有二種一緩一急其變化之程度緩慢緣周遭之情狀而生活方向漸趨於新生面其變遷時代無太甚之損害及苦痛如植物然觀乎其外始終若一而內部實時時變化若此者爲之發達亦謂之進化反之其變化性極急劇不與周遭之情狀柏應舊制度秩序忽被破壞社會之混亂苦痛緣之若此者謂之革命」

按此數行爲美國學者伊里氏經濟概論上卷第五章英國工業革命第一節之前數行語梁氏從日本山正瞭譯抄幾無一字改易自謂是所下革命概念云云殊不可解或謂梁氏於彼報第一號發行殊不可解或謂梁氏乃變其例旣復屢報體例莫著徵引恒不言所出自民報第一號發行梁氏乃變其例旣復屢報譯體例莫著徵引恒不言所出自民報第一號發行梁氏乃變其例旣復屢報用前譯例理或然歟以自解故茲復按伊里氏之言祇以解爲民報糾其譯文之誤無以自按伊里氏之言祇以解英國自營業商業時

其譯文之誤無以自解故茲復用前例理或然歟）按伊里氏之言。袛以解英國自營業商業
時代變遷於工業時所以號爲革命之故。非謂一切之進化革命。皆嚴有此之
區別而不相容也。故依於生物學者之言。則進化之事。其道至多。有必經
革命而後進化者。而歷史上所號爲革命者。又不必皆生混亂痛苦於社會也。
今即姑爲伊里之言。譬之植物。其外觀始終若一。而内部時時變化者曰進
化。則譬有植物家於此。其種樹也。斷樹及根。而更續以他木。使其發生。
其外觀始終不若一。其變化不隱涵於内部。是則伊里氏所以爲革命非進化。
而梁氏亦必以爲革命而非進化也。則更證以實例。如我國内地廣東等省。
所用之肩輿。其始當如今山間僻縣之制。殆至陋劣。其繼進化。則制愈備。
飾愈美。肩者亦自二人而三人四人。進化至於八人而極其能事矣。顧近者
粵漢鐵道興。將來吾粵之民。即舍肩輿而乘汽車。肩輿與氣車[1]不同物。即
斷樹而更續以他本之類也。梁氏於此。其得謂之非革命耶。得無謂此自肩
輿而汽車者。亦當循軌道以發達進化。不如用北省之駝轎以代肩輿。浸假
浸變。而後合於緩慢之程度耶。而梁氏亦自知其不然。而曰。"我國今後不
能不采用機器以從事生產。勢使然也。既采用機器以從事生產。則必結合
大資本。而小資本必被侵蝕。經濟社會組織。不得不緣此一變。又勢使然
也。"是工業之革命。梁氏亦認爲不可避者。且並認現在經濟社會組織不得
不緣之一變矣。然恐以承認工業革命之故。將並不能反對社會革命之說。
乃急變其詞曰。"歐人工業革命所生之惡果。我雖不能盡免。而決不至如彼
之甚。今後生產問題。雖有進化。而分配問題。仍可循此進化之軌而行。
兩度之革命。殆皆可以不起。"又曰。"歐人前此之工業革命。可謂之生產
的革命。今後之社會革命。可謂之分配的革命。"意謂歐人惟以生產的革命。

---

① "氣車"，即汽車。

故生分配的革命。而我以生產的進化。而無須爲分配的革命也。梁氏既先置分配而言生產。則吾亦姑先與之言生產。夫梁氏所謂歐洲生產革命。其最大者。即前此人類。從筋力全部以從事製作。利用自然力之器械絶無。及機器發明。普通視人力加十二倍。或加數百倍。至千倍。生產之方法。劃然爲一新紀元也。而此之景象。則我國今後所必同然。以我數千年文明之舊國。一旦舉其生產方法。改革紀元。舊制度隨之破壞。而曰與社會周遭之情狀能相應。不至生其混亂苦痛。其誰信之。故以中國今後之經濟社會言。梁氏即欲不承認有生產的革命而不得。不然。則必自背其開宗明義所自下之概念而後可也。

今於駁正梁氏本論之前。特先舉梁氏致悮之根本而後詳論之。梁氏致悮之總根。在不識經濟學。與社會主義之爲何。而其經濟觀念之謬誤。則其大者有八。列示於左。供閱者之研究評判。

其一　梁氏以土地爲末。以資本爲本。

其二　梁氏以生產爲難。以分配爲易。

其三　梁氏以犧牲他部人而奬勵資本家爲政策。

其四　梁氏以排斥外資爲政策。

其五　梁氏不知物價之由來。

其六　梁氏不知物價貴賤之真相。

其七　梁氏不知地租地稅之分別。（日本指吾國習慣所稱之地租爲地代而指吾國所稱之地稅爲地租詳見下方）

其八　梁氏不知箇人的經濟。與社會的經濟之分別。

總此人悮[1]。而梁氏全文。乃幾無一語之不悮。同時自相挑戰。亦緣之

----

① “人悮”，有誤，《民報》本作“八悮”。

而起。梁氏謂予不信。則請觀就其原文次第評論之各節。

第一節　駁所謂中國不必行社會革命之說

（原文）吾以爲歐美今日之經濟社會殆陷於不能不革命之窮境而中國經濟社會則惟當稍加補苴之力使循軌道以進化而危險之革命手段非所適用……彼歐人之經濟社會所以積成今日狀態者全由革命來也而今之社會革命論則前度革命之反動也中國可以避前度之革命是故不必爲再度之革命夫謂歐人今日經濟社會狀態全由革命者何也……蓋歐人今日社會革命論經由現今經濟社會組織不完善而來而歐人現今經濟社會組織之不完善又由工業革命前之經濟社會組織不完善而來我國現今經濟社會之組織雖未可云完善然以比諸工業革命之歐洲則固優於彼故今後雖有生產問題雖有進化而分配問題仍可循此進化之軌而行而兩度之革命殆皆可以不起……此在歐美誠醫羣之聖藥而施諸今日恐利不足以償病也

駁之曰。此梁氏以歐洲之經濟社會歷史。證言我國不同。則其謂中國不必行社會革命之惟一論據也。其本於伊里氏。謂歐洲工業組織之變遷。不以進化的而以革命的。及其所述歐洲歷史之概略。亦可謂爲無大悞者。然其於歐洲之經濟社會歷史。稱述若是其詳。而於美洲則無一字道及。此則吾人所不能解也。夫既以歐美並稱。而與我國比較其得失優劣矣。則歐與美國爲梁氏所宜知。而胡獨見遺其一。且審梁氏之文。於稱歐洲歷史以前。則曰。吾以爲歐美今日經濟社會。陷於不能不革命之窮境。而中國不然。其既稱述歐洲歷史之後。則又曰。社會革命。在歐美誠醫羣之聖藥。而中國不然。是梁氏初非忘情於美也。梁氏得無謂歐洲經濟社會之歷史。

即可以括美洲經濟社會之歷史。舉其一而可令閱者囫圇讀過。遂信歐美當日之歷史爲無以異耶。抑梁氏亦自知夫美之經濟社會歷史不同於歐。言之而懼自破其說耶。他書或爲梁氏所不樂道。伊里之書。則梁氏既明述且暗襲之矣。吾請以伊里之書補梁氏之缺可乎。按伊里述英國工業革命之下其第八章。即爲。"關於美國經濟之注意。"其大略謂隨於英國工業革命而生之苦痛有二。而美國皆得免之。其在過後之困難。則汽機發明之日。適爲美國獨立之時。本無足稱之工業。與所謂當改革之舊制。故新工塲制度。直采用爲美國本來之制。故英國爲革命之性質有浴血淋漓之現象。而美則爲履道坦坦之一進化而已。（伊里分別革命與進化之歷史如是）其在實施上之困難。則美既以工業狹隘。免過渡之軋轢。而其境域。復尨大以調和。自由主義之實施。人民亦樂逐利遷移。不感競爭之壓力。此伊里氏述美國采用汽機製造時之社會狀態。蓋與歐洲爲大相懸絕也。而繼言競爭之結果。則曰。試觀東部諸洲人口繁密。自由地漸稀。獲得之道。因之而煩。勞働者漸感生活上之困。縱令庸銀不落。而生計已不如前。富者增加。貧者亦衆。以其階級懸隔之不平。至於暴動勞軍隊之鎮撫。其次則述傭主間之爭競。及事業之集中。勞働者之困苦。一國之事業。落於少數人之手。以爲較他國爲尤甚。而其理由。則以爲一因無制限其趨勢之法律。上復媚於鐵道大資本家而助其進步。此伊里言美國社會進步之後。其分配之不均尤甚劇也。故就伊氏之言論之。則有足以證梁氏之謬失。而暢吾人前說者三焉。美國惟以新立之國。無可稱之工業。無可言之舊制。故於過渡不感其困難。若我國有數千年之文明習慣。而舊業之倚手工爲活者。亦非美國當年之極狹隘無稱可比。然則美以新立之國。故免過渡之困難。以其免過渡之困難。故伊里氏以爲進化而非革命。我國情態既與美異。梁氏何據而謂爲今後生産問題。但有進化的耶。此足正梁氏之謬失者一。美之得爲坦夷進化也。如伊里之言。則不僅恃舊業舊制之無稱。而更賴邦土廣闊有自由之土地。以使勞働者遷徙自如。善自爲計。故能不受事業競爭之苦。我國雖地大物博。而以四千年之舊國。寧復有此以爲調和耶。此足正梁氏之謬失者二。夫以上二者較。則我國經濟社會之現象。其斷不如美之當日。已不煩言而解矣。而美之以其真進化的非革命的者。猶浸假而有今日之社會。不免與歐洲同陷於不能不革命之窮境。且自伊里氏言之。則寧視歐洲爲倍憯。即今世言社會主義者。亦羣認美爲急於歐也。而梁氏乃謂歐洲今日之社會革命論。全由前度而來。中國可以避前度之革命。故不必爲再度之“革命”。夫美則固已爲能避前度之革命者。而胡以生社會革命於今日耶。此足正梁氏之謬失者三。故梁氏所以謂中國爲不必行社會革命者。其前後若以與歐美歷史不同爲論據。而及其述彼方經濟社會歷史以爲證。則但及歐而遺美。是獨以歐洲之歷史爲主據也。若更以吾人所舉述美國經濟社會歷史證之。則並其所主張歐洲歷史之論據亦不存。何者。以所謂我國經濟社會組織。及經濟社會現象。優於工業革命前之歐洲云者。證以美國而皆詞窮也。雖然。吾謂梁氏非必不知美國經濟社會歷史者。而伊里之書。其言英美比較之異同。尤不應未覩。但以言及美國之歷史。則其所以爲證者。不攻而自破。故無寧缺之。此梁氏之苦心也。賊有盜鈴者。自掩其耳以防人覺。而不虞聞聲而來捕者之使無所逃避也。

（原文）彼貧富懸隔之現象自工業革命前而既植其基及工業革命以後則其基益固其程度益顯著云耳蓋當瓦特①與斯密②之未出世而全歐之

---

① “瓦特”，即詹姆斯·瓦特（James Watt，1736—1819），英國發明家，改良工業蒸汽機的發明者。
② “斯密”，即亞當·斯密（Adam Smith，1723—1790），英國經濟學家、哲學家和作家，著有《道德情操論》《國富論》等。

土地本已在少數人之手全歐資本自然亦在少數人之手……故工業革命之結果非自革命後而富者始富貧者始貧實則革命前之富者愈以富革命前之貧者終以貧也我國現時之經濟社會組織與歐洲工業前之組織則既有異中產之家多而特別豪富之家少其所以能致此良現象者原因蓋有數端一曰無貴族制度……二曰行平均相續法……三曰賦稅極輕

駁之曰。此梁氏以吾國經濟社會組織爲視歐洲工業革命前之經濟社會爲優焉。則謂彼今日社會問題。爲我將來無有之問題也。然一證以美國。則其説無復立足之地。蓋美之初。亦無貴族制度也。亦無長子相續不平均之制也。亦無貴族教會重重壓制供億煩苛朘削無藝侯伯僧侶不負納稅義務而一切負擔全委齊氓之弊也。故我國所視爲良因以造良果。而傲視歐洲者。美皆不我讓。至其以新國之美質。自由土地之多。既不感過渡之困難。復能調劑競爭之壓迫。則非我國現時所敢望。梁氏但侈言我經濟社會組織爲善於歐洲當日。遂謂可免將來革命之患。然則美之經濟社會組織。更良於我者。今果何如。我胡弗視此較良於我者爲不足恃而自警惕也。且梁氏以我國中產家多而特別富豪之家少。引爲幸事。此亦惟足以傲彼歐洲之封建貴族制度耳。若美則其始純爲經濟界之乾净土。其今日之以巨富稱者。皆以徒手而創業。不因英倫資本之挹注也。然而托辣斯①之驕橫。全國事業之兼并。租貴傭痛之困英②。其社會革命問題。乃視歐洲爲後來居上。梁氏亦嘗於貴族封建之外。而一審察歐美社會之問題否耶。然謂梁氏全不知歐美社會問題之由來。則梁氏亦當不受。以梁氏固能言"全歐土地在少數人之手。全歐資本亦自然在少數人之手也"。而其繼之曰"少數之貴族。即地主也。而多數齊氓。無立錐焉。生產之三要素。其一已歸諸少數人之獨占矣。

---

① "托辣斯"，即托拉斯（Trust）。
② "傭痛之困英"。"傭痛"，有誤，《民報》本作"傭病"。"困英"，有誤，《民報》本作"困苦"。

故貴族即兼爲富族”是則梁氏於研究歐洲昔日經濟社會問題。固未嘗無一隙之明。而觀察點亦有所中也。且梁氏非惟可與言歐洲之經濟社會歷史也。即美之經濟社會歷史。爲梁氏所不樂稱述者。亦未嘗不可不以梁氏此數言通之。蓋以言乎歐則曰。全歐土地在少數人手。故全歐資本亦在少數人之手。而以言乎美。亦可曰全美土地在少數入①手。故全美資本。亦在少數人之手也。美之先固無封建貴族制度矣。而以有天然獨占性之土地。放任於私有。且以國家獎勵資本家之故。而復多所濫與。如南北太平洋鐵道。其敷設時。持②由國家獎勵。而與之以軌道兩旁各六十英里至於百餘英里之地。如是之類。故美之土地。亦入於少數人之手。而資本亦附屬焉。所異者。則歐洲之得爲大地主者。以貴族之資格。而美之得爲大地主者。不以貴族資格。而以平民資格而已。其以土地入少數人手。釀爲貧富懸隔。陷社會於不能不革命之窮境。則一也。故吾人以爲欲解決社會問題。必先解決土地問題。解決土地問題。則不外土地國有。使其不得入於少數人之手也。夫然後不至陷於歐美今日之窮境。此所謂先患而預防也。梁氏雖欲隱没美之經濟社會歷史而不言。而於歐人以土地問題生社會問題者。則言之若是其切。而下文則又忽自反之。而與人爭土地資本之孰重。謂資本能支配土地。土地不過爲資本附屬物。以與其前説大相挑戰焉。梁氏豈以其如是而後可以亂敵人之耳目耶。嘻亦異矣。

　　（原文）粤漢鐵路招股二千萬今已滿額聞③其最大股東不過占二十五萬及至三十萬耳其④數又不過一二人其占十股以下者乃最大多數蓋公司全股四百萬份而其爲股東者百萬餘人此我國前此經濟社會分配均

---

① “少數入”，有誤，《民報》本作“少數人”。
② “持”，有誤，應爲“恃”。
③ “聞”，《民報》本作“而”。
④ “其”，《民報》本上有“而”字。

善之表徵亦即我國將來經濟社會分配均善之朕兆也……公司愈發達獲利愈豐而股東所受者亦愈多股東之人數既繁大股少小股多則分配不期均而自均將來風氣大開人人非知資本結合不足以獲利舉國中產以下之家悉舉其所貯蓄以投於公司出產方法大變而進於前分配方法仍可以率循而無大軼於舊

駁之曰。此梁氏以粵漢鐵路集股之事。證我國經濟現象爲良於歐洲昔日也。就粵漢鐵路言。則不可不知此事有附加的原因。即全省士民一時激於義憤。而非盡中產之家。舉貯蓄所餘牟利而來也。故香山唐紹儀①知憂之。憂其大股之不能交。而亟籌保護之善法。而梁氏乃以爲股東者百餘萬人爲幸。亦忘其附加之原因耳。且就令以此附加之原因爲不足論。而謂此占十股以下之最大多數股東。能永保其股分。以形成梁氏所期分配平均之現象乎。吾見鐵路之才着手於工事。而股分之轉易於他手者已不知凡幾矣。而此之從他手買得者。其大半必非中產以下之家。及其買收之不止十股以下。又可決也。而鐵路之利。非逾五年不見。此五年間。凡百餘萬之中產以下之家。其能久待者幾何乎。即幸而待至獲利之日。則豫計爲所獲頗豐者。若歲得什一之利。則占十股者。其歲收利當爲五元或三四元不等。此五元或三四元之利。以之加入一人一歲生活最少費中。實不過可有可無之數。斯時或有以倍其原來之股金。或百元或八九十元求購者。則鮮不售也。於時其有三十萬股之大股東。則每年以什一之利②。其人歲可得十五萬元。除其生活之費。優計之亦當餘十餘萬元。僅舉十餘萬元之所得。用以買收他股。倍其原價不惜。亦歲可多得萬餘股。而此股東之能應募至三十萬者。

---

① “唐紹儀”，唐紹儀（1862—1938），字少川，廣東香山唐家灣（今廣東珠海）人。清末民初政治家、外交家，中華民國首任內閣總理，國民黨政府官員。
② “什一之利”，《民報》本下有“與之則”三字。

必非傾産爲之。苟見鐵道公司之獲利。而肯營殖焉。則其所能買收之股。更不可算。而其次第先被買收者。又必其爲占十股以下之大多數股東可知也。如是者年復一年。鐵路之獲利愈豐。則此大股東之購求愈急。四百萬分之股。終必落於少數人之手。而今不遽見者。特尚需時日耳。一二股東。既壟斷一公司之股。轉而更謀他路之公司。其兼并之法如前而益較爲易。而鐵道爲自然獨占之事業。不數十年。將見廣東全省或東南數省之鐵道。悉落於少數人之手。而形成今日美國鐵道之現象。蓋至是而所謂股東之人數繁。大股少而小股多者。渺不可見矣。故目前經濟之現象。爲決不足恃。而分配之問題不注意。則社會將來。必感競爭壓迫之禍。且夫生産方法之未改。自由競爭之未烈。則其國經濟社會每可以苟安而無事。非惟美洲非惟我國。即歐洲工業革命前之經濟社會。其現象亦非甚惡也。梁氏不觀之伊里氏稱述英國手工製造時代之美點乎曰“其時手工製造家。各自有其居宅牛馬。其業成於家而鬻於市。利固不大。其人亦未嘗貪大利也。論此時代之制度。於進步發達。缺點固多。而維持一般之獨立安寧。所謂乞丐流氓之絶無者。不可謂非大美點也”。然則使梁氏生於當日。亦將以經濟社會現象之良而自安耶。又況如梁氏曩者詆毀吾人之持民生主義者。謂利用此以博一般下等社會同情。冀賭徒光棍大盜小偷乞丐流氓獄囚之悉爲我用。所謂賭徒光棍大盜小偷乞丐流氓獄囚之屬。豈尚爲社會之良現象耶。夫即謂我國經濟社會現象爲良。而靦於美之以一片乾净土爲發脚點者。猶有近今社會之窮境。則先事預防之策。其必不可緩矣。況我國經濟現象。如上所稱。不足謂善。以與人較量短長。則縱優於歐而必不如美。而梁氏乃一再稱幸之不已。殆必得風雨漂搖之日。而後許爲綢繆之計也。吾哀其無及也。

　　（原文）然又非徒恃現在經濟社會組織之差完善而遂以自安也彼歐

人所以致今日之惡現象其一固由彼舊社會所孕育其二亦由彼政府惧用學理放任而助長之今我既具此天然之美質復鑑彼百餘年來之流弊熟察其受病之源特徵其救法①之法其可用者先事而施焉則亦可以消患於未然而覆轍之軌吾知免矣所謂不必行社會革命者此也

駁之曰。梁氏亦知現在經濟社會組織之差完善而不足自安耶。是亦梁氏一隙之明也。而梁氏所指歐洲惡現象之原因。抑亦不謬。惟以美言之。則微異。蓋歐有其三。而美有其一。一切舊社會之孕育。例如封建貴族制度。爲美所無。而政府惧用學理。放任助長。則美亦同病。此當注意者也。至梁氏所謂熟察病源博徵治法先事而施消患未然者。則孫先生前日之演説②。已詳哉言之。曰"社會問題。隱患在將來。不像民族民權兩問題。是燃眉之急。所以少人去理會他。雖然如此。人的眼光。要看得遠。凡是大災大禍没生的時候。要防止他是容易的。到了發生之後。要撲滅他却是極難。社會問題。在歐美是積重難返。在中國郤還在幼稚時代。但是將來總會發生。到那時候。收拾不來。又要弄成大革命。革命的事情。是萬不得已纔用。不可頻傷國民的元氣。我們實行民族革命政治革命的時候。須同時想法子。改良社會經濟組織。防止後來的社會革命。這真最大的責任"。故吾人聞梁氏此言。幾忘其立於正反對者之地位也。梁氏豈不曰。吾之救治法。非革命黨之救治法也。即吾下方所言。鐵道等事業歸諸國有。制定工場條例。產業組合法。以累進率行所得稅遺產稅諸類之條理耶。姑勿論是種種之方案。皆逐末而無足以救患。而即以梁氏所自言。鑑歐美百餘年來之流弊。熟察其受病之源者論之。而見其不相應。蓋歐洲受病之源。在

---

① "救法"，有誤，《民報》本作"救治"。
② "孫先生前日之演説"，即 1906 年 12 月 2 日孫中山在《民報》創刊周年慶祝大會上所作的題爲《三民主義與中國前途》的演説。

封建貴族之制度。即梁氏上所云自工業革命前而既植其基也。而其直接以成今日社會之惡果者。則由於土地在少數人之手。使資本亦自然歸之。而齊民無立錐地。所謂舊社會之孕育爲之也。故但遡因於土地而已得歐洲受病之源。使歐洲當日。不以其土地歸少數人之手。則貴族不爲患也。又使歐洲以他之原因。而土地歸少數人之手。即無貴族。猶爲社會之患也。更以推諸美國。則初無貴族制度。而以認許土地私有制度。崇獎①資本家。而土地亦在少數人之手。以漁獵社會之資本。一爲今日之大患。故知土地問題。決爲社會問題之源。而不能解決土地問題。即爲不能知歐美社會受病之源也。梁氏對於歐洲既往之歷史。既歷言其土地壟斷於私人之弊。以爲造惡現象之原因。於此復曰。當熟察歐人受病之源。博徵救治之法。而於下方則極力反對吾人之言土地國有者。而但以其鐵道國有制定產業組合工場條例行累進稅爲已足。吾不知此數者。於歐人受病之源。果何與耶。故使梁氏必反對土地國有而行其補苴罅漏之法也。則必取消此熟察病源博徵治法之言而後可。使梁氏而必强認所舉諸條理。爲即病源救治之法也。則必取消其論歐洲經濟社會歷史之言而後可。然吾人竊以爲此數語者。固梁氏一隙之明而不可没者焉。則何去何從。願梁氏更就此而熟思之也。

第二節　駁所謂中國不可行社會革命之説

（原文）社會革命論以分配之趨均爲期質言之則抑資本家之專橫謀勞働者之利益也此在歐美誠醫羣之聖藥而施諸今日之中國恐利不足以償其病也吾以爲策中國今日經濟界之前途當以獎勵資本家爲第一義而

---

① "崇獎"，《民報》本作"及崇獎"。

以保護勞働者爲第二義……歐人自工業革命以來日以過富爲患毋財進①而業場不增其在歐土土地之租與勞力之庸皆日漲日甚資本家不能不用之求贏乃一轉而趨於美澳洲諸新地此新地者其土地率未經利用租可以薄而人口甚希庸不能輕於是招募華工以充之則租庸兩薄而贏倍蓰乃不數十年而美澳諸地昔爲舊陸尾閭者今其自身且以資本過剩爲患一方面堵截舊陸之資本使不得侵入新陸以求贏而舊陸之資本家病一方面其自身過剩之資本不能求贏於本土而新陸之資本家亦病日本以後起銳進十年之間資本八九倍於前國中租庸日漲月騰而日本資本家亦病於是相旁却顧臨睨全球現今租庸兩薄之地無如中國故挾資本以求贏其最良之市場亦莫如中國世界各國咸以支那問題爲唯一之大問題皆此之由（按此段梁氏侈口作歷史談殊覺詞費然以其足爲自論自駁之材料故具引之）自今以往我國若無大資本家出現則將有他國之大資本家入而代之而彼大資本家既占勢力以後則凡無資本或有資本而不大者只能宛轉瘦死於其脚下而永無復蘇生之一日彼歐美今日之勞動者其欲見天日猶如此其艱也但使他國資本勢力充滿於我國中之時即我四萬萬同胞爲馬牛以終古之日……我中國今日欲解決此至危極險之問題惟有獎勵資本家使舉其所貯蓄者結合焉而采百餘年來西人所發明之新生產方法以從事於生產國家則珍惜而保護之使其事業可以發達以與外抗使他之資本家聞其風羨其利而相率以圖結集從各方以抵當外競之潮流庶或有濟雖作始數年間稍犧牲他部分人之利益然爲國家計所不辭也……吾以爲今後中國經濟上之國際競爭其浴血淋漓之象必當若是矣現在各國製造品之輸入我國者滔滔若注巨壑徒以我地廣人衆雖十倍其分量猶能容受而我國又未嘗自製造以相

---

① "毋財進"，有誤，《民報》本作"母財進"。

　　抵制故各占^①一方面以爲尾閭而未至短兵相搏之時一旦我國睡獅忽起改變生産方法以堵其進途彼時各國資本家必有瞠目相視攘袂競起挾其托辣斯巨靈之掌以與我殊死戰我國如能闖過此難關乃可以自立於世界……吾之經濟政策以獎勵保護資本家併力外競爲主而其餘爲輔

　　駁之曰。此梁氏以獎勵資本家排斥外資爲政策。而謂社會革命爲不可行也。（其實則主張獎勵資本家使與社會主義反對蓋以分配之趨均爲期抑資本家之專橫謀勞働者之利益即梁氏所絕對贊成之社會改良主義學者亦無不如是也故梁氏此節文實與前後文最轟烈之挑戰使人驚詫）其以外資爲恐也。詞繁不殺。而其情狀。一若其顫聲長號與共和哭別之日。吾人雖欲俟其怯病之稍蘇。而後糾正之。不可得。則姑徐徐語之曰。梁氏其毋過戚也。梁氏昔日亦嘗言外資輸入問題矣。且以爲用之於生産則善。而用之消費始害矣。梁氏豈今獨畏外國之資本家耶。則外國資本。其能輸借於中國。類其大資本家之資本也。如曰我吸收爲用。與其用資本而來經營者爲不同耶。則後者之爲企業。猶有盈虧。而前者乃使彼安坐而獲也。且梁氏所患乃各國資本家之欲得業場而趨我耳。此奚足爲患者。我寧歡迎之不暇。何則。如梁氏自言。不數十年。美澳諸地。昔爲舊陸尾閭者。今其自身且以資本過剩爲患。然則使各國資本家而羣趨我以注入資本也。則我將爲數十年前之美澳。而後此數十年。我爲今日之美澳。亦且以自身資本過剩爲慮。安有爲馬牛終古之理耶。言至是。則梁氏必破涕爲笑。而其怯病可愈十之六七。則更進而語之曰。梁氏勿疑經濟的國際競爭爲一如武力的戰爭。必此仆而後彼興。此菀而彼必枯也。不通工易事。則農有餘粟。女有餘布。交易而退。各得其所。此其爲理。通中外古今。無以易也。故其能商於我國而獲贏者。大抵其能有利於我。而非朘我以自肥也。

---

① “各占”，《民報》本上有“各國”二字。

使必爲朘我以自肥。則通商者。真吾國之最大漏巵。而鎖國者。誠經濟家之大政策矣。我國近百年來。生齒日繁。而經濟界生產分配之方法。不見其改良進步。故社會有窮蹙之象。然以歸咎於外資之輸入。則不通之論也。即梁氏亦自知其謬而矯言。"前茲未嘗製造抵制。故各國各占一方面爲尾閭。不至短兵相搏。使我國改變生產方法。則各國資本家瞠目攘袂而與我殊死戰。"如其言。則我國殆不如因仍舊日之生產方法。永古不變。猶得以相安。無取冒險。僥倖與人并命也。而各國資本家必驚惡此改變生產方法益益進步之國。又何理耶。吾見生產方法改變。則財富日增。而外國資本家。乃益樂與我爲市耳。觀於交明富強之國。其出入口貨物。皆較野蠻貧困之國爲多可證也。且日本後起。其國小於我。而當其采用新機改變生產方法。以與歐美國際競争之日。胡不聞各國資本家之皆攘臂瞋目滅此而後朝食也。梁氏則曰。"昔日本越後有油煤礦①。所出頗豐。美國斯坦達會社②者。欲奪其業。拚五百萬美金之虧岫。貶價而與之競。越後礦卒不支。降於斯坦達。受其支配。使越後礦之力。能拚著虧岫一千萬美金以與之競。又安見斯坦達之不反降於彼。"噫梁氏亦癡矣。一千萬之美金。曾不足以當煤油大王藏入四分之一。而遂望其能傾斯坦達會社而降之耶。而其不能。則梁氏引爲大戚。不知此事。於日本經濟界。曾不感其苦痛。惟越後礦之公司。其利或稍貶損耳。夫一公司之成敗。一私人之得失。不足爲一國經濟競争勝負之左券。必考其全國財富之顯象。比較其前後孰爲優絀而後得之。而日本則固自與外國通商及改變生產方法以來。其經濟界之活氣。逐歲增加。此

① "越後有油煤礦"，"越後"，即今日本新潟縣。"油煤礦"，有誤，《民報》本作"煤油礦"。
② "斯坦達會社"，即標準石油公司（Standard Oil Company），曾譯美孚石油公司，1870 年在美國俄亥俄州成立，到 1879 年，標準石油公司已經控制了全美煉油能力的 90%。1882 年標準石油公司簽訂了《標準石油公司信托協定》，即托拉斯協定。1898 年，標準石油托拉斯精煉石油的產量已經占到美國總產量的 84%，并控制了近 90%的石油運輸。1911 年，美國最高法院根據《反托拉斯法》裁決解散標準石油托拉斯。

夫人能知者。而今且提出六億之豫算案於國會矣。且借外債至八億餘矣。其又曷嘗恃一二大資本家。與人殊死戰之力耶。且萬一用梁氏之言。獎勵中國之資本家。而求與外競。則亦必無勝理。蓋以歐美各國資本家。皆瞠目攘袂而前。而獨①中國當之。此以一敵八之勢。而況我現在資本之微微不振。星星不團。不能從事於大事業。固梁氏所知耶。而猶曰。使舉貯蓄者而結合之與抗。是又梁氏所謂猶以千百之僬僥國人。與一二之龍伯大人抗。蔑有濟也。言至是而梁氏亦當爽然自失。而怯病愈十之八九。則更正語之曰。梁氏勿以經濟問題。與政治問題混爲一談也。近時我國內地主張收回利權者紛起。其所爭者。皆鐵道礦山之業。帶有領土權之關係。而爲政治上之問題。固非一切以排抵外資爲務也。然而侯官嚴氏②且憂之曰。"方今吾國固以開通爲先。而大害無逾於窒塞。自開自造。抵制利權之説。日牢不可破。如此。他日惡果。必有所見。"又曰。"已聞留學生有言。甯使中國之路不成。礦不開。不令外國輸財於吾國而得利。此言與昔徐東海③相國云。能攻夷狄。雖坐此亡國。亦爲至榮。何以異"夫嚴氏之言。未及政治問題之方面。此其缺也。而單以經濟問題之一方面言。則無以易。今梁氏畏外資如虎。欲獎勵本國資本家鬥之。雖犧牲他部分人之利益而不惜。此真能攻夷狄亡國猶榮之心事也。梁氏其或以今世各國。有行保護貿易之政策者。援之爲論據乎。則自由貿易與保護貿易。其學説之相攻難者。至今無定論。而即依於主張保護貿易者之言。亦謂自由貿易爲原則。而保護貿易爲其例外。故其行保護政策者。必有其特別之原因。例如甲國以或種之

① "獨",《民報》本作"獨以"。
② "侯官嚴氏",即嚴復(1854—1921),字又陵,又字幾道,福建侯官(今屬福建福州)人。中國近代啓蒙思想家、翻譯家和教育家,翻譯了《天演論》《原富》等西方著作,對當時的思想文化界產生了很大影響。
③ "徐東海",即徐世昌(1855—1939),字卜五,號菊人,又號弢齋、東海、濤齋,晚號水竹村人、東海居士、石門山人,直隸(今河北)天津人,曾任清末軍機大臣。

工業爲其國特色。或所倚重。則設保護制度而助長之。使不爲他國抑壓也。否則不欲以一國生存之要需。悉仰於外國之供給。（如糧食之類近時策英國者謂當參用保護貿易以保護農業即此意）寧獎勵助長之。使其國人不止從事於其貿易上最適宜之生產也。故主自由貿易説者。謂依保護而成立之生產。非必適合於其國自然之狀況。且使企業者有依賴心。怠於改良進步。而主保護貿易者。則以此爲教育國民之手段。俾養成其業。以收利益於將來。夫然。故與梁氏獎勵內國資本家以抵制外國資本家之説爲大不侔也。蓋保護貿易者。以一種之生產業主體。而梁氏則以一切資本家爲主體也。保護貿易者。以防護本國或種工業不爲他國之業所抑壓爲目的。而梁氏則以大懼外國資本家之來。而獎勵資本家敵之爲目的也。故行保護政策者。同時采用社會主義。而梁氏則以中國方懼外資而曰"以分配之趨均爲期。抑資本家之專橫。謀勞動者之利益者。施諸中國。利不足償病也"。故梁氏抵排外資之政策。求之各國。無其類例。而梁氏下方。所絕對贊成之社會改良主義。臚舉其條理。則有所謂以累進率行所得税及遺産税者。非以期分配之趨均耶。制定工場條例。制定各種產業組合法者。非抑資本家之專橫。謀勞働者之利益耶。奈何其自訐之也。言至是。則梁氏當塞口無言。而怯病可以盡愈。然後語以吾人所主張之社會主義。則對於中國今日。實有容緩者。夫以國家之財力。足以開放一國重要利源。此必談經濟政策者所樂聞也。（嚴氏爲開通爲善閉塞爲害故與其閉塞毋寧任外資之經營此比較爲愈之説也然一國重要之利源與夫國中自然獨占之事業能以國力舉之則更較任外人經營之爲利蓋同爲生產事業有容許自由競爭者有不容自由競爭者此不獨不宜任外人經營之今日之鐵道礦山等事業固宣①悉歸諸國有也此與梁氏一意抵制外國資本家者其事不輕可②同日語）既有開發一國重要利源。及經營一般獨占事業之能力。

---

① "固宣"，有誤，《民報》本作"固宜"。
② "不輕可"，有誤，《民報》本作"不可"，"輕"乃衍字。

則國富必驟進。而生産事業日增。此又經濟界必然之趨勢也。然國家之財力。果何自而來乎。則惟用土地國有主義。使全國土地歸於國有。即全國大資本亦歸於國有。蓋用吾人之政策。則不必獎勵資本家。尤不必望國中絶大之資本家出現。惟以國家爲大地主。即以國家爲大資本家。其足以造福種種於全體國民者不待言。而於國中有經營大事業之能力。亦其一也。此非虛言以相蒙也。夫今日之中國。所課於民之地税。爲其租之二十分之一而已。其取諸民而達諸中央政府。不知經幾度之吞蝕偷減。而中央政府每歲收入。猶有四千萬之總額。英人赫德①有言。中國倘能經理有方。則不必加額爲賦。而歲可得四萬萬。然則中國地租之總額。爲八十萬萬也。經國家核定其價額之後。以新中國文明發達之趨勢。則不待十年。而全國之土地其地代（即租）進率。必不止一倍。而此一倍八十萬萬之加增。實爲國有。（經國家定地價之後則地主止能收前此原有之租額而因於文明進步所增加之租額則歸國家故曰地主無損而民生國計大有利益也）國家舉八十萬萬之歲入。以從事於鐵道礦山郵便電信自來水等之一切事業。而不虞其不足。即其初之數年。地租之漲價。或不及此數。而有是可億收之巨額。新政府即有莫大之信用。而可以借入若干億之外債。一面用之於最要的生産事業。不患其糜費之過多。一面有此歲收之巨額。不患其償還之無着。蓋是時國家之財政鞏固。則全國之富源廣闊。外資之輸入。其初以補助本國資本力之不足。而産業既發達。則自身之資本。彌滿充實於全國而有餘。此殆以自然之進步爲之。而非特獎勵資本家政策所能望。是故國中一切生産方法分配方法。皆不講求。惟有外資之輸入者。今日之現象也。獎勵國内資本家。以抵制外資輸入。其結果不能抵制。而徒生社會貧富階級者。梁氏之政策也。以中國國家爲大地

---

① "赫德"，即羅伯特·赫德（Robert Hart，1835—1911），清政府時中國海關的英籍官員，長期擔任中國海關總税務司。

主大資本家。則外資輸入有利無損者。吾人所持之政策也。梁氏既憂吾國資本之力不足以經營一切重大之事業。又頗主張鐵道等事業之歸國有公有。則正宜崇拜吾人所主社會主義之不遑。（梁氏亦信爲國家緣此可得最[1]之歲入可爲財政開一新紀元而又謂土地國有繩以社會主義均少數利益於多數之本旨爲不相及不知社會的國家其所得者即還爲社會用之國家之收入愈多即一般之國民之所得愈多何得謂非均少數利益於多數之旨耶）何至出獎勵資本家。犧牲他部分之下策。以與其絕對贊成之學說爲反對。是真梁氏之不智也。且梁氏亦知大資本家之爲害。嘗曰。"犧牲無量數之資本。犧牲無量數人之勞力。然後乃造成今日所謂富者之一階級。一將功成萬骨枯[2]。今日歐洲經濟社會當之。"而今又孳孳然以獎勵資本家爲務。至不惜犧牲他部分人利益以爲殉。功成骨枯。在所不計。核其受病之源。則始終以畏懼外資之故。甚至以築路假資於人。及各國製造品輸入爲疚。浸假使其言可以惑衆。不又令我國反爲攘夷鎖國之時代耶。梁氏之罪。不可逭矣。

　　（原文）今日中國所急當研究者乃生產問題非分配問題也何則生產問題者國際競爭問題也分配問題者國內競爭問題也生產問題能解決與否則國家之存亡係焉生產問題不解決則後此將無復分配問題容我解決也由此言之則雖目前以解決生產問題故致使全國富量落於少數人之手貽分配問題之隱禍於將來而急則治標猶將舍彼而趨此而況乎其可毋慮是也

　　駁之曰。此梁氏重視生產問題而輕分配問題。又以二者爲不相容也。故於其論分配問題時。崇拜社會主義。而於其論生產問題時。則反對之此。其所以爲矛盾[3]也。伊里氏曰"吾人由生產論而入於分配論。其研究之範圍。事物二者毫不異。所異者觀察點而已"。然則專言生產問題而不及分配問題

---

① "最大"，有誤，《民報》本作"莫大"。
② "一將功成萬骨枯"，語出唐代曹松《己亥歲二首》詩。
③ "矛盾"，《民報》本作"大矛盾"。

　　者。非伊里氏之所許甚明。而近世經濟學者。且每以分配問題爲重要。故分配含有二義。其一爲關於箇人財產貧富之問題。其二則爲庸銀與租息贏之問題。（據伊里氏分配論第一章）二者皆社會主義學者所重。使租庸息贏之問題不解決。則生產亦爲之不遂。而箇人財產貧富之問題不解決。則生產雖多而無益。使梁氏而專急生產問題也。則亦能置租庸息贏於不講而貿貿以從事乎。惟知從事於生產。而不計社會箇人貧富之家。其生產又寧無過剩之慮乎。即如梁氏上方所主抵制外資之政策行。使吾國集一省或數省中等以下之家。悉舉其貯蓄投之於公司。其爲勞働者。亦寧犧牲其利益。務增時間。減庸率以聽命。而梁氏則爲之畫策經營。見夫日本大阪之織布公司。其以購自我國之棉爲布而與我市也。以爲宜並力與之①。拚著虧蝕若干萬金。乃以其出布之多。且遂足以傾日本大阪布公司而降之。則梁氏當欣喜愉快而相賀矣。然此事之結果。則大阪布公司。舍其業而改織西洋屏畫之屬。其獲利仍復不細。而日本國中得衣廉價之布。祇有所益。無減其毫末。而我國則以工場之增時間減庸率。而其始勞働者已病。出布雖極多且廉。而一般下等社會無力購買。（所謂波士頓靴工之子無靴而冷卡塞②布工之妻無衣非其地無是生產物實其人無自瞻之力也）貨滯於內國。其以日本爲市場者。又以減價競爭而無利。於是資本家亦病。中等之家既盡其貯蓄以入公司。公司數年不能得利。則其股分必以賤價售賣與人。（若公司虧蝕甚則將至無可售賣）其家落而轉爲人傭矣。此何也。則不計分配專事生產之病也。又專言抵制外資。即不解貿易自然趨勢之故也。則更反其例而言之。今夫西蜀夔峽③之水。其倒瀉而下者幾百尺。其可發生之電。不知幾億萬匹馬力。則有外國最大之資本家。投資本

---

① "與之"，有誤，《民報》本作"與競"。
② "冷卡塞"，即蘭開夏（Lancashire），英國西北部的非都市郡，棉產業發達，英國工業革命發源地。
③ "夔峽"，瞿塘峽的別稱。

數萬萬而蓄之。購機募工。窮歲月之力。工成而以視美之邦雅革拉瀑布[①]。爲用且十倍焉。遂以供吾國東南諸省所有通都大邑一切製造機器之用。則梁氏必驚走告人。謂他國資本勢力充滿於我國中。我四萬萬同胞爲馬牛以終古矣。而細審其結果。則或此公司者。以供給過於需要。或作始過鉅。而後無以爲償。勢遂不自支。傾折而去乎。則此大資本家之資本。大半落於吾國人之手。其於我固利。茲事猶不成問題。而窺梁氏排斥外資之深心。亦惟懼此公司之能獲利。所謂以百兆雄資。伏己而鹽其腦也。曾不知此公司之獲利愈豐。則其爲利於我國也必愈大。蓋彼非能有貿易外之奇術。以攫我資而入其囊也。必其所經營生產者。足以使我有利。而彼乃得以取償於我。則如以一紡織公司。每年所仰供給於夔峽水公司者。爲十萬元之費。則其爲效用於紡織公司者。必不止十萬元之費也。（凡交易之事皆以就於自己比較的效用少之財貨與比較的效用多之財貨交換日本山崎博士[②]嘗爲譬之有甲乙二人甲有米三石布六十匹其效用相等乙有米二石布六十匹其效用亦相等則在甲米一斗之效用等於布二匹在乙米一斗之效用等於布三匹也故甲若以米一斗而與乙換布二匹半是甲以等於布二匹之米一斗而換得布二匹半也乙又以布二匹半而易得等於三匹布之米一斗也故以交換而增加雙方財貨之效用非一方有利而他方即蒙其損也）而水公司所生之電力。若更能勝煤汽之用者。則其事尤顯。如紡織公司前用煤。一歲消費十萬。今用電。可省五萬。故舍煤而用水公司之供給。每年即可省費五萬。以其所有餘者。並用之生產。則歲能多資本五萬。其他公司所省生產費額如是。即同時增多資本額亦如是。而其餘尚有以用煤而生產費過鉅。不敢投資以從事於各業者。今亦得此省半費之電力而羣起。是於社會增加生產的資本爲不可勝算也。是時國中業煤之公司。未嘗不受

---

① “邦雅革拉瀑布”，疑爲尼亞加拉瀑布（Niagara Falls）。
② “山崎博士”，即山崎覺次郎（1868—1945），日本經濟學家、法學博士，主要從事貨幣理論和金融理論的研究，著有《貨幣銀行問題一斑》《限界效用學說史》《經濟原論》等。

其影響。然以煤汽而爲電力之補助品。其效用必無全廢之理。即一公司果因是傾跌。墜其資本。然着眼於社會的經濟。則一時所增殖之資本額。實百倍之不止。利相衡者取其重。吾未見有以社會增殖百倍之資本爲不足重。而顧惜此一家公司之資本者也。如是。而外資輸入之利害可知矣。梁氏憂中國資本之不足。而排斥外資。則不知外資輸入。乃使我國資本增殖。而非侵蝕我資本者也。請言其理。夫資本之性質。依於各經濟家所下定義。其大略從同。如伊里氏云。"自生產額所得除生活費之必要。而有若干之餘剩。此餘剩者。爲生產而用之。或爲生產而蓄之。則成資本。然則資本所從來。必自生產之結果與消費所餘。自屬不易之義。而當外資之輸入。則如夔峽公司者。於我國能造成可發生幾億萬匹①馬力之電機。即增長我國以可發生幾億萬馬力之生產額也。而爲用於社會。可得減省其消費額之半。故直接間接而皆使我資本增殖也。"（圖示之如左）

生產結果〕資本
消費所餘
外資輸入
外資輸入 減省消費額〕資本增殖
增長生產額

夫外資輸入之爲我增殖資本如是。而梁氏獨恐懼之如不勝者。吾人於其此節之欲舍分配而言生產也。則知其所蔽。蓋梁氏不識分配之理。而因以疑外資之營殖於我國者。爲彼國資本家之獨利也。夫土地勞力資本三者爲生產之要素。合三成物。而爲生產。故地主也。勞動者也。資本家也。皆參加於生產事業中。而有其不離之關係者也。然三者初非自然結合。故必有集是三種要素。冒損失之危險而從於事業之人。謂之企業者。故生產所得。財貨分配。別之四。曰地代（租）。以爲土地之報酬。地主之所得也。曰賃銀（庸）。以爲勞力之報酬勞動者之所得也。曰利子（息）。以爲資本之報酬。資本家之所得也。曰利潤（贏）於利子賃銀地代之外。以爲企業之報

---

① "匹"，《民報》本無。

輸入乃使我國資本增殖而非侵蝕我資本者也請言其理夫資本之性質

依於各經濟家所下定義其大略從同如伊里氏云「自生產額所得除生

活費之必要而有若干之餘剩此餘剩者爲生產而用之或爲生產而蓄之

則成資本然則資本所從來必自生產之結果與消費所餘自屬不易之義

而當外資之輸入則如䕫峽公司者於我國能造成可發生幾億萬匹馬力

之電機卽增長我國以可發生幾億萬馬力之生產額也而爲用於社會可

得減省其消費額之半故直接間接而皆使我資本增殖也」圖示之如左

　　　生產結果
　　消費所餘｝資本
　　外資輸入　增長生產額｝
外資輸入　減省消費額｝資本增殖

酬。而企業者之所得也。企業者，有時即爲地主或資本家。有時則在於二者之外。外資之輸入我國。其企業者。或爲中國人。或爲外國人。（亦有資本家爲甲外國人而企業者爲乙外國人者）是利潤之所得。亦或爲中國人。或爲外國人也。其生產事業之供勞力者。不能不用中國人。是賃銀爲中國人所得也。行社會主義土地歸國有。則中國國家爲地主而得其地代。是四者中惟利子之一部分。完全爲外國資本家所得耳。故夫外資一輸入。而我國之土地勞力之需要立增。（梁氏曾論外資之可怖歷舉其與中國勞動者之關係與中國資本家與中國地主之關係而終局則曰使不藉外資而吾國民能以自力變更其產業之組織與歐美列强競則其因緣而起之現象亦固與外資無擇云云是又不成問題也顧其中有慮外人審機之早當租率未漲以前而買收我土地使我不能獲地代之利者今吾人以土地國有①解之如湯沃雪矣）其財貨分配之所得。我實有二分又半。而外國人則有其一分又半也。（圖示之如左）

地代賃銀之量。或不如利潤利子之多。然比較之爲確實。如企業者。縱不獲利。亦不能對於使用之土地勞力資本要求害損②賠償。若以資本家而兼企業者之資格。則脫有蒙損。身自當之。地主之地代。勞動者之賃銀。不能減蝕也。然則於外資輸入之際。實先具有增殖我國資本之效用。而分配之後。我國人又沾其利。蓋③此兩度之利。使其當我國資本缺乏之時利也。其當我國資本充裕之時亦利也。而爲外國資本家者。彼亦非無當得之利。梁氏謂生產方法變後。大資本家之資本。與小資本家之資本。其量同時而進。吾則謂外資輸入。而中國不怠於生產。則外國之資本。與

生產關係者

地主（中國國家）	勞働者（中國人）	資本家（外國人）	企業者（或中國外國人）
生　　產			
生產	所得	財貨	分配
利潤	利子	賃銀	地代
消費所餘			
用於生產			
資　　本			

---

① “土地國有”，《民報》本下有“主義”二字。
② “害損”，有誤，《民報》本作“損害”。
③ “蓋”，《民報》本作“益”，屬上句。

利潤之所得亦或為中國人或為外國人也。其生產事業之供勞力者不能不用中國人，是賃銀為中國人所得也。行社會主義，土地歸國有，則中國國家為地主而得其地代，是四者中惟利子之一部分完全為外國資本家之所得耳。故夫外資一輸入，而我國之土地之勞力之需要立增，可謂完全為外國資本家之所得。

外國資勞動者，而吾國之民，關係與中國之士地組織與歐美各國之關係。使我不能獲地。顯其中強競局怖氏曾論其日舉曰外。其人因緣以機而藉中國之利者，今吾人審。

如土地沃如雲霓之漲。早當有租解率亦未能漲與以前而買。故云其土地又使我不能獲二分又半。而外國人則有其一。

分又半也。如圖左示之。

其財貨分配之所得，我實有二分又半，而外國人則有其一。

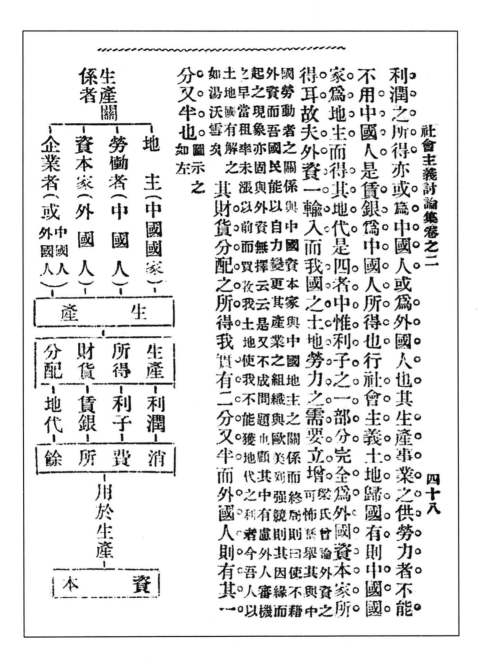

生產關係者
　地主（中國國家）
　勞働者（中國人）
　資本家（外國人）
　企業者（或中國人或外國人）

生產
　生產 — 利潤 — 消
　所得 — 利子 — 費
　財貨 — 賃銀 — 所
　分配 — 地代 — 餘
　　　　— 用於生產
資本

內國之資本。其量乃真同時而進耳。而梁氏何畏之深也。梁氏見吾國近日
經濟界之窘。求其故而不得。則以爲外商之迫壓。及其製造品之奪吾業也。
而不知其病實不坐是。自通商以來八十年。人口不能無激增於舊。總水旱
疾疫。無歲無之。屬禁苛捐。層見疊出。內之則農工商一切之業。不聞尺
寸之進步。因而社會之生產物。不足以爲供給。其所以不至於凋敝者。猶
賴有外國製造品之輸入。以增加生產額。而並得減省其消費。其次則海外
商民。已分殖其數百萬之生齒於國外。而復大有所挹注於國中也。（昔之應募
而往爲華工者大半瀕於凍餒之民此舉世所知也）顧其生產之所以不進者。其原因亦約略
可言。其一曰。生產方法之不變。不能采用百年來西人所發明之新生產方
法以從事。此梁氏所知也。（按此非社會智識之不足由政府有屬禁也自馬關結約①後始許內
地航駛小輪及用機器製造前此織布用機惟有上海漢陽官業耳於生產事業自爲遏抑可嘆）其二曰。
交通機關之不備。其三曰。貨幣之不統一。交通機關不備。則運輸困難。
貨幣不統一。則取引②不安。運輸困難。是使生產費重而交易無利也。取引
不安。是使企業者裹足而商務衰也。其四曰。釐稅之煩苛。凡一物之作成。
其自生產者之方。而入於消費者手也。則不知經幾度之釐稅。其道路之相
距愈遠者。則其經關卡愈多。並其取引之時間而悮之。而生產費之加增。
又不待言。故滇黔之產至繁富。而其得輸入於吾粵者。惟烟土一宗。蓋他
物以不能堪若干度之徵抽。非遠莫能致也。貿易之衰。其間接即使生產力
蹙縮。何者。農有餘粟。此有餘而無與爲易者。即生產過剩而失其效用者
也。譬有人耕於荒野。歲收穀二百石。而其所食及其耕數人所需盡於百石。
欲引而鬻諸城市。則運搬之費。猶且過之。爲農之計。固所不願。惟有貯

---

① “馬關結約”，指 1895 年清政府與日本明治政府在日本馬關簽訂的《馬關條約》，隨後列強掀起
　　瓜分中國的狂潮。
② “取引”，日語詞，交易。

蓄之以待不時。及新穀既升。陳因不盡。則有舉而棄之者。此越南未隸於
法蘭西之前。所以常聞燒穀之事。如是而猶望其能盡地力也。殆未之有。
故異日者。新政府立。舉國家之資本。以營設國内之交通機關。統一貨幣。
除去釐金。則交易之事。安全迅速。百倍於今茲。而厲禁既除。則其采用
新機以從事生產。又不待教而語。所謂因利善導。無所難也。惟文明之進
步速。則社會之問題。亦接踵而生。不預爲解決。則必有歐美今日噬臍之
悔。夫歐美今日之富量。惟在少數。貧富階級。懸絕不平。勞動者之痛苦。
如在地獄。此亦社會主義者所恆道矣。然當其生產方法未變以前。固無此
現象。而其所以養成積重難返之勢者。亦正以其徒急於生產問題。而置分
配問題不講也。今梁氏曰。"生產問題不解決。則後此將無復分配問題容我
解決。"曾亦知生產問題之解決易。而分配問題之解決難。社會主義學者勿
論。即當世經濟大家。其所鄭重研究者。皆分配問題。而非生產問題也。
生產問題大半可任自然的趨勢。而分配問題。則不可不維持之以人爲的政
策。即如上所論。則吾國生產問題受病之源。舉而措之裕如耳。以視歐美
今日分配問題。其於社會之解決。孰難孰易乎。而況乎以興利除弊。解決
生產問題者。固與社會主義。無絲毫之反對也。且土地國有之制行。國中
之生產業必大進。何者。既無坐食分利之地主。而無業廢耕者。國家又不
令其久擁虛地。則皆盡力於生產事業也。梁氏惟認排斥外資爲解決生產問
題之唯一主義。而又以獎勵資本家爲排斥外資之唯一政策。故使生產問題
與分配問題。若冰炭之必不可合。此全由其特具之一種怯病而來。而又不
能自療也。梁氏既痛論歐美社會陷於不能不革命之窮境。又曰。"其所以致
今日之惡現象者。由彼政府誤用學理。放任而助長之。"吾人於此。亦許其
有一隙之明矣。而至其策中國經濟界之前途。一則曰。"當以獎勵資本家爲
第一義。稍犧牲他部分人之利益。不辭也。"再則曰。"吾之經濟政策。以

獎勵保護資本家併力外競爲主。而其餘皆爲輔。故目前以解决生産問題故。
致全國富量落於少數人之手。貽分配問題之隱禍於將來。而急則治標。猶
將舍彼而趨此。"是明知放任助長爲歐美已然之覆轍。而猶不憚於蹈襲其後
也。昔南洋羣島有蠻族酋長出獵逐獸。偶蹶於地。至今此島之蠻人。每經
其地。猶必蹶而效之。今梁氏以蹶爲樂。無亦崇拜歐風之結果耶。故梁氏
以謂可以毋慮。聊自解嘲。而以既放任助長。與人同其惡因。則他日積重
難返。亦與人同其惡果。梁氏所恃。或即其下方所列。所謂改良之條理。
其果足以救患與否。亦姑勿辨。而當梁氏以獎勵資本家爲第一義之時代。
則鐵道國有工場條例累進率税皆與其政策反對而不相容者。梁氏其更何所
恃耶。蓋梁氏始終不能與言民生主義者。立於正反對之地位。而救治病源。
消患未然之説。又既附和無異詞。乃不得已遁於排斥外資之政策。以爲格
人論鋒之質。然就上方所辨。則排斥外資。獎勵資本家政策。無復紮寨之
餘地。梁氏所恃爲惟一之論據已破。則其謂社會革命爲不可行之説。亦不
必取消而先無效矣。

　　　　按梁氏此數段文字。大抵勦襲近刊某報第一號金鐵主義①第三節。
至某報持議尚謂應於時勢。爲救時之計。非祝貧富階級之分。以不平
均爲幸。特以生産爲急。分配爲後。姑以此抵制外人。惟當思别種良
法。以救其弊。而梁氏變本加厲。直謂犧牲他部分人之利益而不辭。
並詆言社會主義者爲亡國罪人。則又某報始料所不及也。但某報謂中
國所急。方在生産不發達。不在分配不平均。故社會主義尚未發生。
同盟罷工尚未一見。又曰於本國無一同盟罷工之事。斯言若爲吾粤言

---

① "金鐵主義"，指 1907 年楊度在《中國新報》第一卷第一號至第五號連載的《金鐵主義》一文，
　　文章宣傳君主立憲，要求清政府召開國會，并斷言中國不可實行民主立憲，只可實行君主立憲。
　　全文發表以後，受到當時革命派的猛烈抨擊。

之。則聞者皆得反脣相稽矣。蓋吾粵每歲若織工若木工若餅工若鞋工。其每年同盟罷工之事。層見疊出也。又依吾人所持土地國有主義。既一面解決分配問題。而國家自爲大資本家。得從事路礦各種事業。雖工商立國政策。何以加焉。而又何至患生產問題與分配問題爲不相容也。

第三節　駁所謂中國不能行社會革命之説

（原文）欲爲社會革命非體段圓滿則不能收其功而圓滿之社會革命雖以歐美現在之程度更歷百年後猶未能行之而現在之中國更無論也今排滿家之言社會革命者以土地國有爲唯一揭櫫不知土地國有者社會革命中之一條件而非其全體也各國社會主義者流屢提出土地國有之議案不過以此爲進行之着手而非謂舍此無餘事也如今排滿家所倡社會革命者之言謂歐美所以不能解決社會問題者因爲未能解決土地問題一若但解決土地問題則社會問題即全部解決者然是由未識社會主義之爲何物也

駁之曰。此梁氏以圓滿之社會革命。非中國所能行。又以吾人所主張爲非圓滿之社會革命也。夫以歐美所不能者。即謂中國無足論。是真徒識崇拜歐美。而不識社會主義者也。近世社會主義學者。恆承認一國社會主義之能實行與否。與其文明之進步爲反比例。故紐斯綸[①]者。南洋之一蠻島也。而可倏變爲社會主義之樂土。言歐美社會問題者。則曰積重難返。而對於中國。則曰消患未然。其處勢之異如此。然則歐美之不能者。固不害爲我國所能也。梁氏謂爲社會革命必體段圓滿。不知此圓滿之云者。將於何程度定之。以社會主義之爭鳴於今世。其派別主張。言人人殊。由其是

———————————

① "紐斯綸"，即新西蘭（New Zealand）。

丹非素之見。則甲可以不圓滿者加諸乙。乙亦可以不圓滿者反諸甲。有第三說之丙出。則並得舉甲乙而短之。其或以條件之多少。爲圓滿否之程式乎。則彼固有認爲不必要者。不能強益以蛇足也。其或以絶對者爲圓滿。相對者爲不圓滿乎。則是使持論者。必走於極端。而不容有折衷之說也。是皆不通之論也。若夫一主義之立其理論足以自完。而無矛盾之點。施諸實際。有莫大之成功。則雖謂之不圓滿而不可得。梁氏曰。"各國社會主義者。以土地國有爲進行之着手。非謂舍此無餘事。"即吾人亦曷嘗謂土地國有之外。其餘無一事耶。所謂歐美不能解決社會問題。爲未能解決土地問題者。謂土地問題爲之梗。不解決其重要者。則無能爲役也。非謂土地問題之外。無問題也。梁氏而欲反對是言乎。則梁氏於述歐洲經濟社會歷史亦明明曰。"全歐土地。本已在少數人之手。全歐之資本。亦自然在少數人之手。及謂生産三要素。其一已歸少數人獨占。故貴族即兼爲富族。"然則歐美社會問題。以其國富量在於少數人之手而起。其富量所以在少數人手。又以土地爲少數人獨占而起。梁氏固已絶對承認矣。於其所以致病之源則認之。而於其解決之法則否之。則適成爲梁氏圓滿之社會主義而已。

　　（原文）近世最圓滿之社會革命論其最大宗旨不外舉生産機關而歸諸國有土地之所以必須爲國有者以其爲重要生産機關之一也然土地之外尚有其重要之生産機關焉即資本是也而推原歐美現社會分配不均之根由兩者相衡則資本又爲其主動蓋自生産方法一變以後無資本者萬不能與資本者競小資本者萬不能與大資本者競此資本直接之勢力無待言矣若語其間接之勢力則地價地租之所以騰漲者何自乎亦都會發達之結果而已都會之發達何自乎亦資本膨脹之結果而已彼歐洲當工業革命以前土地爲少數人所占有者已久然社會問題不發生於彼時而發生於今日者土地之利用不廣雖擁之猶石田也及資本之所殖益進則土地之價值隨

而益騰地主所以能占勢力於生產界者食資本之賜也又况彼資本家常能以賤價買收未發達之土地而自以資本之力以發達之以兩收其利是又以資本之力支配土地也

駁之曰。梁氏此論。與其敍列歐洲經濟社會歷史之言爲自相挑戰。上文已辨之。然其所蔽。固不可不詳爲之解也。今請先詰梁氏以資本之所從出。梁氏能勿推本於土地耶。惟人工與土地合，而後生資本。此一般經濟學者。所以認土地爲福之源也。梁氏謂資本爲主動力。吾人則以土地爲資本之原動力。土地既生資本。而人用之。更得助地力之發達。比之無資本者。其生產較多。然即有大資本者。亦不能離土地以言生產。（梁氏原文亦謂資本家所操資本無論以之治何業總不能離土地而獨立見彼報四十頁）故資本實始終緣附於土地。其勢力不得相抗。若言其例。則觀於地主與資本家之關係而知之。譬如甲爲地主。有耕地二分。貸與於乙丙二人。乙爲無資本者。其每歲收穫得五十石。甲取其半。以爲地代（租）則乙所餘者。二十五石耳。丙爲有資本者。顧其費不過十石。（如以十石米賃耕具牛馬之屬而耕之之類）而歲收穫得百石。則甲亦欲收其半以爲地代。丙以其比於乙所得爲已多二十五石。以償其所費之資本。猶餘四十石。則憚於遷徙他業。而願從之。然甲之所獲。已並侵丙資本利益之範圍矣。又如今日倫敦紐約宅地之主人。其貸地於建屋者。歲收其相當之租。貸地之約既解除。則勿論其營造之資本若干萬。亦悉歸地主所有。蓋地主有左右資本家運命之勢力。而資本家不能不仰地主之頤指。文明之時代。地之爲需要愈甚。則地主之勢力愈橫。而資本家亦愈非其敵。梁氏謂無資本者不能與有資本者競。以證資本之勢力。是則然矣。然無土地者。抑能與有土地者競否耶。至謂地價地租之騰漲。亦止爲資本之勢力。則大不然。地價之貴。其重要直接原因有三。而資本之勢力不與焉。一曰土地之性質。肥腴之地。與磽确之地。其使用收益不同。則其價值不同也。二曰土地之位置。其位置便於交通者貴。其不便於交通賤也。
三曰人口之加增。地廣人稀。則土地之供給浮於需要。地狹人稠。則土地
之需要强於供給。而價值亦因之爲貴賤也。以地價騰漲爲由資本間接之力。
則無寧以爲土地本體之力。蓋雖人口增加之强弱。亦未嘗與地力無關。而
地之性質與其位置。亦必有天然之利。而後人力因之。凡此皆非資本所能
居首功者。梁氏謂地價騰漲。由都會發達之結果可也。都會亦土地也。謂
都會發達由資本膨脹之結果則謬也。欲知都會膨脹所由來。宜先知都會之
所由成立。則軒利佐治①氏曾言之。其精闢爲他學者所不逮。其大略謂 “以
一人而耕於荒野。自食其力。所資爲養生之具。必不能給。故以十日治田。
而必中廢一日以遠與人易所需。然是時用力雖多。其所得仍不免於缺憾。
假而有十人聚居其地。則縱皆業耕。而十人者各更番任以粟易器之勞。其
用力必較少。而所得較備。繼而農之耕者愈多。其所需亦盛。則有不業耕
而以農之需爲業者。若布匹農器之屬。是時必農之需要。與業是者之供給
相當。然後能雙方交利。故日中爲市。必其地便交易者先興焉。以其便交
易也。人益趨之。久而不廢。乃成都會”。由是言之。則地之所以日貴。由
人爭之趨於都會也。人所以爭趨於都會。由其有交通之便也。其最先之原
因。則以農地之發達也。故農地王盛②。而都會亦以繁榮。農地蕭條。都會
亦受其影響。凡此皆數見不鮮之象也。又縱當工商業極盛之時代。其地之
得爲都會。與人之爭趨之者。亦不外其便於交通之一大原因。以通商口岸
證之。則其最便於交通者。其地必最發達。而此外有所不逮者。皆以位置
爲之也。今梁氏謂都會發達。由於資本膨脹。曾不問資本所以羣趨於都會

① “軒利佐治”，即亨利・喬治（Henry George，1839—1897），美國經濟學家、社會活動家，著有
《進步與貧困》等書。
② “王盛”，同 “旺盛”。《廣韻》：“王，盛也。”

之故。是所謂倒果爲因者耳。且梁氏意。以爲一般資本增殖。而地價始騰貴乎。抑必資本家投資其地。而地價始騰貴乎。如謂一般資本增殖。而地價騰貴。則其事與少數之資本家無與。即社會主義實現。土地與大部分之資本歸國有。而其社會的國家。亦未嘗不從事於生產以增殖其資本也。又但使資本之於社會。爲分配本平。而無甚富甚貧之象者。則資本同時而殖。亦有利社會而無害者也。故於此不生問題也。如謂必資本家投資而後地價始貴。則吾未見於土地本體。無致貴之原因。而獨以少數資本家之力能使之立貴者也。檀香山之初隸爲美屬也。資本家之趨利者。以爲其地之發達。將逾倍。爭投資本租地而大建築營造焉。不意其地固無非常之進步。致使家屋營造之物。供過於求。利潤不可得。而地代無所出。卒盡棄所有與地主。毀其契約而後已。故資本家不能因應於地之進步發達。而勉強投資者。並其資本而虧衂之。安在其能使土地騰貴耶。夫所謂必有天然之利而後人力因之者。其在地味則有報酬漸減之法則。亦經濟家所恆道矣。至以交通言。則如倫敦城內地貴。其距倫敦遠者價則遠遜。自有爲隧道之軌以通之者。使其交通之便。與城內地無異。則其地價亦立起。或以爲是資本支配土地之力。殊不知惟倫敦爲交通最便之點。故得波及於餘地。倫敦城其本位也。城外地之得觸接倫敦。亦其位置爲之也。使其不然。則隧道之通軌。胡必依於倫敦等名城。而不隨地搆設之耶。若夫同一土地。於野蠻時代則賤。於文明時代則貴者。其一由人口之激增。其二由生產方法之改變。人口激增。地之爲需要以倍。不待言矣。生產方法變。然後地力盡。昔之以爲不可用。與用之無利。今乃爲人所爭取。而遂至皆有善價。社會主義學者有恆言。"地主者食文明之賜。"即以此也。今梁氏惟曰。"地主食資本之賜。"是又知二五而不知一十者也。尤可笑者。梁氏既反對言土地國有者爲不完全。而又謂資本家能兩收其利。夫豈知吾人所以主張國有土地者。即慮是兩收其利者爲不平之競爭。以釀成社會問題而已耶。土地資本勞力三者並立爲生產之要素。交相待而後成。私有土地之制不廢。則資本家兼爲地主。而勞動者有其一以敵其二。斯所以恆敗而不可救。梁氏而真知資本家有兩收其利之弊。乃今始可與言土地國有耳。

　　（原文）要之欲解決社會問題者當以解決資本問題爲第一義以解決土地問題爲第二義且土地問題雖謂爲資本問題之附屬焉可也若工場若道具（機器）其性質亦與土地近皆資本之附屬也

　　駁之曰。土地問題與資本問題孰先。上文已辨之詳。今不復贅。惟吾有一語詰梁氏者。則其所謂"全歐土地本已在少數人之手。全歐資本亦自然在少數人之手"。及所云。"資本家所操資本無論用之以治何業。總不能離土地而獨立。"云云者。其意亦豈以申明資本問題之當先於土地耶。梁氏於是。不可不爲一語以解答也。至謂土地問題爲資本問題之附屬。舉工場道具爲證。其不通至此。閱者亦可以徵梁氏於經濟學之深矣。蓋自來經濟學家。無有不以工場道具（機器）爲資本者。（他書不勝引即伊里氏亦同建物器具機械蒸汽所①鐵道電信電話工業及商業設備之類皆生產的資本也）而此云資本之附屬。然則梁氏將認之爲資本耶。抑不認之爲資本耶。又謬云。其性質與土地相近。夫工場道具屬於資本。土地屬於自然。二者絕不相蒙。無可相比。梁氏欲言土地附屬於資本。求其說而不得。乃強認工場道具爲資本附屬。而又謂其性質與土地近焉。由梁氏之說。則與土地性質近者。爲資本之附屬。故土地亦可言資本之附屬也。然則吾謂狗與梁氏之性質相近。狗爲畜類。故梁氏亦爲畜類可乎。故其曰性質相近。勉強傅會之詞也。曰資本之附屬。模糊影響之語也。以勉強傅會模糊影響之說爲證。而衡以論理。則又隻字不

----

① "蒸汽所"，有誤，《民報》本作"蒸汽船"。

通。昔人有言。可憐無益費精神①。梁氏當之矣。

　　（原文）質而言之則必舉一切之生產機關而悉爲國有然後可稱爲圓滿之社會革命若其一部分爲國有而他之大部分仍爲私有則社會革命之目的終不能達也……現行社會革命建設社會的國家則必以國家爲一公司且爲獨一無二之公司此公司之性質則收全國人之衣食住乃至所執職業一切干涉之而負其責任

　　夫論者固明知社會革命之不能實行也於是鹵莽滅裂盜取其主義之一節以爲旗幟冀以欺天下之無識者庸詎知凡一學説之立必有其一貫之精神盜取一節未或能於其精神有當也

駁之曰。梁氏以必舉一切生產機關悉爲國有。然後許爲圓滿之社會革命。此即吾上文所謂以絕對的爲圓滿以相對的爲不圓滿之説也。夫如是。則凡持議者。惟走於極端而後當圓滿之名。言社會主義。則一切生產機關。皆爲國有而不容私有。不言社會主義。則一切生產機關。皆當爲私有而不容國有。更無介乎其間之第三説而後可。而且所謂舉一切生產機關悉爲國有者。必並勞力亦與土地資本同爲國有而後可。何則。勞力亦一生產大機關也。而問其事之可行否耶。梁氏必執絕對之説以爲圓滿。則宜其不能行。其不能行。乃其所以爲不圓滿耳。不第此也。即舍勞力不言。但論資本國有之問題。則今之最能以資本論警動一世者。莫如馬爾喀②及烟格爾士③。而二氏不惟認許自用資本之私有。即農夫及手工業者之資本私有。亦認許之。故日本河上學士④曰。"社會主義者。往往慢言。凡資本以爲公有。禁其私有。故世人驚之。識者笑之。若夫拘墟之學者。則喋喋其不能實行。

---

① "可憐無益費精神"，語出唐代韓愈《贈崔立之評事》詩。
② "馬爾喀"，即卡爾·馬克思（Karl Marx，1818—1883）。
③ "烟格爾士"，即弗里德里希·恩格斯（Friedrich Engels，1820—1895）。
④ "河上學士"，即河上肇（1879—1946），日本經濟學家、作家、社會運動參與者，學術專長是馬克思主義政治經濟學。

凡持議者惟走於極端而後當圓滿之名言社會主義則一切生產機關皆
為國有而不容私有不言社會主義則一切生產機關皆當為私有而不容
國有更無介乎其間之第三說而後可而且所謂舉一切生產機關悉為國
有者必並勞力與土地資本同為國有而後可何則勞力亦一生產大機
關也而問其事之可行否耶梁氏必執絕對之說以為圓滿則宜其不能行
其不能行乃其所以為不圓滿耳不第此也卽舍勞力不言但論資本而二
之問題則今之最能以資本論警動一世者莫如馬爾喀及烟格爾士而二
氏不惟認許自用資本之私有卽農夫及手工業者之資本私有亦認許之
故日本河上學士曰「社會主義者往往慢言凡資本以為公有禁其私有
故世人驚之識者笑之若夫拘墟之學者則喋喋其不能實行以為發斯主
義之根本」又謂安部磯雄及幸德秋水所論資本國有其曰悉曰凡實為

《社會主義討論集》卷之二第 69 頁

以爲發①斯主義之根本。"又謂安部磯雄②及幸德秋水③所論資本國有。其曰。
悉曰。凡實爲用語不當。蓋即最極端之社會主義。亦不能言一切資本國有。
而梁氏所期之圓滿社會革命論。不知其何所指也。若夫吾人之社會主義則
不然。曰土地國有。曰大資本國有。土地國有。則國家爲惟一之地主。而
以地代之收入。即同時得爲大資本家。因而舉一切自然獨占之事業而經營
之。其餘之生產事業。則不爲私人靳也。蓋社會主義者。非惡其人民之富
也。惡其富量在少數人。而生社會不平之階級也。今者吾國社會貧富之階
級。雖未大著。然土地已在私人之手。循其私有之制不改。則他日以少數
之地主而兼有資本家之資格者。即其壟斷社會之富而爲經濟界之莫大專制
者也。惟舉而歸諸國有。則社會之富量聚於國家。國家之富還於社會。如
是而可期分配之趨均者。有六事焉。土地既不能私有。則社會中將無有爲
地主者。以坐食土地之利。占優勢於生產界。一也。資本家不能持雙利器
以制勞動者之命。則資本之勢力爲之大殺。二也。無土地私有之制。則資
本皆用於生利的事業。而不用於分利的事業。社會之資本日益增。無供不
應求之患。三也。具獨占之性質者。土地爲大。土地國有。其餘獨占事業
亦隨之。其可競爭的事業。則任私人經營。既無他障礙之因。而一視其企
業之才。爲得利之厚薄。社會自無不平之感。四也。勞動者有田可耕。於
工業之供給無過多之慮。則資本家益不能制勞動者之命。五也。小民之恆
情。視自耕爲樂。而工役爲苦。故庸銀亦不得視耕者所獲爲絀。其他勞動
者之利益。皆準於是。六也。夫即當世之熱於極端社會主義者。亦祇能言

---

① "發"，有誤，《民報》本作"覆"。
② "安部磯雄"，安部磯雄（1865—1949），日本社會主義運動開創者之一，李大釗接受共產主義就
　是受他的影響。
③ "幸德秋水"，幸德秋水（1871—1911），日本社會主義運動理論家和先驅者之一，馬克思主義在
　日本的最早傳播者之一。

土地國有。與大部分資本國有而已。由吾人所主張。則土地國有而外。以獨占的事業爲限。而社會資本亦大部歸於國。所異者。則彼於競爭的事業。禁私人經營。而吾人則容許之耳。然惟彼干涉之過度。故發生種種問題。而令人疑社會主義爲理想的而不可實現。若吾人所主張。則但使社會無不平之競爭。而分配自然趨均不爲過度之干涉。故所謂自由競爭絕。而進化將滯之問題。報酬平等。遏絕勞動動機之問題。皆以不起。而施諸我國今日之社會。則尤爲最宜適當。蓋國法學者之言自由分配也。曰當爲心理的。不當爲數理的。而心理的之平等真平等。數理的之平等非平等。數理的者。以十人而分百。則人各得一十。無有多寡參差之不齊也。心理的者。以人各處於平等之地位。而其所付與。則各視其材力聰明者也。吾人於經濟社會。亦持此義。其爲分配之趨均。亦心理的而非數理的也。故不必盡取其生産消費之事而干涉之。但使其於經濟界無有不平之階級。而個人各立於平等之地位。猶其於立憲國中無有貴族等階級者然。然後其所得各視其材力聰明。雖有差異。不爲不均。此吾人社會革命論之精神也。然則從吾人之政策。非使將來之中國。損富者以益貧。乃從吾人之政策。而富者愈富貧者亦富也。夫革命之云者。對於所有者而言。中國土地。已爲私人所有。而資本家未出世。故社會革命。但以土地國有爲重要。從而國家爲惟一之大資本家。所不待言。以簡單之語說明之。則曰。"吾人將來之中國土地國有。大資本國有。土地國有者。法定而歸諸國有者也。大資本國有者。土地爲國家所有。資本亦自然爲國家所有也。何以言土地而不及資本。以土地現時已在私人手。而資本家則未出世也。何以土地必法定而盡歸諸國有。資本不必然者。以土地有獨占的性質。而資本不如是也。"其主義切實可行。其精神始終一貫。惟梁氏以其犧牲他部人獎勵資本家之眼光觀之。則宜其柄鑿不入^①耳。（梁氏謂吾人盜取社會主義之一節以爲旗幟夫梁氏所崇拜之社會改良主義一方求不變現社會之組織一方望其改革得無亦盜取社會主義之一節者耶若梁氏者忽而主張獎勵資本家以言分配趨均者爲病國忽而又絕對贊成社會改良主義是則雖欲盜取而無從也）

（原文）蓋地價之漲乃資本膨脹之結果而非其原因而資本家但使擁有若干之債券株式^②就令無尺寸之地或所有之地永不漲價而猶不害其日富也孫文誤認土地漲價爲致富之惟一原因故立論往往而謬也香港上海地價比内地高數百倍孫文亦知其何爲而有此現象乎痛哉此外國資本之結果也黄浦灘地每畝值百數十萬元然除稅關及招商局兩片地外更無尺寸爲我國人所有權矣孫文亦知中國没有資本家出現故地價没有加增然則地價之加增由資本家之出現其理甚明使資本家永不出現則地價永不加增矣而曰革命之後却不能與前同吾不知彼革命之後所以致地價之漲者其道何由吾但知資本家之一名詞孫文所最嫌惡也惡其富之日以富而使他部之貧日以貧也如是則必壓抑資本家使不起然後民生主義之目的如是則以彼前説論之吾果不知革命後之地價何由而漲也

駁之曰。謂地價之漲。全由資本膨脹之結果。此於上文已辨。然就於社會論之。則尚成問題。若就私人言。則地主擁其土地。地租日騰。地價日貴。一社會人所極力經營以成此文明之社會者。其利實彼坐獲之。安在其不可以日富也。夫今日中國資本家尚未出現。孫先生演説詞及之。梁氏亦承認之。惟雖無資本家而已有地主。則慮以文明進步之結果。而使少數之地主。獨成其莫大之富量宜也。梁氏欲駁此言。則必謂地主所有土地雖價漲。而其地主不能以富。則此説始破。而梁氏徒舉資本家以相嚇何也。梁氏而甚不信有土地爲致富之原因耶。則其云全歐土地在少數人之手。全

---

①　“柄鑿不入”，有誤，應爲“柄鑿不入”。
②　“債券株式”，有誤，應爲“債券株券”。下同。

歐資本亦自然在少數人之手者。梁氏亦何指也。即如英國大地主威斯敏士打公爵①有敵國之富。梁氏斷斷然爭爲資本之結果。然就威公爵言之。能謂其不由土地致富耶。凡此皆坐不知個人的土地與社會的資本之區別也。更即致富之方言之。則勿論債券株券之漲落無恒者。不足比於土地。但以資本家與地主較之。如甲以金十萬圓購地爲地主。歲收五千圓之地代。而乙以十萬圓營一織布公司。歲收八千圓之利。並其企業所得。亦姑以爲資本之賜。則乙比於甲。其歲入恒多三千。至十年而多得金三萬也。惟十年之後。則布公司資本少亦當損耗其十分之三。而須有種種修繕增補之費。核除此費。乃與地主前此所得相埒。而十年間。甲租價已稍漲。則乙之收入不如甲。又不待言矣。凡憑藉土地以致富者。厥有多種。英威公爵則坐守其封地以富者也。其餘有以資本家買賤價之地而兩收其利者。又有並非資本家。但用詐術漁獵土地以富者。近見東京二月十五號時事新報②紀美國富人<u>腓力特力威雅可查</u>③致富之事。爲言社會主義者之好材料。錄之且以見土地私有制之弊。

　　　世以洛格飛④爲富豪之巨擘。然有富出其右。且能巧免報章之指摘而爲世人所未熟察者。美國聖德堡盧⑤之市民。名爲<u>腓力特力威雅可查</u>者是也。其所有之森林。價格逾數十億。氏凤於西北部地方。以林業稱霸。然語其所有森林之面積。實三千萬英畝。亘於華盛頓、護列根⑥、

---

① “威斯敏士打公爵”，指第二代威斯敏斯特公爵休・格羅夫納（Hugh Grosvenor，1879—1953），當時英國第一大地主，資産總額在 2 億美元以上，生活奢侈，爲英國上層社交場的中心人物。
② “時事新報”，《時事新報》（東京），1882 年 3 月 1 日由福澤諭吉創刊於日本東京，慶應義塾出版局發行，日刊，1936 年停刊。
③ “腓力特力威雅可查”，即弗里德里希・韋爾豪澤（Friedrich Weyerhaeuser，1834—1914），德國出生的美國木材資本家。1891 年他以每英畝（1 英畝≈4046.86 平方米）6 美元的價格購買了鐵路巨頭 J. J.希爾西北太平洋海岸區約 90 萬英畝的林地，在華盛頓州塔科馬建立了韋爾豪澤木材公司。
④ “洛格飛”，即約翰・戴維森・洛克菲勒（John Davison Rockefeller，1839—1937），美國實業家、標準石油公司創辦人，到 1882 年幾乎壟斷美國整個石油業。
⑤ “聖德堡盧”，即聖保羅（Saint Paul），美國明尼蘇達州首府。
⑥ “護列根”，即俄勒岡州（Oregon）。

威斯堪新①、米及梭打②諸州。此則雖其暱友聞之。恐猶有咋舌者也。以平方里核算之。實爲五萬平方里。（英里）其面積六倍於紐查沙州③。其土地之價格。遞年騰貴。利益之巨。無與比儔。氏本德意志人。年十八、徒手遊北美。以勤儉善治其業。久之。遂創立威雅可查會社④。至其致富之由。最足爲世人注意。其行爲有類竊盜。即既不抵觸於法令。且反爲擴張之法律所保護。則其事爲最不可思議也。蓋千八百九十七年以前。美國國有地之獲得。依於宅地條例⑤。以百六十萬畝⑥爲一區域。限於實際住居其地者。始許與之。至是年。更發布土地選擇條例⑦。當時中央西部。即威斯堪新米尼梭打及密西西比河流域。凡屬於威雅可查會社營業之區域者。既已採伐無餘。乃急欲求適當之森林。先是華盛頓護列根愛達⑧及門他拿⑨之大森林。未經斧斤。材木豐積。然以法律不許採伐。無從覬覦。蓋是等林野。爲國有財產。置實際之移住者。使保存之。而其林野亘數百萬畝。材木豐富。莫之與京。常爲林業者所垂涎。至千八百九十七年。議會終期。所發布之土地選擇條例。中有如左之規定。

　　條件未完了善意之權利主張或附帶特權之土地。有在保存林野範

---

① “威斯堪新”，即威斯康星州（Wisconsin）。
② “米及梭打”，《民報》本作“米你梭打”，即明尼蘇達州（Minnesota）。下文“米尼梭打”同。
③ “紐查沙州”，即新澤西州（New Jersey）。
④ “威雅可查會社”，即韋爾豪澤木材公司（The Weyerhaeuser Company）。
⑤ “宅地條例”，即《宅地法》，鼓勵人民無償獲得所願定居和耕種的土地所有權的法律，1862 年由美國林肯總統簽署。
⑥ “萬畝”，有誤，《民報》本作“英畝”。
⑦ “土地選擇條例”，即《1897 年森林局管理組織法》（*Forest Service Organic Administration Act of 1897*），常被簡稱爲《組織法》（*Organic Act*），其正式名稱爲《1897 年民事雜項撥款法案》（*Sundry Civil Appropriations Act of 1897*）。1891 年，美國國會通過《1891 年森林保護法》（*Forest Reserve Act of 1891*），授權美國總統劃出部分聯邦土地作爲森林保護區，不再轉讓給私人開發。《1897 年森林局管理組織法》即爲了保障《1891 年森林保護法》的實施而出台的一項林地行政法，規定了《1891 年森林保護法》的各項實施細節。
⑧ “愛達”，即愛達荷州（Idaho）。
⑨ “門他拿”，即蒙大拿州（Montana）。

圍內者、從於其土地之住居者或所有者之希望。得返其土地於政府。而於不逾越前記之權利主張或附帶特權之土地之面積範圍內。選擇許移住之無主土地以爲償。

　　此規定之趣旨。蓋爲小地主因保存林野之設定而蒙損害。欲以此救濟之也。然以規定不完全。至釀意外之弊害。使富裕之國有林野。遂爲一二人所掠奪。先是議會以獎勵建設橫斷大陸鐵道之目的。而給與土地於鐵道會社。於其線路兩旁。每延長二十里。即給與六百四十萬畝①之土地。故其所得。常逾數百萬英畝。於千八百九十七年。當入於保存林野之範圍內者。尚不下四百萬英畝。嗣土地選擇條例發布。各鐵道社會②競以無值之土地。而易最良之國有森林。諾簪攀收希會社③亦出此策。而壟斷其利④　者。實爲威雅可查。彼最近三十年間。對於諾簪攀收希鐵道會社之森林財產。爲事實之代理者。該會社之管理人。實黨於彼。以其飫地貶價而賣諸威雅可查。約百萬英畝。每一英畝。價止六美金耳。未幾威雅可查賣其土地四分之一。每一百六十英畝。得價七萬六千美金。二三年間。而利逾二十倍。故此等狡獪之交易。與無代價者無異。而所志未已。更轉起西北地方。繼復漁密西西比流域之利。後乃蠶食西部地方。其間或因賣買。或因其他手段。以獲得西北部之土地。千九百年。更買收屬於諾簪攀收希鐵道會社所有之西方土地全部。約百萬英畝。每一英畝。平均值六美金。是以交易。獲二千萬美金之利益云。

---

① "萬畝"，有誤，《民報》本作"英畝"。
② "鐵道社會"，有誤，《民報》本作"鐵道會社"。
③ "諾簪攀收希會社"，爲北太平洋鐵路公司（Northern Pacific Railway Company），美國北部橫跨大陸的鐵路公司之一，經營聖保羅和西雅圖之間的鐵路。
④ "利"，底本下缺一字，應爲"益"。

　　據右之事實。則人固有徒手倚藉土地而成巨富者。以視擁有若干之債券株式者。其爲富何如。而如美之林業。其始爲國有而保存。則皆垂涎而莫利。及法令有關。則猾者乘之。而數十億之富量。入於一人之手。然則土地問題。與資本問題。其孰輕孰重。亦可知矣。又梁氏謂“資本家固非必其皆有土地往往納地代於他之地主。借其地以從事生產。而未嘗不可以爲劇烈之競爭”。此亦强詞奪理者也。今姑即美國論之。其最大資本及爲最劇烈競爭者。若航業大王。其船廠船澳碼頭之地。問爲其所有者耶。抑借諸人者耶。若煤油大王。其礦山及所恃以運輸之鐵道。問爲其所有耶。抑借諸人者耶。其他若牛肉托辣斯牧牛之地。烟草托辣斯種烟之地。麵粉托辣斯種麥之地。亦問爲其所有耶。抑借諸人者耶。乃若借地於人而獨能大獲者。則間亦有之。英倫之西看温加頓①有賣花者。租地爲貿易。人以爲此微業也。而不知其贏甚多。賣花者。乃身與妻女爲敝服。以欺其地主。使不爲加租之議。及地主廉得其情。而賣花者已富。此所謂漏網之魚也。至梁氏屢震驚於外資之輸入。吾意彼以商工業爲重。則尚成問題。今其言乃曰“黃浦灘地。每畝值百數十萬元。除稅關及招商局兩片地外。更無尺寸爲我國人所有權”。然則梁氏之深痛大恨者。乃外國人之奪我土地所有權。而使我國人不得享地主之利耳。若土地歸國有。不能以爲賣買之品。則彼外人。何自而得我土地所有權者。故梁氏此言。直爲吾人土地國有主義增一解而已。惟其下有“中國沒有資本家出現。故地價沒有加增”云云。記者驟閱。亦不解所謂。繼而審之。乃知因讀本報第十號演説詞悞字所致。演説詞第十一頁云。“中國現在資本家還沒有出世。加以幾千年地價從來沒有加增。這是與各國不同的。但是革命之後。却不能照前一樣。比方現在

---

① “看温加頓”，即科文特加登（Covent Garden），英國倫敦的一個廣場名。曾作爲倫敦主要水果、花卉和蔬菜市場達 300 餘年。

香港上海地價。比內地高至數百倍。因爲文明發達。交通便利。故此漲到
這樣。假如他日全國改良。那地價一定是跟着文明。日日漲高的。"加以二
字。出版時誤作所以。然原演說詞之意。係以資本家未出現。與地價未增。
相提並論。初非謂資本家不出現。爲地價不漲之原因。故下言上海香港地
價之高。爲文明發達交通利便而起。又云全國改良。地價必隨文明而日漲。
同頁十二行又云。"那地將來因交通發達。漲至一萬。"自始至終。皆以文
明發達交通便利。爲地價騰漲之原因。而不及資本家之力。故上文一字之
誤。細心讀書者。必能以意逆志而得之。梁氏立於反對之地位。其不及此。
亦不深怪。而徒以崇信此悮字之過。遂至力主張資本家出世爲地貴之原因。
而與其評論歐洲經濟社會歷史之語大起挑戰。殺傷相當。是則非梁氏之負
本報。乃本報之負梁氏也。

　　　　（原文）嘻嘻是即孫文新發明之社會革命的政策耶吾反覆十百徧而
不解其所謂請一一詰之不知孫文所謂定地價的法將於定地價後而猶準
買賣乎抑不准買賣也彼既自言爲土地國有主義則此問殆可無庸發不過
費索解已耳姑舍是（按此數語。其梁氏所謂自論自駁。無一可通者。
幸而姑舍是三字。尚善於解圍耳）則不知政府於定地價時隨即買收之
乎抑定地價後遲之又久然後買收之乎若於定價時隨即買收之既買收後
即不復許買賣夫物之不可交換者即無價格之可言此經濟學之通義也土
地非①賣品則初時以一千收入者得強名爲值一千以二千收入者得強名
爲值二千耳而何從有價漲至一萬贏利八千以歸國家之說也若遲之又久
然後買收之則何必豫爲定價其所以豫爲定價者恐此地於未買收以前因
買賣頻繁而價漲而將來買收之費將多也殊不知既定價之後則買賣必立

---

① "非"，《民報》本上有"既"字，此脫。

時止截如甲有地定價二千因交通發達而乙以四千購諸甲及政府從乙手
買收時則仍給原定價二千耳如是則誰肯爲乙者故定價後遲之又久然後
買收者謂以財政所暫不逮而姑爲先後斯可耳若既定價後則土地立失其
有價值之性質而斷無漲價至一萬贏利七千以歸國家之理又可斷言也

駁之曰。此以下梁氏以吾人社會革命的政策爲不能行之主要論據也。
孫先生言。"定地價之法。如地主有地。價值千元。可定價一千。或多至二
千。其地將來因交通發達。漲至一萬。地主應得二千。已屬有益無損。贏
利八千。當歸國家。於國計民生。皆有大益。"其言明白易曉。而梁氏謂反
覆十百遍而不解。吾始亦疑之。然繼觀梁氏所言。則經濟學中最淺之理。
梁氏亦未之知。以此頭腦。而強與人論社會革命政策。雖反覆千萬遍。庸
能得其解耶。吾以是哀梁氏之愚。而又未嘗不服其膽也。梁氏曰。物不可
交換者。即無價格之可言。此似足爲其稍涉獵經濟學書之據。然正惟其隨
手勦來。未嘗知其意義。故謬援以駁人。而不知貽識者之笑。吾今爲梁氏
正之。梁氏其亦肯俯首受教乎。夫謂物之不可交換無價格可言者。非謂不
可買賣者。即無價格之可言也。土地歸國有定價後。誠不可買賣。然非禁
人之租借利用也。有其租借利用者。則必有地代（租）。地代者。則於土地
使用之對價也。其地代爲若干。即知其使用之價格爲若干。蓋租地者之出
地代（租）。而使用其地者。即交換之事也。故經濟學所指不可交換即無價
格可言者。爲一國法令所絕對禁止。不容交換之物。如盜贓之屬。不謂明
明有使用交換之土地而亦無價格也。吾國習慣。所稱地價者。則爲對於土
地所有之對價（即買賣之價）。此價由其使用之對價而來。如普通地代（租）
之價格爲六元（年租）。其所有之對價。可值百元。則其地代（租）若增至
十二元者。其所有之對價。亦必增一倍。無論若何漲落。皆可比例而得。
故當國家未定價以前。曰甲之土地。其價值一千元者。必其地代（租）先

有五六十元之收入者也。租六十元者。其價千元。及其增租爲六百。則無異增價爲一萬。雖其時土地皆爲國有。不許買賣。然以租之價格。即可以推知地之價値。爲國家有銀二千。其歲收利子不過百二十元。今以買收甲値千元之地。買收之後。其租立有至六百。是國家以二千元之土地。而得等於萬元利子之收入也。故曰價漲一萬。贏利八千。以歸國家也。此無論於定價時即行賣收。及定價後隨時買收。其理皆不異。梁氏謂"定價之後。則土地立失其有價値之性質"。曾不知地代（租）亦爲一種之地價。不許買賣而許租用。則土地使用之價格自在。又普通人皆知土地買賣之價。因於地租。而梁氏之意反之。故不信定價後國家贏利之説。今吾之剖拆[1]如是。梁氏其猶有所不解耶。則再質問可也。

　　（原文）如是則國家欲據此而於財政上得一時之大宗收入萬無是理而惟有責效於將來將來之效如何則國家自以地主之資格徵地代於民即彼所謂但收地租一項已成地球最富之國是也然收租之率將依買收時之價値而勘定之乎抑比例交通發達之程度隨時而消長之乎……吾爲彼計厥有二法一曰國家自估價者如此地當買收時値價一千其地主歲收租一百今估量交通發達之後此地應値一萬則國家歲收租一千此一法也然官吏能無舞弊以厲民否耶民能服官吏所估之價與否耶夫現在各國之收地租大率以地價爲標準如日本所謂土地臺賬法[2]是也。政府略勘定全國之地價第其高下而據置之以租經若干年地價既漲則改正而增收之所謂地價修正案是也然必有交換然後有價格有價格然後可據爲收租之標準而民無異言若土地國有後無復價格之可言則除估價之外實無他術而民之

---

① "剖拆"，《民報》本作"剖柝"，均有誤，應爲"剖析"。
② "土地臺賬法"，日本明治時期土地登記的制度，規定要把土地所在的地點、編號、功能、面積在特定的賬簿上登記確定，這一記載土地信息的賬簿稱爲"土地臺賬"。1960 年廢止。

能服與否則正乃一問題也二曰參用競賣法國家懸一地以召租欲租者各出價價高得焉此亦一法也此法最公民①無異言然豪强兼并必因茲而益甚且他諸弊尚有不可勝言者

駁之曰。梁氏欲以此言而難吾人之社會政策耶。則吾嫌其未免太早計也。蓋梁氏於一田主佃人之事。且未之知。而自論自駁。自苦乃爾。此真出吾人意料外者。今使梁氏而有地數十畝於社會。則吾亦問收租之率。將依買收之價值而勘定之乎。抑比例交通發達之程度隨時而消長之乎。度梁氏亦將啞然失笑也。又使梁氏有地若干畝。其始收租一千。而值一萬。今其租再漲至五千。則其值亦必漲至五萬。或不幸其收租額降爲五百。則其值必降爲五千。梁氏雖欲株守一定之價值。以求租額與之相當。不可得也。故國家收買土地之後。必視其租之昇降如何。而後能估量其值。安有估值而後收租者。蓋租爲使用之對價。視其土地之收益。及社會之需要而定。租地者。初不問其地之值如何也。（孫先生爲言梁氏昔刊其廣智書局②招股章程有云將來股分之值愈高則分息亦緣之多先生力辯其謬梁氏乃己不謂今復萌故智也）至梁氏舉現在各國之收地租爲比則。尤令人絶倒不置。夫日本之收地租以地價爲標準者。此吾國所謂地稅也。吾國所謂租。乃日本所謂地代也。其性質大異之點。則地代（租）爲以地主之資格。對於使用土地者而收之。地租（稅）則就土地之收入所課於地主之租稅也。（此定義本日本高野博士③其他學者亦復無甚出入）梁氏亦知定價收買後。爲國家以地主之資格徵地代於民矣。而又云。"必有價格

---

① "公民"，有誤，應爲"公平"。
② "廣智書局"，1901年在上海成立的出版機構，名義上由廣東華僑馮鏡如主持，實際上是梁啓超負責。書局的譯書人當時很多在日本學習和生活，或有留學日本的背景，比較知名的有麥仲華、麥鼎華、趙必振等。書局出版書籍相當廣泛，涉及哲學、倫理學、法學、政治學、歷史學等。
③ "高野博士"，即高野岩三郎（1871—1949），日本社會統計學者、社會運動家，著有《財政原論》《統計學研究》《經濟學全集》等書。

然後可據之爲收租之標準。"引各國之收地租爲證。然則梁氏亦始終不識此二者之區別而已。若夫競賣法之弊。梁氏既未詳言。則吾人亦無從駁詰。大抵其所依據者。亦當如上云云。無有駁論之價價①也。

（原文）要之無論用何法謂國家緣此得莫大之歲入可以爲財政開一新紀元則誠有之若繩以社會主義所謂均少數利益於多數之本旨則風馬牛不相及也何也必有資本者乃能向國家租地其無資本者無立錐如故也又必有大資本者乃能租得廣大之面積與良好之地段而小資本則惟踽踽於磽确之一隅也

不過現行之地代少數地主壟斷之土地國有後之地代唯一之國家壟斷之其位置雖移其性資②無別也而資本家實居間以握其大權蓋納地代而得使用國家之土地者資本家也給賃銀而得左右貧民之運命者亦資本家也

駁之曰。梁氏以土地國有爲財政上問題。無關均少數利益於多數之旨。吾人不暇致辨。但即以梁氏次版之語折之。現行之地代。少數地主壟斷。土地國有後之地代。唯國家收之。夫國家者何。國民之團體人格也。少數地主之利益而移諸國家。猶曰於均利益於多數之旨無關。其性質與在少數地主之手無異。是惟以語諸專制之國。其所謂國有制度。但以政府專其利者則可耳。非所論於立憲之中華民國也。資本家與地主之關係。及其勢力之如何。上文已詳言。而尚有當再陳者。則地主與租地者。其事不可同日語也。地主惟坐食社會文明之賜。不須費何等之經營。租地者。則先須納租於地主。繼後須除賃銀利子之額。然後爲其所得。則其經營不得少懈。此其不同一也。既爲地主。則無論其所有地若干。非國家強制收買。或其

---

① "價價"，有誤，應爲"價值"。
② "性資"，有誤，《民報》本作"性質"。

人得過當之值而願售之。則他人永不能動其毫末。而租地者。國家可因爲
制限。如其既租而不能用者返收之。則其業可得制限也。雖永小作人。亦
附以三十年或四十年之期間。則其時可得制限也。故無壟斷於私人之患。
此其不同二也。地主既以安坐而獲。而又得乘時居奇。持一般資本家勞動
者之短長。租地者。則斷無犧牲多數之金錢。擁曠地而不營之理。而國家
又得禁其轉貸於人者。則永絕居奇之弊。此其不同三也。凡是三者。皆在
土地私有時代。各國經濟家所共憂之弊。而在國有時代則無之。梁氏亦能
比是二者而同之乎。又梁氏謂"必有資本者乃能向國家租地。無資本者無
立錐如故云云"。吾不知所謂無資本者。將絕對的言之耶。抑相對言之耶。
若絕對的言之。則其人倘並鍬耡斧斤之屬而亦無之。其不能不爲他人作嫁
固耳。若其有農具之資本。足以施於農事。則自可向國家請願而租地。凡
各國制度。永小作①料（以耕牧爲目的而使用他人土地者曰永小作人其所納使用土地之代價
曰永小作料）皆以不必前納爲原則。必其繼續二年以上不能納者。地主始請求
廢其契約。然則雖甚貧之佃户。不患無耕地也。若云大資本者。能租廣大
面積。良好地段。小資本者不能引爲病。則吾聞諸師矣。曰"人民初移住
於未開之地者。必擇其地味及位置。比較最優之土地而耕作之。其時土地
無優劣之差異。地代未成立也。然人口繁殖。不能僅以第一等土地之收穫
滿其欲望。而穀米價格騰貴。則第二等之土地。亦將見用。以第二等地。
比於第一等地。收穫雖少。而穀物騰貴。其收穫足償其生產費。且由於報
酬漸減之法則。（土地之生產力不應於所投之勞動資本而增加者曰報酬漸減法則如十人耕之而
得生產百石二十人耕之不能增爲二百石則爲勞働之報酬漸減今年所施肥料增於去年二倍而所收穫不

---

① "永小作"，永小作（えいこさく），小農可以基於耕作權長期耕作他人土地的制度稱爲"小作制
度"，通常情況下土地使用費很低。起源於江户時代開墾荒地的人能够用便宜的價格無限期耕作
的現象，所以叫作"永小作"。1898 年，明治政府通過《民法》，確認了小作權的物權期限通常
爲 20 年到 50 年。1948 年，這一制度因農地改革而廢除。"永小作料"，即租地墾牧所納之地租。

見二倍於去年則爲資本之報酬漸減蓋達於一定之程度則爲此法則所限也）比之對於第一等地。而增加資本勞動。則不如投於第二等地。收穫反大也。假定第一等地産二石。第二等地産一石五斗。其差五斗。即爲第一等地之地代。而第一等地之所有者得之。其時使用第二等地者。得收穫之全部。而借用第一等地者。約五斗地代。其所得即同爲一石五斗。既而人口更增加。米價益騰。則雖耕産米一石之第三等地。而亦足償其生産費。而其時第一等地代爲一石。第二等地代爲五斗矣"。據此。則梁氏所謂或得良好之地。或得磽确之地者。猶此所云第一等地第二第三等地也。其第一等地誠良好矣。而其納地代。必倍於第二等。第二三等地雖比較的爲磽确。而其地代或得半額。或直免除。則各除其地代與其生産費三者之所穫。將無幾何之差異。見得第一等地者而羨之。見得第三等地者而病之。而不知有地代一物爲平衡於其後焉。則惑矣。且將來中國農業必不患爲大資本家所壟斷者。則尤有説。據新農學家言。農業異於他事。比較以分耕爲利。蓋農事之大部分。必須人工。而機器之用反絀。取美國用機器之大農。與歐洲小農所耕之地。每畝而衡之。則美農之所穫。不過歐農四分之一。彼美洲之大農。所以樂用機器者。則以一時得耕多地爲利也。就其私人資本計之則便。而就社會資本計之。實非利也。（法國經濟家李賴波劉氏[①]痛論美國農業謂其糞田及其他農功皆視歐洲大陸爲遠遜云）國有土地之後。必求地力之盡。則如小農分耕之可獲四分者。以爲標準。而收其半或三分之一以爲租。而大農之用機器合耕者。乃每畝而得一分。非其私人所有土地。而須納之以爲租。則不惟無利而有損。故資本國有之制行。而不患資本家之壟斷農業。此非反對者所能夢見也。

　　（原文）抑孫文昔嘗與我言曰"今之耕者率貢其所穫之半於租主而

---

① "李賴波劉氏"，即皮埃爾・保羅・勒魯瓦-博利厄（Pierre Paul Leroy-Beaulieu，1843—1916），法國經濟學家、政治學家。

未有已農之所以困也土地國有必能耕者而後授以田直納若干之租於國
而無復一層地主從中朘削之則可以大蘇”此於前兩法以外爲一法者也
此法頗有合於古者井田之意且與社會主義本旨不謬吾所深許雖然此以
施諸農民則可矣顧孫文能率一國之民而盡農乎且一人所租地之面積有
限制乎無限制乎其所租地之位置由政府指定乎由租者請願乎如所租之
面積有限制也則有欲開牧塲者有欲開工廠者所需地必較農爲廣限之是
無異奪其業耳（按謂工廠需地廣於農費鮮①。工廠廣袤。百畝已稱大工。
而小農亦耕百畝。大農則千畝以上。比較孰爲多耶）且豈必工與牧爲
然即同一農也而躬耕者與用機器者其一人所能耕之面積則迥絶其限以
躬耕所能耕者爲標準則無異國家禁用機器如以用機爲標準則國家安得
此廣土如躬耕者與用機者各異其標準則國家何厚於有機器者而苛於無
機器者是限制之法終不可行也如無限制也則誰不欲多租者國家又安從
而給之是無限制之法亦終不可行也要之若欲行井田之意薄其租以聽民
之自名田則無論有限無限而皆不可行何也即使小其限至人租一畝而將
來人口加增之法果終非此永古不增之地面所能給也復次如所租之位置
由政府指定之也則業農牧者欲租田野業工商者欲租都市政府甯能反其
所欲而授之若位置由租者請願也則人人欲得一廛於黄浦灘政府將何以
給其欲也是兩者皆不可行也

　駁之曰。此又梁氏所據以難土地國有不能行之説。其言絮絮不絶。若
頗善發疑問者。然曰②按之。則皆不成問題。蓋如梁氏所引述孫先生曩實③之
言。亦謂土地國有。小民有田可耕。及非能耕者不得賃田。直接納租。不

---

① “費鮮”，有誤，《民報》本作“費解”。
② “曰”，有誤，《民報》本作“實”。
③ “實”，有誤，《民報》本作“曰”，蓋底本與前注“曰”字互訛。

受地主私人之胺削而已。非謂苟能耕者。即必授以田。又非謂凡人皆必授以田。而使之耕也。梁氏夙昔好言論理學。試取“必能耕者而後授以田”一語細解之。當無誤會。故謂此法頗合於古者井田之意可也。謂即古者井田之法則謬也。夫必能耕者而後授以田。所以使田無曠廢。此意豈惟可行於農地。即工廠建物之需地者。苟非能用之者。亦不任其虛擁之也。此則非吾人之創作。今日各國固已有行之者。而美行之於全國及其領土。梁氏倘不知耶。梁氏謬認吾人所主張者。爲即井田之法。而其所言亦僅足以難欲復古井田制之輩而已。非可以難吾人之社會政策也。蓋井田之法爲數理的分配。吾人社會政策爲心理的分配。此其大異之點也。國家爲唯一之地主。而國內人人皆爲租地者。則其立腳點爲平等。至其面積。則不妨依其業異其標準。而爲之制限。如用機者。得租可以用機之地。能耕者得租可以躬耕之地。則各如其分。何所不平。此猶飢者得食。寒者得衣。是之謂平。若皆授以衣或皆授以食。則反爲不平耳。故限制之法。無不可行也。即無限制。亦不患其多租。何者。凡農地之租者。不得廢耕。業塲之租者。不得廢業。（此爲產業之制限與期間之制限皆不可少者至面積之制限則猶視之爲寬近世學者所言亦往往謂無須制限也）則無資本勞力以經營者。自不能久擁虛地。而社會上亦必無願擲黃金於虛牝者。梁氏云。“誰不欲多租者。國家又安從而給之。”則吾問梁氏於上海僅以廣智書局卜地一廛。何不欲多租者。而蹢躅至是。此言者不聞之而失笑者乎。故無制限之法。亦未嘗不可行也。又如所租之位置。梁氏謂“若由租者請願。則人人欲得一廛於黃浦灘。政府何以給其欲”。此言尤堪捧腹。夫政府爲惟一之地主。若人人不欲得地於黃浦灘者。或其所憂。若人人欲得。則政府亦視其能出租最高者貸與之斯已耳。豈人人欲得地者。即必人人而與之耶。梁氏而憂此。則何異代資本家憂其利子之厚。代企業者憂其利潤之豐也。蓋梁氏始終謬認吾人之政策爲即古代井田之法。

故有薄租以聽民自名田之說。不知土地國有之後。其異於私有時代者。則租之漲落一應需要供給之自然。而無有爲地主者居奇壟斷以使貴逾其眞値。則民已大利。非必强抑其租額與强肥腴磽确之地租於同等而後利民也。梁氏惟識數理的分配。而不識心理的分配。此其所以四衝八撞爲說自困而無可通也。

　　按以上所引駁各節。皆梁氏所謂中國不能行社會革命之說也。吾人社會革命之政策。爲土地國有。土地國有之辦法。爲定價收買。梁氏旣謂社會革命爲不能行。舍謂定價收買法之不可行外。實無以自完其說。今梁氏於此已不聞隻字之反對。而但置疑於土地收買之後。此豈非已承認土地國有主義。而但欲相與研究此後之施行手續法者耶。故就令梁氏所獻疑爲當已。不得謂土地國有爲不可能。而况梁氏之地租地價論。謬想天開。得未曾有。如謂“可租之土地已失有價値之性”謂“國家必估價而收租”。以地租擬於地稅。“憂人民之欲租多地。而國家無從給之。”其言殆庶幾可爲今日滬上粤中滑稽小報之資料。而供人笑柄耳。盲人捫燭而以爲日。欲正告之。則不能免於詞費。此吾人所以哀梁氏駁論之無聊也。梁氏而必謂國有土地爲不能行。則宜更有以語我。

　　是故綜三節而言之。知吾國經濟現象之不足恃。而當消患未然者。則社會革命不必行之說破。知國家爲大地主大資本家。而外資無足憂者。則社會革命不可行之說破。知國有土地主義。其定價買收方法。更無駁論者。則社會革命不能行之說亦破。而吾人之言。非祇以自完其義也。所以解一部分人之惑。而期此主義之實行也。孫先生曰。民生主義。一名詞。當爲 Demosology。而不爲 Socialism。由理想而見諸實際之意也。故當世而有願與研究商榷其得失者。皆吾人所樂歡迎也。

　　以上反駁梁氏之說。而引申正論者已畢。此外尙有與本旨無大關係。而梁氏以爲能抵本報之暇隙。自鳴得意不已者。己所不知。輒謂人爲愎。不有以正之。梁氏將大惑終身矣。故此以下。不惜更糾其謬。而所言亦多關於經濟之問題。非徒筆舌相斫。閱者當亦樂爲仲裁裁判也。

　　（原文）孫文又謂歐美各國地價已漲至極點就算要定地價苦於沒有標準故此難行而因以證明社會革命在外國難在中國易就是爲此此可謂奇謬之談謂歐美地價漲至極點孫文能爲保限①公司保其不再漲乎吾見倫敦巴黎伯林②紐約芝加高③之地價方月異而歲不同也且謂價已漲者則無標準價未漲者則有標準是何道理吾國現在之地價則漲於秦漢唐宋時多多矣吾粵新甯④香山⑤之地價則漲於二十年前多多矣若因其漲而謂其無標準則我國亦何從覓標準耶若我國有標準則歐美各國果以何理由而無標準吾以爲欲求正當之標準亦曰時價而已我國有我國之時價歐美有歐美之時價吾不苦解⑥其難易之有何差別也若曰我國以價賤故故買收之所費少而易歐美以價高故故買收之所費鉅而難則何不思歐美國富之比例與吾相去幾何也

駁之曰。此即梁氏於其所不知。而輒謂人爲愎者也。孫先生演説。謂歐美之地價已漲至極點者。謂如紐約南部及倫敦城中之地。今已漲至極點。而爲地道以通於他處。其所通至之地價漸起。而紐約南及倫敦城中之地則不更貴。且因有自此而遷往所通地者。而紐約倫敦之極貴點轉有稍落之象。此即伊里氏所謂交通機關發達。市内之地代不止阻其趨貴之勢。反使成退於舊者也。故歐美今日之地價。漲至極點者。（圖

---

① "保限"，有誤，《民報》本作"保險"。
② "伯林"，即柏林（Berlin）。
③ "芝加高"，即芝加哥（Chicago）。
④ "新甯"，今廣東台山市。
⑤ "香山"，今廣東中山市。
⑥ "不苦解"，有誤，《民報》本作"苦不解"。

示之如下）

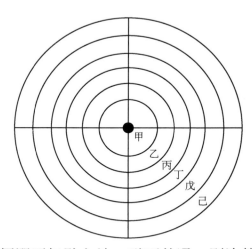

　　如圖最中心爲價漲至極點之地。引而外通。則次第爲甲乙丙丁戊己之各圖。先通第一圖。至其價漲貴。與中心之地等。則必又通至第二圖。次第旁及不已。其中心地不復貴。而旁地亦無能過之者。故曰已漲至極點。此之現象。吾國實無之。任令指定某省某地爲最貴。然文明發達後。則此地可立貴百倍或數十倍於今日。而他地之貴。亦容易過其現在之額也。謂歐美爲已經發達之階級。而我國則在未開時代。故其不同如此。至梁氏所謂倫敦紐約芝加高之地。駸駸日上。此乃其未貴至極點者。今故日貴耳。若紐約南倫敦中之地。何嘗有日貴之象耶。而演說詞固未嘗言歐美之地皆貴至極點。則此語不足爲難也。若夫謂地價既極。即欲定價。而苦無標準者。此理亦非難解。梁氏獨未細思耳。演說詞云。"定地價之法。譬地主有地價值一千元。可定價爲一千或至二千。將來因交通發達。價漲至一萬。地主應得二千。已屬有益無損。贏利八千。當歸國家。於民生國計。皆有大益。"何以謂今日價值一千之地。將來可漲至一萬。此純因其今日之價爲未開時代之價。故可逆計將來交通發達後之價爲必漲至若干倍。又可預算。其贏利若干倍歸於國家也。即此可預算其漲價而贏利者。實爲收買定價之

駁之曰、此即梁氏於其所不知、而輙謂人為怪者、也孫先生演說謂歐美之

地價已漲至極點者謂如紐約南部及倫敦城中之地今已漲至極點而紐

地道以通於他處其所通至之地價漸起而紐約南及倫敦城中之地則不

更貴且因有自此而遷往所通地者而紐

約倫敦之極貴點轉有稍落之象此即伊

里氏所謂交通機關發達市內之地代不

止阻其趨貴之勢反使成退於舊者也

故歐美今日之地價漲至極點者（圖示

之如下）

如圖最中心為價漲至極點之地引而外通則次第為甲乙丙丁戊已之各

標準也。其在紐約南部倫敦城之地。則其價已極漲。而幾無再漲之望。若國家借債而買收之。一如其現價。則雖閱數十年。亦無絲毫之利可得。或以軌道之通。而反少有降落。則損且歸於國家。而又無抑減其現在之值以定價買收之理。其價最貴之地不能買收。即土地國有主義不能貫徹。故在我國。則以有逆知其價漲。而國家可贏利之故。得就其地之值而定之。或倍定之。而皆有標準。歐美反是。即依其現價定之猶不能。故曰苦無標準也。梁氏但知依於時價。豈知中國今日之時價爲未文明發達之時價。歐美之時價爲已文明發達之時價。中國今日之時價。可因文明而將來驟漲。歐美之時價。則已極貴。而將來無大加增。爲國家買收計者。其算定之標準。實不在時價而將來也。此何止以其一時所費之大小而情況大異耶。

　　（原文）孫文又謂德國在膠州荷蘭在爪哇行之已有實效而欲我中國仿行起來嘻非喪心病狂而安得有此言也孫文亦思膠州之在德國爪哇之在荷蘭果居何等位置焉否也（按此句文理難解。然原文如是姑仍之）夫德荷政府則腴膠州爪哇之脂膏以自肥者也孫文欲膠州爪哇我全國耶吾真不知其喪心病狂一至此極也夫中華民國共和政府而憂貧也則所以救之者亦多術矣而何必僇亡之餘自擬者

　　駁之曰。此又梁氏以政治問題混入經濟問題也。夫膠州於德。爪哇於荷。居何等位置。與德在膠州。荷在爪哇。其所行之土地法爲何等。實風馬牛之不相及也。梁氏以爲荷德所行者。一在其屬土。一在其租借地。遂硬認爲此腴脂膏以自肥。以吾所聞。則爪哇之人。以荷蘭行新法後。地主不能久擁虛地。而細民則得地以耕。其政府所得者。乃爲後此文明進步地價漲起之利。與使人民盡力於生產。而有稅額增收之利。如是而已。未嘗有所腴於小民之脂膏。而地主亦未嘗蒙其損害也。梁氏先存一謬見。以爲各國皆必厚於宗邦而薄於屬地。而荷蘭德國。又不聞先以其土地整理法施

諸本國。故直認此爲朘民自肥之具。殊不知地法之在歐洲。其積重難返。有種種原因。而其地爲已經文明發達之階級。與盡在少數貴族之手。(伊里氏曰農業勞働者於英國近年始漸有唱其改良進步之必要者議會之多數爲地主而地主與勞働者之利益相反故此方面之改良殊困難觀此則行地法之不易可知)則其顯易可見者也。故於此亦足爲社會革命。歐美難行。而中國獨易之一證。梁氏謂以歐美程度不能行者。即無論中國。其所見如是。宜乎智不及此。則惟有疑施行者爲朘屬地以肥宗邦而已。然姑如梁氏之臆測。德荷之在膠州爪哇。猶有宗邦屬土之別。而土地國有。梁氏既知爲中華民國之施設。則所收於地主少數人倘來之利。還爲全國用者。天下之至仁莫過於是。而謂之喪心病狂。此語無乃梁氏自道耶。梁氏以德荷對於膠州爪哇所行之地法。見人稱善之。則曰是欲膠州爪哇我全國。近者日本注意於臺灣。使博士岡松參[1]等。調查其民法習慣而報告之。他日我國從事立法。而有稱道日本調查手續之善者。梁氏亦將是欲臺灣我全國耶。故使梁氏而不知膠州爪哇之地法。爲非德荷屬民之政。而謬謂其朘削自肥者。妄也。明知膠州爪哇之地法。非屬民之政。然故意顛倒是非。企嫁惡名於人者。賊也。賊與妄。梁氏必有一於是矣。

　　（原文）又孫文之言尚有可發大噱者彼云"英國一百年前人數已有一千餘萬本地之粮供給有餘到了今日人數不過加三倍粮米已不敷二月之用民食專靠外國之粟故英國要注重海軍保護海權防粮運不繼因英國富人把耕地改做牧地或變獵場所獲較豐且徵收容易故農事漸廢並非土地不足貧民無田可耕都靠做工糊口云云"謂英國注重海軍其目的乃專在仿[2]粮運不繼真是聞所未聞夫經濟無國界利之所在商民趨之如水就

---

① "岡松參"，即岡松參太郎（1871—1921），日本法學家，京都帝國大學法科大學教授。
② "仿"，有誤，《民報》本作"防"。

塈英國既乏粮他國之餘於粮者自能餉之非有愛於英利在則然耳雖無海軍豈憂不繼若曰戰時不能以此論則當日俄戰役中我國人之以米餉日本者又豈少耶雖買十分有一之兵事保險猶且爲之矣夫英國所以注重海軍一則因沿海爲國非此不足以自存一則因殖民地衆多非此不足^①以爲守此雖小學校生徒類能解之者而其不得不並力於殖民地又資本膨脹之結果也如孫文言豈謂英國苟非改農地爲獵牧地國内農産足以自贍而即無待於海軍乎此與本問題無關本不必齒及所以齒及者以覘所謂大革命家之學識有如是耳

駁之曰。此般文字。梁氏自鳴得意極矣。然其指爲他人之誤謬者。實得其反。則吾不知其手舞足蹈之胡爲也。語曰。聾者不歌。無以自樂^②。梁氏倘以爲自樂之道則可耳。梁氏謂英國注重海軍。祇因沿海爲國。及保護殖民地。爲小學校生徒能解。此固也。惟軍國之大事。爲政府所注重。國會所討論者。則非小學校生徒所能解。梁氏但以小學生之智識爲已足。而不更他求。故聞糧運之説而不信。吾請舉例證之。格蘭斯頓^③。英人之不主張殖民地者也。其爲相時。波人^④欲獨立於脱蘭斯哇^⑤而許之。法人收馬達加斯加（非洲東大海島）而不與之争。檀香山羣島請保護則拒之。沙摩羣島^⑥。已久在英國勢力範圍者亦棄之。至今英國言帝國主義者。號之爲小英

① "不足"，底本"足"字空缺，據《民報》本補。
② "聾者不歌。無以自樂"，語出《淮南子·説林訓》。
③ "格蘭斯頓"，即威廉·尤爾特·格萊斯頓（William Ewart Gladstone，1809—1898），英國國務活動家，托利黨人，後爲皮爾分子，19世紀下半葉是自由黨領袖。曾任財政大臣（1852—1855、1859—1866）和首相（1868—1874、1880—1885、1886、1892—1894）。
④ "波人"，即布爾人（Boer），荷裔南非人。
⑤ "脱蘭斯哇"，即德蘭士瓦（Transvaal），今南非瓦爾河與林波波河之間，原爲班圖族居住區，1835年布爾人入侵該地區，并於1852年建立了統一的國家。1877年被英國占領，稱德蘭士瓦殖民地（Transvaal Colony）。1880年布爾人起義，1881年建立德蘭士瓦共和國。1899年，英國發動第二次英布戰争，1902年戰争結束，德蘭士瓦共和國滅亡，成爲英國殖民地。
⑥ "沙摩羣島"，即薩摩亞群島（Samoa），位於太平洋中南部的群島。1899年英國將西薩摩亞轉讓給德國，但這一事件并不發生在格萊斯頓任首相期間。

人①Little Englander。而不知海軍擴張之案。則自格蘭斯頓内閣時代成立。則不重殖民地而重海軍者也。然此猶可曰。或有其他之目的。非必與糧運有密切之關係也。（按孫先生演説詞但言注重海軍保護海權防糧運不繼以此爲英國注重海軍之一重要目的不謂此外更無目的也而梁氏乃易爲謂英國注重海軍其目的乃專在防糧運不繼加一專字變爲全稱命題此與孫先生云必能耕者而後授以田而梁氏易爲凡能耕者則授以田語意全差實由梁氏不通論理學之過也）則更觀於英國自格蘭斯頓内閣後。而海軍歲費。日加無已。英人無怨言。至去歲新内閣減去海軍經費三千萬。而國民乃反對之。議院中糧運調查委員 Good Supply Co-mnission②。即質問海軍部以何方法。而可保糧運之無虞。而提督不烈殊③答謂“英國海軍集中之策。其力尚爲世界最強。若有戰爭。敵萬不敢分力以掠我糧道。以其力既薄。不如我英。故若果有出此下策者。則我英猶可分軍。倍其力而擊之也”。夫各國關係④海陸軍軍費增加案。其爲國民所難。不易通遇⑤。稍知各國政治史者所能知也。（如德國爲殖民地而營海軍故今皇深謀十年而後通過議院其攫我膠州亦即彼謀之一此又讀近世外交史者所能知也）而英之國民。獨以減削爲憂。其質問政府者。又獨在糧運調查委員。則其海軍與糧運之關係亦可見矣。倘使其糧食非重大問題。如梁所云。云他國自然趨之者。則此糧運調查委員何自而來。而不烈殊提督之答辯。亦豈非無謂耶。要之。此事並非難知。求其例證。則俯拾皆是。梁氏惟於小學校生徒能解者則知之。而一國政府議院研討之要政則不之知。乃歎爲聞所未聞耳。（稿成就正於孫先生先生聞至此莞爾笑曰然則子與小學生對語無乃勞乎僕曰不然今梁氏新民叢報尚發行千數百外⑥其閲者皆不以小學生視梁氏也而梁乃以小學生之知識議論報之僕此論

① “小英人”，用於形容 19 世紀自由黨内反對大英帝國擴張的一派。
② “Co-mnission”，有誤，應爲“Commission”。
③ “不烈殊”，不詳。
④ “關係”，有誤，《民報》本作“關於”。
⑤ “通遇”，有誤，《民報》本作“通過”。
⑥ “千數百外”，有誤，《民報》本作“千數百分”。

乃爲閱彼報者作無使爲所愚也先生曰子之言然）又梁氏謂"日俄戰役中我國以米餉日本者豈少云云"。此亦謬絕。夫日本所以得此者。又幸其不失制海權耳。使日本海軍敗喪。而俄得海權。則兵事保險之價幾何。而我國尚有憨不畏死以源源接濟日本者幾人耶。以吾人所聞。則俄日之戰。俄國所定爲戰時禁制品者。實絕對包含米穀食品。而俄艦之舉措。往往逸於常軌。凡中立船少有嫌疑者。審檢之手續未盡。直捕獲没收之。以是當日本海海戰全捷以前。日本沿岸近海之航行者。皆不自由。人有戒心。保險會社。慮俄艦捕獲之危險。或奇高其戰時保險。或並謝絕之。全國有貨物減退物價暴騰之感。而制海權則固在日本也。故當俄旅順艦隊已被封圍於日本海軍。海參威①逸出三艦。擊英商船沈之。於是日本各港商船。停留不敢發。舉國震驚。羣咎上村中將②之失。此時梁氏亦在横濱。不應無所見聞。夫謀國之政策。貴出萬全。不在僥倖。梁氏以僥倖之政策爲已足耶。

（原文）英國以農地變爲獵牧地此自是彼資本家應於其國之經濟之現狀見乎業此焉而可以得較厚之贏也則羣焉趨之此亦如荷蘭之資本家率業船比利時之資本家率業鐵凡以爲增殖資本之手段而已而未嘗以其趨重何業而影響及於貧民生計也夫土地之面積自數十萬年前既已確定造化主不能因吾人類之增加而日造新壤計口分以授之此瑪爾梭士③之人口論所以不勝其杞人之憂也（中畧）即如孫文所述英國今日人口三倍於百年則百年前本地之糧供給有餘者而今日需要三倍之其將何以自存

---

① "海參威"，即符拉迪沃斯托克（Vladivostok）。
② "上村中將"，即上村彥之丞（1849—1916），日本海軍軍人。日俄戰爭時，任日本第二艦隊司令長官。
③ "瑪爾梭士"，即托馬斯·羅伯特·馬爾薩斯（Thomas Robert Malthus，1766—1834），英國經濟學家、統計學家，著有《人口論》和《政治經濟學原理》等。

駁之曰。此又不通之論也。如梁氏言。則雖舉一國之農地。而立變爲獵塲。舉一國之資本。而不投之生產的事業。皆爲無影響於貧民生計耶。梁氏謂影響及民之生計。但以資本在少數人手故。而其所業可不問。是何重資本而輕所業也。則無怪梁氏之解決生產問題。惟以獎勵資本爲首要矣。夫改農地爲獵塲。資本家之所得。或亦如故。然此所謂挹彼注茲之富。其於社會資本。無所增也。而其農民立時失業。仰食無所。勢必趨工。工業之勞動者。其供給額固早與一時之需要相當。其驟增者。必將無所藉手。工業之供給旣驟增。則競爭之結果。庸銀又必減薄。是故非但農業受其影響。而工業之勞動者。亦且受其影響也。今梁氏云云。即欲以媚世之資本家。然恐其尚不敢受也。更就英國之實例言之。則<u>華拉斯</u>[①]之資本國有論。所舉列如左。

其一例　愛耳蘭[②]自千八百四十九年至五十二年。凡四年間大饑。而前後共二十二萬餘農民。爲地主所斥逐。此以饑饉之結果。逐小作人而代以牛馬羊豚之類。小作人中有夜中命退者。雖其病妻弱息。不得及於翼日[③]。

其二例　蘇格蘭地主。由其收益之便利。多變耕地爲牧場。以致前後數萬農民。置身無所。有昔時出兵數千之地。而今僅住居四人者。

其三例　蘇格蘭之大地主。爲造己之遊獵。由耕作地斥退小作人。其地任使歸於荒蕪。

讀右之所列述。而猶以爲與貧民生計無關係者。是直無有人心者也。至論土地之法。則吾人本無計口分授之旨。梁氏誤解謬認。上文已明辨之。

---

① “華拉斯”，即阿爾弗雷德·拉塞爾·華萊士（Alfred Russel Wallace，1823—1913），英國博物學家、探險家、地理學家、人類學家與生物學家，也是呼籲土地國有化和婦女選舉權的熱心分子。
② “翼日”，《民報》本作“翌日”。“翼”，通“翌”。
③ “愛耳蘭”，有誤，應爲“愛爾蘭”。

即瑪爾梭士人口論。自機器發明。生産法改變以來。已大減其勢力矣。(按
瑪爾梭士人口論謂人口之增多爲倍加之率食物之增多爲遞加之率故其示兩者之比例如左

人口 1，2，4，8，16，32，64，128，256，

食物 1，2，3，4，5，6，7，8，9，

謂人口二十五年而增加一倍五十年爲二倍也常人執此每認一人而有二子其子各生二人即爲合於
倍加之數此實大謬蓋忘却配偶之數也故一人生二子子各生二人則於人口初無增加以原由配偶二人而
生二子也今以一人生二子子各生二人以次遞降爲例則其理當如軒利佐治所作之圖由自身下推於子孫
與上溯於父祖其數相等此亦瑪爾梭士人口論不正確之一端也)

又演說詞謂"英國百年前。人數一千餘萬。本地之粮。供給有餘。到
今日人數不過加三倍。粮米不彀二月之用。謂非土地不足"。此其故可以極
淺之數學明之。蓋昔之土地。養千餘萬人。而足供一年食者。今三倍其人。
爲三千餘萬。則本當足供四月之食也。今乃以供二月之食而不足。是已少
去一半矣。梁氏猶不知耶。(此小學生可知之數梁氏昧昧則且小學生之不如矣)且文明進
步。地之生産額。其足供人口之數。必與百年不同比例。此又稍知農學或
地理學者所能知也。故曰此由農業漸廢。並非土地不足也。

　　(原文)又孫文謂行了這法之後物價也漸便宜了人民也漸富足了此
語吾又不解其所謂夫物價之貴賤果從何處覓其標準耶(中略)若夫一
切物品舉十年之通以較之而無一不漲於其前是則金價或銀價之趨賤耳
而非其餘物價之趨貴也何也物價之貴賤何以名以其與金銀之比價而名
之耳若求諸貨幣以外則尚有原則焉曰物價必比例於需要額與生産費需
要者多則物價必騰生産費重則物價必騰然文明程度高則庸錢必漲庸錢
漲亦爲生産費增加之一故物價必隨文明程度而日騰又經濟界普通之現
象也今孫文謂行了彼土地國有政策後物價必漸賤吾真不解其所由(中
略)物價而趨賤則必其需要日減也是貧困之一徵也否則庸錢趨微也亦

貧困之一徵也而又何人民富足之有吾觀於此而益疑孫文之社會革命論
除反復於古昔井田時代之社會無他途也舉農業以外一切之諸業而悉禁
之以國有之土地授諸能耕之人而課其租稅有四萬萬人苟國中有四十萬
萬畝地則人授十畝焉云云

駁之曰。梁氏而又不解耶。凡梁氏所不解者。皆以其未嘗研經濟學之
故。遇此等處。輒生疑問。亦不足怪。寄語梁氏。但潔己以進求教可耳。
無盲猜瞎說。自苦乃爾也。梁氏曰。"物價之貴賤。果從何處覓其標準耶。"
是梁氏先不知物價貴賤之標準也。繼而辛苦求索。索諸金銀之比價。然猶
曰。"金價銀價之趨賤。而非其餘物價之趨貴。"是則梁氏亦知以金銀比價
者。其爲貴賤非真物之貴賤。於此亦可謂有一隙之明矣。然終無以得物價
貴賤之標準。乃轉其詞曰。"求諸貨幣以外。尚有一原則云云。"此以下則
不過爲物價貴賤之原因法則耳。非論定其貴賤之標準也。梁氏展轉及此。
不知其即以爲言物價之標準耶。抑別有所謂標準耶。吾今單簡爲數語以誨
梁氏。而並以極淺之證例明之。蓋言物價貴賤之標準。當以勞力爲比例。
不當以金銀爲比例。其社會人民用力多而所得少者曰物貴。其社會人民用
力少而所得多者曰物賤。人民之用勞力不齊等。所得亦不齊等。然其勞銀
所得最低之度。與其生活最少之費。兩舉而比較之則無不見。舉例言之。
如河南省雞卵一枚。售錢三文。廣東省雞卵一枚。售錢三十文。自俗人言
之。則曰在河南省物賤。在廣東省物貴矣。然河南之挽手車者。每人終日。
不過得錢三十。廣東之肩輿者。則一出而可得錢數百。每人終日可得三千。
以之易物。則以河南車夫一日之力。不過得雞卵十枚。而廣東輿夫一日之
力。可得雞卵百枚也。然則兩者之人民。其物價貴賤之感爲如何耶。又如
野蠻荒島。百物無一錢之價值。若至賤也。然其人終日勞動。乃僅足以贍
其生。曾不得一息之暇逸。而文明之國。物皆有價。然勞動以自養者。若

非有他之原因。則必不如野蠻人用力之多也。此教梁氏論物價貴賤之標準
也。又梁氏述其致貴賤之原則曰。“物價必比例於需要額與生產費。”是固
然矣。然供給之額能遠過於需要者。梁氏將以爲貴耶賤耶。文明進步。生
產方法改良。則每能以少數之生產費。而得多數之生產物。（此即文明物價便宜
之一大因）而用機器者。其用人工既少。則庸錢之漲亦無甚影響於物價。美洲
之庸錢數十倍於山東。而美洲所出之麪粉。乃更賤於山東。即緣此故。故
即以金銀之價額論。而文明國之物品。較諸野蠻國亦多有反賤者也。美洲
之民。不困於物價之貴。而苦於租。其租之貴。多由地主壟斷封殖使然。
而非其本價。若我國將來土地國有。則無此患。故生產力大而供給倍多。民
生其時。可以少勞而多得。故曰。物價漸便宜。人民漸富足也。梁氏於此一
切不知。乃謂“必庸錢趨微。需要日減。而後物賤”。由此謬亂否塞之腦筋。
妄用推測。而遂謂吾人將來必悉禁諸業云云。愚悍如是。亦一絕物也。

　　以上皆梁氏所致難於吾人之語。而吾人從而糾正之者。梁氏見之。得
無又謂本報詆之。無所不用其極耶。然梁氏既以能摘人誤自鳴得意。而所
論既破。則自無容身之地。非吾人迫之於險。實梁氏自取之也。又梁氏於
本報第五號“論社會革命與政治革命並行”一篇。摘其中數語以相稽。殊
不知論者意旨所在。即如所謂行之政治革命後易爲功者。蓋徵之歷史。凡
善政之興。弊政之革。皆在鼎革之時代爲易。而守成之時代爲難。梁氏雖
愚。寧不識此公例。而故意顛倒其詞。謂即利喪亂而爲掠奪之事。然則凡
當新朝百度具舉者。悉掠奪喪亂爲之耶。至明之革元胡異種貴族之政。稱
以政治革命。亦復何愧。而梁氏曰。“以明初爲政治革命。則公等所謂政治
革命者。吾今知之。”夫政治革命。不必出於一軌。許明爲政治革命。則必
效法之耶。此又不知梁氏所據爲何種論理也。

　　吾人縱筆爲文。亦豈能自謂無一誤語。然如梁氏所舉。則彼輒自陷於

巨謬而不知。亦一異也。第十號演説詞有云。"解決的方法。社會學者之言。
兄弟所最信的云云。"梁氏拾此。沾沾自喜。則亟加按語其下曰。"豈有倡
民生主義之人而不知 Socialism 與 Sociology 之分耶。抑筆記者之陋也。"不
知此語不惧。而筆記者亦未嘗陋。蓋自來言私有土地之不公。及地主之害
者。不止爲民生主義學者也。如斯賓塞爾。抱個人主義以言社會學者也。
而四十歲前。曾著書詳論私有土地之非。其辦法尤爲激烈。及晚年所著。
乃稍平和。然其説地主之弊。則同其少作。（按以是而軒利佐治斥之曰作者殆近與富
人遊而改爲此態耶昔有北美教師盛主放奴之論及至南美人搜得其舊作則張筵招之以聽其議論欲重辱
之而是教師乃圓通其詞謂奴以買得放奴不公贖奴則無此資本聞者乃大悦以譏斯氏然氏之議論始終未
嘗矛盾但變其强行之手段爲和平耳）軒利佐治主張單稅法。其論土地私有之弊最痛
徹。而軒氏則固不認爲民生主義學者也。彌勒約翰①以經濟大家。而定價收
買之法則氏倡之。孫先生曰。吾對於此數家之言。將有所斟酌去取。而演
説之際。概括以言。不暇縷舉。故統而稱之曰社會學者。蓋政治經濟法律。
皆社會學之分科也。記者按伊里之書。亦言經濟學爲社會學之一部。梁氏
若不信此名稱。則盍試就左舉之文。倩人譯而讀之。當知非杜撰也。所舉
之文。爲"美國國民讀本"。以梁氏自足於小學生程度。故稍進之也。

Sociology，or the fundamental social science，deals with society as a
whole，and studies certain general principles that lie at the basis of eah② of the
separate social sciences. Fconomics③ is one of tnese④ separate social soieuces.
The ethical，the legel，the polical⑤ and the economic relations of men are all

---

① "彌勒約翰"，即約翰·斯圖亞特·穆勒（John Stuart Mill，1806—1873），又譯爲約翰·斯圖亞
　　特·密爾，英國哲學家、經濟學家，著有《政治經濟學原理》《論社會主義》等。
② "eah"，有誤，《民報》本作"each"。
③ "Fconomics"，有誤，《民報》本作"Economics"。
④ "tnese"，有誤，《民報》本作"these"。
⑤ "polical"，有誤，《民報》本作"political"。

outgro wths of social life，anq① what is common to them all falls with the province of sociology.

至梁氏必誣孫先生舊日曾語彼以社會革命爲當殺中國四萬萬人之半或四分之一等語。孫先生曰。"六年前。吾與梁氏語。彼併不知有社會主義之一名詞。又自戊戌貶斥。含恨莫伸。以謂革命爲殺人雪憤之事。此種惡念。縈繞其腦筋不去。其與我辨者。更督亂於今日十倍。我故無從語以辦法條理。然彼今聞吾人定價收買之法。不能就此反駁。而舉其所夢想者。强以屬人。企亂他人耳目。卑劣甚矣。"按梁氏此等語。已於本報第五號駁之。而梁氏生平慣於作偽。此又路人皆知者。今以非本論之範圍。姑不復論。

梁氏彼報十四號之文。凡分三大股。股各立義。不復相謀。蓋以矛盾爲工。合掌爲病。八股家之通例如是。分評之。則第一股作歷史談。足稱明暢。惜讀伊里經濟學概論未熟。挂漏尚多。第二股抵制外資。人云亦云。未得真諦。第三股有意逞奇。而自論自駁。多不可通。亦由其無所倚據。故每下愈况也。（於前人之書固不必隨其腳跟一切是認惟有所引述必貫徹其論點始能用爲注腳若梁氏於伊里之歐美經濟歷史談襲其半面而遺②其半面則未嘗③見也）

駁論既終。猶有餘墨。爰以梁氏原文自相挑戰之大者。列爲矛盾表。以餉閱者。表中所列。皆擇其直接挑戰者。而間接矛盾者略之。但列原文相對。不加一字批評。其以數矛而刺一盾。或以雙盾而抵一矛。皆梁氏本來之部勒。記者無容心於其間也。（表略）

---

① "anq"，有誤，《民報》本作"and"。
② "遺"，《民報》本作"掩"。
③ "未嘗"，《民報》本上有"所"字。

社會主義討論集卷之三①

---

① 目録爲"卷之三"。

社會主義與社會政策

煮塵[1]

社會主義者。以現世界之政治制度。經濟組織。不能使人類享得安甯與幸福。滿足生活之慾望。乃別具一遠大之眼光。沈毅之魄力。從根本上着想。廢去一切之舊組織。改造一新社會。以謀人類全體永久之幸福者也。社會政策者。以不變現世界之政治制度。經濟組織。惟因其弊竇。乃稍稍修改之。或補救之。見甲謀甲。見乙謀乙。僅在枝葉上觀察。以圖社會暫時之治安者也。故社會主義之結果。如一千年巨厦。棟折榱傾。瓦碎磚落。必統盤籌算。去其舊而圖其新。當其改造之時。居是屋之人類。或不免罹於露宿風餐寢食不安之苦況。及乎落成。則安甯享受。莫不有一勞永逸之一樂[2]。而社會政策之計畫。不過以是屋之破舊。不安於居。乃今日易一椽焉。明日添一瓦焉。補苴罅漏。暫顧目前。及其結果。仍不免有雨驟風狂。傾圮頹坍。相率偕斃之一日。至爾時。則仍不得不思重行建造之策。而人

---

① 目録爲"煑塵"。"煮塵",即王緇塵（1879—1941）,又名子塵,筆名煮塵,浙江紹興人。近代著名儒學家,信奉社會主義,著有《儒家社會主義》《國學講話》等。曾加入中國社會黨,主辦《新世界》雜誌（本文最早即刊載於《新世界》）,1912 年 10 月中國社會黨分裂以後追隨沙淦加入社會黨。參見王炳華. 煮塵與民國初年馬克思主義的介紹——附煮塵其人[J]. 浙江學刊,1987（6）: 11-15.
② "一樂",有誤,《新世界》1912 年第 2 期（以下簡稱"《新世界》本"）作"歡樂"。

●●社會主義與社會政策

煮塵

社會主義者以改良世界之政治制度經濟組織不能使人類享得安甯與幸福滿足生活之慾望乃別具一遠大之眼光沈毅之魄力從根本上着想廢去一切之舊組織改造一新社會以謀人類全體永久之幸福者也社會政策者以不變現世界之政治制度經濟組織惟因其弊竇乃稍稍修改之或補救之見甲謀甲見乙謀乙僅在枝葉上觀察以圖社會暫時之治安者也故社會主義之結果如一千年巨厦棟橈瓦碎磚落必統盤籌算去其舊而圖其新當其改造之時居是屋之人類或不免罹於露宿風餐寢食不安之苦況及乎落成則安甯享受莫不有一勞永逸之一樂而社會政策之

計畫不過以是屋之破舊不安於居乃今日易一椽焉明日添一瓦焉補苴罅漏暫顧目前及其結果仍不免有雨驟風狂傾圮頹坍相率偕斃之一日至爾時則仍不得不思重行建造之策而人類之罹慘禍者不已多乎此社會主義與社會政策之所以異也。

社會主義雖有世界社會主義與國家社會主義（社會民主主義）之派別。然此乃應於時勢為施行手段之或異非立於反對地位而各有目的之不同蓋國家社會主義之主旨以今日之大勢國界不可以猝然破政府不可以驟除故毋寧藉國家之權力以為推行國內社會主義之計然此之國家必共和政體之國家乃能容受而君主貴族資本家地主之階級則絕對否認者也觀馬兒克以共和號於眾之宣言可以見矣且馬氏固未嘗以此而遂自足也故其資本史有云今之所謂政府與國家者卽以治人者為代表然類之罹慘禍者。不已多乎。此社會主義與社會政策之所以異也。

　　社會主義。雖有世界社會主義。與國家社會主義（社會民主主義）之派別。然此乃應於時勢。爲施行手段之或異。非立於反對地位。而各有目的之不同。蓋國家社會主義之主旨。以今日之大勢。國界不可以猝破。政府不可以驟除。故毋寧藉國家之權力。以爲推行國內社會主義之計。然此之國家。必共和政體之國家。乃能容受。而君主貴族資本家地主之階級。則絕對否認者也。觀馬兒克①以共和號於衆之宣言。可以見矣。且馬氏固未嘗以此而遂自足也。故其資本史②有云。今之所謂政府與國家者。即以治人者爲代表。然至施行社會主義以後。其進步之結果。而爲人民真正之代表者。必在乎生產社會之全體。勢必代政府而爲組織之機關。則所謂政府國家者。自演至乎消滅而止。此馬氏之主張。與世界社會主義。無政府主義。未嘗不相通也。特無政府主義之倡道者。欲以暴力打破國家之組織。而馬氏則任社會自然進步之結果而廢置國家。此近世目之爲科學的社會主義。又曰實行社會主義之由來。吾故曰。應於時勢手段之或異。非立於反對目的之不同也。夫然。故社會主義各派之主張。於國家政府廢置一問題。或有先後。而廢滅資本家與地主。剿絕貧富之階級。以土地資本。盡歸之社會。或社會的國家。使一般人類。共立於平等之地位。求經濟分配之平均。則無不同。彼主張社會政策者。雖亦有稍稅富者以補助勞民之一訐③畫。然不清其源而④濬其流。無異剜肉以補瘡。瘡未愈肉已爛。終於無補已耳。茲將社會政策與社會主義之異同得失。略述之如下。

---

① "馬兒克"，即卡爾·馬克思。
② "資本史"，指馬克思所著《資本論》。
③ "訐"，有誤，應爲"計"。
④ "而"，底本此處空缺，據《新世界》本補。

義①社會政策之主張。有所謂保護勞工。獎勵小貲本家。限制獨占事業。課富者以累進稅諸政策。以爲平均貧富之善法。今明其無濟。試伸論之。

保護勞工　歐美所通行者。約有三法。一曰生產協會。謂使勞動者。自出其資本。以組織公司。可不受資本家之虐待也。然試問勞動者所處之地位。於衣食尚日虞其不給。安得有此餘力乎。二曰。傭主組合。謂使勞動者。儲其傭金之一部份。與企業家同占公司之股份也。然試問此企業家者。爲大資本家乎。抑小資本家乎。如大資本家。則以區區勞動之餘蓄。同入其股份。亦不過占一小部份之地位。其所得幾何。如小資本家。則以今日經濟競爭之大勢。優勝劣敗之公例。小資本家必不能與大資本家相頡頏。及其結果。必至於敗衄。不幾使勞動者。同受虧折乎。（所謂獎勵小股東者其例亦不外此不另辨）三曰贏利分配。謂公司所得。既過定額。使勞動者與股東。均分贏利也。然試問公司之主權在股東。股東不允。有法以強取之乎。夫今日歐美之勞動者。以陷於貧困之極境。乃不得已出於增加工價。減短作工時間之要求。循至演成大同盟罷工之慘劇。而股東猶不之許。或竟藉軍隊警察之武力以驅散之殄殺之。絕無一毫仁愛存其心。況欲分其贏利乎。綜此三者。徒使勞動者。懈其改革之勇氣。以希望資本家之唾餘。及其結果。於勞動者仍無若何之利益。資本家亦不損其絲毫。然則果何爲者耶。

限制獨占事業　如鐵道、鑛山、自來水、電燈、瓦斯等營業。以資本家創業時據便利之地勢。其後營業發達。獲利益多。且絕後起者之企業家。使無競爭立足之餘地。因以演成富者愈富之一階級。主張社會政策者。欲設法以限制之。然試問主權已在資本家之手。雖欲限制而亦無從也。觀於

---

① "義"，當作"蓋"。

歐美經濟界之現狀。可以見矣。何如直截了當。實行社會主義。廢滅地主資本家。而以土地資本歸之社會。爲正本清源之計。使永絕此劣制度惡階級之爲愈哉。

　　課富者以累進稅　此策雖似可行。惟富者擁貲既厚。即課此些微之稅。萬不能絕其愈演愈富之境界。而社會所得。亦屬無幾。況各國現行之稅率。如常人稅百二三者。稍富百六七。再富百十。乃至百二十。且又有制限。至若干萬以上。即不更增加。如日本課所得稅用累進法。最低額於三百元稅千之十。其最高額於十萬元稅千之五十五。然自十萬以上。概以此爲止。然則彼所得百萬千萬者。不太便宜乎。且不第此也。設一人家擁百萬金之巨資。盜刼其半。而是人尚有五十萬金之進益。仍不至苦。使以百金之家。賊竊其三十。則其人已有衣食不給之虞矣。故現世各國雖課此稅。而不見有若何之效果者職是故也。

　　夫社會政策所主張。雖不僅上述數端。而其所持以爲平均貧富者。實以此爲主。以餘爲輔而已。此外尚有一要件。爲主張國家主義。與社會政策所注重者。則義務教育是也。夫使社會之人。皆得受普通同一之教育。固爲開發民智。進化社會唯一之要務。然不行社會主義。於此問題。亦有難以解決者。蓋今日之貧民。已陷於水深火熱。衣食不給之苦境。雖偏設①學校。以謀教育之普及。然貧者尚無財力以贍其身。又安有餘力以爲將來之智識學業計乎。吾嘗見工匠農人。於未及十齡之兒童往往使之隨同場作田畝間以謀升斗之需者矣。責以就學。又豈能枵腹以從事者。嗟夫。學問者。天下之公器也。必使全社會之人。各視其能力。以求相當之學業。此社會主義之所以足尚也。今使如社會政策所主張。果能實行。然義務教育

---

① "偏設"，有誤，應爲"遍設"。

之程限。至尋常小學而止。必有財力者。乃始得就中學以上之學問。而貧乏者。莫得而與焉。豈貧民之子。必無高才遠識之人乎。夫顱同圓也。趾同方也。同是含生負氣之倫，今乃與於彼而靳於此。豈天下之公理也哉。

不甯惟是。彼才高力強之輩。以陷於貧苦。不得受完全之教育。遂至不得成高尚之人格。而彼等之心。固不甘於尋常之職役。以安其身而餬其口也。於是而強者爲盜賊。狡者爲無賴。社會遂無甯日矣。且也。彼富者以甘於錦繡膏梁①。遨遊逸樂之故。於是而睹博②姦淫。放僻邪侈。無所不爲。不但有害高尚之人格。而誰肯低首下心。以求完美之學業者。故社會主義不行。不啻驅貧富兩階級之人。絕於高尚教育界以外。如此。而欲求社會之進化。人格之完美。安可得耶。

大抵主張社會政策者。以社會主義非一時所能幾及。故毋甯彌疑補苴。以圖目前之暫安。或者以社會主義。不過一種空想。而不可見諸實行。故取彼而去此。庸詎知一切制度之良惡。人心之誠僞。風俗之厚薄。莫不根據於社會。苟社會問題一解決。而其餘者。自不勞迎刃而解矣。此吾所以願好學深思之士。一究其得失也。

附駁去歲東方雜誌第六號論文③

論述既竟。偶檢舊笥。得去歲東方雜誌第六號。亦有社會主義與社會政策標題之一文。急披閱之。其説係主張社會政策。而厤詆社會主義者。今雖共和成立。與去歲處異族政府下。情勢不同。然對於整理社會一方面。

---

① "膏梁"，同"膏粱"。
② "睹博"，有誤，應爲"賭博"。
③ 目録爲"駁東方雜誌第八卷第六號論文"。

則尚無大異。其所主張之數要件。得失已詳上述。而其詆諆社會主義之點。往往流爲外行語。而不自知。本無辨駁之價值。惟該報銷數頗廣。兼之我國明社會主義者。尚尠其人。見彼報之誣蔑。遂以先入爲主。而存輕視之心。反對者或藉其説爲護符。以阻遏社會主義之輸入。與吾黨之進行。均不無窒礙。因是諸故。乃辭而闢之。予豈好辨哉。不得已也①。

　　（原文）大抵一學説之興廢每與時勢爲僕緣而尚論其得失又以違合人性爲標準本人性之自然而損益張弛以求適應於時世此一切政治公例經濟公例所以足任也否則其説縱弔詭新奇而見諸行事乃不能知其意之所期歐州之有社會主義蓋在貧富相懸工傭積頜之餘故其説既興遂足以張皇一時之耳目此余所謂與時勢爲緣者顧以違反人性之故其紕繆之點爲世人所抉摘者已難悉數今約舉之

　　駁之曰。此作者以社會主義之在歐洲。不過張皇一時耳日②。且以違反人性之故。爲世人所抉摘。已難悉數。抑若社會主義。即將銷滅也者。請將今日世界社會黨增加之人數。一計及之。夫世界如許之社會黨。豈均一時耳目。爲是主義所張皇而盲從之者。又豈均無一毫見識不知人類之性質者。作者聞之。當亦啞然失笑也。夫社會主義。正因現世政治經濟組織之獘。乃推究人類之本性。發明適應之之方法耳。且作者固揭櫫利己心爲人性之自然者矣。夫人者進化之動物也。尋常動物。惟知狹義的利己。故利己的範圍。亦卒不廣。惟人也。乃知己之處於社會。必彼此相劑。有無相易。一方面有以利社會。斯一方面乃能得真正之利己。即大利所存。必在兩益之微旨。此社會主義所主張。正合於經濟學之公例。自由平等親愛三者。爲共和政治之原則。而社會主義。即本此原則。以課諸一切行事。正

---

① “予豈好辨哉。不得已也”，語出《孟子·滕文公下》。
② “耳日”，有誤，應爲“耳目”。

合於政治之公例。蓋社會主義者。即研究政治經濟之進化。損益張弛適應於時世而爲是主張也。作者不察。乃慢誣①社會主義。實則作者並不知社會主義。與人性爲何物耳。

（原文）企業心之遏絕　　人類所以奮工企業者以有利己心爲之驅策也其勤劬而勞苦者皆有以食報於方來故矻矻孳孳罔敢稍怠今曰捨其所自爲而使之盡力於社會而社會所以酬報之者又無勤惰巧拙之分則偸安苟且之心生而奮工企業之利絕生產之動機遂因是而息矣此社會主義所以不能成立也

駁之曰。人類之所以勤劬勞苦。矻矻孳孳。以奮工於企業者。爲衣食耳。衣食足。則奮工企業之心。亦頓時而絕。此常人之情所皆同也。若夫高等之企業則不然。且有不知其爲個人與爲社會之別。而報酬與否更無暇計及矣。何也。例如作詩填詞畫花寫字之流。畢生孳孳。罔敢②稍怠。彼輩豈亦有食報於方來之心而爲之乎。此猶曰。是有美術的性質。娛樂的作用存其間也。然吾於二十年以前。曾見有研精算學。寢食俱廢。勞苦不輟者。且是等人。皆不爲科舉。不爲利祿者也。豈亦有食報於方來之心而爲之乎。再證之泰西之探險隊飛行家。彼等於頃刻之間。性命且不保。則食報於方來之心。更不足論矣。且生產之盈絀。由於實業之進步。而實業之進步。由於科學之發明。而發明科學。又多係中等社會不孳孳於衣食之輩。鉅富極貧兩階級之人。均不與焉。蓋富者以耽於逸樂。貧者以迫於衣食。決無餘力以從事也。若夫社會主義實行以後。胥社會而爲平等之人。於鑽謀衣食競爭權利之心。皆無所施。則人之精神腦力將悉用之於科學美術等事業。一方面助實業生產之發達。一方面增性情怡悅之美滿。熙熙皥皥。大同太

---

① "慢誣"，有誤，應爲"謾誣"。
② "罔敢"，有誤，應爲"罔敢"。

平之世。由是而成。此社會主義之結果也。是等景象與理想。固非作者所能夢見。己所不知。乃漫誣社會主義以爲因是不能成立。夫今日社會主義之學說。已成爲一繁博精密之科學。凡高智遠識之士。莫不羣趨附之而棲息於是旗幟之下。此稍悉世界大勢者所能知也。然則其成立與否。又寧待作者之承認耶。唐人詩云。蚍蜉撼大樹。可笑不自量[①]。其作者之謂歟。

　　（原文）分工律之違反　社會所利賴於個人者不在按日計力爲同量同等之勞動也道在誘掖獎勸俾各量所能以選擇其恒業此分工律之所定者而社會主義乃適與之相反託爾斯泰[②]者小說家之職志也以崇信社會主義故乃從事於造屨造屨之業非託氏所習也世界貧富不均之缺陷又非託氏手足之烈所能弭也而其天才獨絕之文學事業轉從是而荒棄亦社會主義之過也

　　駁之曰。作者又悞以社會主義爲許行並耕之流耶。夫社會主義。使腦力敏者。治勞心之事。腕力强者。治勞力之事。正與分工律所定各量所能以選其恒業相符合。作者不察。漫引託氏事以爲譏。且作者亦知託氏之歷史乎。託爾斯泰者。俄羅斯之貴族也。少年曾從事於文學。所作小說。敏妙活潑。而且淺顯易解。故一般人民。多喜讀之。其平生所作甚多。大抵皆厭惡現社會之惡劣。宗教家之橫暴。而以譏諷之筆出之。故所持論。頗有合於社會主義者。實則託氏非社會主義家也。後至晚年。忽痛悔前作。乃著生平之懺悔[③]一書。以自誌前次作小說底宗教之過失。此託氏正因不知社會主義之故耳。至其造屨。蓋寓有託而逃之意。作者强附。以爲崇信社會主義之故。豈不謬哉。

---

① "蚍蜉撼大樹。可笑不自量"，語出唐代韓愈《調張籍》詩。
② "託爾斯泰"，列夫·托爾斯泰（Leo Tolstoy，1828—1910），俄國批判現實主義作家、思想家、哲學家，著作有《戰爭與和平》《安娜·卡列尼娜》等。
③ "生平之懺悔"，即托爾斯泰 1879—1882 年所著《懺悔錄》。

　　（原文）資本額之減少　　資本者儲蓄之結果也儲蓄心發達則資本充裕用以爲生產者多農工商業亦由茲而振顧其事每與私產制度相緣使私產制度廢而代以共產主義則個人可無儲蓄之勞而社會所以代之謀者其儉嗇矜慎又必不及個人之善則全社會之資本額必因而減少生產事業亦多停滯此社會主義之害也

　　駁之曰。資本者掠奪之結果也。資本家者盜賊也[1]。此言已成社會主義中之鐵案。而爲確切不磨之公理。使廢私產制度而代以共產主義。即廢滅資本家而人人胥爲勞動者。爾時全社會無一游手無業分利坐食之人。則生產額之增多。不知加至幾千萬倍。尚何停滯之足虞哉。如以社會爲之謀。不如個人之自爲謀。此言不過爲資本家着想耳。否則。彼小農苦工之操作。可謂儉嗇矜慎之至矣。曾亦見彼等資本之儲蓄。生產之發達乎。蓋今日我國生產額之日形減少。歐美工業界之時起恐慌。正因不行社會主義之害耳。

　　（原文）人口論　　食物之增加爲算術級數人口之增加爲幾何級數此瑪爾梭士所爲厪厪注慮者然子孫教育之資皆於一身而求備故常有制情克己之心爲生育之節制若社會主義興則子孫之責任皆移置於社會人口之增必溢常度而生事亦趨於瘠貧此文明之大梗也美國社會黨[2]有見於此乃思以嚴酷之法限制生育甚者以不嫁娶爲名高然私生苟合之獘必不能去固不若個人自爲節制之善也

　　駁之曰。瑪氏以人口之增多。爲倍加之率。食物之增多。爲遞加之率。將來必至人衆食寡。不足以養。因之鰓鰓過慮者。此説已爲亨利佐治氏駁斥之。無餘地矣。今略述其概如下。瑪氏所謂倍加率者。謂人口二十五年

---

① "資本者掠奪之結果也。資本家者盜賊也"，語出蒲魯東 1840 年所著《什麼是所有權或對權利和政治的原理的研究》。
② "美國社會黨"，美國社會黨（Socialist Party of America），1901 年 7 月由美國社會民主黨和美國社會主義工人黨羅徹斯特部合併而成的政黨，主張實現社會主義政黨的美國化。

而增加一倍。五十年爲二倍。七十五年爲四倍也。常人執此。每謂一人而有二子。其子各生二人。即爲合於倍加之數。此實大謬。蓋忘郤配偶之數也。故一人生二子。子各生二人。於人口實初無增加。以原由配偶二人而生二子也。故亨利佐治曰。一子雖生二子。然其上必有父母。一女雖生二人。然其上必有翁姑。是以四祖而生四孫也。故即其例而逆推之。如人有父母二人。父母亦各有父母二人。由是四而八八而十六。推之不已。進而愈多。豈上古之人。亦已充滿於地乎。此倍加之説不足信也。至食物之增多。爲遞加率者。謂二十五年而增加一倍。五十年僅加二倍。七十五年爲三倍也。然此即可以用瑪氏之説破之。瑪氏曰。天下之動物植物。滋生最速。譬之兔在山林。魚在江海。若去其所害。不數年間。將山海爲之滿。其不然者。以滋生雖多。各相爭命。逾夫食物之限。則無食必死。以此證食物增加之少。（案達爾文[1]曾言物競天擇優勝劣敗之例係從瑪氏此言推演而出）佐氏曰。瑪氏此言。適足證食之比人。滋生更速也。蓋物之産育。種類甚繁。有十百倍者。亦有千萬倍者。人果不能如是也。物類因自相爭食。以致減少。然有人爲之保護。則物之增加。將至不可限量。如鷹能逐鳥。人獲鷹則鳥自多。狐能食兔。人獵狐則兔自衆。以能去其害之之物也。又如水中之魚。生育最繁。然常强吞弱而大食小。且在江則有鯨以之爲食。在海則有熊以之充饑。自有人取置池塘以遠其害。使休養生息。於是不可勝食。故鯨熊食魚魚因之少。人食魚魚反爲之多。因人有自主權。爲之設法。而物不能。非食能增人。實人能增食也。美人愛得化德[2]氏。夙精化學。於食物一道。考較最精。見瑪氏書。言將來之人。必多餓死。乃闢之曰。

---

① "達爾文"，查爾斯・羅伯特・達爾文（Charles Robert Darwin，1809—1882），英國自然學家、地質學家和生物學家，進化論的奠基人，著有《物種起源》一書。
② "愛得化德"，即愛德華，具體信息不詳。

將來之人。非惟不至餓死。且所食反勝於今。何也。化學之道。日精一日。食物之增。必年勝一年。夫物之生。雖由土地。實則多因空氣。苟化學得精。則瘠土可變良田。沙漠可成沃壤。嘗考麥粉一物。百斤之中惟一斤出於地。其他九十九斤。皆因空氣而生。氣固取之不盡。用之不竭者也。昔人言地中所需。百料皆備。惟鏻鉀淡氣①三種難得。今化學家鑽考得已乃鑛產。鉀多在山石之中。取而用之。雖萬世不乏也。至淡氣則佈滿半空。惟豆子之類。能吸取此氣。近用電氣。亦可致之。何慮不足。且物更有不必生於地者。德國精化學之人。驗得水中亦可植物。但須用料補養。曾以四粒之種。植於水中。竟能出苗四十六根。結實一千三百三十五粒。即如我國蕎麥菱蓮。亦皆植於水中。夫地球面積。水居其三。苟研精其質以植物。則食物之增加。尚可計乎。且近人已有發明一種食物。用化學製成。與地生無異。然則復何憂食少乎。今再以人勻地之法計之。如英程方一賣阿②。英吉利容四百四十二人。比利時四百四十人。荷蘭二百九十人。意大利二百三十四人。日本二百三十三人。中國一百三十九人。印度一百三十三人。其最多者。爲德國之一省。容四百四十六人。然證諸天下之總數。今共一千三百七十七兆。以地球勻配之。每一方賣阿中。僅有二十六人。若就英國一方賣阿。能養四百四十二人之例。以概全球。即使人口增加二十倍。尚復綽有餘裕。何憂人滿乎。而瑪氏又以地力用而漸盡。必至減收。實亦過慮也。殊不知地力斷無用盡之理。天下之物。爲人用者。皆循環不已。有時肥地變瘠。亦有時瘠地變肥。譬如樹木之生。實賴炭養之氣③。用火焚木。其由氣生者。仍歸於氣。所餘之灰燼。爲地之所生。亦仍歸於地。曾

---

① “淡氣”，即氮氣。
② “方一賣阿”，“賣阿”，mile 的音譯，英里。“方一賣阿”，即平方英里。
③ “炭養之氣”，指二氧化碳。

未絲毫失去。亘古以來。地球之分量如故。不曾減去一分。而人亦然。力用出即變爲熱。然力去而氣尚在。則仍可吸而爲力。周迴無已。雖有變化而無增減。可見地力必不能盡也。是故瑪氏之書。雖風行數十年。自經此數家之駁斥。近已銷聲匿迹。不復能自樹立矣。而作者猶復津津樂道。奉爲圭臬。吾不知其欺人耶抑自掩耶。而作者又謂社會主義興。人口必溢常度。而生事亦日趨於瘠貧。不如個人自爲謀。能節制其生育之爲善。斯言也。不必引學理與之辯。但以至淺至顯之事實以證之而立破。不見夫力農作苦之儔。常子女纍纍。多者八九人。少者亦四五人。而富厚之家。則反每憂不育。即育亦不甚多。然則彼富者。豈因有制情克己之心。恐生育之多。而生事將日趨於瘠貧。乃爲是節制乎。此詎非一言破的者耶。至引美國社會黨事。尤爲無理。蓋美國社會黨。正因社會主義未實行。貧者均陷於至困極苦之境域。於己身衣食尚不給。不得已而節制生育。以免凍餒耳。至不嫁娶。其原因蓋亦爲是。豈以此爲名高哉。見此現狀。倘稍有仁心者。當憫而拯之。乃欲下井而投石耶。且作者以人口之增加爲憂。則必以人口之減少爲樂矣。此言也。不特同爲人類者所不應言。亦同爲人類者所不欲聞也。若夫私生苟合之弊。惟處今惡制度僞道德之世爲然耳。倘社會主義興。自由戀愛實行。尚何有是等之弊。近粤人儂俠①來書。有云。戀愛一事。自真理發明。不過生理上之問題。并無關係於道德。且世界之事。惟難得之者。始驚羨之不惜竭力以營謀之耳。若婚制既破。無所往而不得自由。吾信彼時不惟淫風之不加長而且將日見其少也。此言可謂洞悉人性與真理矣。故作者以爲違又②人性者。實不知人性者也。

---

① "儂俠"，生平不詳，民國初年的無政府主義者。曾於 1913 年 7 月在《良心》第 1 期上發表《致丁女士崇俠論無政府黨與社會黨派別書》。
② "違又"，有誤，應爲"違反"。

（原文）政治範圍論　社學會家①謂政治之接觸於人民以愈少爲愈善即減縮政治範圍以養社會之自治力而社會主義乃欲舉社會上一切事物皆受政府之干涉此政府萬能説之舊見也且干涉主義既張則官僚之設置必衆舉一國之富源以養無謂之冗吏而民力竭舉民間之瑣事皆賴政府之保護而民德衰社會之自治力亦不進而日退此其相因而至之勢也

駁之曰。作者以社會主義。舉社會上一切事物。皆受政府之干涉。此知其一而遺其二也。夫社會主義。根柢之理想。究竟之目的。正以養成社會之自治力。且欲廢置國家爲終極者。尚何政府之足云。即以國家社會主義言之。亦不過格於現勢。國界未能猝破。故不如藉政府以推行社會主義。然其政策。有當干涉者。有當放任者。亦決無舉社會上一切事實。皆受政府干涉之理。又何政府萬能説之發見乎。且是時一切法制。均以平等自由爲原則。所謂官僚云者。不過各機關之辦事人而已。又何冗吏之有。夫社會主義。使人人各執一業。各治一事。而不使有一游手無業之民。舉社會胥爲生利者。而不爲分利者。生産既衆。民力何由而竭。各事其事。各職其職。無衣食之足憂。斯無權利之可競。斯時也。惟知有道德與學術耳。民德何由而衰。而社會之自治力。亦因以日益增加。日益鞏固矣。又不知何由而日退也。

（原文）進化論　進化者增高社會所希望之共同目的也一社會之人有一社會之共同目的目的既達而新希望又生相引相推而進化於是乎不息然必認自由意志之存在而後能有達其目的之成效如社會主義之説則個人之在社會如金鐵之受鑄於模範從政府之命令爲機械的行動則自由意志個別活動皆陵夷殆盡此室塞進化之道也

駁之曰。作者以人之於社會。如金鐵之受鑄於模範。爲機械的行動。

---

① “社學會家”，有誤，應爲“社會學家”。

此可以言今日工廠苦力勞動之輩則然耳。至社會主義實行以後。每人每日
不過操作一二小時之時間。或者治勞心之事。或者治勞力之事。而中材以
下。既不憂衣食之凍餒。自不至於作姦犯科。高智之士。得以每日餘暇。
以從事于精深完美之科學。或怡悦性情之美術。於是而個別活動之目的。
正緣以發達。新希望之發生。亦愈演而愈進。去私利。謀公益。滅姦詐。
重感情。聯個人之道德。而因以著爲社會之制度。同登樂土。共慶太平。
此世界進化之極軌也。尚何必爲杞人無謂之憂勞哉。

　　總之社會主義。以人性爲本。以人情爲用。期於人人相助。人人相保。
各知其性分之所固有。職分之所當爲。其殖産也聚而多。其分財也平而允。
合於人生之至情。適於社會之原理。此等精義。固非作者所能見及。而徒
肆口詆諆。至以社會主義爲違反人性而不能成立。凡所云云。予於上各段。
既已闢其迷謬矣。至言中國不必施行社會主義。夫彼於社會主義之真相。
尚未能明晰。則其附會中國現狀之能否適合。可不辯而自明。本原既撥。
此之枝葉。不煩一一斥之。夫吾與作者。未覿一面。未通一函。固非有絲
毫之意見存其間。特以今日社會主義方始萌芽。苟有人欲摧折之者。吾必
竭吾力以扶植之。且社會主義。爲醫羣之聖藥。二十世紀之世界。期在必
行。中國同處此潮流之中。勢不能獨異。且欲救民生之疾苦者。舍此又更
無餘道也。故不憚煩言。述之以告同胞。

　　　　駁論既竟適購得東方雜誌第九卷第一號有重譯社會主義神髓方喜
其亦從事於北①不圖第二號又有社會主義商兑②一文以詆社會主義在彼
報之矛盾不必論而吾黨之駁亦不能已乃姑俟下期　　附識

---

① "於北"，有誤，應爲"於此"。
② "商兑"，有誤，應爲"商兑"。

駁社會主義商兌

煮塵①

　　予前著社會主義與社會政策一文。略述二者之同異與得失。并言欲解決根本上之改革。非主張社會主義不爲功。而社會政策。不過彌縫補苴之一計畫而已。嗣以東方雜誌第八卷第六號。亦有同此標題之文。而所論適與予相反。因歷舉其謬而駁之。茲閱東方雜誌第九卷第二號。又有社會主義商兌一文。雖作者兩人。故其持論。亦略有出入。大抵皆暗襲日人之説。以爲攻擊社會主義之具者。所陳之六難。其第二項。即前文之政治範圍論。第三項即前文之企業心之遏絶。第五項即前文之進化論。雖詞句不同。而意義不二。種種紕繆。已具前駁不復贅。茲惟將前文所未及之三項。復一一斥之。以告反對社會主義之徒。其亦聞而心折乎。抑尚欲爲資本家作護符。與勞勞者爲公敵。以抗逆世界之大勢乎。

　　衡次二家之作。雖同襲日人。而後作之於前作。實爲每況而愈下。蓋前作者。沿日人之説。尚能持之有故。言之成理。今社會主義商兌一文。於己所不知。輒復弔奇弄智。以自炫其能。其開宗明義之第一難。欲排馬克司②資本論。爲摧折社會主義根本之計。其設計彌巧。而不知已陷於巨謬

---

①　目録爲“煑塵”。
②　“馬克司”，即卡爾·馬克思。

衡次二家之作雖同襲日人而後作之於前作實爲每況而愈下。蓋前作者、

沿日人之說尚能持之有故言之成理。今社會主義商兌一文於己所不知、

輒復弔奇弄智以自炫其能其開崇明義之第一難欲排馬克司資本論爲

撟折社會主義根本之計其設計彌巧而不知已陷於巨謬極戾而不自覺

也今詮釋之如下。

彼難馬氏引經濟學物產關繫之理絮絮數百言用斯密氏論針之語以說

靴至其結論則曰『今夫漫然以天下生產之物爲悉出於勞動之結果者。

乃謂靴之結果悉出於靴工之類也因而主張一切財產宜歸勞動家者。無

異於主張靴值悉爲靴工之享樂財而革商牧夫乃至農樵諸家均無得取

償於靴工致分其利也』吾今詰之曰作者能證明。天下生產之物能不悉

出於勞動之結果乎然作者固亦引社會主義之言曰無勞動則土地荒廢

極戾而不自覺也。今詮釋之如下。

彼難馬氏引經濟學物産關繫之理。絮絮數百言。用斯密氏論針之語以説靴。至其結論。則曰。"今夫漫然以天下生産之物。爲悉出於勞動之結果者。乃謂靴之結果悉出於靴工之類也。因而主張一切財産宜歸勞動家者。無異於主張靴値悉爲靴工之享樂財。而革商牧夫乃至農樵諸家。均無得取償於靴工致分其利也。"吾今詰之曰。作者能證明天下生産之物。能不悉出於勞動之結果乎。然作者固亦引社會主義之言曰。無勞動。則土地荒廢而已耳。資本積滯而已耳。財曷從生。得勞動。而後土地資本。乃有以應夫生財之用。是故生財惟一之手段。不外乎勞動。然則天下生産之物爲悉出於勞動之結果者。固定論也。至其謂生産之於勞動。猶靴之結果悉出於靴工。以是相誣。斯則大謬。何則。社會主義者。固未嘗有以靴之結果悉出於靴工者也。蓋其有以助成靴之種種需要。如革商牧者以及農樵諸家。亦未始非勞動也。夫社會主義。明明揭之日[1]社會主義。是即統以社會爲計。其説物産也。簡言之爲勞動之結果。推言之。社會之物産。社會協同勞動之結果云爾。作者自悞。乃反以詆人。斯所謂陷於巨謬極戾而不自覺也。且勞動云者。固有廣狹二義。狹義者。指勞腕力者而言。廣義者。則凡勞腦力用思想者。亦未始非勞動之一也。社會主義者。固曰。個人或用腕力或用腦力。勞動於社會。而社會則供給生活需要於個人。當此之時。惟抽象之社會字樣爲資本家。而具體之個人無一不爲勞動者。然則謂一切財産宜歸勞動者。亦何不可乎。

而作者又曰。"社會主義者。哀憐勞動家矣。不知尤有較勞動家爲可哀憐者。社會主義者。固所不能懸置之者也。若老而獨者。幼而孤者。病而

---

① "日"，有誤，應爲"曰"。

廢者。皆不能勞動者也。不能勞動。而社會固不能屏棄之死地。亦將有以匡救而生活之。使一如社會主義者所言。人人咸須勞動以得資格。舍勞動無餘事。舍勞動家無他流。則其獨老孤幼病廢之儔。社會主義者。果無階以處之矣。"嗚乎。作者之爲此言。乃欲誣社會主義欲屏棄獨老孤幼病廢之儔於死地。以強入社會主義者之罪。因以挑撥人類對於社會主義之惡感耳。實則社會主義。雖無論如何劇烈如無政府家所主張。欲破壞一切如虛無黨之行動。按其揭櫫。惟曰反抗強權。而對於是等無告之人。固無一人不哀憐之也。吾今詰作者。能在世界社會主義家所主張中。指出其有屏棄獨老孤幼病廢之儔之一條文乎。不能指出。斯爲無敵而放矢。雖作者絞其腦汁鈇其心肝。以謀反對社會主義。蓋亦心勞日拙而無益已耳。吾今再以正語告作者。譬作者或語人曰。吾愛吾父。則作者之愛父。人所共喻也。然人固無有因作者之僅言愛父遂可指作者之必不愛其母也。且尤能喻作者之愛父。更當推其愛父之心以愛母也。然則社會主義者。哀憐勞動家矣。彼較勞動家尤苦者。固當推其哀憐以哀憐之也。且不特此也。彼老者。其初固勞動於社會者也。幼者其將來亦勞動於社會者也。病廢者。其未病廢時。及其病愈時。亦勞動於社會者也。即使病廢。亦屬少數。而社會主義實行。則老院嬰院病院等。已無不畢具。其處之之方。固美善而完備矣。禮運大同之言。不啻爲社會主義結果之寫照。作者獨不知耶。

上來所陳。係作者自謂以科學的眼光。破馬克司資本論。摧折社會主義根本之第一義。吾今巳駁斥之使無立足地。所謂科學的眼光。殆作者眼光中之科學歟。

此外。作者暗襲日人之説。如曰。"有生産即有消費。生産消費。兩額不亭①於平。則恐荒②起。此言經濟者之所熟講。而亦社會主義之所不能無念者也。然社會主義者。則爲之説曰。以生產悉屬公營。政府則每年預爲測算供求之大數。咸濟於平。恐荒無自起也。是説也。果不論政府之神力果能逮此否。且社會發達以旋。經濟殊無國界。而所謂供求之數。決不能但本國情況以爲衡。國別洲殊。人情以異。時遷歲隔。風尚不同。社會主義的國家之政府。將何道以計其供求之大數乎。"駁之曰。社會主義。本以社會爲主體。固期無政府爲終極者。更何勞政府之神力。且經濟本無國界。以有易無。挹彼注此。任③

之何勿思。"駁之曰。作者此一段文。自論自駁。吾固可無容心於其間者。其是則然矣以下。引亞歐宗教家故事。以强爲比附。不知宗教創於草昧初民之世。其時智識未啓。每多悞會。其所持論。尤多牾牴。此所以不能得全世界人之信從焉。若夫社會主義。發明於文明大進之時。用科學的觀察。求人性之本原。其所設施。無不循社會學經濟學之公例。即有未當。更聽人之自由研究。以期其進步。非若宗教家之唯奉一教主。禁人之唯有强信無所折衷也。吾前述社會主義與宗教④一篇。已詮釋其概略矣。且作者獨不見夫十八世紀民權自由之説發明以來。百餘年間。全世界竟絶君主專制之國乎。社會主義。則更進一步。推見人類之本心。適合社會之原理。因發明一種主張而字之曰社會主義。故世界各國爲一致之進行。時不論遲早。勢無論强弱。而社會主義之目的。必有達到之一日。所謂真理必明。正義必勝。固非若宗教之偶然施行於一時一地而已也。今作者乃以社會主義與宗教家比論。適明其不知社會主義而已。

---

① "不亭"，疑當作"不底"。
② "恐荒"，即恐慌，指危機。
③ "任"字後缺頁，下缺第 33—34 頁，計兩頁。
④ "社會主義與宗教"，指煮塵在《新世界》1912 年第 6 期上發表的《社會主義與宗教家》。

　　總之社會主義。其條段有可商酌。而主義則無可否拒者也。因條段之可商酌。故有共產無政府民主等之派別。主義無可否拒。故無論各黨。皆以廢滅現制度而以改造新社會爲目的。此其略有同異也。或者以是主義實現。彼共產無政府民主等各派。不相競爭乎。曰是無傷也。此等派別。不過因手段有急進緩進之異耳。其目的則無不同也。目的既達。其商的條件。不過如現世界之政黨。且政黨雖號稱以國家爲前提。而實則以權利勢位爲歸宿。至社會主義行。則已無所謂權利勢位。而所爭者確以社會爲前提。人類幸福爲歸宿而已。此所謂真理的競爭。正義的競爭。豈現時政黨所能及哉。

　　社會主義討論集卷之三終

敎之偶然施行於一時一地而已也今作者乃以社會主義與宗敎家比論適明其不知社會主義而已

總之社會主義其條段有可商酌而主義則無可否可否拒者也因條段之可商酌故有共產無政府民主等之派別主義無可否拒故無論各黨皆以廢滅現制度而以改造新社會爲目的此其略有同異也或者以是主義實現彼共產無政府民主等各派不相競爭乎曰是無傷也此等派別不過如現有急進緩進之異耳其目的則無不同也自的既達其商的之條件不過世界之政黨且政黨雖號稱以國家爲前提而實則以權利勢位爲歸宿至社會主義行則已無所謂權利勢位而所爭者確以社會爲前提而人類幸福爲歸宿而已此所謂眞理的競爭正義的競爭豈現時政黨所能及哉

社會主義討論集卷之三終

新紀元九月出版

有所權版

定價大洋六角

編輯者　　　新世界雜誌社

發行者　　　新世界雜誌社

印刷所　　　上海六馬路東新橋北首吉慶坊
　　　　　　國光印刷所

發售處　　　各地社會黨

寄售處　　　各處大書莊

總發行所　　上海法大馬路自然火行西街五百三十七號
　　　　　　新世界雜誌社

《社會主義討論集》版權頁

《社會主義討論集》中新世界雜誌社廣告頁

《社會主義討論集》編者説明

汪越　編校

1. 底本描述

《社會主義討論集》三卷，今據日本貿易振興機構亞洲經濟研究所圖書館館藏 1912 年版鉛印紙本收錄。原書高 18.6 厘米，寬 13.4 厘米。封面 1 頁，中間大書“社會主義討論集”，右側書“民國元年炑季”，左側書“張克恭署”，即此書名題寫者也。次爲“編輯大意”，計 4 頁；次爲目錄，計 2 頁；其後爲正文，每卷獨立編頁碼，其中卷之一 52 頁，卷之二 128 頁，卷之三 36 頁（缺第 33—34 頁）。封三爲版權頁，封四爲“新世界雜誌社廣告”。

據版權頁所載，該書由《新世界》雜誌社編輯并發行，由國光印刷所印刷，“新紀元九月”（1912 年 9 月）出版，發售處爲各地社會黨，同時在各處大書莊寄售。

2. 中國社會黨和《新世界》雜誌

中國社會黨是中國第一個標榜“社會主義”的政黨，成立於上海，創始人爲江亢虎。1911 年 11 月 5 日，江亢虎以“社會主義研究會”發起人的名義，召集特別會議，成立中國社會黨，并於同日在上海舉行第一次全國代表大會。會議不僅通過了江亢虎的提案，還推舉江亢虎爲中國社會黨本部部長。1912 年的 1 月 28—29 日，中國社會黨在上海召開聯合大會，各地支部均派代表參加。1912—1913 年，中國社會黨一度頗爲壯大。1913 年 3

月，宋教仁被刺案發生。7 月，孫中山和國民黨人決定發動"二次革命"。
江亢虎一面通電全國要求停止革命，一面聯絡各省商會、教育會共同反對
孫中山。但中國社會黨的部分黨員參與了"二次革命"，其北京支部主任幹
事陳翼龍因此被捕并於 8 月 6 日被害。1913 年 8 月 7 日，袁世凱下令解散
中國社會黨。

　　《新世界》雜誌是中國社會黨紹興分部主辦的刊物，半月刊。1912 年 5
月在上海創刊，停刊時間不詳，現存一至八期。作爲中國社會黨紹興分部
的機關刊物，《新世界》雜誌標榜自己是一份"社會主義"雜誌，以"一社
會主義之大本營，一中國數千年破天荒之新學説，一解決二十世紀之大問
題，一造成太平大同之新世界"①作爲其辦刊綱領。根據這一宗旨，《新世
界》雜誌的内容主要是宣傳、介紹和評論當時社會上流行的各種各樣不同
流派的社會主義、無政府主義理論，翻譯最新的西方社會主義理論成果，
利用這些理論來研究中國的社會問題，同時還刊載了一些當時的國内和世
界時事、關於社會主義的問答和少量的文藝作品。"如此連篇累牘、心無旁
騖地推崇并宣揚社會主義，以刊物而論，在當時的環境里，可謂絕無僅有。
正是置身於這一氛圍，才使得《新世界》成爲那一時期刊登有關翻譯或評
介馬克思學説的文章最爲集中和最有代表性的刊物。"②

3. 江亢虎、張克恭、煮塵

　　江亢虎（1883—1954），原名紹銓，字康瓠，江西弋陽人。12 歲到北京
求學，研習西文與科學。1901 年春東渡日本考察政治，半年後回國，被直

---

①　佚名. 新世界之綱領與特色[J]. 新世界，1912（1）.
②　談敏. 回溯歷史——馬克思主義經濟學在中國的傳播前史：下册[M]. 上海：上海財經大學出版
　　社，2008：992.

隸總督袁世凱聘爲北洋編譯局總辦和《北洋官報》總纂。不到一年，再赴日本留學，1904 年回國，擔任清廷刑部主事、京師大學堂日文教習。留學日本期間，即受當時日本社會主義、無政府主義思潮和運動的影響，對社會主義和無政府主義產生興趣。1903 年在日本提出了"無宗教、無國家、無家庭"的"三無主義"。1910 年春開始，經日本赴歐，旅行於英、法、德、比等國考察，研究社會主義和無政府主義，并與各國社會黨人來往。1910 年，以非正式代表的身份出席了第二國際在布魯塞爾召開的一次會議。1911 年，回國後，於上海、蘇州、杭州等地講演社會主義。1911 年 7 月，成立"社會主義研究會"，并創辦機關刊物《社會星》雜誌。1911 年 11 月 5 日，江亢虎改"社會主義研究會"爲"中國社會黨"。1911 年到 1913 年，中國社會黨一度頗爲興盛。1913 年 8 月，中國社會黨被袁世凱解散。8 月 31 日，中國社會黨在上海英租界內提前召開了第三次聯合會，江亢虎辭去中國社會黨"本部主任幹事"和"總代表"的職務。9 月，赴日本，拜見孫中山，攜帶孫中山爲他寫的兩封介紹信，於 1913 年秋冬抵達美國，在加利福尼亞大學任中文講師。1920 年，江亢虎回國。1921 年，江亢虎打着中國社會黨的旗號參加了共產國際第三次代表大會，後發表《新俄游記》，攻擊十月革命。1924 年，孫中山改組國民黨後，江亢虎一面上書孫中山，一面設法與溥儀聯繫，乞求溥儀出山"救亡"。同年 6 月，江亢虎再次組織中國社會黨，投靠北洋軍閥。10 月"北京政變"之後，江亢虎立刻聲明支持段祺瑞并出席了段祺瑞召集的"善後會議"。1925 年 11 月，國民黨右派在北京西山舉行反共分裂會議，江亢虎亦表示支持。北伐戰爭開始後，軍閥統治陷於瓦解，江亢虎再次出國。1933 年，江亢虎回國，隨即投入蔣介石國民政府的懷抱，爲蔣介石的"新生活運動"搖旗吶喊。"七七事變"後避居香港。抗日戰爭全面爆發之後，1939 年應汪精衛之邀回上海出任汪僞政府考試院副

院長、代理院長、院長。抗日戰争勝利後，江亢虎被捕。1949 年，江亢虎
移押上海提籃橋監獄。1954 年病死在獄中。

　　張克恭，生卒年不詳，爲中國社會黨黨員。中國社會黨成立之後，主
任幹事爲江亢虎，幹事有王文典、趙錦清、邵廷玉、張克恭、程鐘伊、張
弼俠、韓濟時、徐安鎮等。但因江亢虎經常在外活動，其本部職務由張克
恭代理①。作爲中國社會黨本部代理主任幹事，張克恭曾在《社會黨月刊》
1912 年第 2 期上發表《孫中山先生社會主義談》②，這篇文章曾被《新世界》
1912 年第 4 期轉録。從上面的信息可以推測，《社會主義討論集》的編輯者
是中國社會黨紹興分部所創辦的《新世界》雜誌社。張克恭爲之題名，應
當是因爲張克恭當時擔任中國社會黨總部的代理主任幹事。

　　"煮塵"，即王緇塵（1879—1941），又名子塵，筆名煮塵，浙江紹興人。
近代著名儒學家，長期在上海從事新聞工作，在上海開明書店當過編輯，
著有《儒家社會主義》《國學講話》等。信奉社會主義，曾加入中國社會黨，
以"煮塵"爲筆名主辦并主編《新世界》雜誌，發表《社會主義之大家馬
兒克之學説》《駁社會主義商兑》《社會黨之發達》《社會主義與社會政策》
等文章，我們推測《社會主義討論集》的編輯出版發行應當也與煮塵有着
重要的關係。煮塵的這些活動爲馬克思主義在中國的最初傳播做出了歷史
貢獻，也使他成爲這一時期介紹馬克思主義的重要人物③。1912 年 10 月中
國社會黨分裂以後，煮塵追隨沙淦加入社會黨。

---

① 本部幹事於 1912 年 7 月有一次調整：主任幹事張克恭，書記幹事張樹霖、王烔吾，會計幹事王
　　文典，内務幹事徐安鎮，外務幹事沙寶琛。參見《民立報》1912 年 7 月 6 日第 8 版。
② 黄彦. 孫文選集：中册[M]. 廣州：廣東人民出版社，2006：288.
③ 王烔華. 煮塵與民國初年馬克思主義的介紹——附煮塵其人[J]. 浙江學刊，1987（6）：11-15.

4. 《社會主義討論集》内容評介

《社會主義討論集》,是《新世界》雜誌社在1912年9月編輯出版的一本收録了當時社會上討論社會主義的一系列文章的論文集。

爲什麽要出版這一討論集? 根據書前 "編輯大意",編者認爲,任何新學説的出現,都要經歷被誤解、被攻擊的過程,但真理是越辯越明的,只有在這樣相互辯論的過程中,正確的理論才能够爲 "確實成立而不可拔"。社會主義在中國的經歷也是如此,雖然在歐美社會主義 "已成爲完美精博之一科學",但是在中國依然受到反對者的攻擊。所以,《社會主義討論集》收録的是當時宣傳社會主義的人 "駁斥反對者之言與夫同志者討論之作",編輯出版這本書的目的有二: 一是 "以解一般人民之疑惑",二是 "以備研究是主義者之導師"。特别是編者認爲,社會上目前對於社會主義存在的諸多攻訐,會導致一般人對社會主義的誤解,所以特别收録這些論戰性質的文章,"非徒以折反對者之口舌,亦欲以堅一般人民之信從焉"。也就是説,編輯出版《社會主義討論集》的目的主要還是宣傳社會主義。

《社會主義討論集》共分三卷,收録文章十一篇,即:《社會主義商榷案: 社會主義商榷之商榷》《社會主義商榷案: 附漁父社會主義商榷》《答李君愚如論社會主義書》《致達嵩論教育平等書》《答江君亢虎論教育平等書》《答達嵩論教育平等書》《致達嵩論共産主義書》《答宋君家駒論共産主義書》《駁梁啓超非難社會主義論》《社會主義與社會政策: 駁東方雜誌第八卷第六號論文》《駁社會主義商兑》。編者在 "編輯大意" 里評價這些文章 "均係近時名作,崇論閎議,字字徵實,不尚空談"。這些文章均是在此之前已經在期刊上公開發表過的文章,經過《新世界》雜誌社的收集挑選和編輯整理以後形成了現在的《社會主義討論集》。在編輯的過程中,編輯

根據需要對部分文章的標題和部分自注進行了刪改，現將其出處列舉如下
（表1）。

表 1　《社會主義討論集》收錄文章在刊物上的發表情況

《社會主義討論集》標題	首次公開發表時的標題	登載刊物	作者
《社會主義商榷案：社會主義商榷之商榷》	《社會主義商榷案：社會主義商榷之商榷》	《社會》（上海）1911 年第 2 期	亢虎（江亢虎）
《社會主義商榷案：附漁父社會主義商榷》	《社會主義商榷》	《民立報》1911 年 8 月 13 日第 300 號和 8 月 14 日第 301 號	漁父（宋教仁）
《答李君愚如論社會主義書》	《論社會主義（答黄岡李君愚如書書見昨日本報）》	《民立報》1912 年 4 月 6 日第 530 號	逵宧（康寶忠）
《致逵宧論教育平等書》	《論教育平等（致民立報記者）》	《民立報》1912 年 4 月 9 日第 533 號	亢虎（江亢虎）
《答江君亢虎論教育平等書》	《教育平等之真詮（答江君亢虎書）》	《民立報》1912 年 4 月 9 日第 533 號	逵宧（康寶忠）
《答逵宧論教育平等書》	《承認分業説（致民立報記者）》	《民立報》1912 年 4 月 11 日第 535 號	亢虎（江亢虎）
《致逵宧論共產主義書》	《論共產主義（致民立報記者）》	《民立報》1912 年 4 月 28 日第 552 號	家駒（宋家駒）
《答宋君家駒論共產主義書》	《再論共產主義（答宋家駒）》	《民立報》1912 年 4 月 28 日第 552 號	逵宧（康寶忠）
《駁梁啓超非難社會主義論》	《告非難民生主義者（駁新民叢報第十四號社會論）》	《民報》1907 年第 12 號	民意（胡漢民）[1]
《社會主義與社會政策：駁東方雜誌第八卷第六號論文》	《社會主義與社會政策（社會主義講演集第八章）：附駁去歲東方雜誌第六號論文》	《新世界》1912 年第 7 期	煮塵（王緇塵）
《駁社會主義商兑》	《駁社會主義商兑》	《新世界》1912 年第 8 期	煮塵（王緇塵）

（1）“民意”是胡漢民和汪精衛共用的筆名，但《告非難民生主義者》爲胡漢民個人所作

在“編輯大意”的結尾，編者表示，討論社會主義的文章還有很多，
會在之後編輯出版第二集。也就是説，1912 年 9 月出版的這本《社會主義
討論集》僅僅是這一系列的第一集，但是目前并没有找到其他關於《社會
主義討論集》第二集的信息。

《社會主義討論集》卷之一包含兩個主題，一是江亢虎與宋教仁的“社
會主義商榷案”，二是《民立報》記者逵宧與李愚如、江亢虎、宋家駒關於
社會主義的幾次通函。卷之二整卷都是胡漢民的《駁梁啓超非難社會主義
論》。卷之三則主要是《新世界》雜誌主編王緇塵在雜誌上刊載的論戰文章。
下面根據主題分別對内容進行介紹。

（1）社會主義商榷案

《民立報》，清末資産階級革命派報紙，相當於孫中山所領導的資産階級革命派的機關刊物。1910 年 10 月 11 日在上海創刊，于右任任社長，宋教仁、吕志伊、范鴻仙、章士釗等先後任主筆，以提倡國民的獨立精神爲宗旨，批判封建專制制度，提倡資産階級民主革命運動。1913 年 9 月因揭露袁世凱爲刺殺宋教仁的元凶而被查封。1911 年 8 月，宋教仁以"漁父"的筆名在《民立報》上發表《社會主義商榷》。文章寫作的背景是江亢虎於 1911 年 7 月在上海成立社會主義研究會，宣傳社會主義理論，鼓吹在中國實行社會主義。宋教仁等部分資産階級革命派對此主張持保留意見，認爲在此時此地的中國實行社會主義還有值得商榷的地方，《社會主義商榷》即表達此觀點。1911 年 12 月，江亢虎在中國社會黨的機關刊物《社會星》雜誌第 2 期上發表《社會主義商榷之商榷》，正式回應了宋教仁的觀點。《社會》雜誌以"社會主義商榷案"爲題發表江亢虎的《社會主義商榷之商榷》之外，也收録了宋教仁的《社會主義商榷》并在文後附上了江亢虎的點評。《社會主義討論集》按《社會》雜誌的體例收録了這兩篇文章。

在《社會主義商榷》中，宋教仁先是肯定了社會主義"講公理，好人道，進世界於太平，登羣生於安樂"的價值，再提出問題："社會主義派别甚多，果以何者爲標準乎？""行社會主義，則於中國前途，果有何影響乎？"接下來即圍繞這兩個問題展開論述。宋教仁介紹了四種社會主義的基本派别：無政府主義、共産主義、社會民主主義和國家社會主義。宋教仁以是否主張采取"激烈之手段破壞現在之國家政府"爲標準，認爲前兩種社會主義，也就是無政府主義和共産主義，才是"真正之社會主義"。因爲真正的社會主義要求"改革社會組織，以社會爲惟一之主體，而謀公共全體之幸福"，所以必須要徹底革除現存的各種加諸社會之上的權力機關，這也是無政府主義和共產主義所要求的，"故欲行真正之社會主義，舍此實無他可採之説"。但社會民主主義和國家社會主義，由於它們不否認現存的社會組織，要麽走改良的道路，要麽只是一種國家政策，"維持現社會之組織而使之永久不變"，其結果與真正的社會主義的理想恰恰是背道而馳的。因此，宋教仁對當時中國宣傳社會主義的人提出，如果要主張社會主義，只可能是主張前兩種，即無政府主義或共產主義，否則就是并不了解真正的社會主義的概念。在這一前提下，宋教仁進而指出，實行無政府主義或共產主義是有條件的，只有當國家康樂和親，人民富裕充實，社會分配圓滿調和，"且正因其安甯幸福及生活過高之故。而生種種不自由不平等之害。故政治與財産制度。變爲不必要之長物"的時候，才有必要通過無政府主義或共產主義來消滅現行的政治制度和財産制度，"人類社會乃成太平大同之景象"。如果沒有達到這一條件，就貿然實行無政府主義或共產主義，就會使社會毫無秩序，乃至有亡國滅種的危險，宋教仁以此向當時主張社會主義的人提出商榷。雖然自陳自己并不是反對社會主義的人，但從全文來看，宋教仁的觀點是明顯的，他指出當時在中國鼓吹社會主義的人，很多都"徒拘墟於所謂社會民主主義與國家社會主義者。則是猶不解社會主義之真正意義爲何物者也"，而實際上如果他們宣傳的是真正的社會主義的話，當時的中國并沒有達到實行真正的社會主義的條件，既不應當，也不可能去實行社會主義。所以宋教仁的這篇文章以"商榷"爲名，實際上是對這些人進行勸誡，强調中國還達不到可以推行社會主義的階段，不應當急於鼓吹社會主義。

在《社會主義商榷之商榷》中，江亢虎對宋教仁的觀點作出回應并予以反駁。對於宋教仁提出的第一個問題，即江亢虎所主張的社會主義是哪一派的社會主義這個問題，江亢虎的回答是"鄙人所倡道者爲廣義的社會主義”。按江亢虎所説，這種“廣義的社會主義”首先不是宋教仁所提的“國家社會主義”也即“國家主義之社會的政策”，其次也不包括已經與社會主義分道揚鑣的無政府主義，於是只剩下“社會主義之中堅”的共產主義和“社會主義最普通者”的民主社會主義，此二者一側重經濟方面，一側重政治方面，“雖可合亦可分，然必相輔而行”，但都“爲社會主義大中至正之道”。以這兩種主義相較而言，江亢虎又認爲共產主義難以實施，且“甚妨害個人之絶對自由”，進而阻礙人類社會之進步。進而言之，雖然江亢虎没有直接言明，但他所倡導的“廣義的社會主義”的真正内涵已經呼之欲出了，即唯一剩下的民主社會主義。這種民主社會主義，主張“教育平等，營業自由，財産獨立，廢除遺産制度”，“如此則經濟可日趨於平，而仍不妨害個人之絶對自由，亦不沮滯社會之競争進化”。對宋教仁提出的第二個問題，即當時中國是否具備立即實行社會主義的條件，江亢虎的回答是“中國今日或尚非社會主義實行之時代，而確是社會主義鼓吹之時代”，并提出了中國當時環境下社會主義理論能够爲人所接受的原因，從積極方面看，“中國人國家的觀念不完全”“中國人種族的觀念不完全”“中國人宗教的觀念不完全”，這與社會主義主張無國家、種族、宗教界限相契合，所以中國可以鼓吹社會主義。但從消極方面看，要改革專制政體和家庭制度，要消除國内恐慌和外交失敗，必須依靠社會主義，同時社會主義也是 20 世紀世界之大趨勢，所以中國不能不鼓吹社會主義。之所以是鼓吹而不是實行，是因爲當時中國的“勞働家程度較低”，“而此事非勞働家普及則不易實行”。但既然中國未來必然會實行社會主義，那麽現在就是“社會主義鼓吹之時代”，因爲實行社會主義不是一蹴而就的，必須經過長期的準備和醖釀，而鼓吹則是實行的第一個階段。

（2）《民立報》關於社會主義問題的討論

　　除了"社會主義商榷案"外，《社會主義討論集》卷之一的另一大部分便是當時《民立報》記者達宭與李愚如、江亢虎、宋家駒的關於社會主義的通函。

　　康寶忠（1884—1919），字心孚，號達宭，又作率群，陝西城固人，早年留學日本，師從章太炎。民國時期，任《民立報》主筆，1912 年 9 月章士釗在上海創辦《獨立周報》，達宭也隨之加入①。他的文章對早年的李大釗、葉聖陶都曾產生過重要影響②，李大釗在日本留學時曾寫信給章士釗説："僕向者喜讀《獨立周報》，因於足下及達宭先生，敬慕之情，兼乎師友。"③

　　《社會主義討論集》收録了達宭與李愚如、江亢虎、宋家駒的關於社會主義的幾次通函。當時《民立報》設有"投涵"一欄，讀者可向編輯投函，編輯選取讀者來信予以刊登，用以與讀者進行觀點上的交流。《社會主義討論集》收録的這一系列通函的起因是 1912 年 4 月 5 日，一署名爲"黄岡李愚如"的讀者向《民立報》投函，標題爲《社會主義（致民立報記者）》，稱自己親眼所見，當時上海社會黨某支部懸挂着"教育平等"和"產業歸公"的旗幟，因此產生疑問。李愚如認爲這兩項都與當時的中國實際不符，但中國社會黨依然以此爲政綱，"見此現象，殊不釋然"，所以投函以求解釋④。第二天，達宭在《民立報》以社論的形式對李愚如的疑問作出了解答，當時的標題是《論社會主義（答黄岡李君愚如書書見昨日本報）》⑤，這就

---

① 章士釗. 章士釗全集：第 3 卷[M]. 上海：文匯出版社，2000：65.
② 參見後藤延子. 李大釗思想研究[M]. 王青，等編譯. 北京：中國社會出版社，1999：75；中國中共黨史人物研究會. 中共黨史人物傳：先驅卷[M]. 北京：中共黨史出版社，2010：312；商金林. 葉聖陶年譜長編：第 1 卷[M]. 北京：人民教育出版社，2004：180.
③ 李大釗. 李大釗文集：上[M]. 北京：人民出版社，1984：95-96.
④ 李愚如. 社會主義（致民立報記者）[J]. 民立報，1912（529）.
⑤ 達宭. 論社會主義（答黄岡李君愚如書書見昨日本報）[J]. 民立報，1912（530）.

是《答李君愚如論社會主義書》。由於達會在《論社會主義》中對中國社會黨的“教育平等”和“産業歸公”方針都提出了批評，所以江亢虎隨即投函給《民立報》，以《論教育平等（致民立報記者）》爲題闡釋自己的觀點①，形成了兩次通函，這就是《致達會論教育平等書》《答江君亢虎論教育平等書》《答達會論教育平等書》。《致達會論共産主義書》《答宋君家駒論共産主義書》這兩篇同樣也是當時讀者“宋家駒”就共産主義問題向《民立報》的投函和達會對此進行的回復。但宋家駒其人目前無從考證，只能從文中看出他是當時對共産主義感興趣的一員。關於這幾次通函的情況詳見表1，下面對這幾次通函的具體內容進行介紹。

　　在《答李君愚如論社會主義書》的開頭，達會自陳他“亦崇拜社會主義者之一人”，但是他對當時中國社會黨所宣傳的那種社會主義却“不敢附和”。首先針對中國社會黨所提出的教育平等之説，達會認爲，教育平等，要麽是指人類智識之平等，要麽是指教育方法之平等。但前者是不可能實現的，因爲智識是“天賦之良能”，非人力所能操控，後者則是沒有必要的，“不獨共和國體，無不平等之教育也”。“故自智識平等言之，則其説妄。單自教育平等言之，則其説愚。均無可議之價值者也。”其次是針對産業歸公之説，達會指出，“産業歸公之説，本出於社會主義之一派”。社會主義的興起是因爲貧富階級分化，而“使人類有貧富者，當斷貨幣爲首惡”。所以，中國社會黨如果要主張社會主義，必然要消滅貨幣。然而在現在各國之間國界根深蒂固的情況下，“此貨幣廢止之事，吾能斷其決不能實現”。達會認爲，今天中國的貧富分化并不嚴重，如果中國社會黨因爲擔心可能出現的貧富分化而矯枉過正，硬是要推行社會主義，不僅無法實現共産主義，

---

① 亢虎. 論教育平等（致民立報記者）[J]. 民立報，1912（533）.

而且會使"社會全體，徒受無窮之損"。當然，達君也承認，社會的貧富階級分化需要預防，但他認爲不應當依靠社會主義，采取抑富援貧的國家社會政策即可。

《致達君論教育平等書》是江亢虎對達君關於中國社會黨的批評的回應。在文章中，江亢虎首先點出達君的矛盾，即一方面稱自己崇拜社會主義，另一方面又斷言社會主義不可行。對於達君關於產業歸公和共產主義的批評，江亢虎説這是"全世界社會黨之公言，無俟鄙人申辯"，因此他主要反駁的是達君對教育平等的批評。就達君的教育平等"各國糜不皆然"的説法，江亢虎指出事實并不如此，即使是在歐美發達國家，貧困家庭的子女也往往連初等教育都難以完成，而高等教育更是爲"富豪貴族壟斷盡矣"。所以中國社會黨主張"凡教育年齡内，一切資用，均由公共社會擔任之"，以實現實質的教育平等。其次，就達君的智識平等"爲必不可能之事"的説法，江亢虎指出，人的智識高低，本來就是教育的結果，不僅是個人受教育的結果，也烙印着他的父輩以往受教育程度的印記。因此，如果能如中國社會黨所主張的那樣實現真正的教育平等，那麼"數傳之後"，"豈唯智識，將道德亦漸平等矣"。到那個時候，人類社會也隨之進化，雖然智識的差異仍然不可避免地存在，但却不再因此造成階級分化和階級壓迫，也就實現了中國社會黨的終極目標——經濟平等。

《答江君亢虎論教育平等書》里，達君堅持自己之前的觀點，其要點有三：一是在國界消泯以前，共產主義是不可行的，只能靠國家的社會政策改良社會，作爲漸進之法，以期"異日五洲大同，種國泯界之時"，共產主義方可行；二是江亢虎所提出的現實中的教育不平等并不是教育設施的問題，而是經濟的問題，而如果要從經濟入手，則又回到共產主義的可行性問題上了；三是關於智識平等的問題，達君認爲，不能把智識簡單地歸結爲教育的結果，智識程度是人類天然的性質，而不是社會階級分化的結果，因爲智識不可能平等，所以能力也不可能平等，江亢虎所説的經濟因此平等也就愈發地不可能了。

對於達詧提出的三個問題要點，江亢虎在《答達詧論教育平等書》里簡要地作出了回答：其一，因爲國界消泯以前共產主義不可行，所以中國社會黨并沒有遽然主張共產，而是先主張遺産歸公，以緩進圖之；其二，雖然職業劃分還是存在腦力勞動和體力勞動的區别，但在社會主義社會，每個人都可以按照自己的想法決定自身去從事何種勞動；其三，從事職業的繁簡與從事的人的智識程度并無必然聯繫，未來社會人類的智識都是同樣高度發達的，所以人人都可以從事任何的職業。

《致達詧論共産主義書》是當時的一位名爲宋家駒的讀者，在看過達詧之前的幾次討論之後，就共産主義問題向《民立報》發出的投函。宋家駒在文章中對達詧之前中國貧富階級未烈所以不應采社會主義的説法提出反問，難道必須要在中國貧富階級劇烈之後才要開始實行共産主義嗎？在宋家駒看來，"共産主義，行於貧富階級未烈之時甚易，而行於貧富階級既烈之後則甚難也"，所以中國應當把握機會實現社會經濟之革命。那麼怎樣向共産主義發展呢？達詧又説"貨幣廢止之事"決不能實現。宋家駒則指出，在原始社會物物交換的時候就沒有貨幣的存在，所以貨幣并不是人類社會必然發生不能廢止的。對於達詧把國界、種界觀念消弭作爲實行共産主義的前提，宋家駒提出，這種觀念是不可能指望伴隨社會發展自然消亡的，必須依靠人的努力，而要廢除國界、種界，就要從廢除人治開始，中國當時，辛亥革命剛剛成功，"民貴君輕之説生，崇本抑末之説出"，又"無特權富民"，所以比當時歐美各國更具備廢除人治的條件。廢除人治就能"弭此國界種界"，進而實現共産主義了。

在《答宋君家駒論共産主義書》里，達宕對宋家駒的觀點給予了回復，在他看來，中國貧富階級未烈并不是中國廢止貨幣進而實行共産主義的可行條件。達宕從經濟學的角度出發，論證了現今社會不可不用貨幣，貨幣廢止既不能實現，則國界、種界亦不能消弭，共産制度也因之不可實行。當時的中國處於"國家存亡之秋"，其當務之急應是采取國家主義以保衛國家，此時若爲個人自由導向共産主義，實際上是"急其不當急者已"。

（3）資産階級革命派與立憲派的民生主義論戰

《駁梁啓超非難社會主義論》，原標題爲《告非難民生主義者（駁新民叢報第十四號社會主義論）》（以下簡稱《告非難民生主義者》），載《民報》1907 年第 12 號。

1905 年 11 月 26 日，中國同盟會在日本東京創辦《民報》，當期即刊載《論中國宜改創民主政體》《民族的國民》等文章，批判康有爲、梁啓超這些"保皇派"在《新民叢報》上頌揚君主立憲是"妖言惑衆"，梁啓超隨即在 1906 年 1 月至 3 月，連載發表《開明專制論》，論證中國不僅不能立即實現共和，甚至連實行君主立憲的條件都尚不具備，只能"以開明專制爲立憲之預備"。由此，革命派與保皇派的論戰正式展開。1906 年到 1907 年，就"中華民族前途的問題"，兩報連續發表數十篇相互批駁的論戰文章，《告非難民生主義者》便是其中之一。

爲何《新世界》雜誌編輯部要將這篇文章收錄進《社會主義討論集》？孫中山在《民報》的《發刊詞》里第一次完整地提出了民族主義、民權主義和民生主義的政治綱領，其中民生主義所提倡的"土地國有"，正是西方社會主義思想與中國實際相結合的産物，故在當時提倡民生主義與提倡社會主義在很大程度上是一致的，正如《告非難民生主義者》的副標題"駁《新民叢報》第十四號社會主義論"，表明作者把《新民叢報》保皇派對社會主義的非難，理解爲對民生主義的非難。當時這場論戰中，社會主義論題實際上占有舉足輕重的地位，"它不僅將社會主義問題作爲重要論題之一，放在論戰雙方的聚焦位置，而且把社會主義問題與中國民族的前途聯繫在一起"①。這場論戰極大地提高了社會主義在當時中國社會的影響力，而《告非難民生主義者》又是這場論戰中革命派論述社會主義最爲詳盡全面的文章之一。從這兩點而言，《新世界》雜誌編輯部將這篇《告非難民生主義者》以《駁梁啓超非難社會主義論》爲題收入《社會主義討論集》是合理的。

"《新民叢報》第十四號社會主義論"，是指梁啓超 1906 年 9 月刊載在《新民叢報》第 86 號（當年第 14 號）的文章《雜答某報》的第五部分 "社會革命果爲今日中國所必要乎" 對社會主義的論述。在這一部分中，梁啓超以專論的形式，對革命黨人推行社會革命的民生主義或者説社會主義思想，進行了全面和系統的批判，論説在當時中國社會革命 "不必行" "不可行" "不能行" 之緣由。《駁梁啓超非難社會主義論》，正是針對梁啓超的這篇文章進行的反擊，不僅直接批駁了梁啓超所謂中國革命 "不必行" "不可行" "不能行" 之説，更對梁啓超在文中對社會主義的誤解、歪曲和攻訐一一予以駁正。雖然是一篇駁論，但《駁梁啓超非難社會主義論》較爲全面地展現了以當時孫中山爲代表的資産階級革命派對於社會主義的理解。

在《駁梁啓超非難社會主義論》的文章一開始，胡漢民就指出，梁啓超專門撰文以 "非難民生主義者"，可是他自己的攻擊却是 "條理不一貫，更雜以同時自相挑戰之活劇"，他列舉了梁啓超的四個自相矛盾之處：一是聲稱絶對贊成社會改良主義，"竭力認紹介社會主義之學説於中國"，却又

---

① 談敏. 回溯歷史——馬克思主義經濟學在中國的傳播前史：上册[M]. 上海：上海財經大學出版社，2008：529.

批評社會主義在歐洲社會"常足以煽下流";二是斥社會主義煽動下流,爲
各國煽動家所利用,却又自己承認"此主義爲將來世界最高尚美妙之主義";
三是承認土地國有主義爲最高尚美妙之主義,説可以以此矯正現在社會的
貧富分化,却又指責革命派的土地國有論是"盜取"社會主義理論的一部
分來欺騙"天下之無識",因爲"其爲能以實現於目前";四是表面上説自
己支持社會主義學説中的改良主義成分,但又説社會革命没有必要,他所
支持的社會主義"當詘於國家主義之下",到了最後,梁啓超索性只把社會
革命主義當作社會主義,而他所"絶對贊成"的社會改良主義則非社會主
義了。之所以會演繹出這種種的"反復顛倒",是因爲梁啓超雖然表面上説
"絶對贊成"采用社會主義,其實根本上是反對社會主義的。

　　接着胡漢民以"革命"概念爲例説明梁啓超在論證上同樣是自相矛盾
的,"梁氏即欲不承認有生産的革命而不得,不然,則必自背其開宗明義所
自下之概念而後可也"。之所以會出現這一現象,胡漢民指出,這是因爲梁
啓超"不識經濟學,與社會主義之爲何",其中,"其經濟觀念之謬誤,則
其大者有八",分别是:"以土地爲末,以資本爲本""以生産爲難,以分配
爲易""以犧牲他部人而獎勵資本家爲政策""以排斥外資爲政策""不知物
價之由來""不知物價貴賤之真相""不知地租地税之分别""不知箇人的經
濟,與社會的經濟之分别"。接下來胡漢民結合梁啓超的《社會革命果爲今
日中國所必要乎》對其從這些經濟觀念的謬誤出發所得出的中國的社會革
命"不必行""不可行""不能行"結論一一予以駁斥。

　　對於"中國不必行社會革命之説",胡漢民指出,梁啓超認爲中國不必
行社會革命的唯一論據就是歐洲的經濟社會歷史與中國不同,説歐洲之所
以今天需要社會革命,是之前的工業革命"浴血淋漓"造成的惡果,中國
没有經歷前一次革命,自然也不必行後來的社會革命。但梁啓超的問題是,

他有意無意地忽視了美國的情況，美國沒有過去舊制度的阻礙，所以其工業革命不過是"履道坦坦之一進化"，無"過渡之困難"，勞動者亦"不感競爭之壓力"，伊利也說在美國不是工業革命而是進化。美國當日之條件，比中國現今的條件更加優越，但美國社會進化以後，仍然不可避免地受困於貧富分化、階級懸隔的問題而需要社會革命，又憑什麼認爲中國不必行社會革命呢？而如果中國要進行社會革命，作者進一步說，就要吸取美國的經驗教訓，中國如果要解決社會問題，就必先解決土地問題，"解決土地問題，則不外土地國有，使其不得入於少數人之手"，然後"免於陷於歐美今日之窮境"。但梁啓超對於土地國有，則又有攻訐，說資本能支配土地，土地不過爲資本附屬物，因此要避免貧富階級分化，應當先節制資本，而不應當主張土地國有。胡漢民則強調，"土地問題，決爲社會問題之源"，梁啓超的觀點表明他雖然也贊成社會主義，但不懂病源之所在，"皆逐末而無足以救患"，真正要解決社會問題，"病源治法不外土地國有"。

　　對於"中國不可行社會革命之說"，胡漢民提出，梁啓超認爲中國面對國際競爭，應當鼓勵本國資本家以對抗外資，而如果在中國行社會革命壓制本國資本家，那無異於給外資開方便之門，所以中國不可行社會革命。關於梁啓超的這種對外資的恐慌，作者首先指出，如果外資能够投資於中國的生產部門，用於中國的發展進步，那又有什麼"爲馬牛終古"的擔憂呢？進一步說，國際的經濟競爭和武力鬥爭是不一樣的，不是你死我活的關係。由於各國的比較優勢不同，所以國際貿易的結果是對雙方都有利的。中國社會產生的"窮蹙之象"并不是外資輸入的結果，而是因爲生產分配方法沒有改良和進步。固然參與國際競爭會使個別企業的利益受損，但從整個國家的進步來看，是大有益處的，不應因噎廢食，就此排斥外資。梁啓超把經濟問題和政治問題混爲一談，將鐵道礦山收回利權的問題當作抵制外資的論據，而不知鐵道礦山問題，并不是外資輸入的經濟問題，而是涉及領土權的政治問題，并不表明“一切以排抵外資爲務也”。相反，從經濟問題論，各國都以自由貿易爲原則，而貿易保護主義爲例外，即使採取貿易保護主義，也只是避免國家關鍵的生産行業掌握於他國之手，和梁啓超的“以一切資本家爲主體”的貿易保護主張有本質的區別，“梁氏抵排外資之政策，求之各國，無其類例”。所以增加社會財富的方式不是抵制外資，而是通過社會主義，以國家之財力，改進生産分配方法，“開發一國重要利源，及經營一般獨占事業的能力”，這是“經濟界必然之趨勢”。但是，要做到這一點，需要國家具備一定的財力，國家的財富從何而來？這就又回到了土地歸公上來，由國家核定地價，地主只能收取定價之時的地租額，而隨着社會進步，增加的部分則歸國家所有。“惟用土地國有主義，使全國土地歸於國有，即全國大資本，亦歸於國有”，以國家爲大地主和大資本家，可以用輸入之外資補助本國資本之不足，“用之於最要的生産事業”，發展産業，增進國力。梁啓超重視生産問題而輕視分配問題，“疑外資之營殖於我國者，爲彼國資本家之獨利”，而“不知外資輸入，乃使我國資本增殖，而非侵蝕我資本者也”，不知道土地、勞力和資本這三個生産要素是聯繫在一起的，固然外國資本家可以通過其資本獲得利潤，但同時中國的僱傭勞動者和占有土地的國家也可以得到賃銀和地租，“其財貨分配之所得，我實有二分又半，而外國人則有其一分又半也”。這樣梁啓超所恃“社會革命爲不可行之説”的前提已經破除。更進一步的，歐美的教訓説明，如果像梁啓超所説的先解決生産問題再言分配問題，就會導致“貧富階級，懸絶不平，勞動者之痛苦，如在地獄”的結果，所以生産問題和分配問題不能不同時解決。但“吾國生産問題受病之源，舉而措之裕如耳”，而分配問題的解決，“則不可不維持之以人爲的政策”，只有“吾人所持土地國有主義”，既能解决生産問題，又能解决分配問題，所以必須在中國實行社會主義。

對於"中國不能行社會革命之説"，梁啓超給出的理由是，如果想要社會革命成功，就必須是"圓滿之社會革命"，但這種圓滿的社會革命，今天即使是在歐美社會也不能成功，中國就更不可能成功了，這是從實踐層面來説。從理論層面來説，革命派"未識社會主義之爲何物"，以爲土地國有即是社會主義，殊不知土地國有只不過是"社會革命中之一條件而非全體"。本來就欲求圓滿的社會革命而不得，現在所求的是不圓滿的社會革命，就更加不可能成功了，所以説"中國不能行社會革命"。胡漢民從兩個方面對梁啓超的説法給予駁斥：第一，歐美的社會革命不能成功所以中國革命也不能成功的觀點表明梁啓超"徒識崇拜歐美而不識社會主義"，社會革命在歐美不能成功的原因是歐美的社會問題積重難返，而對於中國來説，實行社會主義，"則曰消患未然"；第二，革命派并不是只講土地歸公而不講其他，只不過是因爲土地問題是社會問題的致病之源，歐美的社會問題根本原因就是土地爲少數人所占，進而財富也爲少數人所占，所以要達到梁啓超所謂圓滿之社會主義，就必須從解决土地問題入手。之所以土地是根源而非梁啓超所説的資本，是因爲土地是資本的原動力，"惟人工與土地合，而後生資本"，資本依附於土地才能實現，所以資本家不得不受制於地主。而土地歸公的意義在於，因爲地價的上漲并不是資本投資的結果，而是文明進步的結果，所以這是不可逆轉的趨勢。如果不使土地國有，那麽資本家就能在土地、資本和勞力者三個生産要素中占據其二，勞動者"有其一以敵其二"，"所以恆敗而不可救"，這就是土地不可以不國有的原因所在。然而梁啓超先自己規定圓滿的社會革命必須要一切生産機關歸爲國有，把社會主義變成了要麽全部國有，要麽全部私有的極端二選一的命題，以此來否定革命黨人的民生主義。對此作者引用了馬克思、恩格斯和一些日本社會主義者的説法，"今之最能以資本論警動一世者，莫如馬爾喀及烟格爾士。而二氏不惟認許自用資本之私有。即農夫及手工業者之資本私有。亦認許之"，"即最極端之社會主義，亦不能言一切資本國有"，連這些社會主義大家都不主張一切資本國有，那梁啓超所期之圓滿社會革命論，就更"不知其何所指也"。所以革命黨人的主張，顯然和梁啓超所指代的圓滿社會主義并不相同，主要有兩項，一是土地國有，二是大資本國有。之所以如此，是因爲社會主義要解決的問題就是社會財富爲少數人所把控，導致社會不平等，階級分化。但中國目前面臨的情況是，雖然"資本家則未出世"，貧富階級還不顯著，但"土地已在私人之手"，如果不防患未然，少數地主藉由其土地而兼有資本家資格，進而壟斷社會財富導致階級分化是必然結果。所以中國的社會革命要從土地入手，"國家爲惟一之地主"，通過土地積累國家財富，這樣國家就同時又是大資本家，"舉一切自然獨占之事業而經營之"。國家爲大地主和大資本家的好處是，國家的財富最終是要回饋社會的，"如是而可期分配之趨均"。同時，革命黨人的社會主義主張和極端社會主義不同，國家所占有的資本"以獨占的事業爲限"，而對於"競争的事業"是不干涉的，所以也不會出現"自由競争絶而進化將滯"，"報酬平等遏絶勞動動機"之類的問題。國家所要做的不是絶對的平均分配，"損富者以益貧"，而是消滅不平等的階級，保障每個人在競争中平等的地位，"富者愈富貧者亦富"。所以説，革命黨人的社會主義主張，"其主義切實可行，其精神始終一貫"。接下來作者針對梁啓超提出的其他質疑也一一予以反駁，説明"吾人社會革命之政策，爲土地國有。土地國有之辦法，爲定價收買"，而定價收買之政策應當而且必然能够在中國實行。

　　綜上，胡漢民對梁啓超的觀點一一予以駁斥，"知吾國經濟現象之不足恃，而當消患未然者，則社會革命不必行之説破。知國家爲大地主大資本家，而外資無足憂者，則社會革命不可行之説破。知國有土地主義，其定價買收方法，更無駁論者，則社會革命不能行之説亦破"。

（4）煮塵與《東方雜誌》派的社會主義論戰

煮塵是《新世界》雜誌的主編，負責刊物的日常編輯、出版和發行，還承擔了《新世界》雜誌部分文章的撰稿工作。1911 年，在江亢虎寫作《社會主義商榷之商榷》一文回應宋教仁的文章後，當時社會主義各流派的代表紛紛加入這場關於社會主義與社會政策的論爭，顧夢漁、曉州紛紛發表《論社會主義》《晚近社會主義之派別與宗旨》等文。煮塵也在《新世界》雜誌上接連發表了一系列文章，主要是駁斥當時《東方雜誌》對社會主義和中國社會黨的抨擊，這些文章包括了《答亞泉》《社會主義與社會政策：附駁去歲東方雜誌第六號論文》《駁社會主義商兑》等。《社會主義討論集》收錄了煮塵這些論辯文章中的兩篇，《社會主義與社會政策：附駁去歲東方雜誌第六號論文》和《駁社會主義商兑》，以下分別對其內容進行説明。

《社會主義與社會政策：附駁去歲東方雜誌第六號論文》，包括兩部分內容，一是《社會主義與社會政策》，二是《駁去歲東方雜誌第六號論文》。《社會主義與社會政策》是煮塵針對當時關於社會主義的討論專門寫作的文章，其目的在於"略述二者之同異與得失"，説明"欲解決根本上之改革，非主張社會主義不爲功，而社會政策不過彌縫補苴之一計畫"。本來煮塵的寫作計劃中只有這篇文章，但是他在寫完之後，發現前一年（1911 年）錢智修在《東方雜誌》上也發表了一篇題目同樣是《社會主義與社會政策》的文章，於是"急披閱之"。錢智修在文中對社會主義的六個"謬點"進行了批判，論述中國不能實行社會主義而只能采用社會政策的原因。雖然煮塵感到此文"本無辯駁之價值"，但考慮到"該報銷數頗廣"，可能會"阻遏社會主義之輸入"和中國社會黨的發展，所以在《社會主義與社會政策》

正文之後，又附上一篇《駁去歲東方雜誌第六號論文》，對錢智修的文章專門予以駁斥。

在《社會主義與社會政策》的開篇，煮塵就開門見山地點出了社會主義與社會政策的區別，社會主義是"從根本上著想，廢除一切之舊組織，改造一新社會，以謀人類全體永久之幸福"，雖然過程中可能"不免罹於露宿風餐寢食不安之苦況"，但是一旦實現，則可以安寧享受，一勞永逸。社會政策則是在不改變現世界之政治制度、經濟組織的情況下稍稍修改或補救，雖然可以維持"社會暫時之治安"，但歸根結底還是有維持不下去的一日，到時候"仍不得不思重行建造之策"，而"人類之罹慘禍者"已不可計數。這就是社會主義與社會政策的區別，應選擇哪一項是不言而喻的。接着煮塵指出，社會主義雖然有世界社會主義與國家社會主義（社會民主主義）的派別的差異，但這兩派的區別只是手段的差異，而非根本目的的差異。國家社會主義和世界社會主義一樣，其最終目的都是"廢滅資本家與地主，剿絕貧富之階級；以土地資本，盡歸之社會，或社會的國家；使一般人類，共立於平等之地位，求經濟分配之平均"。但只是因為"以今日之大勢，國界不可以猝破，政府不可以驟除"，這種情況下，要想推行社會主義，只有依靠國家的權力方可實現，所以才有國家社會主義的由來。但這種國家，只可能是共和政體的國家，因為只有這樣，才有可能從國家社會主義走向"廢置國家"，最終從根本上消滅現行政治制度和經濟組織，這是各個流派的社會主義的根本共性。社會政策則不同，"雖亦有稍稅富者以補助勞民之一計畫，然不清其源而濬其流，無異剜肉以補瘡，瘡未愈肉已爛，終於無補已耳"。這是從總體上說明社會主義和社會政策的差異，接下來煮塵從"保護勞工，獎勵小資本家，限制獨占事業，課富者以累進稅"這幾個社會政策的主要主張出發，從理論和實踐上說明為什麼這些政策不能真正地限制資本家、幫扶勞動者，也不能徹底改變貧富階級分化，論證爲什麼必須實行社會主義而不是社會政策。"欲求社會之進化，人格之完美"就不能不實行社會主義，"苟社會問題一解決，而其餘者，自不勞迎刃而解矣"。

在《駁去歲東方雜誌第六號論文》中，煮塵對錢智修的論點一一予以駁斥。其一，是對於社會主義違反人心和經濟政治規律的論點，煮塵指出，如果真是如此，今天世界社會黨增加人數怎麼會有如此之多？更何況，錢智修所指責的違反人性，是因爲他把人和動物相提并論，所以把"狹義的利己"當成人性。可是"惟人也，乃知己之處於社會，必彼此相劑，有無相易"，所以社會主義恰恰是適應人性和政治經濟一般規律的結果。其二，對於指責社會主義會消除競争使"企業心"遏絶的論點，煮塵指出，人類社會不僅僅有滿足衣食生存需求的低級勞動，還有科學研究、文化藝術、探險游歷這類高級勞動，社會主義讓人能够從低級勞動中解放出來，投入更多的精力去從事高級勞動，這樣不僅不會讓社會停滯，反而會促進社會的進步。因爲"生産之盈絀，由於實業之進步。而實業之進步，由於科學之發明。而發明科學，又多係中等社會不孳孳於衣食之輩"。所以，社會主義實行以後，可以使社會不致貧富階級分化，人不因富而耽於逸樂，也不因貧而迫於衣食，"人之精神腦力將悉用之於科學美術等事業，一方面助實業生産之發達，一方面增性情怡悦之美滿"。如此一來，社會自然日益進步，更不會有所謂"企業心之遏絶"。其三，對於認爲社會主義違反分工規律的論點，煮塵指出，錢智修不理解社會主義的分工概念，誤以爲社會主義是"許行並耕之流"。社會主義提出"各盡所能，按勞分配"，是指使每個人都可以從事自身所擅長的工作，而不是讓每個人都從事一樣的工作。其四，對於錢智修把資本看作儲蓄的結果，又認爲社會的謀劃必然不如個人爲其私産謀劃得盡善盡美，進而提出消滅私有制之後資本額必因之減少生産因此受損的論點，煮塵點出，資本不是儲蓄的結果，而是資本家掠奪勞動者的結果，資本家靠着掠奪勞動者不勞而獲，其實是對社會生産的侵占。但如果説個人謀劃必然比社會謀劃更好的話，"彼小農苦工之操作，可謂儉嗇矜慎之至矣，曾亦見彼等資本之儲蓄，生産之發達乎"？所以要想提高生産，恰恰要消滅私有制而代之以共産主義，"則生産額之增多，不知加至幾千萬倍"。其五，錢智修引用馬爾薩斯的人口論，認爲社會主義制度下人們不會節制生育必然導致社會混亂，煮塵引用亨利•喬治的《進步與貧困》（中文譯爲《富民策》）中對馬爾薩斯人口論的批評予以反駁，并提出正是社會主義没有實行才導致人們需要節制生育，而一旦實行社會主義，生産自然發展，即不會再有節制生育、私生苟合等社會問題。其六，對於社會主義要"舉社會上一切事物皆受政府之干涉""舉一國之富源以養無謂之冗吏"，使社會日益退步的論點，煮塵指出，社會主義非但不會以"萬能政府"妨害社會自治，相反，社會主義根本的理想，"正以養成社會之自治力，且欲廢置國家爲終極者"。雖然現在由於國界未能破碎，不得不以國家之力推行社會主義，但也絶不會讓政府干涉社會之一切事務，而且由於社會主義制度下的官吏只不過是各機關的辦事人，也不存在浪費民力豢養冗吏之説。其七，對於社會主義會消滅個人的自由意志室礙社會進化的論點，煮塵强調，社會主義的目標是促進每個人從事自己所想要的活動的自由，"個別活動之目的，正緣以發達，新希望之發生，亦愈演而愈進"，"此世界進化之極軌也，尚何必爲杞人無謂之憂勞哉"。結束了以上七點辯駁以後，煮塵總結，歸根結底，"社會主義，以人性爲本，以人情爲用，期於人人相助，人人相保，各知其性分之所固有，職分之所當爲。其殖産也聚而多，其分財也平而允，合於人生之至情，適於社會之原理"。因此，在中國，"欲救民生之疾苦者，舍此又更無餘道也"。

　　《駁社會主義商兑》，駁斥的對象是歐陽溥存 1912 年 8 月 1 日在《東方雜誌》第 9 卷第 2 號上發表的《社會主義商兑》一文。《社會主義商兑》是歐陽溥存在《東方雜誌》上發表的第二篇關於社會主義的文章，第一篇是其在 1912 年 6 月以徵文當選的形式發表的《社會主義》。在《社會主義》中，歐陽溥存從"社會主義之名稱及其由來""社會主義之流別""社會主義與共産主義、無政府主義之區別"三個方面對社會主義的基本概念、基本流派及其主張進行了介紹，特別强調了"社會主義者，非共産主義，尤非無政府主義，此言社會主義者之所要知也"①。在《社會主義商兑》中，歐陽溥存根據他所理解的社會主義對社會主義提出質疑，指出社會主義有"六弊"，包括以馬克思的《資本論》爲代表的生産財物悉歸勞動家所有的觀點必不可行、社會主義使政府控制生産必然導致生産與消費不平衡而恐慌起、社會主義必足以形成專制之國家、社會主義反對自由主義和個人主義違背一般人民之利己心、社會主義必各國同時改組而建設之否則必交軋互拒、社會主義不考慮經濟分工阻礙社會生産發展，這六點"爲言社會主義者所不可置焉者"。如果社會主義者不能給出"正確滿足之解答"，則"社會主義不克饜夫人人之心以實見諸行事"，"此改良的國家社會政策，所由以代之而興"②。

　　《駁社會主義商兑》的寫作計劃在《新世界》雜誌第 7 期《社會主義與社會政策》一文的末尾已有預告，煮塵説他在寫完《駁去歲東方雜誌第六號論文》之後，購得《東方雜誌》第 9 卷第 1 號，看到杜亞泉以"高勞"爲筆名重譯的《社會主義神髓》一文，正感到喜悦的時候，又看到第 2 號

---

①　歐陽溥存. 社會主義[J]. 東方雜誌，1912（12）.
②　歐陽溥存. 社會主義商兑[J]. 東方雜誌，1912（2）.

有《社會主義商兌》一文"以訛社會主義",感到"吾黨之駁亦不能已",所以在第 8 期的《新世界》雜誌上即刊載了《駁社會主義商兌》一文。

在《駁社會主義商兌》的開頭,對於歐陽溥存就社會主義質疑的"六難",煮塵指出,其中的"三難"在前面的《社會主義與社會政策:附駁去歲東方雜誌第六號論文》中已駁故不復贅,本文只針對前文所未提及的三項一一斥之。首先,對於歐陽溥存"欲排馬克司資本論,爲摧折社會主義根本之計",提出勞動之結果不應悉歸勞動家所有的第一難,煮塵提出了兩點駁斥,一是歐陽溥存不理解勞動的真正概念,社會主義的勞動,指的是"以社會爲計"的生產的總和的社會勞動,既包括腦力勞動,又包括體力勞動,"當此之時,惟抽象之社會字樣爲資本家,而具體之個人無一不爲勞動者",那麼説社會一切財産歸勞動者所有又有什麼不對?二是歐陽溥存認爲社會主義以勞動爲必須,所以摒弃没有勞動能力的"獨老孤幼病廢之儔"於死地。煮塵憤然指歐陽溥存此言是對社會主義的誣陷,"强入社會主義者之罪,因以挑撥人類對於社會主義之惡感耳"。社會主義的出發點是反抗强權,憐惜無告,社會主義哀憐勞動家,"彼較勞動家尤苦者,固當推其哀憐以哀憐之也"。況且歐陽溥存所指的那些人,或曾經是勞動者,或未來是勞動者,即使以歐陽溥存的邏輯,也本就在社會主義的關懷範圍内。何況社會主義一旦實行,必然"老院嬰院病院"無不備具。其次,對於歐陽溥存提出的社會主義的政府無法平衡生產與消費關係的第二難,煮塵指出,社會主義從原則上來説,就是"以社會爲主體""期無政府爲終極",所以政府無法平衡供求關係的問題本就不存在。更何況當社會主義實行以後,"社會之生產額,將加至不可限量","彼此相劑,斷無不平,固不勞政府之計算也"。最後,對於歐陽溥存提出的建設社會主義必須訴諸世界各國同時進行,這一要求和宗教的訴求一樣并不可行的第三難,煮塵指出,以宗教和社會主義相類比是“强爲比附”，宗教的訴求不能實現是因爲“其所持論，尤多牾牴”，無法贏得廣大人民的信從。但社會主義是“用科學的觀察，求人性之本原”，“無不循社會學經濟學之公例，即有未當，更聽人之自由研究，以期其進步”，這是社會主義與宗教的根本不同所在。真理必明，正義必勝，所以必然有一天，世界各國會一致進行社會主義。結尾處煮塵再次强調，社會主義的手段方式可以不同，但其廢滅現制度以改造新社會的目的是必然的，以人類幸福爲歸宿的掌握了真理和正義的社會主義，最終必然會實現其目的。

5. 該書所體現的清末民初時期中國人所主張的社會主義的特點

作爲中國社會黨的機關刊物《新世界》雜誌的編輯部所編輯、出版、發行的一部以社會主義爲主題的論文集，《社會主義討論集》的內容當然體現的是中國社會黨人在當時對社會主義的把握程度。儘管《社會主義討論集》所收録的文章大多屬於不同的作者，這些不同的作者對社會主義的理解存在顯著的區別，甚至於一些作者壓根不是中國社會黨黨員，但是既然這些文章被《新世界》雜誌的編輯部選中，被收録進一本他們認爲是在“我國現時明悉社會主義者，千萬人中，不得一二。或有因彼謬論，而遂至悮相聽信。不惟對於社會主義多所障礙，即於社會進化，亦必有所需滯”的情況下，用來“堅一般人民之信從”的書里，可以確信在這些編輯的眼中，這些文章必然存在一定的共性，使它們被認爲可以傳達中國社會黨人的社會主義的觀念。這些文章中所呈現出的這些共同點，也能夠反映出在民國初年，中國社會黨——這個中國歷史上第一個自稱以“社會主義”爲旗幟的政黨，他們對於社會主義理解的程度和特點。

第一，對於社會主義的理解總體上是抽象的，缺乏系統的理論支撐和堅實的現實基礎，因而中國社會黨人的社會主義理論呈現出空想性的特點。

從《社會主義討論集》收録的文章來看，民國初年的江亢虎、王緇塵等中國社會黨人，宣傳社會主義的熱情是毋庸置疑的，正如這本書的編輯在"編輯大意"里説的："社會主義之在歐美，早已成爲完美精博之一科學，經數千百學者之研求，得千百萬人民之信從。此偉大之暗潮，已浸灌西方之大陸，將即有河出伏流，一瀉千里，奔騰澎湃，蕩滌舊污俗惡制度，而改造一完美社會新世界之奇觀。"但是，這種對社會主義的熱情在很大程度上并非來自理性的思考和實踐的指引，而是出於一種對"社會主義"這個名詞所代表的那個"廢滅現今惡制度"，"去私利，謀公益，滅姦詐，重感情，聯個人"的未來"完美世界"的嚮往，所以這導致了民國初年中國社會黨人所宣傳的社會主義呈現出明顯的空想性的特點。

按中國社會黨人的觀點，社會主義之所以在歐美産生，源於"社會組織之弊"，也就是社會制度的弊端。隨着歐美各國物質文明進步，生産力快速發展，經濟制度導致了經濟不平等和社會貧富分化，進而形成階級和階級鬥争，社會主義就是爲了消滅現存舊制度，改造完美新社會而出現的。《社會主義討論集》中，關於社會主義的論述，往往也就集中在消滅舊制度和改造新社會這兩個方面。

從消滅舊制度來説，煮塵在《社會主義與社會政策》中對社會主義的定義就是："社會主義者，以現世界之政治制度、經濟組織，不能使人類享得安甯與幸福，滿足生活之慾望。乃別具一遠大之眼光、沈毅之魄力，從根本上着想，廢去一切之舊組織，改造一新社會，以謀人類全體永久之幸福者也。"這種從根本上廢除一切舊組織的徹底性也是作者認爲社會主義區別於社會政策的根本特性。江亢虎在評論《社會主義商榷》的時候也説："正因政治與生産制度之敝，而生種種不自由不平等，故不得不以社會主義救濟之。"不論是"軍備關税"，還是"法律政治生計理教風俗"，"均改舊制，別成新制"，在中國社會黨人的這些論述裏面，似乎現存的社會制度與社會問題的關係是不言而喻的，因爲現存的經濟制度和政治制度導致了經濟不平等和貧富階級分化，所以如果中國不想淪落到經濟嚴重不平等和階級貧富分化，就要消滅現存一切舊制度。但是問題恰恰出現在這裏，中國社會黨人實際上没有能够解決的一個問題是，説清楚爲什麽現存的社會組織是導致社會問題的根源和這些制度是怎樣導致社會問題的。因爲他們没有能够解決這個問題，所以也就找不到解決社會問題的現實方法，而他們的社會主義也就因此成爲缺乏實現路徑的社會主義，這是中國社會黨的社會主義空想性的第一個表現。

　　從改造完美新世界的角度，這種空想性不僅是因爲江亢虎在描述未來社會的時候，直接把共産主義社會同宗教的天國相提并論，"社會主義家萬衆一心，延頸企踵，勞精敝神，以期其早日湧現者也。繼此以往，或竟能純任自然，無爲而治，如無政府主義所夢想者，孔之大同，耶之天國，佛之極樂世界，即社會主義之究竟也"，更因爲他們往往花費更多的筆墨用於描述未來社會的美好圖景，却幾乎没有深入地討論爲什麽社會主義必然會實現。胡漢民在《告非難民生主義者》一文里，面對梁啓超提出的"中國不必行社會革命"的質疑，本應當回答此問題，但他在行文里只是以美國爲例，論證美國發展之初的條件比中國更好，如今都不得不進行社會革命，中國當然必須進行社會革命。但問題在於，如果説中國必須進行社會革命的原因是以美國爲參照的話，作者却没有説清楚爲什麽美國必須進行社會革命，所以這個回答并没有解決問題。煮塵倒是在其《社會主義與社會政

策》一文里涉及了這個問題，但他把中國必然會實行社會主義的原因歸結
爲社會主義是正義真理，"社會主義，發明於文明大進之時，用科學的觀察，
求人性之本原。其所設施，無不循社會學經濟學之公例，即有未當，更聽
人之自由研究，以期其進步"，是"推見人類之本心，適合社會之原理"，"今
日社會主義之學説，已成爲一繁博精密之科學。凡高智遠識之士，莫不羣
趨附之而棲息於是旗幟之下"。所以"時不論遲早，勢無論强弱"，社會主
義終歸有實現的一天。把社會主義的實現寄托於理論的真理性，也就不可
能實際地去討論社會主義實現的方式和手段了，因爲"真理必明，正義必
勝"。這是中國社會黨的社會主義空想性的第二個表現。

　　因爲在理論上中國社會黨沒有解決兩個問題，一是産生社會問題的現
實原因到底是什麼，二是社會主義必然會實現的物質基礎是什麼，這兩個
方面的空想性導致了中國社會黨人在實踐手段上必然也表現出空想性。在
《社會主義商榷之商榷》中，江亢虎在面對宋教仁質疑中國目前是否具備實
行社會主義的條件的時候，先是回答"中國今日或尚非社會主義實行之時
代，而確是社會主義鼓吹之時代"，接着又説，"鼓吹亦未始不是實行"，"凡
事必經理想言論實行三段而成，而理想恆比言論高一級，言論恆比實行高
一級。且理想恆比言論早一步，言論恆比實行早一步。此所謂實行，非指
作爲而指成功也。理解未明，輿論未附，雖有作爲難望成功。故曰中國今
日或尚非實行之時代，而確是鼓吹之時代"。按江亢虎所説，所謂"鼓吹"，
也就是宣傳社會主義，是實行社會主義的第一步。因爲按他所稱的凡事
實現的三個階段來看，社會主義已經具備了最高階段的"理想"，而只要
通過"鼓吹"，使社會主義爲大衆所理解，爲輿論所附隨，那社會主義成
功之日也就不遠了。也就是所謂"普遍鼓吹，取得大多數之同意，以一

致進行”①。

　　恩格斯在《社會主義從空想到科學的發展》中，曾這樣描述過空想社會主義者：當空想社會主義者在回答社會問題産生的原因的時候，他們認爲“社會所表現出來的只是弊病，消除這些弊病是思維着的理性的任務。於是，就需要發明一套新的更完善的社會制度”②。當空想社會主義者在解釋社會主義爲什麼必然會實現的時候，他們認爲，“真正的理性和正義至今還没有統治世界，這只是因爲它們没有被人們正確地認識”，而只要真正的理性和正義爲人所認識，那麼就可以把以往一切不合理性的和非正義的社會制度抛到垃圾堆里去，“建立理性和永恆正義的王國”③。當空想社會主義者在討論實現他們的主張的方法的時候，他們主張：“通過宣傳，可能時通過典型示範，從外面强加於社會。”④與恩格斯的描述相對照，可以發現《社會主義討論集》所體現的中國社會黨的社會主義理論確實呈現出空想性的特點。

　　第二，雖然中國社會黨人認識到社會主義存在諸多派别，但并没有細緻地去甄別不同派別之間差異的實質，其社會主義理論呈現出雜糅性的特點。

　　爲什麼中國社會黨所持的社會主義理論會呈現出空想性的特點？一方面，正如恩格斯在評價早期空想社會主義者時所説的那樣，不成熟的理論，是同不成熟的生産狀況和階級狀況相適應的。在中國社會黨産生的 1911 年，中華民國即將成立，儘管鴉片戰争之後西方列强打開了中國的門户，但是中國的資本主義并没有得到充分的發展，在第一次世界大戰爆發之前，中國的經濟結構依然是以小農經濟爲主體。在這種情況下，指望中國社會黨

---

①　江亢虎. 洪水集[M]. 上海印行（出版者不詳），1913：82.
②　馬克思，恩格斯. 馬克思恩格斯文集：第 3 卷[M]. 北京：人民出版社，2009：528.
③　馬克思，恩格斯. 馬克思恩格斯文集：第 3 卷[M]. 北京：人民出版社，2009：526.
④　馬克思，恩格斯. 馬克思恩格斯文集：第 3 卷[M]. 北京：人民出版社，2009：528.

人去理解并運用科學社會主義無疑是不現實的。另一方面，中國社會黨在引介、宣傳社會主義的過程中，沒有細緻地去區分社會主義不同派別之間的差異，不是系統地學習某一種社會主義理論，而是把不同派別的社會主義理論按自己的需要雜糅在了一起，使他們的社會主義理論内部處處存在邏輯的斷裂，這也是導致中國社會黨的社會主義走向空想性的又一個重要原因。

1912 年，《社會黨月刊》曾經發表過一篇《中國社會黨主張社會主義之派別比較表》。該文把中國社會黨所主張的社會主義劃分成了三派："世界社會主義（本部及多數支部均主張此主義）；無政府主義（吴稚暉、李石曾、張繼等人及心社同人多主張此主義）；國家社會主義（孫中山、殷仁等少數支部主張此主義）。"①由於中國社會黨創黨之時，即確立了其性質是一個鬆散的社團組織，所以其内部成員在思想上不一致是很自然的現象。在 1912 年 10 月，甚至出現了因爲觀點路綫不同而使成員沙淦等人退黨另組"社會黨"的黨内分裂事件。

但這裏所要討論的并不是這種不同成員思想上的差異，而是在中國社會黨内部持相同觀點的成員，乃至同一個人自身的思想内部，也存在着多種社會主義思想的混雜，《社會主義討論集》所收錄的文章即體現出了這樣的特點。

在《社會主義商榷之商榷》中，江亢虎自稱自己"所倡道者爲廣義的社會主義"，這種"廣義的社會主義"首先不是宋教仁所提的"國家社會主義"也即"國家主義之社會的政策"，其次也不包括已經與社會主義分道揚鑣的無政府主義，而餘下的共産主義是"社會主義之中堅"，社會民主主義

---

① 《社會黨月刊》編輯部. 中國社會黨主張社會主義之派別比較表[J]. 社會黨月刊，1912（3）.

是“社會主義最普通者”，此二者一側重經濟方面，一側重政治方面，“雖可合，亦可分，然必相輔而行”，但都“爲社會主義大中至正之道”。這樣説來，江亢虎所持的“廣義的社會主義”看起來就是共產主義和社會民主主義的結合。但接下來，江亢虎又説，“爲本題正文，而原文所未及者，則世界社會主義是也”，“蓋社會主義云者，廣義的賅各種社會主義，狹義的即指此世界社會主義”。所以這種“世界社會主義”也必然在他所主張的“廣義的社會主義”之列。那麼“世界社會主義”是什麼呢？“無國家種族家庭宗教等等界限，而以個人爲單純之分子，世界爲直接之團體”，“繼此以往，或竟能純任自然，無爲而治，如無政府主義所夢想者”，“即社會主義之究竟也”。從這段描述來看，江亢虎所説的“世界社會主義”，其實質就是無政府主義。這樣所謂“廣義的社會主義”，已經包含了江亢虎所提出的社會主義四種派別的其中之三了。但這不算結束。雖然江亢虎聲稱國家社會主義，也就是“國家主義之社會政策”，“不可加入社會主義種類中”，但在其與達喜的兩次通函中，面對達喜提出因爲目前還存在國界，所以“共產主義，不可行於今日”，只能“采國家社會主義之説”的觀點，江亢虎在給達喜的回信里居然表達了認同，“蓋純粹社會主義，本以世界爲範圍也。本黨同共和，承認國家之存在，故不遽主張共產，而先主張遺産歸公，正是爲此”。這裏的承認國家之存在，所以先主張遺産歸公，完全契合了煮塵在《社會主義與社會政策》中對社會政策的定義，“以不變現世界之政治制度、經濟組織，惟因其弊竇乃稍稍修改之，或補救之”。這樣算下來，江亢虎説自己所主張的“廣義的社會主義”，囊括了他所列舉的眾多社會主義派別的全部，成了一個無所不包的大雜燴。

當時的無政府主義的代表人物劉師復，在《孫逸仙江亢虎之社會主義》一文中即指出了這一點，“若夫江氏儼然中國社會黨之黨領，自當有明確之主張。惟記者嘗搜索其言論，則又未嘗不病其蕪雜也"①。按劉師復所言，江亢虎不僅理論蕪雜，而且自相矛盾，先説"共産主義爲社會主義不祧之宗"，後又説共産主義"其於人類進化似頗阻滯"。煮塵在《社會主義與社會政策》一文中，同樣呈現出思想上具有雜糅性的這個特點。他在介紹馬克思主義的時候，把馬克思主義看作國家社會主義，進而認爲馬克思主義和世界社會主義、無政府主義是相通的。"觀馬兒克以共和號於衆之宣言，可以見矣。且馬氏固未嘗以此而遂自足也，故其資本史有云，今之所謂政府與國家者，即以治人者爲代表。然至施行社會主義以後，其進步之結果，而爲人民真正之代表者，必在乎生産社會之全體，勢必代政府而爲組織之機關。則所謂政府國家者，自演至乎消滅而止。此馬氏之主張，與世界社會主義、無政府主義。未嘗不相通也。"之所以如此，或許可以引用劉師復的觀點，即其不獨不知共産主義之真諦，而且亦不知其定義與派別，對社會主義不同流派的源流認知淆亂。

第三，正因爲中國社會黨所宣傳的社會主義并不足以支撐其實踐，所以儘管其理論上涉及各種不同流派的社會主義，但在實踐領域呈現出依附性的特點。

由於中國社會黨在把握社會主義的時候，沒有形成一個系統完整的社會主義認識框架，而是把不同流派的社會主義理論隨意地組合在了一起，除了"消滅舊制度，改造新社會"抽象空泛的目標之外，其社會主義理論充滿了不確定性，經常根據論辯的需要而對觀點自我修改，以至於行文中時常存在自相矛盾之處。這種理論上的缺陷使中國社會黨人所主張的社會主義在實踐中壓根無法實行，江亢虎自己也以今日中國是"鼓吹"社會主

---

① 師復. 孫逸仙江亢虎之社會主義（1914 年 4 月 18 日）[M]//林代昭，潘國華. 馬克思主義在中國——從影響的傳入到傳播：上. 北京：清華大學出版社，1983：423.

義的時代而不是"實行"社會主義的時代來解釋這一點。

　　但是中國社會黨畢竟是一個政黨，需要從事組織活動，即便是只從事"鼓吹"活動，也總要有些實踐舉措以號召群衆。因此，中國社會黨在其成立之初，便設置了八條政綱：一、贊同共和；二、融化種界；三、改良法律，尊重個人；四、破除世襲遺産制度；五、組織公共機關，普及平民教育；六、振興直接興利之事業，獎勵勞動家；七、專課地税；八、限制軍備，并軍備以外之競争。江亢虎後來把這八條政綱進一步提煉，"余個人對於社會主義之意見，亦可以括爲三言，曰教育公共，曰營業自由，曰財産獨立"。對比中國社會黨最後所主張的措施與其對社會主義的論述，會發現其所主張的這些措施與其説是社會主義的，倒不如説是煮塵所謂"社會政策"的，而且這些社會政策，與資産階級革命派所主張的民生主義具有高度的一致性。1911 年 7 月 30 日，江亢虎以"元文"爲筆名，在《社會星》雜誌第 2 期上發表了《介紹地税歸公之學説》，在這篇文章中，江亢虎已經開始宣傳和孫中山民生主義相一致的平均地權和專徵地税的思想。這一點在《社會主義討論集》中，最直接的體現就是編輯原文收録了胡漢民的《告非難民生主義者》一文，只是將文章題目中的"民生主義"以"社會主義"代替。

　　之所以説中國社會黨在政策主張上與資産階級革命派的這種一致性表明其對資産階級革命派的依附性，主要是因爲這些政策主張基本上與當時資産階級革命派的利益訴求一致，而與中國社會黨的社會主義訴求特别是無政府主義的最終目標是斷裂的。同時，當時中國社會黨特别是其總幹事江亢虎的政治活動，也表明中國社會黨并不是一個有着獨立的革命綱領、革命路綫和革命目標的社會主義政黨，其活動目標是依附在資産階級革命派身邊，在新成立的中華民國的議會中謀取席位。

　　也因此，以消滅一切舊制度，改造完美新世界的中國社會黨，在其成立之時，就把"贊同共和"作爲其八條綱領之中的第一條，而"共和"恰恰是其消滅目標之一的國家制度的化身。辛亥革命勝利以後，孫中山從國外歸來，中國社會黨在《歡迎孫中山君辭》中熱情地表彰孫中山推翻封建專制的鬥爭精神，并上書自己急欲受其"匡扶誘掖"的願望。到了1911年的12月底，中國社會黨又聯合上海惜陰工會致電各省代表團，主張選舉孫中山爲臨時總統。1911年12月30日，剛剛當選臨時總統的孫中山與江亢虎在上海會面，江亢虎表示："前讀先生民生主義、平均地權、專徵地稅之説，實與本黨宗旨相同。"孫中山則對中國社會黨予以贊揚，表達了今後密切聯繫的意向，還囑咐中國社會黨代爲譯印幾部歐美社會主義新著。1912年1月1日，孫中山專門派人將自己從國外帶回來的《社會主義概論》《社會主義之理論與實行》《社會主義發達史》《地稅原論》等書送給江亢虎。2月3日，江亢虎面謁孫中山，請他給中國社會黨以具體指導。同年，江亢虎選定長江上的崇明島作爲地稅歸公的試驗場，由中國社會黨崇明支部發起，成立地稅研究會，這一活動得到了孫中山的大力支持。但隨着中國政治形勢的變化，江亢虎一方面維持着和孫中山的聯繫，另一方面多次向袁世凱、黎元洪、趙秉鈞上書，自陳中國社會黨的社會主義屬於"和平派"，不僅對現行統治制度"不存成見"，而且稱其"有百利而無一害"，中國社會黨"不欲瑣瑣干預政府之行爲，更無取而代之之野心"。并且多次建議袁世凱成立"强有力的政府"，推行"國家社會主義"，指"吾黨之所以提倡此主義，正所以預防革命，求免於日後之生靈塗炭耳"。江亢虎的這些行動，表明了他自身的投機心理，中國社會黨由於以其爲黨魁，其最終命運也可想而知。

6. 底本缺失部分

底本第三卷第 33—34 頁缺頁，根據《新世界》雜誌 1912 年第 8 期《駁社會主義商兌》，底本所缺失的內容如下。

供求自然之趨勢，則人自無有不得其所者，初未嘗勞政府之干涉也。況乎社會主義行，其要在於共產，凡社會中之物，爲社會協同勞動所得者，自爲社會人類所取求。既無游手無業之民，又無軍隊盜賊僧道娼妓等分利之輩，則社會之生產額，將加至不可限量。兼之物質進步，機器大興，則今日一年之生產，爾時可以一月或數日之期製出之。鐵道棋布，交通便利，則甲地之有餘，不數日間即可以補乙地之不足。雖萬品紛紜，不可計極。然人類生活所需要者，不過衣食住三端爲最急，彼此相劑，斷無不平，固不勞政府之計算也。

作者又曰："建設社會主義的國家，必世界各國，同時改組而建設之，方有以相底於平。不然一國建設，則此一國必先覆，數國建設，則此數國者，必與其非社會主義的國家，交軋而互距，世界混亂，將有出於意外計外者。（案此一段所謂一國必先覆，數國必交軋，世界混亂的理由，作者既未能明言，吾亦不便加以駁詰，大約作者意中之混亂而已。）今萬國貨幣同盟，尚不能成，國際複本位制，乃三四會議而莫肯贊決。顧謂世界各國，能同心合德，一致改組建設社會主義的國家乎？若曰，吾將訴諸世界人人之本心，使咸協於同，非若一種之政策，一事之興廢，僅恃少數人之從我者？故今日雖世界人人未盡從我，然少遼遠之，必若水之就下，吾固非僅恃各國政府之代表之贊同者也，不得以萬國貨幣本位之事爲比，曰是則然矣。然不知亞歐宗教家，其用心曷嘗不若是，曰吾訴諸人人之本心也，曰姑俟之，必將咸歸於吾

所持之正義真理也。二千年来，最大教宗，若佛若耶，其教義之具見
諸實行有幾？無亦爭鬥戕殺，喪萬民固有之樂利，以徇夫主持此義者
數百千人之志意慾望而已耳。蚩蚩者氓，彼何知焉？嗚呼，社會主義
者，固仁人也，如

7. 該書與辛亥革命前後馬克思主義在中國的傳播

儘管如上所述，民國初年中國社會黨的社會主義觀存在諸多局限性，
但中國社會黨畢竟是中國第一個以"社會主義"爲旗幟熱情宣揚社會主義
的政黨，其對馬克思主義在中國的傳播還是發揮了重要的積極作用。

第一，提升了社會主義在中國的影響力，使更多的中國人接觸、了解
社會主義并進而接近馬克思主義。

中國社會黨不僅得到了社會黨國際的承認，也得到了國內的熱情肯定，
一度產生了廣泛的社會影響。不少人經由中國社會黨的宣傳接觸并接受了
社會主義，加入了中國社會黨。根據當時散發的《中國社會黨傳單》，中國
社會黨在全國一度擁有 490 多個支部，52 萬多名黨員①。這種影響不僅限於
其組織的壯大及其政治影響的擴大，而且在發展的過程中，中國社會黨通
過創辦報刊、四處演説、撰寫論文等方式，比較系統地宣傳和介紹了社會
主義的基本主張和古今各種社會主義流派，使"社會主義"這一名詞在中
國廣泛地傳播開來，并且人們不再把社會主義僅僅看作是一種純粹的"舶
來品"或是"民生主義"的別名，而是深入地思索和討論社會主義作爲一
種獨立的理論對中國的適用性。

---

① 中國社會黨傳單[M]//中國第二歷史檔案館. 中國無政府主義和中國社會黨. 南京：江蘇人民出
版社，1981：190.

　　這一時期社會主義在中國的傳播一方面是通過中國社會黨自身的宣傳實現的，另一方面宋教仁、錢智修、達窖等人紛紛發表對社會主義的商榷文章或者批判文章，這也從某種程度上擴大了社會主義在當時社會上的影響力。中國社會黨人對於這些攻擊往往并不避戰，主動回擊，這又促使討論進一步深入和具體，所以在論戰過程中雙方常圍繞"什麼是社會主義""社會主義是否適合中國""中國應當實行什麼樣的社會主義"等一系列問題，表達自己的觀點，提出自己的論述。《社會主義討論集》所展現的恰恰就是當時的知識界熱烈討論社會主義問題的圖景。因爲論戰的持續進行，社會主義的相關話題在當時的一些進步期刊和報紙上被不斷提起，不論這些討論對社會主義是贊同還是否定，社會主義成爲當時的熱門話題這本身就是對社會主義的一種宣傳，給了那些原本不關注、不了解社會主義的人一個開始接觸社會主義的機會，毛澤東就是其中之一。1936 年，毛澤東在與斯諾的談話中曾經提及，當他在長沙的湖南新軍第 25 混成協第 50 標第 1 營左隊當列兵的時候，當時鼓吹革命的報刊《湘江日報》"經常討論'社會主義'，我就是從這裏第一次知道'社會主義'這個名詞。我也同其他學生和士兵討論社會主義，其實是社會改良主義。我讀了一些江亢虎寫的關於社會主義及其原理的小册子。我熱情地寫信給幾個同班同學，討論這個問題"[①]。

　　中國社會黨對社會主義傳播所起的作用和以往社會主義的傳播相比，其進步之處在於，它不局限於中國社會黨黨員和當時關注社會主義的人，而是擴散到了那些原先并沒有接觸過社會主義的普羅大衆乃至下層民衆中，加深了社會主義和馬克思主義在中國傳播的廣度和深度。

---

① 　馬連儒，柏裕江. 毛澤東自述：增訂本[M]. 北京：人民出版社，1996：28.

　　第二，馬克思主義的一些觀點和著作在中國社會黨的宣傳中得到了傳播。

　　雖然中國社會黨人的社會主義理論呈現出雜糅性的特點，馬克思主義在諸多的社會主義流派中還經常爲其所不喜，但畢竟是衆多社會主義流派中最重要的一支，在中國社會黨宣傳社會主義的過程中，馬克思主義的一些觀點和著作還是得到了傳播。比如，在當時煮塵主編的《新世界》雜誌上，他重新編撰發表了朱執信的《社會主義大家馬兒克之學説》，對馬克思的生平和《共產黨宣言》《資本論》的一些基本觀點進行了介紹。在《社會主義與宗教家》這篇文章中，煮塵還提到馬克思是“社會主義之倡首者”，提到了馬克思寫作《共產黨宣言》①。不僅如此，《新世界》雜誌還以《理想社會主義與實行社會主義》爲題，發表了恩格斯的《社會主義從空想到科學的發展》的首個中譯本，儘管并不是完整版，但作爲馬克思主義經典著作中第一個較爲完整的中譯本，它在中國馬克思主義傳播史上的地位不言而喻。

　　在《社會主義討論集》中，直接涉及馬克思和恩格斯的地方就有 3 處。《駁梁啓超非難社會主義論》不僅直接提到馬克思和恩格斯的名字，還提到了《資本論》，“但論資本國有之問題，則今之最能以資本論警動一世者。莫如馬爾喀及烟格爾士，而二氏不惟認許自用資本之私有。即農夫及手工業者之資本私有。亦認許之”。《社會主義與社會政策》在提到國家社會主義的時候把馬克思看作國家社會主義的代表，并且説明了爲什麼馬克思的學説被稱爲科學社會主義。“蓋國家社會主義之主旨，以今日之大勢，國界

---

① “加爾孟古爲社會主義之倡首者，其組織萬國勞動同盟會之綱領，大膾炙人口，曰吾黨無國界、無種界之區別，惟望同盟會中人，人人信從之，人人奉行之。使社會主義之真脉，運輸於萬國，無一人不得其所。”參見煮塵. 社會主義與宗教家（社會主義講演集第七章）[J]. 新世界，1912（6）.

不可以猝破，政府不可以驟除。故毋寧藉國家之權力，以爲推行國內社會主義之計。然此之國家，必共和政體之國家，乃能容受。而君主貴族資本家地主之階級，則絕對否認者也。觀馬兒克以共和號於衆之宣言，可以見矣。且馬氏固未嘗以此而遂自足也。故其資本史有云，今之所謂政府與國家者，即以治人者爲代表。然至施行社會主義以後，其進步之結果，而爲人民真正之代表者，必在乎生産社會之全體，勢必代政府而爲組織之機關。則所謂政府國家者，自演至乎消滅而止。此馬氏之主張，與世界社會主義、無政府主義，未嘗不相通也。特無政府主義之倡道者，欲以暴力打破國家之組織，而馬氏則任社會自然進步之結果而廢置國家。此近世目之爲科學的社會主義，又曰實行社會主義之由來。"在《駁社會主義商兌》中，煮塵再次提到馬克思，指出《社會主義商兌》一文的"第一難"就是以批判馬克思的《資本論》來從根本上批判社會主義的，"欲排馬克司資本論，爲摧折社會主義根本之計"。

除了這些地方之外，《社會主義討論集》中亦有不少地方體現了馬克思主義的基本觀點，如江亢虎在《社會主義商榷之商榷》一文中論述共産主義的時候說，"按共産主義之精言，不外各盡所能各取所需二語"。此處的"各盡所能各取所需"，應是馬克思在《哥達綱領批判》中對未來共産主義社會"各盡所能，按需分配"①原則的中文翻譯。接下來，江亢虎論述共産主義的作用時說，"一切財産，皆使名義統屬於總團體之社會。而利益勻配諸各分子之個人，惟按其所盡義務勞力或勞心之程度，以爲制定所受權利之標準"，又接近社會主義初級階段按勞分配的概念。在江亢虎與達窖的通函中，他還提出"共産制度，乃全世界社會黨之公言"。煮塵在《社會主

---

① 馬克思，恩格斯. 馬克思恩格斯文集：第 3 卷[M]. 北京：人民出版社，2009：436.

義與社會政策》中對社會主義曾有如下描述，"至社會主義實行以後，每人每日不過操作一二小時之時間，或者治勞心之事，或者治勞力之事"，"高智之士，得以每日餘暇，以從事于精深完美之科學，或怡悅性情之美術。於是而個別活動之目的，正緣以發達，新希望之發生，亦愈演而愈進"。儘管他把人區分成"中材之下"和"高智之士"，但他對於社會主義社會實現以後人自由而全面的發展的理想，與馬克思主義亦不乏契合之處。

8. 研究綜述

　　1912 年出版的《社會主義討論集》與 1922 年陳獨秀主編、新青年社出版的《社會主義討論集》同名，但相較於後者，前者長期不爲世人所知。北京大學《馬藏》編纂與研究中心於 2018 年在海外發現這一文本，爲學界研究辛亥革命前後馬克思主義在中國的早期傳播提供了重要的文獻資料。

　　正因爲《社會主義討論集》文本的特殊性，學界目前對於作爲整體的《社會主義討論集》的研究尚不多見，但是對於《社會主義討論集》中所收錄的具體文章，特別是對於《社會主義商榷之商榷》、《駁梁啓超非難社會主義論》（《告非難民生主義者》）及煮塵在《新世界》雜誌上發表的兩篇文章的研究相對豐富。但對於《民立報》上達窨關於社會主義的幾次通函的文章目前還沒有見到專門的研究，關於《民立報》上的社會主義論述仍有待學界做進一步發掘和研究。

　　對於《社會主義商榷之商榷》，學界主要是從其作者江亢虎的角度進行研究的，大多結合江亢虎的生平對其思想進行總體性評價。高放、黃達強認爲江亢虎的社會主義是"從國外販來了第二國際的社會改良主義"[①]，

---

① 高放，黃達強. 社會主義思想史：下册[M]. 北京：中國人民大學出版社，1987：975.

劉書林也認爲江亢虎的社會主義思想"屬於較低水平的社會民主主義，大體上相當於第二國際右翼政黨的性質"①，李良玉則認爲江亢虎的社會主義就是無政府主義思想②。但具體到對《社會主義商榷之商榷》這一文本的研究，21世紀以後成果才相對較多。談敏認爲，與宋教仁的《社會主義商榷》相比，江亢虎在這篇文章中的分析，表面看來，對學理的商榷更加細緻，貌似公允，但深入比較後會發現，江亢虎在關鍵處多次回避宋教仁的提問，表現出他對社會主義概念的含混不清。把社會主義的實行問題從商榷對象中去掉以後，江亢虎所主張的社會主義，就只剩下了書齋中的社會主義③。徐文欽從毛澤東接觸社會主義的歷史視角考察了《民立報》上宋教仁和江亢虎的這次"商榷"，指出"從實質上説，他（指江亢虎——編者注）所主張的根本不是什麼社會主義"④。趙劍眉在《民國初年中國社會黨歷史地位和作用再評價》中以《社會主義商榷之商榷》爲例，認爲在這篇文章中，江亢虎系統地揭示了社會主義的名稱、種類和作用，對社會主義的宣傳做出了重要貢獻⑤。除此之外，雖然《社會主義商榷之商榷》通常被認爲是江亢虎對於宋教仁《社會主義商榷》文的反駁，但在《民國政治人物》的"江亢虎"一章中，作者從宋教仁《社會主義商榷》對江亢虎的影響的角度來論述，"以今論之，宋氏此種論點對亢虎及其後倡組之中國社會黨蓋曾發生若干影響，此可於下述亢虎與黨員討論其黨名黨綱中仍一再提及宋氏此文征驗之"⑥。

　　對《駁梁啓超非難社會主義論》（《告非難民生主義者》），學界的研究

①　劉書林. 論民主社會主義思潮[M]. 北京：高等教育出版社，2004：137.
②　李良玉. 江亢虎早期政治思想研究[J]. 社會科學研究，1989（1）：95，96-102.
③　談敏. 回溯歷史——馬克思主義經濟學在中國的傳播前史：上册[M]. 上海：上海財經大學出版社，2008：745.
④　徐文欽. 毛澤東讀書治國[M]. 北京：中央文獻出版社，2008：184.
⑤　趙劍眉. 民國初年中國社會黨歷史地位和作用再評價[J]. 理論界，2012（8）：92-94.
⑥　吳相湘. 民國政治人物[M]. 北京：東方出版社，2014：123.

基本上都是從 1905—1907 年《民報》派與《新民叢報》派的論戰過程中，資産階級革命派對馬克思主義傳播的作用這一視角切入的。邵德門指出，論戰中資産階級革命派對中國農民的疾苦表示了并非由衷的某種程度的同情，在一定意義上反映了廣大農民的土地要求。但是，他們又不敢發動農民，更説不上依靠農民，表現出革命的不徹底性和軟弱性、妥協性①。馬伯煌主編的《中國近代經濟思想史》認爲，孫中山、胡漢民等資産階級革命派代表着主要由中小商人、手工工廠主等轉變而來的資産階級的中下層，他們經營的企業，規模狹小，資金不足。不僅如此，在經營工商實業方面，常受地主提高地租之累。因此，他們認爲發展社會生産的障礙，歸根到底是封建土地制度②。陶季邑則從本文中總結出胡漢民的社會主義思想不僅在很多方面繼承了孫中山的思想，而且"頗多新穎之處，而此又被孫中山在民國元年以後於其社會主義學説中加以采用充實。因此可以説，胡漢民對社會主義探索於孫中山起過一定的推進作用"③。談敏認爲，這篇文章與朱執信的《論社會革命當與政治革命并行》一樣，都是從社會主義乃至馬克思主義的觀點出發，宣揚社會革命的必要性、緊迫性和可行性，其論辯具有典範意義。④蔣鋭和魯法芹在《社會主義思潮與中國文化的相遇》中指出，胡漢民所主張的國家社會主義或者説"國家民生主義"，不僅包括土地國有，而且包括大資本國有，這與孫中山所主張的"節制資本"的思想幾乎如出一轍，其實質是國家資本主義⑤。陳明吾認爲，資産階級在傳播馬克思主義的過程中，更多地把馬克思主義作爲改造三民主義的工具，而不是

① 邵德門. 中國近代政治思想史[M]. 北京：法律出版社，1983：218.
② 馬伯煌. 中國近代經濟思想史：中册[M]. 上海：上海社會科學院出版社，1992：81-82.
③ 陶季邑. 論早期國民黨人的社會主義思想[M]. 長沙：湖南師範大學出版社，1993：80.
④ 談敏. 回溯歷史——馬克思主義經濟學在中國的傳播前史：上册[M]. 上海：上海財經大學出版社，2008：564.
⑤ 蔣鋭，魯法芹. 社會主義思潮與中國文化的相遇[M]. 濟南：山東人民出版社，2016：71-72.

完整地接受與運用，因此他們對馬克思主義的傳播更多地停留在學術研究的層面，而且在理解和闡釋上存在着功利思想和研究方法上的重大缺陷[①]。王剛也認爲資産階級革命派在傳播馬克思主義的時候按照自己的需要對傳播内容進行了選擇，借用馬克思主義宣傳資産階級自己的革命學説[②]。鐘祥財專門分析了胡漢民在本文中的土地思想，認爲胡漢民爲了捍衛孫中山的平均地權思想，在論述時一方面反映了資産階級革命派土地綱領的均貧富特點，另一方面流露出壓抑資本主義發展的小農情緒[③]。

對於煮塵在《新世界》雜誌上的兩篇文章，學界大多結合煮塵在《新世界》雜誌上所發表的一系列以社會主義爲主題的文章，乃至包括《社會主義大家馬兒克之學説》《理想社會主義與實行社會主義》等《新世界》雜誌上的其他作者的文章，對《新世界》雜誌在當時對馬克思主義和社會主義在中國的傳播的影響進行研究。王炯華在對《社會主義與社會政策》和《駁社會主義商兑》兩篇文章的文本進行分析的基礎上，認爲煮塵對於杜亞泉、錢智修等人提倡社會政策、反對社會主義的種種論説的批駁是有力的，也是正確的，表現出了煮塵竭力扶植社會主義的鮮明立場和態度。值得一提的是，王炯華在本文中還考證了煮塵的真實身份，認定煮塵即爲王緇塵。現在學界對於煮塵身份的認定依據大多出自此文[④]。黄見德等著的《西方哲學東漸史 1840—1949》回顧了煮塵對杜亞泉、錢智修等人的批駁，認爲他的批駁是有力的，也是正確的。煮塵的這些文章在中國近代思想史上具有一定的承先啓後的意義。它既是同盟會時期革命派與改良派關於革命與改良論戰的繼續和深入，又體現出五四時期馬克思主義與改良主義關於社會

[①]　陳明吾. 資産階級革命派對馬克思主義在中國早期傳播的歷史作用[J]. 湖北社會科學，2010（8）：8-10.
[②]　王剛. 論中國早期知識精英對馬克思主義的選擇性傳播[J]. 中共黨史研究，2009（8）：58-67，114.
[③]　鐘祥財. 中國土地思想史稿[M]. 上海：上海人民出版社，2014：255.
[④]　王炯華. 煮塵與民國初年馬克思主義的介紹——附煮塵其人[J]. 浙江學刊，1987（6）：11-15.

主義論戰的端倪。煮塵所表現出來的這種竭力扶植社會主義的鮮明立場和
態度及其對於社會主義的必勝信心，在當時不僅是罕見的，而且是難能可
貴的。當然，煮塵不是馬克思主義者，他作爲江亢虎中國社會黨的成員，
也不可能完全接受科學社會主義，更不可能超越社會歷史的條件。但這畢
竟反映了中國先進分子尋找救國救民真理的歷史畫面，爲後來馬克思主義
在中國所向披靡的勝利和科學社會主義的成功實踐進行了某種最早的工
作①。蔣銳和魯法芹基於煮塵對"世界社會主義"和"國家社會主義"的定
義指出，煮塵其實并不認爲不同流派的社會主義學説之間存在本質區別。
但在《社會主義商兑》中，儘管煮塵試圖爲馬克思的勞動價值論辯護，但
他并没有能够把握勞動價值論的實質②。夏良才提出，以煮塵爲代表的《新
世界》雜誌譯介馬克思主義的作品，不過是爲了證明無政府主義，其立足
點在無政府主義上。"中國社會黨基本上是一個無政府主義的結社。"③傅紹
昌也認爲，《新世界》雜誌雖然介紹了馬克思、恩格斯的生平和著作，但并
没有真正了解科學社會主義，劃不清科學社會主義與無政府主義和資産階
級人性論的界限④。但趙劍眉則認爲不應當過低評價《新世界》雜誌在社會
主義傳播方面的意義，"王緇塵對當時學術界反社會主義的論調進行了批
駁，有力地推動了社會主義思想的傳播。他的思想代表了當時先進知識分
子對社會主義理解的最高水平，在思想界具有承先啓後的意義"⑤。

---

① 黄見德，王炯華，徐玲，等. 西方哲學東漸史 1840—1949[M]. 武漢：武漢出版社，1991：211-212.
② 蔣銳，魯法芹. 社會主義思潮與中國文化的相遇[M]. 濟南：山東人民出版社，2016：147-149.
③ 夏良才. 試論民國初年的中國社會黨[J]. 歷史教學，1980（4）：39-43.
④ 傅紹昌. 辛亥革命促進了社會主義和馬克思主義在上海的傳介[J]. 上海大學學報（社會科學
　版），2001（6）：40-47.
⑤ 趙劍眉. 民國初年中國社會黨歷史地位和作用再評價[J]. 理論界，2012（8）：92-94.

孫中山先生社會主義講演集

张讀俠 / 筆述

天聲社

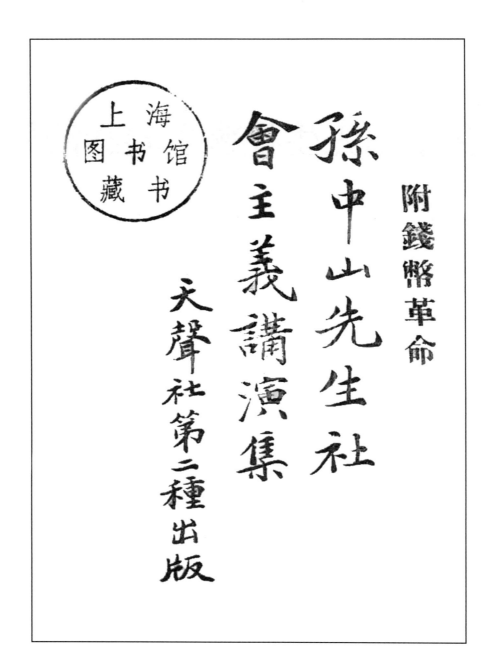

附錢幣革命

孫中山先生社會主義講演集

天聲社第二種出版

《孫中山先生社會主義講演集》封面

Ciu Vi Vidis Hina Socialisto

Ĉasernajna. Revuo Administracio No. 4 Aulan Road, Shanghai, China, Jarabono 2 Sm.

研究社會主義者不可不讀 本報專力倡導社會主義 Socialismo

提創女權者不可不讀 宗旨正大 男女平權主義 Feminismo

留心世界語者不可不讀 紙張潔白 世界語主義 Esperantismo

贊同勞動主義者不可不讀 印刷精良 勞動主義 Laborismo

君曾見：人道週報乎

世界語主義 Esperantismo

研究社會主義者不可不讀本報專力倡導社會主義

特請寰球各國熱心人道諸
名家著作譯述關于以上主
義之文學以饗同胞內分論
說　學說　世界大事記
　　譯叢　文苑　時評　專件
工界女界社會黨之消息
名人風景及滑稽之畫片
世界語　十欄無美不備而
紙張潔白印刷精良尤其餘
事定價國內全年一元國外
兩司配司郵費在內年終加
贈彩繪封面
西門安瀾路元號　事務所上海
上海亞興印刷公司代印

《孫中山先生社會主義講演集》中《人道周報》廣告頁

弁言

　　中山先生倡道民生主義最早。顧與余夙昔所主張者間有異同。客秋九月^①中旬。本黨^②成立於滬上。未幾先生自新大陸^③蒞止。執手懽然相謂曰：余亦社會黨黨員也。既以西籍數巨帙見貽^④。復命其子科君^⑤俾襄譯事。本黨之發達。先生與有力焉。南京政府^⑥解職後。慨允擔任本黨講師。會他去不果。余亦緣事北行。今秋先後歸來。乃得重申前約。演說於中華大戲院^⑦者三日。羣衆聽聞。歡喜讚歎。獨是先生所言。專重國家社會主義。宏暢

---

①　"客秋九月"，即"去年九月"。"客"，此處謂過去。
②　"本黨"，指中國社會黨。1911 年 11 月 5 日（農曆辛亥年九月十五日），中國社會黨正式成立於上海。
③　"新大陸"，指美洲。1910 年 12 月初，孫中山赴加拿大和美國爲革命籌款。1911 年 10 月，孫中山在美國得知武昌起義的消息，此後在美國和歐洲進行外交活動；12 月 25 日，孫中山從歐洲回到上海。
④　"以西籍數巨帙見貽"，此處"西籍"爲有關社會主義理論的書籍。1911 年 12 月 30 日，孫中山在上海寓所接見江亢虎，表示要大力宣傳社會主義理論，并說，"余此次攜來歐美最新社會主義名著多種，願貴黨之精曉西文者代爲譯述，刊行爲鼓吹之材料"（孫中山. 孫中山全集：第 1 卷 [M]. 北京：中華書局，2011：618.）。1912 年 1 月 1 日，孫中山派專人給江亢虎送去《社會主義概論》《社會主義之理論與實行》《社會主義發達史》《地稅原論》共 4 本西文圖書（孫中山. 孫中山全集：第 1 卷 [M]. 北京：中華書局，2011：618.），并在附信中提出："請廣集同志，多譯此種著作，以輸入新思想，若能建一學校研究斯學，尤所深望。"（孫中山. 孫中山全集續編：第 1 卷 [M]. 北京：中華書局，2017：152.）
⑤　"其子科君"，即孫科（1891—1973），字連生，號哲生。廣東香山（今廣東中山）人，孫中山長子。早年在美國求學，曾獲哥倫比亞大學理學碩士學位。1912 年 2 月 3 日，江亢虎面謁孫中山，請孫中山給中國社會黨以具體指導，孫答："社會主義雖人類共同之思想，實西洋最新之學說，亟須輸入新著，使一般人可解宗旨爲入手第一義。自苦政務太煩，不能躬任主持，擬令長子新自美洲回國者，贊佐其事，俾多譯西籍以供材料，緣渠研究有年，且西文漢文均能暢達也。"（孫中山. 孫中山全集續編：第 1 卷 [M]. 北京：中華書局，2017：182.）
⑥　"南京政府"，即中華民國臨時政府，簡稱南京臨時政府。1911 年 10 月武昌起義爆發後，宣告獨立的各省代表議決南京爲臨時政府所在地。1912 年 1 月 1 日，孫中山在南京宣告中華民國臨時政府成立，宣誓就任中華民國臨時大總統。2 月 12 日清帝退位，次日，孫中山向臨時參議院請辭臨時大總統職務，并推薦袁世凱代任。3 月 10 日，袁世凱在北京宣誓就任臨時大總統；4 月 1 日，孫中山正式解職；5 日，臨時參議院被迫議決都北京，南京臨時政府結束。
⑦　"中華大戲院"，前身爲春桂茶園，位於上海湖北路、漢口路路口，1912 年改建成新式舞臺，名中華大戲院，於 10 月 10 日開幕。1917 年改名爲"亦舞臺"。後多次易主更名，1924 年被拆除。

德人卡爾馬格斯①之宗風。而於三無二各學説②。不甚贊成。余竊以爲生人
苦惱。罪惡之來。其源匪一。如宗教之束縛。政府之關防。家庭之牽掣皆
是。先生於地税唯一。資本歸公。教育平等。皆如本黨黨綱之恉。惟破除
世襲遺産制度。謂必俟至若干萬年。千慮一失。美猶有憾。不知家庭主義③
一日不廢。則社會經濟問題。無根本解決之理。至其難易遲早。仍視吾人
之致力如何。莫問收穫。但問耕耘。事屬未來。疇能逆計。又先生堅持社
會黨必改組政黨④。一若政治萬能。此外別無措手。本黨固非絶無政治關係
者。而初不懸此爲唯一之方針。普通鼓吹。其途千萬。且以個人爲本位。
以世界爲範圍。目的尤不僅在國家。此與先生不無出入。先生大政論家也。
所處地位不同。其陳詞固應如是。然除一二特殊事件外。乃無不恰如吾人
胸中所欲言。而入人之深。感人之速。風行草偃。過化存神。使社會主義
之常識。灌輸於一般心目間。其嘉惠於本黨者。至大且遠已。速記原稿。
已徧登報章。茲經先生增訂審閲。付印單行。輒弁數言。以誌景仰。并貢
其愚。示不阿好也。　　民國元年十一月十日江亢虎識

---

① "卡爾馬格斯"，即卡爾·馬克思（Karl Marx，1818—1883）。
② "三無二各學説"，即"三無主義"和"二各學説"。"三無"指無政府、無宗教、無家庭，"二各"
　指各盡所能、各取所需。
③ "家庭主義"，江亢虎"無政府、無宗教、無家庭"的"三無主義"的核心是無家庭，他鼓吹只
　要通過實行"無家庭主義"，就可以達到"不獨親其親，不獨子其子"的"大同之世"，并且將
　反對者的主張稱爲"家庭主義"。
④ "先生堅持社會黨必改組政黨"，中國社會黨成立時，即明確宣布它"不是一個完全政黨之組織"，
　主要工作爲宣傳鼓動。1912年10月25日舉行的第二次聯合會還曾集中討論過是否將社會黨改
　造爲完全政黨、參與政治權力的問題，結果多數代表仍然同意江亢虎的意見，主張"世界社會
　主義"（即無政府主義），反對改組爲正式政黨。會後，黨内的無政府主義者與國家社會主義者
　形成對立，中國社會黨發生分裂。

弁言

中山先生倡道民生主義最早顧與余夙昔所主張者間有異同客秋九月中旬本黨成立於滬上未幾先生自新大陸蒞止執手懽然相謂曰余亦社會黨黨員也既以西籍數巨帙見貽復命其子科君偉襄譯事本黨之發達先生與有力焉南京政府解職後慨允擔任本黨講師會他去不果余亦緣事北行今秋先後歸來乃得重申前約演說於中華大戲院者三日羣衆聽聞歡喜讚歎獨是先生所言專重國家社會主義宏暢德人卡爾馬格斯之宗風而於三無二各學說不甚贊成余竊以為生人苦惱罪惡之來其源匪一如宗教之束縛政府之關防家庭之牽掣皆是先生於地稅唯一資本歸公教育平等皆如本黨黨綱之恉惟破除世襲遺產制度謂必俟至若干萬年千慮

弁言

一

一失美猶有憾不知家庭主義一日不廢則社會經濟問題。

無根本解決之理至其難易遲早仍視吾人之致力如何莫問

收穫但問耕耘事屬未來未嘗能逆計又先生堅持社會黨必改

組政黨一若政治萬能此外別無措手本黨固非絕無政治關

係者而初不懸此為唯一之方針普通鼓吹其途千萬且以個

人為本位以世界為範圍目的尤不僅在國家此與先生不無

出入先生大政論家也所處地位不同其陳詞固應如是然除

一二特殊事件外乃無不恰如吾人胸中所欲言而入人之深

感人之速風行草偃過化存神使社會主義之常識灌輸於一

般心目間其嘉惠於本黨者至大且遠已速記原稿已徧登報

章茲經先生增訂審閱付印單行輒弁數言以誌景仰并貢其

愚示不阿好也。　民國元年十一月十日江亢虎識

目

録①

---

① 底本原無目録，今依正文補。

孫中山社會主義談

中國社會黨黨員張讀俠筆述

　　鄙人本抱社會主義之一人。歷年奔走革命。對於社會問題。未能致力研究。嗣聞中國社會黨異常發達。毋任欣慰。索其規章宣告讀之。尚有未盡合於純粹社會主義者。第以今日中國而論。社會主義尚在幼穉時代。與歐西初發明時。正同一轍。若不慎重進行。則將來誤會既多。反生窒礙。今幸得此良好機會。與諸君將社會主義之真締①。一討論之。

　　社會主義之名詞。發於十九世紀之初。其概説既廣。其定義自難。特此種主義。本我人類腦中應具之思想。不滿意於現社會種種之組織。而思有以改良。於是乎社會主義之潮流。得應時順勢。而趨向於我人之腦海。種種社會主義之學理。得附社會主義之名詞。而供我人之研究討論矣。嘗考歐西最初社會主義之學説。即爲（均産派）主張合貧富各有之貲財。而均分之。貧富激戰之風潮既烈。政府取締之手續亦嚴。政府取締之手續既嚴。黨人反抗之主張益屬。無政府主義之學説。得以逞於當時。而真正純粹之社會主義。遂烟没於雲霧之中。漂渺而不可以跡。厥後有德國麥克司②者出。苦心孤詣。研究資本問題。垂三十年之脩。著爲資本論一書。發闡

---

① “真締”，有誤，應爲“真諦”。
② “麥克司”，即卡爾·馬克思。

孫中山社會主義談

中國社會黨黨員
張讜俠 筆述

鄙人本揅社會主義之一人歷年奔走革命對於社會問題未能致力研究嗣聞中國社會黨異常發達卅任欣慰索其規章宣告諒之尙有未盡合於純粹社會主義者第以今日而論社會主義尙在幼稚時代與歐西初發明時正同一轍若不愼重進行則將來誤會既多反生窒礙今幸得此良好機會與諸君將社會主義之真締一討論之

社會主義之名詞發於十九世紀之初其概說既廣其定義自難特此種主義本我人類腦中應具之思想不滿意於現社會種種之組織而思有以改良於是乎社會主義之潮流得應時順勢而趨向於我人之腦海種種社會主義之學理得附社會主義之名詞而供我人之研究矣嘗考歐西最初社會主義之學說即爲(均產派)主張合貧富各有之貲財而均分之貧富激戰之風潮既烈政府取締之手續亦嚴政府取締之手續既嚴黨人反抗之主張益屬無政府主義之學說得以遂於當時而眞正純粹之社會主義遂烟沒於雲霧之中漂渺而不可以跡厥後有德國麥克司者出苦心孤詣研究資本問題垂三十年之久著爲資本論一書發闡眞

孫中山社會主義談

一

真理。不遺餘力。而無條理之學説。遂成爲有統系之學理。研究社會主義者。咸知所本。不復專迎合一般粗淺激烈之言論矣。惟現社會主義。尚未若數理天文等學成爲完全科學。故現在進行。尚無一定標準。將來苟能成爲科學一種。則研究措施。更易著手。

　　社會係對待個人而言。社會主義亦係對待個人主義而言。英國尊重個人。主張極端的自由。德國以國家爲本位。個人爲國家分子。又甯犧牲而不惜也。此則以其國家政體之不同。故其主義亦因之而有異。主張個人主義者。莫不反對社會主義。主張社會主義者。又莫不反對個人主義。聚訟紛紛。莫衷壹是。然而個人社會。本大我小己之不同。其理可互相發明。而未可以是非之也。

　　社會學與社會主義。固自有別。其研究社會之起原。及社會之變遷種種之狀態現象。皆屬於社會學之範圍。至若社會主義。一言以蔽之曰社會生計而已矣。其主張激烈。均分富人之貲財者。於事理上既未能行。於主義上亦未盡合。故欲主張平均社會生計。必另作和平完善之解決。以達此社會主義之希望。考諸歷史。我國固素主張社會主義者。井田之制。即均産主義之濫觴。而累世同居。又共産主義之嚆矢。足見我國人民之腦際。久蘊蓄社會主義之精神。宜其進行之速。有一日千里之勢也。

　　歐洲社會黨。係完全政黨性質。近年以來。尤占政治上之勢力。若法若德若比。其政府議院中人。社會黨員。居其多數。英則四五年前。社會黨人。始占議席。然而同時被選。即有數十人之衆。且有位於度支大臣[①]者矣。美之社會黨。雖未發達。然其黨人居政治上重要位置者。實繁有徒。中國社會黨。發生於民主政體之下。夫民主政體之政治。一人民政治也。

───────────────
① "度支大臣"，即財政大臣。

社會黨既集民主政體下之人民。尤不應無政治上之活動。則今日社會黨亟宜組成强有力之政黨。握政治上之勢力。而實行其社會主義之政策者。實鄙人所深望也。

　　社會主義不獨爲國家政策之一種。其影響於人類世界者。既重且大。循進化之理。由天演而至人爲。社會主義實爲之關鍵。動物之强弱。植物之榮衰。皆歸之於物競天擇。優勝劣敗。進化學者。遂舉此例。以例人類國家。凡國家强弱之戰爭。人民貧富之懸殊。皆視爲天演淘汰之公例。故達爾文之主張。謂世界僅有强權而無公理。後起學者。隨聲附和。絕對以强權爲世界唯一之真理。我人訴諸良知。自覺未敢贊同。誠以强權雖合於天演之進化。而公理實難泯於天賦之良知。故天演淘汰。爲野蠻物質之進化。公理良知。實道德文明之進化也。社會組織之不善。雖限於天演。而改良社會之組織。或者人爲之力。尚可及乎。社會主義。所以盡人所能。以挽救天演界之缺憾也。其所主張。原欲推翻弱肉强食優勝劣敗之學說。而以和平慈善。消滅貧富之堦級於無形。其主張均分富人之貲財。表面似合於均產之旨。實則一時之均。而非永久之均也。故欲永弭貧富之堦級。似不得不舍此而另作他圖矣。社會主義學說。近日發明者。至賾且夥。法德比各政府。多採用而履行之。即反對社會黨若日本。亦未嘗不采用社會政策。而其反對社會黨人者。實以其主張激烈。妨碍秩序。爲法律所不許耳。我國社會主義。流行伊始。尤望黨人持和平之態度。與政府連絡。共圖進行。緣社會主義。本與專制政體。極不相能。故不能存於專制政體之下。今我國社會黨發生於民主政體成立之時。此誠不易得之機也。得此良好之機。而不得循序漸進。造福前途。詎不大可惜乎。此鼓吹運動者。不得不稍注意也。

良社會之組織或者人爲之力尚可及乎社會主義所以盡人所能以挽救天演界
之缺憾也其所主張原欲推翻弱肉強食優劣敗之學說而以和平慈善消滅貧
富之堦級也於無形其主張均分富人之資財表面似合於均產之旨實則一時之均
而非永久之均也故欲永弭貧富之堦級似不得不令此而另作他圖矣社會主義
學說近日稍明者至隨且黎法德比各政府多採用而履行之卽反對社會黨若日
本亦未嘗不采用社會政策而其反對社會黨人者實以其主張激烈妨碍秩序爲
圖進行緣社會主義本與專制政體極不相能故不能存於專制政體之下今我國
社會黨發生於民主政體成立之時誠不易得之機也得此良好之機而不得循
序漸進造福前途詎不大可惜乎此鼓吹運動者不得不稍注意也
嘗攷社會主義之派別　一共產社會主義　(二)集產社會主義　(三)國家社會主
義　(四)無政府社會主義在英德又有所謂宗教社會主義世界社會主義其以宗
教世界而範圍社會主義者皆未適當自予觀之則所謂社會主義者僅可區爲二
派一卽集產社會主義一卽共產社會主義蓋以國家社會主義本麗於集產社會
主義之中而無政府社會主義又屬於共產社會主義者也夫所謂集產云者凡生

《孫中山社會主義談》第4頁

　　嘗攷社會主義之派別。（一）共産社會主義。（二）集産社會主義。（三）國家社會主義。（四）無政府社會主義。在英德又有所謂宗教社會主義。世界社會主義。其以宗教世界而範圍社會主義者。皆未適當。自予觀之。則所謂社會主義者。僅可區爲二派。一即集産社會主義。一即共産社會主義。蓋以國家社會主義。本麗於①集産社會主義之中。而無政府社會主義。又屬於共産社會主義者也。夫所謂集産云者。凡生利各事業若土地鐵路郵便電氣鑛産森林皆爲國有。共産云者。即人在社會之中。各盡所能。各取所需。如父子昆弟。同處一家。各盡其生利之能。各取其衣食所需。不相妨害。不相競争。郅治之極。政府遂處於無爲之地位。而歸於消滅之一途。兩相比較。共産主義。本爲社會主義之上乘。然今日一般國民道德之程度。未能達於極端。盡其所能。以求所需者。尚居少數。任取所需。而未嘗稍盡所能者。隨在皆是。於是盡所能者。其所盡未必充分之能。而取所需者。其所取恐又爲過量之需矣。狡猾誠實之不同。其勤惰苦樂亦因之而不同。其與真正之社會主義。反相抵觸。説者謂可行於道德智識完美之後。然斯時人民。道德智識。既較我人爲高。自有實行之力。何必我人之窮思竭慮。籌畫於數千年之前乎。我人既爲今日之人民則對於今日有應負之責任。似未可放棄今日我人應負之責任。而爲數千年後之人民負責任也。故我人處今日之社會。即應改良今日社會之組織。以盡我人之本分。則主張集産社會主義。實爲今日唯一之要圖。凡屬於生利之土地鐵路。收歸國有。不爲一二資本家所壟斷漁利。而失業小民。務使各得其所。自食其力。既可補救天演之缺憾。又深合於公理之平允。斯則社會主義之精神。而和平解決貧富之激戰矣。

---

① “麗於”，有誤，應爲“屬於”。

　　我人所抱之唯一宗旨。不過平其不平。使不平者底於平而已矣。滿清以少數人。壓制我多數漢人。故種族革命以起。專制政體以一帝王。壓制我多數人民。故政治革命以起。至社會革命。原起於少數大資本家之壓制多數平民耳。在各國貧富之階級。相差甚遠。遂釀成社會革命。有不革不了之勢。在我國之大資本家。尚未發生。似可無庸言及社會革命。然而物質文明。正企業家縱橫籌展之時。將來資本大家之富。必有過於煤油鋼鐵大王者。與其至於已成之勢。而思社會革命。何如防微杜漸。而弭此貧富戰爭之禍於未然乎。譬諸歐西各國。疾已纏身。不得不投以猛劑。我國尚未染疾。尤宜注意於衛生之道。社會主義者。謂爲療疾之藥石可也。謂爲衛生之方法亦可也。惟我國與各國社會之狀態不同。則社會主義施展之政策。遂亦因之而有激烈和平之不同矣。各國尚多反對社會主義之政府。我國則極對贊成採用社會主義者也。然則我國主張社會主義之學子。當如何斟酌國家社會之情形。而鼓吹一種和平完善之學理。以供政府之採擇乎。

　　社會主義者。人道主義也。人道主義。主張博愛平等自由。社會主義之真髓。亦不外此三者。實爲人類之福音。我國古代。若堯舜之博施濟衆。孔丘尚仁。墨翟兼愛。有近似博愛也者。然皆狹義之博愛。其愛不能普及於人人。社會主義之博愛。廣義之博愛也。社會主義爲人類謀幸福。普遍普及。地盡五洲。時歷萬世。蒸蒸芸芸。莫不被其澤惠。此社會主義之博愛。所以得博愛之精神也。

　　然爲人類謀幸福。其著手之方法。將何自乎？自不得不溯人類致苦之原因。人類之在社會。其疾苦幸福之不同生計實爲其主動力。即人類之生活。亦莫不爲生計所限制。是故生計完備。始可以生存。生計斷絕。終歸於淘汰。社會主義。既欲謀人類之幸福。當先謀人類之生存。既欲謀人類之生存。當妍究①社會之經濟。故社會主義者。一人類經濟主義也。經濟學者。專從經濟一方面著想。其學説已成爲完全之科學。社會主義。係從社會經濟方面著想。欲從經濟學之根本解決。以補救社會上之疾苦耳。

按經濟學本濫觴於我國。管子者。經濟家也。興鹽魚之利。治齊而致富强。特當時無經濟學之名詞。且無條理。故未能成爲科學。厥後經濟學之原理。成爲有統系之學説。或以富國學名。或以理財學名。皆不足以賅其義。惟經濟二字。似稍近之。經濟學之概説。千端萬緒。分類周詳。要不外乎生産分配二事。生産即物産及人工製品。而分配者。即以所産之物。支配而供人之需也。驟視之。其理似不高明深淵。熟審之。則社會之萬象。莫不包羅於其中也。

生産之原素三。（一）土地。（二）人工。（三）資本。土地爲人類所依附而存者也。故無土地即無人類。經濟學所謂之土地。不僅指陸地而言。凡海洋空氣。占有空間面積者。莫不爲土地也。然以經濟學原理言之。僅有土地而無人工資本。則物産仍不能成。故經濟學者累千萬言。猶未畢其説也。我人對於土地與人工之界説。尚易明瞭。惟資本與人工之界説。最難區別。此即社會主義家與經濟學者相争之點。至今猶未解決者也。

經濟學家謂資本非金錢一項可盡其義。其人工造成之物産。消費之餘。以之補助發達物産。無在不爲資本。第所餘之物産。不以之爲生産事業。似與廢物無異。則不得謂爲資本矣。例如租人以屋。而收其租金。雇人以車。而受其雇賞。此屋此車。皆爲資本。屋而自居。車而自乘。則車與屋。皆不能謂爲資本。以其自居自乘。不能生利故也。

世界文明進步。社會之組織。日益複雜。事業之發生。日益繁多。凡

① "妍究"，有誤，應爲"研究"。

物産或金錢。以之生産者。可皆謂之資本。蓋資本既所以生産。而人工者
又所以生資本也。我人既知資本爲人工之出。則有人工已足。又何再需資
本乎。殊不知生産必賴資料。無資料以供給生産者之費用。以待其生産之
結果。其生産終無所出矣。魯濱孫①之流漂海島。苟無斧以供其刈薪營室。
無糧以供其果腹充饑。我知其不數日已爲荒島之餓鬼。尚何能待植穀之熟。
荒地之闢耶？故斧與糧。供其生産之費用。其作用與資本同。謂之爲資本。
固未嘗不可也。嘗考資本之來源。多由於文明祖傳。以供吾人今日之生産。
欲窮其始。則未易知。綜上觀之。則資本與人工之關係。可略知其崖岸。
而土地人工資本之同爲生産要素。又缺一而不可也。

　　分配云者。即以土地人工資本所生之産物。按土地人工資本之分量。
配成定例。此定例之原理。爲人類以來所固有。得經濟學者昌明之。遂成
鐵案。而各種科學。均根據經濟學之原則而定矣。英國斯密亞丹②（ADAM
SMITH）氏③出。始著經濟學④（嚴復譯爲原富）。文極有條理。其主腦以自
由競争爲前提。其英人之功利派。遂根據此而倡個人主義。求合於達爾文
進化之理。

　　百年前英國社會。經一變更。即實業革命⑤是也。曩日工業。皆爲人工
製造。自科學發明。機器以興。實業革命。即以機器代人工也。曩之個人
所恃爲競争之具者。至此遂失其作用之效力。於是工人遂受一種之大痛苦
矣。蓋是時英國航業發達。工商亦隨之發達。物産之多。爲全世界物品出

---

① "魯濱孫"，指小説《魯濱孫漂流記》的主人公魯濱孫。該小説由英國作家丹尼爾·笛福（Daniel
　　Defoe，1660—1731）創作，講述了魯濱孫在海上遭遇風暴，漂流至荒島，頑強生活的故事。
② "斯密亞丹"，即亞當·斯密（Adam Smith，1723—1790），英國經濟學家、哲學家和作家，著有
　　《道德情操論》《國富論》等。
③ "氏"，有誤，應爲"氏"。
④ "經濟學"，即《國富論》。
⑤ "實業革命"，指英國工業革命。

産所。遂致富强。及世界取需既繁。英國之人工。製造品不足以敷其用。故機器得繼而代人工之煩。於是生産既多。則國益富裕。雖然。人工與人工之比較。其生産力之差。不過二倍乃至十倍。機器與人工之比較。其生産力之差。竟有至百倍者。既機器之生産力較人工之生産力爲大。則用機器以生産者亦較用人工以生産者爲多。於是工人多失其業。即機器生産所需之人工。又僅寥寥無幾。而工人之擁擠求業者。鱗次櫛比。不特所得之工資與所造之物産。不能成正比例。而殷殷求雇。不惜自貶其工價。其失業者。固淪落而受天演之淘汰。即有業者。亦以一價之賤。幾幾不能生存於社會矣。資本家既利用機械而增加産額。又以賤價雇用良工。坐享利益之豐。對於工人飢寒死亡之痛楚。漠然視之。以爲天演淘汰之公例。應如此者。按斯密亞丹經濟學生産之分配。地主占一部分。資本家占一部分。工人占一部分。遂謂其深合於經濟學之原理。殊不知此全額之生産。皆爲人工血汗所成。地主與資本家。坐享其全額三分之二之利。而工人所享三分之一之利。又析與多數之工人。則每一工人所得。較資本家所得者。其相去不亦遠乎。宜乎富者愈富。貧者愈貧。經濟階級。愈趨愈遠。平民生計。遂盡爲資本家所奪矣。慈善家目擊心傷。而思有以救濟。於是社會主義。遂放大光明於世界也。英社會主義家阿渾①（OWEN）者。深痛工人之困苦。遂出己資。創設一極大之工廠②。優待工人。爲社會主義之實行試驗

---

① “阿渾”，即羅伯特·歐文（Robert Owen，1771—1858），英國空想社會主義者。
② “創設一極大之工廠”，1799 年，英國空想社會主義者歐文與他人合夥買下了蘇格蘭克萊德河古拉納克附近的一家大企業。在此基礎上，歐文等開辦了一個擁有 2500 名工人的大紡紗廠，取名新拉納克。歐文管理期間，采取了許多改善工人勞動條件和生活條件的措施，包括縮短工作時間，提高工人工資，開設工廠商店，改善工人居住條件，設立公共厨房、食堂、醫院、學校等。恩格斯評價説，“歐文把這個地方變成了一個完善的移民模範區”。參見馬克思，恩格斯. 馬克思恩格斯文集：第 3 卷［M］. 北京：人民出版社，2009：534.

場。旋以編制未善。底於失敗。去而赴美①。欲竟其志。又遭敗。其主義遂
不果行。同時有佛利耳②（FOURIFR）。卜南克（BLANG）③者。法之社會
主義家也。亦曾開社會主義之工廠④。以受現社會習慣之影響。均未能達其
苦心孤詣之希望。而反對派遂以成敗之見。論社會主義之不善。一般學者。
本無定見。亦相率而詬病社會主義矣。

　　是時英格物家馬耳德⑤（譯名）者。著有人類物產統計表一書。其主腦
謂物產之產額。有一定之限制。而人類之繁息。爲級數之增加。據二十五
年一倍之説。推之將來。必有人多地少之患。生衆食寡之憂。天降疫癘。
國際戰争。皆所以减少人口之衆。防止孳生⑥之害。而合於世界演進之原理。
於是乎國家殖民政策。緣此發生。弱肉强食。劣敗優勝。死於刀兵者。固
屬甚多。其受强族之蹂躪。淪落而至於種族滅絶者。又比比皆是也。

　　社會主義家又起而反對。主張人道。扶持公理。當時一般政治經濟學
者。莫不目之爲顛狂。唯下流社會中之工人貧民。因社會主義能救己之疾
苦。遂崇之信之。而就社會黨之範圍。特壓制究不能敵反抗。僞説終不能
勝真理。曩之經濟學統計學天演論。亦浸浸現其不合公理之破綻。社會主

---

① "去而赴美"，1820 年，歐文撰寫《致拉納克郡報告》，系統論述了消滅私有制、建立公有制、
　權利平等、徹底改造資本主義社會的空想社會主義理論，這導致他被英國統治階級排擠和迫害。
　1824 年，歐文前往美國，在印第安納州買下 1214 公頃土地，命名爲 "新和諧公社"，他在公社
　内部實行生產資料歸勞動者所有，消滅剥削。新和諧公社試驗引起了社會上的廣泛關注，四年
　後，新和諧公社宣告瓦解。
② "佛利耳"，即沙爾・傅立葉（Charles Fourier，1772—1837），法國空想社會主義者。
③ "卜南克（BLANG）"，即路易・勃朗（Louis Blanc，1811—1882），法國新聞工作者，歷史學家，
　小資産階級社會主義者。"BLANG"，有誤，應爲 "BLANC"。
④ "社會主義之工廠"，1848 年，在社會主義政治家路易・勃朗的推動下，法國決定實行 "國家工
　廠" 計劃（National Workshop scheme）。不過他們對此的準備并不充分，執行也不徹底。"國家
　工廠" 着手建設市政工程專案，爲失業群體提供工作。然而没過多久，加入工廠的人數就大大
　超過了可提供的工作數量，最終引發了社會衝突，"國家工廠" 也宣告失敗。
⑤ "馬耳德"，即托馬斯・羅伯特・馬爾薩斯（Thomas Robert Malthus，1766—1834），英國經濟學
　家，統計學家，著有《人口論》和《政治經濟學原理》等。
⑥ "孿生"，有誤，應爲 "孳生"。

義之學説。遂得排經濟學統計學天演論種種之科學。巍然獨標一幟。而受社會之歡迎矣。

　　社會主義。雖爲救拯社會疾苦之學説。其希望見諸實行。仍必根據經濟學之分配問題而研究也。美人有卓爲基享利^①者 HENRY GEORGE。一商輪水手也。赴舊金山淘金而致富。創一日報^②。鼓吹其生平所抱之主義。曾著一書名爲（進步與貧困）。其意以爲世界愈文明人類愈貧困。蓋於經濟學均分之不當。主張土地公有。其説風行一時。爲各國學者所贊同。其發闡地税法之理由。尤爲精確。遂發生單税社會主義之一説。

　　原夫土地公有。實爲精確^③不磨之論。人類發生以前。土地已自然存在。人類消滅以後。土地必長此存留。可見土地實爲社會所有。人於其間又惡得而私之耶。或爲地主之有土地。本以資本購來。然試叩其第一占有土地之人。又何自購乎。故卓爾基享利之學説。深合於社會主義之主張。而欲求生產分配之平勻^④。亦必先將土地收回公有。而後始可謀社會永遠之幸福也。

　　土地公有之説。漸被於英之時。正英人恐慌之日。英國土地。本爲貴族大資本家所占有。因工商發達業農者少。致所出穀食。不夠供給人民之食料。外糧之輸入。價值反較本國爲賤。英之土地生產力失其效用。其地主有不事耕耘而事蓄牧。其佃人顛沛流離。被逐而謀生於美國。一般學者。深痛地主之爲富不仁。對於土地公税之説。遂視爲救世之福音。而歡迎贊同。遂成單税之一派。主張土地之分配歸公。國家^⑤

---

① "卓爲基享利"，"爲"，有誤，應爲"爾"。"享"，有誤，應爲"亨"，下"享利"同。"卓爲基享利"，即亨利·喬治（Henry George，1839—1897），美國經濟學家、社會活動家，著有《進步與貧困》（*Progress and Poverty*）等書。
② "創一日報"，亨利·喬治於 1871 年與人創辦了《舊金山每日晚郵報》（*San Francisco Night Post*）。
③ "精確"，有誤，應爲"精確"。
④ "平勻"，有誤，應爲"平均"。
⑤ "國家"，二字後缺頁，下缺第十三至第十六頁，計四頁。

　　得多數生產之餘利。地主資本家。則按其土地資本。生之應得之利息可矣。其分配人工酬報之多寡。應視其勞心力勞①之多寡。其勞動大則酬報多。其勞動小則酬報亦小。餘利公之於社會。以興社會各種之事業。凡爲社會之分子。莫不享其餘利一分子之利益。斯即分配最平允之方法。而社會主義學者。所深主張者也。

　　歐美近日。仍據舊經濟學以分配。地主資本家。既占優勝之地位。工人遂處於劣敗之地位矣。法律上又保護資本家與地主之專利。故地主益壟斷其地權。資本家益壟斷其利權。而多數之工人。雖盡其勞動之能力。反不能生存於社會。階級懸殊。固難怪不平者之主張均產主義也。

　　英國倫敦最富之區也。人口之衆。約六七百萬。每年冬季因工廠停歇。致失業饑民嘗達百萬之數。以富庶之區。人民尚不免有饑寒。此非生產之不足供應。實分配之未能平允故也。按英國人口有四千四百萬之衆。統男女老少平均計之。每年每人所入息。應約三千餘元。如五口之家。即應得一萬五千餘元。但實際上則有大不然者。以英國普通傭值計之。每年每人不過五六百元耳。工人五口之家。全賴此數以爲活。若在中國經濟程度未高之時。尚足贍養。在經濟程度既高之英國。實有不能生活之慨。又以英國全國入息通算。每人均分。年中應有三千餘元。計之除女子老少不能工作外。生產工人實不過四分之一。而每人年中生產實四倍於三千餘元。即萬餘元也。而所得報酬之傭值。不過五六百元。是人工所得不及百分之十。而地租利息則百分之九十餘也。此分配之不當。按以舊經濟學之三原素分配。亦不符也。故有生利之工人。則恒受饑寒。而分利之大地主及資本家。反優游自在。享社會無上之幸福。豈非不平之甚耶。

　　社會主義學者。睹此不平。其激烈派遂倡均產之說。蓋最初之思想。

---

① "力勞"，有誤，應爲"勞力"。

少不能工作外生產工人實不過四分之一而每人年中生產實四倍於三千餘元

即萬餘元也而所得報酬之備值不過五六百元是人工所得不及百分之十而地

利息則百分之九十餘也此分配之不當按以舊經濟學之三原素分配亦不符。

也故有生利之工人則恆受饑寒而分利之大地主及資本家反優游自在享社會

無上之幸福豈非不平之甚耶

社會主義學者照此不平其激烈派遂倡均產之說蓋最初之思想甚爲簡單固未

嘗爲事實上計也厥後學說精進方法穩健咸知根本之解決當在經濟問題有是

漢氏之土地公有麥氏之資本公有其學說實得社會主義之眞髓今日中國地主

資本家眼光尚淺知保守而不知進取野山荒地尚多無主之物一般平民間亦有

自由使用之權即如樵採遊牧並無禁止之例若在歐洲則山野荒地皆爲資本家

所領有他人不能樵採遊牧於其間也社會黨因地主資本家之專橫有支配全國

經濟之勢力故極端反抗實不異星火之一摸即減也激烈派遂有消極的主張欲毀去機器

會黨人之反抗實不異星火之一摸即減也激烈派遂有消極的主張欲毀去機器

廠及鐵道破壞其營業之資本使無利之可生然卒受法律之干涉終不得根本之

解決

甚屬簡單。固未嘗爲事實上計也。厥後學説精進。方法穩健。咸知根本之
解決。當在經濟問題。有是享氏^①之土地公有。麥氏^②之資本公有。其學説
實得社會主義之真髓。今日中國地主資本家。眼光尚淺。知保守而不知進
取。野山荒地。尚多無主之物。一般平民。間亦有自由使用之權。即如樵
採遊牧。並無禁止之例。若在歐洲。則山野荒地。皆爲資本家所領有。他
人不能樵採遊牧於其間也。社會黨因地主資本家之專橫。有支配全國經濟
之勢力。故極端反抗。資本家地主屹然不稍搖動。以受國家法律之保護。
視社會黨人之反抗。實不異星火之一撲即滅也。激烈派遂有消極的主張。
欲毁去機器廠及鐵道。破壞其營業之資本。使無利之可生。然卒受法律之
干涉。終不得根本之解決。

　　資本家與社會黨愈接愈厲。首蒙其害者。爲一般之工人。一般工人。
莫不贊同社會主義。而爲社會黨人。同思説法^③抵制資本家之專制。我人處
旁觀之地位。當知世界一切之産物。莫不爲工人血汗所構成。故工人者不
特爲發達資本之功臣。亦即人類世界之功臣也。以世界人類之功臣。而受
强有力者之蹂躪虐待。我人已爲不平。況有功於資本家。而反受資本家之
戕賊乎。工人受資本家之苛遇。而思反抗。此不能爲工人咎也。當時工人
有工黨之組。要求增加工價。遂起同盟罷工之風潮。

　　罷工之事。工人之不得已也。世界上最慘最苦之事也。工人罷工。雖
欲謀增加工價。此現在工作之資。有不得不犧牲者也。工人非富於貲者。
其衣食全恃乎每日之工值。一旦罷工。甚有至日不一餐。其苦狀爲何如耶。
資本家以其無業不能生活。罷工必不能久。泰然處之。不稍爲動。工人至

---

① "享氏"，有誤，應爲"亨氏"。
② "麥氏"，即卡爾·馬克思。
③ "説法"，有誤，應爲"設法"。

饑寒交迫之時。不得不飲恨吞聲。重就資本家之範圍。資本家雖因一時罷工。稍有損失。然有資本。以供養生活之需。究不至若工人困苦。而所損失者。又終有補救之一日也。

社會主義學者。知罷工要挾。決非根本之解決。當於經濟學上。求分配平均之法。而分配平均之法。又須先解決資本問題。顧資本之消長。有種種之原因。若美國鐵路公司。對於人民輸運農產。取費極廉。另設轉運公司。以賤價就地收買。人民以其可免運費。皆願賤售與之。轉運公司。原附於鐵路公司而發生者也。輸運之費。自較他人為輕。運費既廉。貨本亦少。再以賤售與人。以奪商人之業。於是商農皆歸失敗。小商既受淘汰。公司遂高其價。小商以價高。有利可圖。於是復振舊業。公司見小商之又起也。再賤其價。小商以資本之微。不能持久。復歸消滅。公司遂獨享其利。不特此農產轉運公司已也。如煤油鋼鐵。皆莫不效尤。故意操縱。肆力吞併。小商知力之不敵。惟有拱手退讓。所有生產厚利。皆為大資本家所壟斷。於是托拉斯一出。幾幾有左右全世界經濟之勢力。而煤油鋼鐵。咸有大王之稱。兼并多數人民之資財。而成一己之富矣。

寔業未革命以前。人皆奉斯密亞丹之說為圭臬。一致主張自由競爭。及機器既出。猶仍舊法演進。其結果卒釀成社會上貧富激戰之害。工人在實業未革命以前。勤勞儉樸。逐漸可以致富。自機器發明。利源盡為資本家壟斷。工人勞働終身。所生之利。盡為資本家所享有。在一己所得之工值。贍養尚不能敷。況儲蓄乎。目擊歐美近日經濟之現狀。萬無工人可致富之理。在中國今日。機器工廠。尚未十分發達。利源亦未十分開闢。故貧民猶有致富之機。然再演進。亦將與歐美同一慨矣。

社會主義學者。嘗謂物極必反。專制若達於極點。推翻即易如反掌。將來社會革命。首在美洲。緣美國大資本家。擅經濟界之特權。牛馬農工。

奴隸負販。專制既甚。反抗必力。伏流潛勢。有一發而不可抑者。蓋資本家之專制。與政府之專制。一也。政府有推翻之日。資本家亦有推翻之日。

各國社會主義學者。鑒於將來社會革命之禍。岌岌提倡麥克司之學説。主張分配平均。求根本和平之解決。以免激烈派之實行均産主義。而肇攘奪變亂之禍。故收回土地公有資本公有之二説。爲謀國是者所質許①。而勞働應得相當酬報之説。又爲全世界學者所贊同也。

我國提倡社會主義。人皆斥爲無病之呻吟。此未知社會主義之作用也。處今日中國而言。社會主義即預防大資本家之發生可矣。此非無病之呻吟。正未病之勢衞也。不必全法歐美之激烈對待。而根本學理。和平防止可矣。歐美以資本家之勢已成。土地資本收歸國有之時。社會黨之對待資本家。將若革命之對待滿清皇室。其手段不得不出諸激烈恐嚇。逼之退讓。至我國資本家。有貲財數千萬者。國内實鮮其人。即稍有資本。又大半窖金守之而已。變亂之際。甚有存儲外國銀行。而納保險費者。可知我國資本家。固不善利用資本。以經營生産者也。至經濟極高之時代。我國資本家其至富者。亦不過中人産耳。又奚必其退讓哉。

資本原非專指金錢而言。機器土地莫不皆是。就今日世界現狀觀之。其資本生利最巨者。莫如鐵道。美國鐵道之資本金。約一百八十萬萬。每年全國收入總數約十五萬萬。十二年之收入。即可收回成本。則十二年後之收入。盡爲贏餘。其利之厚。鮮有過於此者。鄙人對於鐵道政策。研究有年。今擬籌集資本金六十萬萬。建築鐵道二十萬里。其資本較美僅三分之一。可保四五十年之久。每年可獲利六萬萬。美國鐵道。全公司所有。即爲少數資本家所有。故利皆爲私人壟斷。我國鐵道。應提倡歸爲公有。則

---

① "質許"，有誤，應爲"贊許"。

首在美洲緣美國大資本家擅經濟界之特權牛馬農工奴隸負販專制旣甚反抗必力伏流潛勢有一發而不可抑者蓋資本家之專制與政府之專制一也政府有推翻之日資本家亦有推翻之日

各國社會主義學者鑒於將來社會革命之禍岌岌提倡麥克司之學說主張分配平均求根本和平之解決以免激烈派之實行均產主義而肇攘奪變亂之禍故收回土地公有資本公有之二說爲謀國是者所贊許而勞働應得相當酬報之說又爲全世界學者所贊同也

我國提倡社會主義人皆斥爲無病之呻吟此未知社會主義之作用也處今日中國而言社會主義即預防大資本家之發生可矣此非無病之呻吟正未病之豫衡也不必全法歐美之激烈對待而根本學理和平防止可矣歐美以資本之勢已成土地資本收歸國有之時社會黨之對待資本家將若革命之對待滿清皇室其手段不得不出諸激烈恐赫遇之退讓至我國資本家有貲財數千萬者國內實鮮其人卽稍有資本又大牢窖金守之而己變亂之際甚有存儲外國銀行而納保險費者可知我國資本家固不善利用資本以經營生產者也至經濟極高之時代我國資本家其至富者亦不過中人產耳又奚必其退讓哉

　孫中山社會主義談

公家於鐵道一項。每年頓增六萬萬之收入。再以之興辦生產事業。利仍歸公。則大公司大資本盡爲公有之社會事業。可免爲少數資本家所壟斷專制矣。準國家社會主義。公有即爲國有。國爲民國。國有何異於民有。國家以所生之利。舉便民之事。我民即共享其利。易言之。國家之行政經費。地方經費。非出自我民之擔負乎。公共之利興。府庫之藏足。我民即間接減輕租稅之擔負矣。

　　鐵道以及各種生產事業。其利既大。工人之傭值。即可按照社會生活程度。漸次增加。務使生計寬裕。享受平均。則工人亦安於工作。不至再演同盟罷工之苦劇矣。以上所言。即爲資本問題之解決。進而解決土地問題。尤屬易事。茲爲諸君言之。

　　欲解決土地問題。我國今日正一極佳時期也。趁此資本未發達地價未加增之時。先行解決。較之歐美。其難易有未可同日以語。然欲解決此項土地問題。須先知土地價值之變遷。就上海土地言之。未開商埠以前。一畝之地不過五兩。今則三四十萬者有焉。反觀內地。則滿蒙陝甘。西藏新疆。其土地之價值。與昔日之上海正相等耳。英大馬路自黃浦灘至靜安寺。一路之地價。與貴州全省地價已相頡頏。由此可知。今日之上海。與今日之內地。同一其土地。而不同一其價值。即今日之上海。與昔日之上海。亦同一其土地。而不同其價值。其價值之所以不同一者。非限於天然。實社會進化。有以影響①之也。上海地價之貴。此已成之勢也。將來工商發達。交通便利。內地地價亦必有如上海之一日。

　　社會之進化。土地再經過二三十年後。其值可增至萬倍。此萬倍之利。將屬諸何人乎。地主是矣。外人皆知此理。其出貲託名以購地者。不知凡

---

① "影響"，有誤，應爲 "影響"。

幾。我國以偌大之土地。若無良法支配。而廢棄此社會生產之物。將必爲外人所乘。而奪此土地生產之權矣。我人研究土地支配之方法。即可得社會主義之神髓。

土地價值之增加。咸知受社會進化之影響。試問社會之進化。果彼地主之力乎。若非地主之力。則隨社會進化及增加之地價。又豈應爲地主所享有乎。可知將來增加之地價。應歸社會公有。庶合於社會經濟之真理。儻不收爲社會公有。而歸地主私有。則將來大地主必爲大資本家。三十年後。又將釀成歐洲革命流血之慘劇。故今日之主張社會主義。寔爲子孫造福計也。

我國今日而言社會主義。主張土地公有。則規定地價及徵收地價稅之二法。寔爲社會主義之政策。即調查地主所有之土地。使定其價。自由呈報。國家按其地價。徵收地價百一之稅。地主報價欲昂。則納稅不得不重。納稅欲輕。則報價不得不賤。兩者相權。所報之價。遂不得不出之於平。國家據其地價。載在戶籍。所報之價。即爲規定之價。此後地價之增加。咸爲公家所有。私人不能享有其利。地主雖欲壟斷。其將何辭之可藉哉。(此法廣東已提出議案交省議會議決)

美國紐約一城。地租收入。每年至八萬萬之巨。惜均爲地主所私有。若歸公有。則社會經濟上。必蒙其益。此不過紐約一郡之地也。我國土地之大。物產之富。甲於全球。將來工商發達。交通便利。地租之收入。較紐約不啻幾十萬倍。則國家之富。可以立致。詎若今日之民窮財盡。非向外人借欵。不能立國者乎。

鄙人對於社會主義。實歡迎其爲利國福民之神聖。本社會主義之真理。集種種生產之物產。歸爲公有。而收其利。實行社會主義之日。即我民幼有所教。老有所養。分業操作。各得其所。我中華民國之國家。一變而爲社會主義之國家矣。予言至此。極抱樂觀。理想一社會主義之國家。而以其種種設施再略言之。

　社會主義之國家。一真自由平等博愛之境域也。國家有鐵路礦業森林航路之收入。及人民地租地稅之完納。府庫之充。有取之不竭。用之不盡之勢。社會主義學者。遂可進爲經理。以供國家經費之餘。以謀社會種種之幸福。

　（一）教育　圓顱方趾。同爲社會之人。生於富貴之家。即能受教育。生於貧賤之家。即不能受教育。此不平之甚也。社會主義學者。主張教育平等。凡爲社會之人。無論貧賤。皆可入公共學校。不特不收學膳等費。即衣履書籍。公家任其費用。盡其聰明才力。分專各科。即資質不能受高等教育者。亦按其性之所近。授以農工商技藝。使有獨立謀生之材。卒業以後。分送各處服務。以盡所能。庶幾教育之惠。不偏爲富人所獨受。其貧困不能造就者。亦可以免其憾矣。

　（二）養老　社會之人。爲社會勞心勞力。辛苦數十年。而至衰老。筋力殘弱。不能事事。社會主義學者。謂其有功社會。垂暮之年。社會當有供養之責。遂設公共養老院。收養老人。供給豐美。俾之愉快。而終其天年。則可補貧窮者家庭之缺憾。

　（三）病院　人類之盡忠社會。不慎而偶染疾病。富者固有醫藥之治。貧者以無餘貲。終不免淪落至死。此亦不平之事也。社會主義學者。遂主張設公共病院。以醫治之。不收醫治之費。而待遇與富人納貲者等。則社會可少屈死之人矣。

　其他如聾啞殘廢院。以濟大造①之窮。如公共花園。以供暇時之戲。人民平等。雖有勞心勞力之不同。然其爲勞働則同也。即官吏與工人。不過以分業之關係。各執一業。並無尊卑貴賤之差也。社會主義之國家。人民

---

① "大造"，有誤，應爲"天造"。

既不存尊卑貴賤之見。則尊卑貴賤之階級。自無形而歸於消滅。農以生之。工以成之。商以通之。士以治之。各盡其事。各執其業。幸福不平而自平。權利不等而自等。自此演進。不難致大同之世。鄙人演講三日。發揮社會主義。尚未詳盡。望諸君共相研究。一致進行。是即鄙人區區之意也。

　　　中山先生應中國社會黨之請。在中華大戲院演講社會主義三日。聽者如堵。莫不贊歎。誠救世藥民無上之福音也。國權躬與其盛。爰竭綿薄。力贊刻行萬册。以饗同胞。庶慈音普被。今日之言論。不難即現爲事實。華胥之國。樂何如乎。願讀者有以推而廣之。則幸甚矣。

民國元年臘月　陳國權謹跋

資本歸公
土地國有

錢幣革命

念六

治之不收醫治之費而待遇與富人納費者等則社會可少屈死之人矣。其他如聾啞殘廢院以濟大造之窮如公共花園以供暇時之戲人民平等雖有勞心勞力之不同然其為勞働則同也即官吏與工人不過以分業之關係各執一業並無尊卑貴賤之差也社會主義之國家人民既不存尊卑貴賤之見則尊卑貴賤之階級自無形而歸於消滅農以生之工以成之商以通之士以治之各盡其事各執其業幸福不平而自平權利不等而自等自此演進不難致大同之世鄙人演講三日發揮社會主義尚未詳盡學諸君共相研究一致進行是即鄙人區區之意也

中山先生應中國社會黨之請任中華大戲院演講社會主義三日聽者如堵莫不贊歎誠救世藥民無上之福音也國權躬與其盛爰竭綿薄力贊刻行萬册以饗同胞焦音普被今日之言論不難即班為事實華胥之國樂何如乎

願讀者有以推而廣之則幸甚矣

民國元年臘月 陳國權謹跋

資本歸公

土地國有

附錢幣革命

▲這才不怕國債還不完

▲這才不怕人多没事做

▲這才資本家不能壟斷

▲這才銀行團不能作怪

▲這才實業可以振興

▲這才人人可以有飯吃

▲這才教育可以平等

▲這才世界可以進化

竊聞遇非常之變。當出非常之方以應之。今者俄人乘我建設未定。金融恐慌①。而攫我蒙古。以常情論之。我萬無能抵抗之理。在俄人固知之素而審之熟。故甘冒不韙而行之。我國人皆知蒙亡國亡。與其不抗俄屈辱而亡。曷若抗俄而爲壯烈之亡。故舉國一致。矢死靡他也。以文觀之。民氣如此實足救亡。惟必出非常之策。事乃有濟。非常之策爲何。請爲政府國民言之。

第一行錢幣革命以解決財政之困難。今日我之不能言戰者。無過於財政困難。自南北統一後。則謀借外債以救我金融之恐慌。然至今六國之借款②無成。若一有戰事。則更復無望。然則就財政上言之。無論有戰無戰。財政問題之當解決。必不容緩也。文於謀革命時。已注重於此。定爲革命首要之圖。乃至武昌起義。各省不約而同。浸而北軍贊和。清帝退位。進行之順適。迥出意表。故所定方略。百未一施。民國大定後。財政雖困。

---

① “金融恐慌”，即金融危機。
② “六國之借款”，民國建立後，袁世凱政府與英、法、德、美、日、俄組成的銀行團進行談判，商議善後借款問題。

附 錢幣革命

▲這才不怕國債還不完

▲這才不怕人多沒事做

▲這才資本家不能壟斷

▲這才銀行團不能作怪

▲這才實業可以振興

▲這才人人可以有飯吃

▲這才教育可以平等

▲這才世界可以進化

竊聞遇非常之變當出非常之方以應之今者俄人乘我建設未定金融恐慌而攫我蒙古以常情論之我萬無能抵抗之理在俄人固知之素而審之熟故甘冒不韙而行之我國人皆知蒙亡國亡與其不抗俄屈辱而亡曷若抗俄而為壯烈之亡故舉國一致矢死靡他也以文觀之民氣如此實足救亡惟必出非常之策事乃有濟

錢幣革命

念七

附《錢幣革命》首頁

以爲可以習慣之常理常法以解決之。便不欲以非常之事。而驚國人也。不圖借債無成。而俄禍又起。存亡所關。不能不出非常之策以應之也。錢幣之革命者何。現在金融恐慌。常人皆以爲我國今日必較昔日窮乏。其實不然。我之財力如故。而出産有加。其所以成此窮困之象者。錢幣之不足也。錢幣爲何。不過交換之中準。而貨財之代表耳。此代表之物。在工商未發達之國。多以金銀爲之。其在工商已發達之國。財貨溢於金銀千百萬倍。則多以紙票代之矣。然則紙票者。將必盡奪金銀之用。而爲未來之錢幣。如金銀之奪往昔之布帛刀貝之用。而爲錢幣也。此天然之進化。勢所必至。理有固然。今欲以人事速其進行。是謂之革命。此錢幣革命之理也。其法爲何。即以國家法令所制定紙票爲錢幣。而悉貶金銀爲貨物。國家收支。市廛交易。悉用紙幣。嚴禁金銀。其現作錢幣之金銀。衹準向紙幣發行局兌換紙幣。不準在市面流行。如此則紙幣一出。必立得信用。暢行無阻。則財用可通矣。但紙幣之行用。無論古今中外。初出時甚形利便。久之則生無窮之流弊。必至歸天然淘汰而後止。此其原因。則紙幣之本質價廉而易制。不比金銀之本質價昂而難得。故紙幣之代表百貨也。其代表之性質一失。則成爲空頭票。若仍流行於市面。則弊生矣。而金銀之代表百貨也。其代價之性質雖失。而本質尚有價值。仍可流行市面而無弊。此兩物代表百貨之功用同。而性質不同。故流行之結果有別。昔人多不知此理。故無從設法防其流弊。今吾人既明此理。則防弊之法無難。其法當設兩機關。一專司紙幣之發行。一專司紙幣之收燬。紙弊之功用。既爲百貨之代表。則發行之時。必得代表之貨物或人民之擔負。而紙幣乃生效力。今如國家中央政府。每年賦稅應收三萬萬元。稅務處既得預算之命令。即可如數發債券於紙幣發行局。該局如數發給紙幣。以應國家度支。至期稅務處當將所收三萬萬元租項之紙幣。繳還紙幣消燬局。取消債券。如是。發行局於得稅務處之債券時。如數而發出紙幣。此等紙幣。以有人民之負擔。成爲有效之紙幣。名之曰生幣。及稅務處於所收稅項。如數繳贖債券之紙幣。爲失効力之紙幣。因代表賦稅之功用已完。名之曰死幣。故當燬之也。如收稅之數。溢於預算之數。則贏①餘之紙幣。効力尚在。可再流轉市面無礙也。以上爲國家賦稅保證所發之幣紙②。至於供社會通融之紙幣。則悉由發行局兌換而出。當紙幣之存在。發行局爲未生効力之幣。必需以金銀或貨物或產業兌換之。乃生効力。如是帋幣之流於市面。悉有代表他物之功用。貨物愈多。則錢幣因之而多。雖多亦無流弊。發行局發出帋幣。而得囘代價之貨物。其貨物交入公倉。由公倉就地發售。或轉運他方發售。其代價衹收帋幣。不得收金銀。此種由公倉貨物易囘之帋幣。因代表之貨物。去其効力。立成爲死票。凡死票悉當繳交收燬局燬之。如此循環不息。則市面永無金融恐慌之患。而帋幣亦永無流弊之憂。一轉移間。而全國財源可大活動。不必再借外債矣。如國家遇有非常之需。衹由國民代表議决預算表。如數責成國民擔任。或增加稅額。或論口輸捐。命令一出。錢幣發行局。便可如數發出帋幣。以應國家之用。按期由稅務局收囘帋幣。此款便可抵消。若論口捐輸。每人二元。全國之數八萬萬元。若收金銀。則必無此數。若收帋票。則必易行。因政府已將己定額。先期發出。行用市面。泉源已加多此數。人民或以工取。或以貨易。求之市面。必能左右逢源。非若金銀之衹有此數。一遇減少。必成恐慌。中國人或更埋之地中。外國人必然輸之海外。如此則緊急正需金銀之時。而金銀因之愈乏。適成窮上加窮。而各國銀業奸商。遂從而壟斷之。人民雖激於義憤。欲報效國家。然如苦無金錢。愛莫能助。徒喚奈何耳。此吾中國現在之境況也。若行錢幣革命。以幣帋代金銀。則國家財政之困難立可抒。而社會之工商事業。亦必一躍千丈。由此觀之。帋幣之行用有方。流弊不生既如彼。而利益之

---

① "贏"，有誤，應爲"贏"。
② "幣紙"，有誤，應爲"紙幣"。

大又如此。況值非常之變。非先解決財政問題。必不能言戰。乃有熱血之士。徒責政府之無能。而不爲設身代想。殊不共諒當局人爲難之甚也。當此强鄰侵并。實行瓜分之秋。非徒大言壯語所能抵禦。非有實力之對待不可。是宜政府與人民同心同德。協力進行。錢幣革命。以救今日之窮。在政府當速行立法。（一）籌備設立鑄幣局。製出一元十元百元千元四種之昺幣。五毫一毫之銀幣。五仙一仙之銅幣以輔之。其本位可倣日本。以金爲定制。出若干之時。便可發命令頒行。限期將市面現銀之幣收換。過期有仍用舊幣者。如數沒收充公。并嚴罰其授受之人。（二）籌備設立公倉工廠。以便人民。以貨換幣。或以工換幣之地。（三）籌備設立昺幣收燬局。此各種機關。立法必臻妥善。方可無弊。在人民當一面遍國設立救窮會。鼓吹其道。以助政府實行錢幣革命。此事成功之後。金銀既貶爲貨物。則金銀之出口。毫無影響於經濟界。因我不以此物爲錢幣。縱全國無金銀。我之經濟事業。亦能如常活動也。況我既行昺幣。則財貨必流通。而工商必大發達。如是我出口銀貨必多於入口貨。而外貨不能相敵。必有輸其金銀珍寶。以爲抵者。金銀一物。我既不以爲錢幣。祇有作爲器皿。或貶之外國。以供他國之借貸。而我爲債主。以享其利子而已。此錢幣革命之結果也。總之一經此次革命之後。我之財政。立可活動。百業振興。前途無量。中國幸甚。全球幸甚。

　　按土地出産、原天下之公、機械發明、非一人之力、此社會主義立論之基礎、（天聲壹集已略及之）金錢寒不可衣、飢不可食、易中之更革、于實際無關、廢之可耳、故吾黨同志對于以上三者、無不極表同情、願以實力相助、俾見實行者也、特有進而商者三事、（一）執政者之能不爲罪惡之源也、（二）國際上之能無障碍也、（三）社會之惰性能不激而生變也、排除之方、限于篇幅、願專論之、幸先生有以教我、安真輯餘附識、

達如是我出口銀貨必多於入口貨而外貨不能相敵必有輸其金銀珍寶以為抵

者金銀一物我既不以為錢幣祗有作為器皿或貶之外國以供他國之借貨而我

為債主以享其利子而己此錢幣革命之結果也總之一經此次革命之後我之財

政立可活動百業振興與前途無量中國幸甚全球幸甚

按土地出產原天下之公機械發明、非一人之力此

社會主義立論之基礎　天聲壹集已略及之　金錢寒不可衣

飢不可食易中之更革于實際無關廢之可耳故吾黨同志對于以上三

者無不極表同情願以實力相助、俾見實行者也特有進而商者三事

(一)執政者之能不為罪惡之源也(二)國際上之能無

障礙也(三)社會之惰性能不激而生變也　排除之方限

于篇幅願專論之幸先生有以教我安真輯徐附識

介紹欄

經理概用女子發售各物趨重國貨應一切
盡有無不備振女界企業之雄心拓應士有
產暢行之前路在上海福州路之辦
人類以美感教育灌輸富美不勝書
義專以美感教育灌輸新理想新知識
二角五分惠福里誠不可不讀之書也

惠通公記
館旅順里房屋明廠喬非佳誠
致每日連膳宿三角五分誠
公順里房屋明廠喬非佳誠
黨員方幹濟什所辦
黨員優待之佳

惠民醫士
（氏）畢業于廣濟醫科
處也
至五時半在合眾藥房設診資乏不計外
出診五元門診一元
黨員章文美君字惠
每日午後四時
大學經驗豐富診察精詳

合眾大藥房
藥師王天榮君等
所組織專售中西
房藥出
各種藥品及醫術上器械取價低廉製配
精美本營業之道富慈善之心在北四川
路白渡橋堍附設診病室聘請專門醫家
為眾療治幸勿失之交臂也
黨員汪千仞君創辦

雙十醫館
門診　上午八時至
醫　十二時脉金不取藥費每日小洋二角
出診　脉金不取但收車費五角藥費每
日三角設在法界北栖家橋二百十二
號金一概不取晝重藥品亦不加價以惠
貧病而重人道

女子實業學校
學生二百餘人內分工藝（織布染色織
衫）織緯縫級一商業（簿記算學郵電
等）蠶桑（種飼養繅絲製綿）化學師
範等科校址在杭州奎垣巷
黨員謝雪容女士創辦
邵伯蓀君雲南
馬伯蓀君取酬

新民照相
路轉角卲君研究有年操術精美其取酬
之廉尤為滬上所罕有

好義者之名氏
陳國權君重民助印資念元酬書一千冊
江忍難君紹銓助印資二元酬書一百冊
沈寶銘君子序助印資二元酬書一百冊
王文興君助印資二元酬書一百冊
汪千仞君助印資二元酬書一百冊

《孫中山先生社會主義講演集》廣告頁

Lectures on Socialism.

elievered on the 14th, 15th, and 16th of October, 1912 by Dr. Sun, Ex-president of the Republic of
CHINA

PUBLISHED BY THE ASSOCIATION
OF CHINESE SOCIALIST,
SHANGHAI, 594 YUENNAN ROAD,
1912.

《孫中山先生社會主義講演集》封底

《孫中山先生社會主義講演集》編者説明

馬思宇　編校

1. 底本描述

本書以上海圖書館館藏天聲社 1912 年鉛印本爲底本，高 14.5 厘米，寬 12 厘米。封面中題 "孫中山先生社會主義講演集"，右題 "附錢幣革命"，左下題 "天聲社第二種出版"；封二爲孫中山作演講時的照片（與《真相畫報》1912 年第 1 卷第 9 期及《人道周報》1913 年第 3 期所載相同）；內頁首有《人道周報》廣告；封三有其他商業廣告；封底爲英文書名 "Lectures on Socialism"，和 "Delivered on the 14th，15th，and 16th of October，1912 by Dr. Sun，Ex-President of the Republic of CHINA"，落款爲 "PUBLISHED BY THE ASSOCIATION OF CHINESE SOCIALIST，SHANGHAI，594 YUENNAN ROAD，1912"。

2. 孫中山

孫中山（1866—1925），名文，字逸仙，號中山樵，廣東香山縣人。孫中山先後在檀香山、廣州、香港等地比較系統地接受西式的近代教育。1894 年 11 月，孫中山由上海赴檀香山，組織興中會。1905 年 8 月，孫中山與黃興等人，以興中會、華興會等革命團體爲基礎，在日本東京創建全國性的資産階級革命黨中國同盟會。

1911 年 10 月 10 日，武昌起義爆發，孫中山被 17 省代表推舉爲中華民國臨時大總統。1912 年 1 月 1 日，在南京宣布就職，組成中華民國臨時政府。在清帝退位後，孫中山於 1912 年 2 月 13 日辭去臨時大總統職，讓位於袁世凱，4 月 1 日正式解職。此後一年多，孫中山積極宣傳民生主義，號召實行平均地權，提倡興辦實業。1913 年 3 月，宋教仁被刺，孫中山領導"二次革命"、護國運動、護法運動，屢遭失敗。

孫中山於 1924 年領導了中國國民黨的改組。1925 年 3 月 12 日，孫中山因患肝癌在北京逝世。著有《建國方略》《建國大綱》《三民主義》等。其著述在逝世後多次被結集出版，有中華書局 1981 年至 1986 年出版的十一卷本《孫中山全集》，臺北"中央文物供應社" 1969、1973、1985 年出版的《國父全集》等。

孫中山的社會主義思想來源複雜，包括中國古代的大同思想、歷代的改革思想和農業社會主義，尤其是太平天國的天朝田畝制度、聖庫制度，同時還有西方的學説，包括歐洲古典政治經濟學、各種流派的社會主義，尤其是亨利・喬治的單税法及各種空想社會主義試驗，俄國的軍事共産主義和新經濟政策。孫中山堅持要走中國自己的道路，發展資本主義，節制資本，畢其功於一役，通過民族民主革命，和平過渡到社會主義，最終目標是共産主義大同世界。

3. 張讀俠與天聲社

《孫中山先生社會主義講演集》由張讀俠記録，天聲社出版。張讀俠是同盟會會員，後加入中國社會黨，改名"毒藥"，并任該黨本部幹事。

天聲社是辛亥革命時期中國社會黨建立的出版機構。該社主要由中國社會黨本部的幹事徐安鎮負責。他主編社會黨的兩份刊物，一份是《天聲》

（1912 年創刊於上海），一份是《人道周報》（1913 年 1 月創刊於上海）。辛亥革命時期，徐安鎮受吳稚暉、江亢虎等人影響，鼓吹社會主義，主張用和平手段，漸進方法，達到人道的大同之世。

4. 江亢虎與中國社會黨

參見本卷“《社會主義討論集》編者説明”中的“2. 中國社會黨和《新世界》雜誌”和“3. 江亢虎、張克恭、煮塵”。

5. 中國社會黨與孫中山

辛亥革命期間，孫中山與中國社會黨此唱彼和，互動頻繁。武漢首義之後，革命陣營群龍無首。江亢虎代表中國社會黨，對孫中山大爲推崇，指出“人徒知刈果之易，而不知種因之難，先生革命之種因，二十年於兹”[①]。

孫中山回國後，於 1911 年 12 月 30 日下午，在胡漢民、蔡元培等人的陪同下，會見了江亢虎。江亢虎向孫中山介紹了中國社會黨，并“略陳中國今日鼓吹社會主義之必要”。孫中山詳細地詢問了中國社會黨的近況，并表示“必竭全力贊成之”。他肯定了中國社會黨宣傳社會主義的努力，希望“廣爲鼓吹，使其理論普及全國人心目中”。孫中山與江亢虎在社會主義的認知問題上取得了一致。江亢虎提到：“前讀先生民生主義、平均地權、專徵地税之説，實與本黨宗旨相同。”孫中山則表示，“余實完全社會主義家也”，“余此次攜來歐美最新社會主義名著多種，願貴黨之精曉西文者代爲譯述，刊行爲鼓吹之材料。一俟軍事粗定，吾輩尚當再作長談”[②]。

---

① 江亢虎. 洪水集[M]. 上海印行（出版者不詳），1913：55. 已收入《馬藏》第一部第十三卷。
② 大總統與社會黨之談話[J]. 社會，1912（4）.

　　1912 年 1 月中下旬，湖南都督譚延闓禁止長沙社會黨開會。爲此，江亢虎專程由滬到寧，於 2 月 3 日面謁孫中山，商談湘事，"孫極不以譚延闓之禁止爲然，已允電飭維持"①。在這次會談中，孫中山又對江亢虎説，"社會主義雖人類共同之思想，實西洋最新之學説，亟須輸入新著，使一般人可解宗旨爲入手第一義。自苦政務太煩，不能躬任主持，擬令長子（指孫科——編者注）新自美洲回國者，贊佐其事，俾多譯西籍以供材料"②。所以，半年多以後，江亢虎曾深有感慨地説，孫中山"既以西籍數巨帙見貽，復命其子科君俾襄譯事，本黨之發達，先生與有力焉"③。

　　1912 年 4 月 1 日，孫中山宣布解除臨時大總統職務。孫中山就任中國社會黨黨魁的傳聞一度甚囂塵上。蔡元培在武昌回答記者提問時説，孫總統退職後嘗言，"待政治革命之目的達到後，即當提倡社會主義。予意孫總統或將爲社會黨之首領乎"④。另外，蔡元培還曾"向外交團宣言，謂中山卸總統後，將爲社會黨首領"⑤。至於孫中山本人，在正式辭職前後，在其文稿和談話中，也竭力宣導社會革命，多次表示"余乃極端之社會黨"⑥。

　　中國社會黨內也有請孫中山出任黨首的聲音。但江亢虎對此表示反對，其理由是：第一，中國社會黨"非純粹政黨，本無首領"，黨的本部長并不是黨魁，只不過是大家"默認"的一個人而已。第二，雖然"中山研究社會主義最深，懷抱社會主義最早，其學説亦多與本黨黨綱相近，實本黨最高尚之師友"，但"其同盟會所采取者，則爲一種社會政策，與本黨黨綱頗

① 陳旭麓，郝盛潮. 孫中山集外集[M]. 上海：上海人民出版社，1990：165.
② 陳旭麓，郝盛潮. 孫中山集外集[M]. 上海：上海人民出版社，1990：165-166.
③ 江亢虎. 洪水集[M]. 上海印行（出版者不詳），1913：82.
④ 蔡代表在漢一席談[N]. 申報，1912-03-20.
⑤ 江亢虎. 洪水集[M]. 上海印行（出版者不詳），1913：62.
⑥ 廣東省社會科學院歷史研究室，等. 孫中山全集：第 2 卷[M]. 北京：中華書局，1982：332.

有徑庭"。由於兩黨綱領的差別，孫中山不可能同時兼任兩黨領袖。第三，孫中山非社會黨員，尚未簽名宣誓入黨，怎能冒昧地請他來做首領？[①]事實上，孫中山本人也没有加入中國社會黨之意。解職以後，他在 1912 年 4 月 4 日答《文匯報》記者問時，雖承認自己"實爲社會黨人"，"然余所欲爲之事非一年所能告成，至少需一百年也，且余欲使我改革之策普及於全國"[②]。4 月 17 日，他在上海與江亢虎談話時答應擔任中國社會黨講師，"在社會黨逐日講演，務期發闡社會主義之真理"[③]。孫中山要求江亢虎選擇"學識程度相等者"，至多 50 人開研究會，約於兩個月後，重來滬上，擔任該會講師。[④]孫中山同江亢虎還商定，講期爲兩個月，每天（或隔一天）講演一兩個小時；此後再將這 50 個學員"分布全國流動鼓吹，其效力必益宏大"[⑤]。由於巡視南北，孫中山直到 10 月才得空到中國社會黨本部，作了 3 天（14 日至 16 日）的演講。

　　孫中山所領導的同盟會與中國社會黨淵源頗深。很多中國社會黨的核心成員也是同盟會會員，如李懷霜、陳翼龍、林宗素、白蘋洲（同盟會員）等。中國社會黨剛成立不久，中國同盟會重要分子、以鼓吹社會主義和無政府主義著稱的張繼從歐洲回到上海，曾一度擔任該黨領導工作，後因投身政界而未再過問黨務；同盟會的另一個著名人物、無政府主義者吳稚暉自入黨後，就一直積極參與該黨活動，并實際上成爲江亢虎的顧問。可以説，中國社會黨在辛亥革命前後的蓬勃發展，與孫中山及同盟會會員的扶持有很大關係。

---

①　江亢虎. 洪水集[M]. 上海印行（出版者不詳），1913：62.
②　西報記孫逸仙之革命談[N]. 時報，1912-04-05.
③　陳旭麓，郝盛潮. 孫中山集外集[M]. 上海：上海人民出版社，1990：176.
④　社會主義之良師[J]. 社會世界.1912（1）：67.
⑤　社會主義之良師[J]. 社會世界.1912（1）：67.

6. 該書主要内容

　　該書爲 1912 年 10 月 14—16 日，孫中山應中國社會黨邀請，在上海發表題爲《社會主義之派別及方法》的演説的記録稿。社會黨領袖江亢虎親自組織了孫中山的這次演講活動。社會黨幹事張讀俠記録。演講會場設在上海中華大戲院。每天下午，江亢虎都親自到孫中山的寓所迎接。孫中山偕秘書宋靄齡與江亢虎同車來到會場，引得全場歡呼。江亢虎每次都親自主持會議，并申述孫的講演大義。孫中山每次演講，都在兩個小時以上，"群衆聽聞，歡喜贊歎"[①]。

　　孫中山在演講中提出，社會主義可以分爲四個派别：第一，共産社會主義；第二，集産社會主義；第三，國家社會主義；第四，無政府社會主義。這四類社會主義又可歸結爲集産社會主義和共産社會主義。後者的代表人物是馬克思。孫中山對馬克思的理論予以極高的評價。孫中山指出社會主義是中國的必由之路，但他認爲中國不適宜實行共産主義，更適宜實行單税社會主義。

　　該書的附録《錢幣革命》，内容節選自 1912 年 12 月 3 日孫中山發於上海的通電。孫中山所提出的錢幣革命主要包含三項措施：第一，籌備設立鑄幣局；第二，籌備設立公倉工廠，或以工换幣之地；第三，籌備設立紙幣收毀局。孫中山指出，實行錢幣革命不但可以迅速解决國家財政困難，同時也能促進工商事業的發展。

7. 版本問題

　　此次演講的内容，除載於《孫中山先生社會主義講演集》這一單行本

---

① 江亢虎. 洪水集[M]. 上海印行（出版者不詳），1913：82.

（以下簡稱"單行本版"）外，還有其他三個版本。一個也是以張讀俠的記錄本爲底本，以《孫中山社會主義之講演》爲題，在 1912 年 10 月 15 日至 26 日的《天鐸報》連載，後爲 1925 年上海三民圖書公司出版的《中山全書》收錄（以下簡稱"天鐸報版"）。第二個是由邵力子記錄，以《孫先生之社會主義講演錄》爲題，發表在 1912 年 10 月 15 日至 26 日的《民立報》上（以下簡稱"民立報版"）。第三個是"人菴筆記"的《孫中山先生講演之社會主義》，連載於 1912 年 10 月 15 日至 20 日的上海《中華民報》上。

　　天鐸報版與單行本版的內容較爲接近，但前者的多處文字訛誤并未見於後者。民立報版僅記錄了 10 月 14、15 日兩天的演講，缺少 16 日演講的內容。《東方雜誌》1912 年第 9 卷第 6 期和《生活》1912 年第 7 期與 1913 年第 9 期對民立報版的演講記錄進行了轉載。相較於單行本版，民立報版的內容更爲豐富，文字也有很大的不同，更接近演講的口吻，以第一段爲例："鄙人久爲懷抱社會主義之一人，今應社會黨之約，得與諸君相見，又見我國社會黨已如此發達，實深慶幸。惟連日鮮暇。出席毫未預備，略抒所見，爲諸君拉雜陳之。鄙人讀社會黨黨綱，似於社會主義之精髓，有所未盡，此由社會主義精奧複雜，非但我國人未窺底蘊，即歐美人亦多不了了。然社會黨成立，而社會主義之精髓未得，則此主義且有流弊隨之，此不得不與諸君研究者也。"

　　在談到馬克思的《資本論》一書時，民立報版增加了一句，社會學家重視《資本論》，"仿佛基督教徒之重視《聖經》"。在中國與共產主義的問題上，民立報版增加了一句，"雖中國家族有數世同居者，頗爲一共産之小模範，然行之一家猶可，行之一國或世界則不能"。

　　民立報版還分別標注了第一天和第二天的演講內容。在第一天演講的收尾階段，孫中山談道，"鄙人今日所陳只略就社會主義之派別與諸君研究，而斷言國家社會政策之當采，與均富主義之不宜。若夫社會主義果爲何物？則當先略明經濟學，俟明日更與諸君論之”。

　　民立報版與單行本版均是記述者根據演講的大意，補充修訂而成。文本與記述者行文風格、知識儲備有較大關係，因此存在較大差別。

8. 底本缺失的章節

　　底本的第13、14、15、16頁缺頁，只能利用內容相近的版本加以參考。根據上海三民圖書公司1925年出版的《中山全書》，對應底本所缺失的內容如下。

　　　　由地價中抽什之一，他之苛稅皆可減輕，而資本家於是不能肆惡也矣。

　　　　亨氏與麥氏二家之説，表面上似稍有不同之點，實則互相發明，當并存者也。世界地面本屬有限，所有者壟斷其租稅，取生産三分之一之利，而坐享其成，與工作者同享同等之利益，不平之事，孰有過於此者？人工一分，既勞心力，自應得其報酬。土地本爲天造，并非人工所造，故其分配不應如斯密亞丹之説也。故土地之一部分，據社會主義之經濟學理，不應爲個人所有，當爲公有，蓋無疑矣。亨氏之説如是。麥氏之説，則專論資本，謂資本亦爲人造，亦應屬於公有。主張雖各不同，而其爲社會大多數謀幸福者一也。

　　　　麥克司之《資本論》，主張資本公有。將來之資本爲機器，遂有機器公有之説。發明鐵道者爲司的文生（Stephenson），發明機器者爲華特。經濟學者謂鐵道、機器既爲二氏所發明，則鐵道、機器二者之益，應歸二氏所專有。殊不知機器雖爲個人所發明，然所以能發明者，其智識豈盡出於天賦乎？以受社會種種之教養，始爲發明機械之知力，及發明機械之機會。使生司的文生、華特於荒島僻地，其智慧將何自啓乎？即其天資極頂聰明，則耕而食，織而衣，以足供其一生之工作，尚何暇從事於機械之發明哉？由此可知，鐵道、機械雖二氏發明，實二氏代社會發明也。社會之教養，原爲社會謀幸福之代價，二氏既藉社會之力發明機械，則機械即不能私有其利益，其利益即應公之於社會。社會對於發明機械之人，以其勞心勞力，按社會經濟分配之原理，予以相當之報酬可矣。即發明無綫電之莫科里（Maconi），亦不過得勞心之報酬而已，而無綫電之生利資本，應歸公有。此麥克司學説之所由來也。

綜二氏之學説，一則土地歸爲公有，一則資本歸爲公有。於是經濟學上分配，惟人工所得生產分配之利益，爲其私人贍養之需。而土地資本所得一分之利，足供公共之用費，人民皆得享其一份子之利益，而資本不得壟斷，以奪平民之利。斯即社會主義本經濟分配法之原理，而從根本上以解決也。

所之現①謂經濟學者，恒分二派。一、舊經濟學派，如斯密亞丹派是；二、新經濟學派，如麥克司派是。各國學校教育多應用舊經濟學，故一般學者深受舊經濟學之影響，反對社會主義，主張斯密亞丹之分配法，縱資本家之壟斷而壓抑工人。實則誤信舊經濟學説之過當，其對於新經濟之真理，蓋未研究之耳。社會主義家則莫不主張亨、麥二氏之學説，而爲多數工人謀其生存之幸福也。

諸君既略知經濟學之綱領，與實業革命之理由，進以審鑒，則舊

---

① “所之現”，有誤，應爲“現之所”。

經濟學中所爲①生產三種之分配，似未得其平允。緣機器未發明以前，工作皆爲人工，生產力亦甚薄弱。所謂資本者，不過工人之生活資料已耳。準經濟學三種之分配，其未平允之處，尚未易見。實業革命以後，工作所需人工既漸減少，而生產力又較前加增，資本家以機器爲資本，壟斷利源，工人勞動所生之產，皆爲資本家所坐享，不平之迹，遂爲一般學者矚及，於是昌言經濟學分配之法，有未盡合於經濟學之學理者矣。我國古代學說謂："生之者衆，食之者寡，則財恒足。"又謂："工之家一，用器之家六；農之家一，食粟之家六。"則社會經濟必起恐慌之現象。誠以人工所成之物產有限，勞動者少而消耗者之多，則所生之產有不足供給之勢，財貨因之匱乏，經濟因之恐慌。歐美舊經濟學者亦多主張此說。在實業未革命以前則然耳，社會既經實業革命，機器繼以代人工之煩，生產力之大，較人工且至萬倍，所生產之物品，銷路不廣，反有停積之憂。處今日而言社會經濟，不患生之者不衆，而患食之者不衆。曩之主張工多用少，與今之主張工少用多者，適成一反比例矣。此皆舊學說不適用於現社會之證也。

我國未經實業革命，向主張閉關主義。後受外人之挾迫，不得已開海禁，惴惴自恐，以爲貨物外溢，物價必昂，思有以防範之者，遂有輕入口稅、重出口稅之一法。殊不知外人之意，在暢銷該國洋貨，不在購買。我國種種防止之手段，反爲外人所利用。洋貨充塞，土貨停滯，經濟上受其莫大之影響，實由於我國人民不知經濟學之原理所致也。

我人知社會貧困，當求生產發達，何生產既多，而社會反致貧困乎？其中原因，實由於生產分配之不適當耳。工之所得，不過其一小

① "爲"，有誤，應爲"謂"。

部分；地主與資本家所得，反居多數，復以餘利作資本，營業演進，貨物充塞，競銷奪利，社會經濟受其莫大影響。故根本解決，有不能不從分配上着手也。

　　當全用人工時代，其生産之結果，按經濟學舊説以分配，土地、人工、資本各得一分，尚不覺其弊害。機器發明之後，猶仍按其例，此最不適當之法也。勞動者多，而機器廠所雇之工人少；生産物多，而工人所得之酬報少；人工賤，而土地資本貴矣。貧富階級日趨日遠。社會主義學者遂欲研究分配平均之善法以救其害，以爲現世界人類貧富苦樂之不同，社會上因之而少安寧之幸福。社會主義之主張，實欲使世界人類同立於平等之地位，富則同富，樂則同樂，不宜與貧富苦樂之不同，而陷社會於競争悲苦之境。

　　自實業革命之後，社會主義發生，一般學者始悟舊經濟分配之不當，主張人工宜

9. 辛亥革命前後孫中山關於社會主義的演説與馬克思主義的中國化

　　孫中山不僅是資産階級民主革命的領路人，也是傳播社會主義先進思想的先行者。孫中山很早就接觸到社會主義學説。梁啓超在《中國近三百年學術史》中論及清末思想界的幾個主要思想潮流時，曾這樣評價孫中山："他雖不是學者，但眼光極鋭敏，提倡社會主義以他爲最先。"①不僅如此，辛亥革命前後，孫中山倡導社會主義學説與中國實際相結合，讓中國人開始將目光轉向社會主義，促進了馬克思主義中國化的進程。

---

① 梁啓超. 中國近三百年學術史[M]. 北京：中國和平出版社，2014：34.

　　孫中山早在 1896—1897 年的歐洲之行中，就已經認識到西方資本主義并非完美的制度，轉而研究社會主義，希望從中找到中國的富强之路。孫中山回憶道，兩年歐洲游歷和考察，才發現以往認爲國富民强的歐洲列國，人民生活并不幸福，反而社會矛盾頻發，革命不斷。孫中山總結，要找到民族、民權、民生一并解決之道，才可以使中國擺脱積貧積弱的局面。

　　孫中山始終關注歐美思想界的動向。他在《民報》發刊詞中指出："歐美强矣，其民實困。觀大同盟罷工與無政府黨、社會黨之日熾，社會革命其將不遠。"①孫中山多次在講話中提到，"我們要解決中國的社會問題，和外國是有相同的目標。這個目標，就是要全國人民都可以得安樂，都不致受財産分配不均的痛苦。要不受這種痛苦的意思，就是要共産。所以我們不能説共産主義與民生主義不同"②。

　　1905 年，孫中山訪問了布魯塞爾第二國際書記處，并要求加入該組織。孫中山希望中國社會主義者能夠借鑒歐洲先進的生産方式，使用機器提高生産效率，同時避免資本主義貧富分化等種種弊端，努力使中國的工人免受資本家剥削帶來的痛苦，希望中國儘快進入社會主義的生産階段。③

　　1911 年底，《申報》曾登載孫中山在東京一次演講的記録。孫中山在講中指出，"國猶舟也，大總統則航海師也"，而此時的中國是一條破舟，要"由破壞而建設，惟總統任此重大之仔肩"。但此時"我們實行民族革命、政治革命的時候，須同時想法子改良社會經濟，組織防止後來的社會革命"，這是最大的責任，倘若"這三樣有一樣做不到，就不是我們的本意"④。孫中山在各地奔走革命之際，不忘學習歐美關於社會主義的最新成果。他回

---

① 廣東省社會科學院歷史研究室，等. 孫中山全集：第 1 卷[M]. 北京：中華書局，1981：228.
② 孟慶鵬. 孫中山文集：上[M]. 北京：團結出版社，1997：269.
③ 孫中山訪社會黨國際局[N]. 警鐘日報，1904-04-26.
④ 記孫總統之政見[N]. 申報，1911-12-31.

國時就攜帶了從歐美購來的“最新社會主義名著”四種，即《社會主義概論》《社會主義之理論與實行》《社會主義發達史》《地税原論》。由此可見，孫中山在不斷形成和完善一套系統發展的政治、經濟、社會的建國思想。

　　孫中山并不一味追求西方的社會主義學説，而是希望在吸收其經驗和汲取其教訓的基礎上，走一條中國特色的社會主義道路。因此，他始終强調中國不必亦步亦趨地學習西方。中國落後的資本主義發展水準反而爲其提供了超越西方的機會，社會主義施行恰逢其時。

　　孫中山在辭去臨時大總統的職務後，借 1912 年 3 月南京同盟會會員爲其開餞別會的機會，闡明了自己的想法。他認爲政治革命已經完成，社會革命應隨之而起。社會革命惟有在當下中國較容易的時候着手，倘若等到中國貧富階級已成，然後圖社會革命，則“失之晚矣”。孫中山由此提出了平均地權、借用外債的兩種辦法。他指出，“若能將平均地權做到，則社會革命已成七八分了”，而“地爲生產之原素，平均地權後社會主義則易行”。在考慮到“國家欲興大實業而苦無資本，則不能不借外債”以發展生產力，對於一個國家而言“能開發其生產力則富，不能開發其生產力則貧”，因而他主張借資本發展生產力，但同時“不可不防一種流弊，則資本家將乘此以出是也”。爲此要“一面圖國家富强，一面當防資本家壟斷之流弊。此防弊之政策，無外社會主義。本會政綱中所以采用國家社會主義政策，亦即此事”[①]。孫中山意在説明，社會主義在中國的施行事不宜遲。

　　孫中山指出歐美發展重政治不重社會，以致社會問題層出不窮。1912年 4 月 10 日，孫中山在武漢各界歡迎會上進一步闡述社會革命與“社會主義”的相關思考。他指出歐美發展的失誤在於“以爲政治良，百事皆良，

①　孫中山先生餞別會之演説詞[J]. 共和言論報，1912（1）：75-82.

遂不注意於社會事業"，"倘歐美早百年注意社會問題，而今日補苴罅陋之
政策可不發生"，"今吾國之革命乃爲國利民富革命，擁護國利民富者，實
社會主義。故欲鞏固國利民富，不可不注重社會問題"。此次演講，孫中山
對工人罷工闡述了自己的理解："世間頗誤認同盟罷工爲社會主義，而實非
也。罷工一事，乃無法行其社會主義而始用之，以發表其痛苦，非即社會
主義也。"并希望在社會革命着手伊始，各團體"復以其一致之精神，從事
斯業"①。

　　在孫中山的理論中，民生主義與"社會主義"、社會革命緊密地聯繫起
來。他鼓吹"社會主義"的出發點和立足點是民生主義。社會主義對於孫中
山的三民主義體系而言，是工具性的補充，與民生主義常常交替使用。孫中
山對"社會主義"的認識尚處於初識的學理階段，理論認識尚待完善。②

　　孫中山對共產主義的反對，基於以下兩點原因。第一，孫中山反對共
產主義可能帶來的革命和社會動蕩。他認爲"罷工之事，工人之不得已也，
世界上最慘最苦之事也"。但資本家與勞動者的衝突可能造成的流血，更是
他所不願見到的。

　　第二，孫中山認爲中國不具備實現共產主義的條件。孫中山認爲共產
主義立意甚高，"本爲社會主義之上乘"。但由於當下國民道德程度低，所
以無法實施，蓋因"盡其所能，以求所需者，尚居少數；任取所需，而未
嘗稍盡所能者，隨在皆是"。因此，實行共產主義會造成社會秩序的混亂。

　　因此，孫中山不僅主張中國施行社會主義制度，而且是"集產式"的
社會主義。孫中山提倡亨利·喬治的"單稅社會主義"，宣導徵收土地稅，
稅收歸公。中國在資本主義制度尚未發達，地價尚未上漲之際，恰好有利

---

①　廣東省社會科學院歷史研究室，等. 孫中山全集：第 2 卷[M]. 北京：中華書局，1982：332-333.
②　章揚定，熊飛. 試析孫中山 1912 年 "社會主義" 之主張[J]. 近代中國，2015：22.

於施行這一制度。孫中山指出，社會主義有經濟、社會雙重效果，一方面，國家有鐵路、礦業、森林、航路之收入及人民地租、地税之完納，使國庫充盈，有取之不竭、用之不盡之勢。另一方面，社會主義制度使中國變爲"自由、平等、博愛之境域"，"實行社會主義之日，即我民幼有所教，老有所養，分業操作，各得其所"。因此，孫中山主張中國采取亨利·喬治的單税制社會主義。

通過觀察孫中山在 1912 年的一系列演説，可以看到孫中山一方面不斷將社會主義的理解具體化，將社會主義政策落實到鐵路國有、土地國有等具體問題上；另一方面，他在探索一條有别於西方的中國社會主義道路。但由於知識背景、政治立場等方面的原因，孫中山未能將科學社會主義與中國革命緊密聯繫起來，這是其思想的局限性所在。

辛亥革命提高了人們的政治熱情，促進了民族覺醒，開闊了人們的視野，掀起了中國近代史上思想大解放的高潮，從而爲馬克思主義在中國的傳播營造了良好的氛圍。正如周恩來所説，它"使人們在精神上獲得了空前的大解放，爲以後革命的發展開闢了道路"①。辛亥革命前後的孫中山躍至民國政治舞臺的中心，一舉一動，萬衆矚目。他大力倡導社會主義，引領了中國學習社會主義的熱潮。

辛亥革命時期孫中山深化了對社會主義的認識。第一，同盟會時期，孫中山的經濟政策相對簡單，集中於"平均地權"，但到了辛亥革命時期，他已經對社會主義的政治、經濟、文化教育政策及主張與性質等問題，都有了新的認識。第二，同盟會時期孫中山對馬克思及其學説還没有什麽認識；辛亥革命時期，孫中山頻繁提及馬克思主義，并稱贊馬克思主義在社

---

① 周恩來在辛亥革命五十周年紀念大會上的開會詞[N]. 人民日報，1961-10-10.

會主義史上的重要地位。這説明孫中山的社會主義思想開始逐漸受到馬克思主義的一些影響。甚至有人認爲，孫中山"所論純係馬克斯之學説，主張以國家爲公共機關，舉人民一切公共事業悉納之於國家而任其支配，是爲純粹的國家社會主義"①。

孫中山在給社會黨演講的開始，就表明自己是"社會主義之一人"。他指出馬克思在社會主義理論體系中的重要地位："後有德國麥克司（即馬克思——編者注）者，出苦心孤詣，研究資本問題。垂三十年之脩，著爲《資本論》一書，發闡真理，不遺餘力。而無條理之學説，遂成爲有統系之學理。"孫中山還提出，馬克思的學説"實得社會主義之真髓"，可見孫中山極爲推崇馬克思的思想學説。

孫中山列舉了歐洲社會主義的主要派別，分別爲共産社會主義、集産社會主義、國家社會主義、無政府社會主義。他認爲這四派又可歸爲兩派，即集産社會主義和共産社會主義。兩者的差別在於，前者主張凡生利各事業，若土地、鐵路、郵便、電氣、鑛産、森林，皆爲國有；而後者主張人在社會之中，各盡所能，各取所需。

孫中山對於社會主義的鼓吹在全中國，乃至世界範圍内都産生了重要影響。前文提到 1912 年 4 月，孫中山解職後在同盟會會員餞別會上的講話，後出版發行，流傳甚廣。他指出只有社會主義道路才是中國的唯一出路。這篇重要講話引起了國際無産階級和馬克思主義者的注意。比利時社會主義的工人黨機關報《人民報》，曾於 1912 年 7 月 11 日以《中國革命的社會意義》爲題予以發表。1912 年 7 月 15 日，俄國布爾什維克的《涅瓦明星報》又予轉載。列寧讀了孫中山的這篇講話後，寫了題爲《中國的民主主義和

---

① 克恭. 孫中山先生社會主義談[J]. 新世界，1912（4）：14.

民粹主義》的重要文章，與孫中山講話的譯稿同時發表在《涅瓦明星報》上。列寧盛贊孫中山"戰鬥的、真誠的民主主義"思想，認爲孫中山的思想體系同"社會主義空想"聯繫在一起。因此，列寧稱孫中山爲"中國民粹主義者""主觀社會主義者"。列寧因此更加肯定中國的社會主義道路，同時預言中國的無産階級政黨必將帶領中國走向社會主義。①

在歷次演説中，孫中山總體而言給予了馬克思及其學説高度的評價，這給聽衆留下了深刻的印象。40 多年以後，著名教育家張奚若曾回憶説："那時中國社會黨邀請孫中山講演，講的題目是介紹社會主義。我一連聽了他三天的演講。直到現在我還記得很清楚，他響亮地用英語講着卡爾·馬克思的名字。當時我們對於社會主義真是什麼也不了解，經孫先生一講，才了解一個大概。"②

孫中山推動了社會主義思潮在中國的傳播，爲中國思想理論界注入了新鮮的血液，從而爲十月革命後馬克思主義在中國的廣泛傳播創造了有利的思想認識條件。

10. 文獻綜述

圍繞 1912 年孫中山在社會黨本部所作演講的版本、内容及意義，學界已經湧現出豐富的研究成果。現有研究主要集中在以下幾個方面。

第一，關於孫中山在社會黨所作的講演的研究。朱華注意到國内很少有人的研究涉及孫中山在上海中國社會黨演説的單行本，因此他對這個單行本的版本作了詳細介紹，比較了單行本與同時代在《天鐸報》和《民立

---

① 列寧. 列寧選集：第 2 卷[M]. 北京：人民出版社，1995：293.
② 尚明軒，王學莊，陳崧. 孫中山生平事業追憶録[M]. 北京：人民出版社，1986：254.

報》登載版本的差異，最終得出結論，認爲單行本在品質上要優於現在通行的《天鐸報》版本。①汪佩偉、李焰曾認爲，孫中山在中國社會黨的演説，將孫中山與中國社會黨的關係推進到最緊密的階段。孫中山與江亢虎及中國社會黨在辛亥革命前後的互動，恰好反映出這一時期社會主義的傳播浪潮。②蕭克芬認爲，孫中山的演説內容，説明其并未弄清科學社會主義的真實含義。③

　　第二，關於孫中山土地國有思想的研究。Harold Schiffrin 指出，孫中山的土地國有思想與亨利·喬治的思想有密切聯繫，但同時也有不同，孫中山努力使這一思想與中國的實際國情相適應。④杜恂誠等人引證孫中山的演講，指出孫中山的土地國有思想，具有鮮明的反封建主義色彩和反壟斷資本主義的傾向。但是孫中山所討論的土地問題，仍未脱離資本主義的框架，這就使他所制定的土地綱領帶有空想的主觀社會主義的色彩。同時，根據孫中山的土地國有思想，實現土地國有而又保留一般生産資料的私有制，就可能消除土地私有壟斷對資本主義發展的阻礙，其實，它只會極大地促進資本主義的發展，而不會"防止"資本主義。⑤李小艷指出，孫中山的土地國有思想，是以保護地主階級利益爲前提的，反映出資産階級改良派的妥協性。儘管孫中山的思想仍屬於空想社會主義的一種，但它爲科學社會主義提供了有益的思想來源。⑥

---

①　朱華. 孫中山《在上海中國社會黨的演説》的單行本[J]. 檔案與史學，2002（2）：68-69.
②　汪佩偉，李焰曾. 江亢虎與孫中山關係評議[J]. 華中理工大學學報（社會科學版），1998（2）：120-125.
③　蕭克芬. 民國初年孫中山的"社會主義"觀[J]. 廣州社會主義學院學報，2004（4）：44-47.
④　Harold Schiffrin. Sun Yat-Sen's Early Land Policy: The Origin and Meaning of "Equalization of Land Rights" [J]. *The Journal of Asian Studies*，1957，16（4）：562.
⑤　杜恂誠，嚴國海，孫林. 中國近代國有經濟思想、制度與演變[M]. 上海：上海人民出版社，2007：50.
⑥　李小艷. 近代中國三種空想社會主義思想形態及其影響[J]. 科學社會主義，2016（3）：120-126.

　　第三，關於孫中山的社會主義思想與科學社會主義關係問題的研究。
Sein Lin 指出，孫中山的社會主義思想較爲模糊，他既肯定馬克思主義的學
術價值，又否認剩餘價值的存在，既反對資本主義，又不承認資本主義崩
潰的必然性。[①]李澤厚認爲，通過孫中山的演講，可知孫中山在古典政治經
濟學和馬克思主義政治經濟學兩者之間毅然選擇了後者。[②]從這點而言，"社
會主義"是作爲民生主義的一種補充而被提出的。然而在演説的過程中孫
中山又常將"社會主義"同民生主義等同視之，其中除希望得到一定政黨
的支持外，尚是孫中山對"社會主義"的認識尚處於初識的學理階段，理
論認識尚待完善之故。[③]

　　孫中山的主觀社會主義思想與科學社會主義的共同之處，在於對中國
當時的社會狀況不滿。孫中山的平均地權與節制資本，旨在實現生產資料
公有制。從這一方面看，孫中山的主觀社會主義思想與馬克思的科學社會
主義思想是一致的。孫中山的主觀社會主義思想的哲學基礎是民生史觀，
而且不同意采用階級鬥爭達成社會主義。孫中山的主觀社會主義和馬克思
的科學社會主義存在較大差別。儘管孫中山主觀社會主義思想有其自身的
缺陷，但就當時所處的社會歷史條件來説，這一思想具有一定的歷史作用。
它推動了中國的社會進步和民主革命的發展，爲今後社會主義思想的進一
步傳播奠定了基礎，也起到了思想啓蒙的作用，還引起了世界對中國革命
的關注和同情。[④]

　　第四，關於辛亥革命前後孫中山對馬克思主義中國化的貢獻的研究。
Robert A. Scalapino 和 Harold Schiffrin 指出，孫中山及其追隨者在 20 世紀

---

① Sein Lin. Sun Yat-Sen and Henry George：The Essential Role of Land Policy in Their Doctrines[J]. *The American Journal of Economics and Sociology*，1974，33（2）：206.
② 李澤厚. 中國近代思想史論[M]. 北京：生活・讀書・新知三聯書店，2008：351.
③ 章揚定，熊飛. 試析孫中山 1912 年 "社會主義" 之主張[J]. 近代中國，2015：12-23.
④ 吳慧. 孫中山主觀社會主義思想論析[D]. 上海：華東師範大學碩士學位論文，2017：34-39.

初將社會主義大致分爲兩類，一類是共産主義，一類是民族社會主義
（National Socialism），這對於理解孫中山與馬克思主義的關係十分重要。①吕
明灼分析孫中山在辛亥革命期間轉向社會主義有三個原因：第一，革命運
動高潮的推動；第二，革命主要任務轉向社會問題的理論；第三，這也和
他當時對政治的悲觀態度有關。辛亥革命時期，孫中山在其演説中屢次提
及馬克思及其學説，并予以很高評價，這説明孫中山的社會主義思想已開
始逐漸受到馬克思主義的影響。②

　　周全華、侯紅蓮認爲，孫中山等人的民生主義是馬克思主義傳播的重
要環節，但也必須注意到孫中山提倡社會主義的立足點仍然是民生主義。③
蕭克芬總結，辛亥革命前後，孫中山對馬克思主義中國化的貢獻主要有四
點：第一，明確地肯定了馬克思主義的科學價值；第二，孫中山公開表示
贊同社會主義理論，并對社會主義的美好前景進行了描述；第三，孫中山
揭露了資本家剥削工人以致富的客觀事實，公然表示同情工人階級的反抗
鬥争；第四，孫中山受唯物史觀影響，認定人類社會進步的決定性因素在
於經濟方面，社會主義就是要從經濟方面徹底解決社會存在的問題。④

① 　Robert A. Scalapino，Harold Schiffrin. Early Socialist Currents in the Chinese Revolutionary Movement：Sun Yat-Sen versus Liang Ch'i-Ch'ao [J]. *The Journal of Asian Studies*，1959，18（3）：333.
② 　吕明灼. 孫中山早期社會主義思想的歷史發展——《評孫中山的早期社會主義》之一[J]. 齊魯學刊，1983（2）：50-52.
③ 　周全華，侯紅蓮. 聆聽與對話：孫中山論三民主義與馬克思主義[J]. 湖南社會科學，2015（6）：21-25.
④ 　蕭克芬. 民國初年孫中山的"社會主義"觀[J]. 廣州社會主義學院學報，2004（4）：44-47.

人　　道

順德　盧信 / 著

上海商務印書館

《人道》封面

目録

人道目錄

人 道

一

《人道》目錄第 1 頁

第
一
章

緒論

　　蒼蒼者其天體耶。渾渾者其地球耶。芸芸者其萬類耶。夢夢者其衆生耶。我不解不可思議之中何爲而有奇幻之宇宙。我不解六合之内。空洞荒邈。何爲而有行星何爲而有地球。我不解野馬塵埃。蜃樓海市。何爲而有莊嚴燦爛之山河大地平原島嶼。我不解日局星氣。彌綸變幻。何爲而有動植物。何爲而有翹然高出之人類。我不解蟪蛄朝菌。轉瞬即逝。生人何爲而又死人死人何爲而復生人。我不解自然生趣。各適其宜。人類何爲而甘受社會中有形無形之束縛。我不解貴賤上下等級森嚴。平民何爲而視國家如帝天①。奉政府爲神聖。我不解朱門酒肉。路有凍骨。下級人民何爲而舉一己能力之所得。任資本家攫之以自肥。我不解黃金瓦礫珠玉糞土。一般社會何爲而夢魂顛倒於金錢魔王之下。我不解人生朝露。數十寒暑。何爲而憂患艱難。備嘗苦況。我不解人類相見於地球上。雖多亦不過百年。何爲而相爭奪相殘殺相仇讎。乃至以身命爲之殉。我不解終日營營。衣食不足以自保。人類何爲而戀此煩苦之生涯。我不解朝起夕寢。飲食糞便。日

---

① "帝天"，即天帝，上天。

人道

順德 盧信 著

第一章 緒論

蒼蒼者其天體耶渾渾者其地球耶芸芸者其萬類耶夢夢者其衆生耶我不解不可思議之中何爲而有奇

幻之宇宙我不解六合之內空洞荒遐何爲而有行星何爲而有地球我不解野馬塵埃蜃樓海市何爲而有

莊嚴燦爛之山河大地平原島嶼我不解日局星氣彌綸變幻何爲而有動植物何爲而有翹然高出之人類

我不解蟪蛄朝菌轉瞬卽逝生人何爲而又死人死人何爲而復生人我不解自然生趣各適其宜人類何爲

而甘受社會中有形無形之束縛我不解上下等級森嚴平民何爲而視國家如帝天奉政府爲神聖我

不解朱門酒肉路有凍骨下級人民何爲而舉一已能力之所得任資本家攫之以自肥我不解黃金瓦礫珠

玉糞土一般社會何爲而夢魂顛倒於金錢魔王之下我不解人生朝露數十寒暑何爲而憂患艱難備嘗苦

況我不解人類相見於地球上雖多亦不過百年何爲而相爭奪相殘殺相仇讎乃至以身命爲之殉我不解

終日營營衣食不足以自保人類何爲而戀此煩苦之生涯我不解朝起夕寢飲食糞便日日如此年年如此

日如此。年年如此。人生何爲而希望於綿長之壽命。我不解世界出產之物。供給世界人類而有餘。何爲而有飢寒凍餒之人。我不解廣廈千間。身容數尺。膏腴萬頃。日僅數餐。何爲而侵奪他人之衣食。我不解同類相殘。血肉狼籍。死者不可復生。斷者不可復續。何爲而殘殺他人之生命。我不解是何因緣偶然聚合死期一至都成異物。何爲而逞一己之權力。侵他人之自由。如此何爲如彼又何爲。宇宙間存在之事事物物。吾皆不解其何爲。即至吾書何爲而作。吾亦不能自解也。夫天下寧有有所爲而爲者哉。試一窮其何爲之歸結。雖極沈酣世味之人。亦未有不爽然自失者。今夫爲金錢何爲乎爲衣食也。爲衣食何爲乎。爲身體也。爲身體何爲乎。爲子孫也。爲子孫何爲乎。爲人類也。爲人類何爲乎。爲地球也。爲地球何爲乎。爲行星也。爲行星何爲乎。爲宇宙也。爲宇宙何爲乎。爲不可思議之太空也。然爲不可思議之太空又將何爲乎。則莫之能答也。是故何爲而始。何爲而終。無一事可以根尋其何爲之原因。亦無一事可以了解其何爲之結果。此何爲而爲。彼亦何爲而爲。擾擾紛紛。乃錯鑄此不平之局。搔首問天拔劍斫地。終無以解人類之何爲而自尋煩惱也。

　　何者爲人類之終極乎。此誠一難解決之問題也。夫人生不過數十年耳。幼稚老衰而外。中間不過四十年。此四十年中。疾病夢寐。去其大半。所餘人生行樂之日。不過二十餘年。此二十餘年中。即使優游安樂。備享生人之幸福。則爲期亦暫耳。然生人不幸。呱呱墜地時。已隱若與憂患俱來。故一日未死。一日猶在憂患之中。夫使孕伏母胎時。豫知生人之況味。則生而受苦。無寧骨化精銷之爲愈也。然而網羅陷穽。吾人已深墜其中。設循此以往。都無拔脫之期。則世途險巇。寧復有生人樂趣。地球雖經億萬年而不毀。然留此憔悴呻吟之人類。亦復何用哉。雖然。我嘗昧昧以思之。世界本無創造之人。誰實設此憂患不平之局。毋亦生人自擾。因果相成。

積之既久。毒流靡暨。嗟夫。蠶絲自縛。其人類之謂矣。然而莽莽前途。果何者乃爲人類之終極。則必廢除現時存在之一切階級。而成一共同生活之社會。人人各竭一己之能力。各得一己之所需。此人類最終極之問題。亦即脫離苦海之大關鍵也。

　　雖然。人類習慣於強權之下。苟安畏難。本來盡昧。故一聞人類平等之説。竟有瞠目結舌。詫爲怪談者。及反覆曉以人道之正理。則每以難行一語相推諉。夫世界事事物物。苟以一難字了之。則人類至今。尚未發明火器之用。彼夫無線電報空中飛行器今人所視爲常物也。然以之語十八世紀以上之人。則羣起而非之矣。夫無線電報。空中飛行器。爲本來未發明之物。猶能以一人之腦力。見諸實行。況人類平等。原不藉外求之力。其難其易。奚啻霄壤哉。

　　難者曰"生存競爭優勝劣敗天演之公例也人類平等則競爭息競爭息則進化停滯矣"。抑知生存競爭之説。倡始於一二哲學家。後人假借附會。竟藉爲伸張強權之論據。今日社會不平。未始非競爭論階之屬也。競爭之害。近世學者多能言之。此非本論範圍。姑從略。大抵競爭之進化。野蠻之進化。而非文明之進化也。弓矢木石。殺人猶以爲太少。進而製鎗礮。進化誠進化矣。於人類何益哉。人類智識愈趨而愈新者也。有競爭則智識進化。即爲之一梗。蓋競爭者。對待外界而起者也。有人我之界限。有團體之界限。有國家之界限。有種族之界限。界限愈嚴。則競爭愈烈。而人類之進化亦愈遲。例如中國。默守數千年之舊。人所稱爲不適於競爭。而進化停滯者也。然其弊實在於競爭過度。夫使無國界之競爭。則必不至閉關自守。而智識交通。早已收文明之實效矣。此競爭害進化之一證也。尤有一説。則進化。必不藉競爭之力。而在智識之交通。人謂中國自海通以來。歐風輸入。競爭之効。已彰彰可考。此實大謬也。美國人民五千萬。而發明品

獨多。中國人民四萬萬。乃頑迷不振。如謂五千萬人互相競爭。而美國進
化。胡四萬萬人互相競爭。而中國不進化耶。如謂中國人不知競爭。故不
進化。然歐洲古代。黑暗何以異於中國。胡歐洲人知競爭。而中國人獨不
知耶。循競爭進化之說。則數千年之古國。四萬萬人互相競爭。進化當高
出歐美之上。然而不能者何也。則競爭之過也。大凡個人與個人之間。團
體與團體之間。國家與國家之間。種族與種族之間。愈競爭則界限愈嚴。
殘殺攘奪之風熾。而人類愈受其塗毒矣。此野蠻進化之說也。若夫智識競
爭。世人每執偉人傑士。多出草茅之事實。直以爲社會不平。則智識之進
步愈速。然下級人民。衣食不保。時間缺乏。一入競爭場裏。即已著著輸
人。是故不平等之競爭者。金錢之競爭。非智識之競爭也。貧富同赴一競
爭之場。則貧者必敗。而富者必勝。此自然之理也。夫人類智識之進化何
如此其濡滯歟。則貧富兩階級。爲之阻礙也。富者但求工心計善壟斷。貧
者但求衣食充足。身家安樂。凡此思想。皆進化之阻礙物也。世人竟有謂
貧富不均。則貧者必竭力競爭以求富。然百萬人競爭。而致富者幾人哉。
滅人之志氣。戕人之生命。誠莫競爭若也。然世有作無競爭則人類怠惰之
說者。此說尤不待辯。試舉一例以證其妄。歐美各國。有拘捕無業游民之
律。然查被拘之無業游民。每千人中有資本家幾人乎。貧富不平。此惰民
之所以日多也。競爭論者曰。天演物競。適者生存。雖然。有適有不適。
競爭之所由來也。然人類平等。無不適矣。又安所用其競爭乎。

　　難者曰“社會平等則人口激增世界必有人滿之患”。不仁哉是言也。夫
既知社會平等。則人口激增。然則社會不平人口減少之原因。論者曾一考
求其故歟。社會不平下級人民日在強權刀俎之上。芟夷劉削。安得而不日
少也。論者幸而未爲強權所屠殺耳。設身處局中。斷不幸災樂禍。而希望
於人口之減少也。夫世界出產之物。必足供世界人類之用。就令人口增加。

苦無尾閭之洩。然世界物產。不患不足而患不均。況科學進步。巧妙之人工。足以增加數倍之物產。而社會平等之日。醫學昌明。尤必有調劑人類之法。是故懷世界人滿之慮者。適成爲杞人憂天之見解而已。

難者曰"人類平等則互相殘殺互相争奪孰爲之調停孰爲之保護"。爲此言者。其亦熟審人類平等時之社會乎。人類所以有殘殺争奪之事者。不外各顧其私之故。人類平等。則智識道德日趨高尚。衣食既不必擾其心。私利更不能移其志。則殘殺争奪之事。果何自而發現乎。現世人類。各挾一殘殺争奪之心。乃以小人之腹。輕量社會平等時之人類。嗚呼。不其僒歟。

難者曰"人類平等則人類無報酬之希望而技術發明乃生大阻力"。此言總不脱營私自利者之口吻。人人爲利而研究技術。則求利之目的既達。而技術乃在可有可無之間。求利之心重。而研究技術之念輕。現世技術進步之遲緩。職此故也。人類平等矣。人人有研究技術之能力。人人有研究技術之思想。人人有研究技術之時間。爾時技術之進步。豈現世人所能望其肩背乎。

難者曰"貧富不平至今已極於此而欲破壞舊制則社會之騒擾寧有已時"。此僅從一面著想者也。破壞舊制。則社會騒擾。然仍此階級之舊。則下級人民。其痛苦又寧有已時耶。夫破壞現時一切之階級。下級人民。固恢復人生固有之利益。然於强權家究何所損。所損者不過目前無用之金錢。無益之權力。而子子孫孫。永享和平之福矣。

人類平等之説。雖欲反對。而無可反對者也。愈非難而理愈碻。愈反對而義愈明。然天下人捫心自問。人類果不應平等乎。吾請天下人皆設身處地。爲下級人民著想。試思。此數十年淒慘可憐之生涯。此中有何樂趣。彼一切之强權家。幸憑藉機會。佔奪人生之幸福。直以爲人類平等之説。妨礙彼等之利益。乃不惜以全力反對之。吾請一切之强權家想想。夫滄海桑田。人事靡常。今日憑借強權。安知無淪落之日。況一身以外。尚有子孫。強權即足以庇及身子孫未必不陷於下級人民之苦境。思之思之。人類不平等。強權家亦庸有利乎。

　人類平等者。人道也。吾信凡屬人類。斷無有反對人道者。惻隱之心。人猶有之。況社會不平。生人胥在憂患之中。下級平民。憂患固矣。強權家之憂患。尤進一籌。人類苟明乎此。則黃粱好夢。終有醒時。草草勞人。未有不作撇離憂患之想。世人每以難易問題。爲反對人類平等之根據。然人類平等者。有苦樂之問題。無難易之問題也。人人如以不平等之社會爲可樂。則人類平等。乃真難行。人人如以不平等之社會爲極苦。則翻然變計。破滅階級。而人類平等。乃實行於旦夕之間。況夫人能造成此不平之社會。豈有不能造成一平等之社會乎。逆人道之正則。經無量之衝突。以造成此不平之社會。人猶不覺其難。寧有順人類之心理。因人民之厭倦。以造成一平等之社會。乃反覺其難行者乎。失足沈溺之人。見者猶思爲之援手。謂人類胥沈溺以憂患之中。而不思自脫者。無是理也。吾生二十四年耳。經歷世事之日尚淺。然萬方一概憂患傷人。實不覺有生人之樂。不幸而遭逢困境無論矣。即幸而衣食幸福加人一等。然近之而宗族親戚朋友。遠之而所見所聞之事。吾腦筋太弱。凡顛連困苦之人類。一接觸於吾之耳目。吾腦筋即爲之不寧者數日。由是言之。吾雖一己之生活資料。足應一己之所需。然憂患之來。正萬端交集也。積種種不平之心境。感種種不平之事實。推究人道。討論人類之現在未來。則吾書之作。烏能已哉。

第
二
章
一

人生壽命

何者爲人類第一希望之事乎。則壽考康寧是也。今試執一途人而問之曰。汝其願壽考乎。未有不答曰願之者。汝其願康寧乎。又未有不答曰願之者。然而壽考康寧。果與人類有何等之關係乎。何眷戀之深而期望之切也。大地茫茫。衆生擾擾。過去不知幾千萬年。未來又不知幾億兆萬年。然倏焉而生。倏焉而死。雖富如煤油大王林木大王鋼鐵大王。終不免有同歸之日。故無論英雄豪傑。富豪帝王。言念及此。未有不起華屋山邱[1]。墓門翁仲[2]之感。蓋生死關頭。誠難打破。地球上一切有知覺之動物。莫不皆然。而於人爲甚。佛書云。人生在世。如牽羊入屠肆。一步緊一步。是故上焉者則犧牲身命。購大多數之自由。名譽富貴。一無所戀。生死問題。置之度外。此一類也。又或達人大觀。無人無我。一切萬有。無不俱空。圓球九萬里。我爲一沙虫。世界億兆年。我爲一過客。況地球破滅猶有窮期。死生事小。何足擾吾清夢。此又一類也。又或不生不滅。不滅不生。

---

① "華屋山邱"，典出曹植《箜篌引》："盛時不可再，百年忽我遒。生存華屋處，零落歸山丘。"根據《辭源》，"言人壽有限，富貴者亦終於死亡。"
② "翁仲"，相傳爲秦始皇時期的大力士。據傳秦始皇令翁仲將兵守臨洮，威震匈奴。

無則非無。有則終有。世上物質。從無滅盡。化學然。物理然。例如人體構造。水居其大部分。然人體雖死。水未嘗死。是無是有。即死即生。死此生彼。人永不死。此一類也。次焉者如桓温等輩。大丈夫不能流芳百世。亦當遺臭萬年。泯泯没没。終老牖下。與草木同腐。誠彼輩所不甘。故由是而殺身救世者有之矣。生死之念輕。名譽之心重。亦亂世中所不可少也。下焉者則昏昏夢夢。樂生惡死之念最深。動物恆情。誠罔足怪。然吾嘗昧昧以思之。則上焉者所謂聖賢哲士也。次焉者所謂英雄豪傑也。下焉者則芸芸衆生也。夫聖賢哲士英雄豪傑。世有幾人。況時值大同。聖人哲士。無由而表其性情。豪傑英雄。無由而顯其事業。雖義如華盛頓①仁如林肯②。亦何所表見於大同之世哉。下焉者更無論矣。且夫世有聖賢哲士英雄豪傑者出。則衆生必仍在苦海之中。兹之所言者爲人道主義。主要在人類平等。一切聖賢哲士英雄豪傑諸名目。自當并入於衆生之中。是故壽考康寧之説。概爲衆生論可矣。

　　人人既愛生惡死。希望於壽考康寧。然而壽夭修短。健康衰弱之不齊者。何以故。將如迷信宗教者所言。冥漠之中。自有主宰。得以操人壽考康寧之柄乎。夫自科學昌明。神權漸滅。一切虛無怪誕之説皆已不攻自破。彼夫無知男婦舉一切生人自由。悉聽命於鬼神之手。其耗財帛。勞身體。求一己之幸福。富者則擲黄金於虚牝。貧者益陷於窮境。若是者無論矣。乃至疾病災危。無門呼籲。猶復仰天默祝。或者冥冥之中。得以減輕其禍難。嗟夫人生本有自保之權利。至是乃漸滅殆盡。轉而託庇於憑空結撰之鬼神。愚人之愚誠可哀。然誰實爲之而至於此。則起於階級之不平。而經

---

① "華盛頓"，即喬治·華盛頓（George Washington，1732—1799），美國政治家、軍事家、革命家、聯邦黨人，美國首任總統（1789—1797）。
② "林肯"，即亞伯拉罕·林肯（Abraham Lincoln，1809—1865），美國政治家、思想家，共和黨人，美國第 16 任總統（1861—1865）。

濟爲其大原因也。

人有恆言。經濟爲人生第二之性命。雖然今日社會制度之不平。貧富階級之懸隔。其宛轉哀號。絕命戕生於經濟之下者不知凡幾。是經濟者實不啻操人類死生之柄。豈直第二之生命而已哉。夫冥冥之中。非有主宰生命之權。屬於經濟。既如前言。然其理由果如何乎。是不得不先推求人生疾病死亡之故。以進言其理由之所在。茲以生理學上說明之。

一屬於自動之原因　人體之生。可分四期。試略舉之。

第一期爲哺乳期　即攝取液狀營養物。（乳汁）以營養身體之時期。自分娩後至於乳齒發生之時是也。

第二期爲幼稚期　自乳齒發生至於成人期。其生理機能。雖著著與大人無異。然新陳代謝機之全體。則不及大人遠甚。

第三期爲生殖機能發動期　自十四歲至十七歲之間。身體起種種之變化。於小兒時。此等現象實缺如。

第四期爲衰老及死亡期　人體達最高成熟之年齡。自二十五至四十五年之間以後。則爲退行期。新陳代謝之度量。體重及身長之計算。略爲減少。而諸臟腑之官能。亦逐漸衰退。達最高度之年齡時。諸臟器中。腦及心臟。著著衰弱。即非由疾病而死亡。亦爲生理的死亡。此實衰老之原因也。

由此四期而觀之。可以知人生死亡之故矣。人生循此四期而生而長而老死。其死亡乃出於自然。即所謂自動之原因也。

一屬於他動之原因　自動之原因。其死亡出於自然。他動之原因。則死亡出於不自然。若疾病。若衰弱。若自殺。若意外。刑罰等。往往於少壯之時。即戕賊生命。並不循此四期之恆規者。即所謂他動之原因也。

雖然。人類死亡。既如以上二原因。然與經濟之關係若何。夫人類生存於地球上。各有生存之二大要點。一生活之要素。二保護此生活之具。

若夫生活之要素何以能充足乎。生活之具何以能保護完全乎。是不能不有待於經濟問題矣。夫自然之死亡。謂爲自動之原因。不自然之死亡。謂爲他動之原因。然衆生既愛生惡死矣。孰甘死亡於不自然乎。是問題頗屬有趣味之事。抑可以一言蔽之。則全視乎生活之要素。與夫保護此生活之具如何以爲自然不自然之標準。試舉人類之生活。及關於自動他動之理由説明於後。

一飲食　人莫不飲食。鮮能知味[1]。此儒者之言也。雖然飲食。不患不知味。而患不知所以飲食之理由。夫人不食則饑。饑則死。人所知也。然其理由果何在乎。

人體生成。其成分區爲五種。水。蛋白質。脂肪。含水炭素[2]。鑛物質是也。

（一）水者由酸素[3]水素[4]而成。人體成分中最多。占體重之七八成餘。血液及其血體中含之亦多。其主要作用。輸運自食物來之營養分。以生化學上之變化。並以排洩無用物於體外。此汗尿屎所由出也。

（二）蛋白質者。由水素酸素炭素室素[5]硫黄而成。其成分雖不如水之多。然爲人體生成之本質。最貴重之成分。其主要作用。生成各部諸機關之組織。且得以補充其消耗。當其酸化時。體力及體溫由是而生。故人體之生長期。及病後培養期。妊娠中。皆不可缺者也。

（三）脂肪者。由水素酸素炭素而成。其存在於人身中。人各異量。肥人多而瘦人少。女子多而男子少。多者占體量之二成。少者約一成。

---

① “人莫不飲食。鮮能知味”，語出《禮記·中庸》：“人莫不飲食也，鮮能知味也。”
② “炭素”，即碳元素。
③ “酸素”，即氧元素。
④ “水素”，即氫元素。
⑤ “室素”，即氮元素。

其主要作用。於體内酸化時。一以保體温一以生體力。爲人身運動作用之源。

（四）含水炭素者。由水素酸素炭素而成。其種類甚多。葡萄糖果蔗糖乳糖小粉纖維素等是也。通常人身内。比以上諸成分略少。其一部分受化學之變化。而變脂肪。其一部分如脂肪然。當酸化而生體温及體力。

（五）鑛物質。其量甚少。不足人體量五分之一。而骨中含有其二成二分。其質由種種之成分而成。其主要則石鎂錏鈉鐵燐酸鹽素等。身體諸機關之生成及活動。不可缺之物也。

以上五成分。各自有其特性之作用。爲人體生成之要物。或缺一或減少。則人身諸機關。必不能營適當之生活。夫人生數十年。一日尚生存。則體内之機能運動不絶。而體中諸成分。遂依化學上之變化。排出於體外。其排出之徑路。則尿糞便呼吸是也。據德國醫學上所檢查。大人每日所食爲肉麵包乳油藷鹽水等。綜計攝取各成分之量。爲三五〇〇。排出之量爲三三四二。其生存於體内之餘成分。得一五八。此餘成分則所以增長身體者也。反之食物斷絶。至於飢餓。則外至之營養物既絶。不能不耗其固有之體質。以爲保護燃燒機能之用。迄體内物質亡失其大部分。遂瀕於死。又如營養物不足。排出之量過於攝取之量。則體内諸成分。有減而無增。以是日漸衰弱。此皆生理上之定例也。雖然。食物與人生其關係既如此。然衆生乃不免於飢渴之害者何也。則貧富之不平也。

夫以生理學上論。肉食人種與米食人種。有康強衰弱之别。肉食者強。米食者弱。觀之歐美亞人種可知也。蓋人體中既以蛋白質爲主要成分。而含有蛋白質之物。則以肉類鷄蛋爲主。據醫學上所言。（動物性食物〔肉類〕其成分蛋白質多且含多量脂肪故滋養力最大於胃中消化亦極佳良無害胃之恐若植物性食物除豆類外皆富於澱粉質而蛋白質與脂肪極少。）又如日本。
夙爲米食國。自維新以來。醫學進步。一日千里。社會上多倡肉食之説。
惜物産缺乏。民間生活。頗爲困難。此願未易償也。大抵米食比肉食營養
之成分少。欲得肉食同量之蛋白質。須食二倍以上。而肉食則比米食有三
倍以上之蛋白質。消化亦極容易。米食之蛋白質。醫學上稱爲不消化物。
此不消化物。刺激腸胃。生種種之妨害。加農夫及一切勞力者。平常用筋
力多而用精神少。以其精神之力。轉集於消化機能。以是雖大食而無害。
並足以保其身體之康健。若夫一切用腦之人。耗精神多而運動少。與農夫
勞力者等。適成反對。滋養分少之米食。究不能保持其身體也。由此觀之。
則肉食之益與米食之損。彰彰可見。然而中國人乃戀戀於米食。而不改圖
者何哉。豈米食味甘而肉食淡耶。吾知其必不然也。過屠門而大嚼。雖不
得肉亦且快意①。舉世不乏馮驩。而鋏已遍彈於四境矣。然則謂中國人不耽
肉食者。其然。豈其然。夫中國與日本不同。地土肥沃。物産豐饒。富與
美國等。即舉國肉食。亦綽有餘裕。區區日本。不足比擬也。雖然醫學未
明。衛生不講。重以經濟混亂。階級懸隔。不觀夫富者則食前方丈。貧者
則簞食豆羹。富者則盛饌陳於堂前。貧者則匍匐階下。以求冷飯殘羹之賜。
夫飢者易爲食。渴者易爲飲。貧無立錐。而猶注重衛生。計較於何者爲動
物性富於滋養分。何者爲植物性缺於滋養分。天下寧有是人耶。人生碌碌。
無論用腦用力。而如繭自縛。苦處均同。問其目的爲何。則所求者飲食爲
第一著。蓋飲食爲人生斯須不去之物。得之則生。不得則死者也。故以人
道主義論。當以世界生長之食物。分給於人。使人人皆如願以相償。然後
人人得以安其生命。此非過高之論。吾自問發於良心。言爲公理。吾甚願

---

① “過屠門而大嚼。雖不得肉亦且快意”，語出《文選》卷四十二曹植《與吳季重書》。

與天下之有良心者。一研究斯言。且夫飲食本爲生人之具。而貧富一不平
等。則飲食轉而戕人之生命。何以言之。凶年飢歲。則缺飲食而轉溝壑矣。
老弱疾病。則以飲食失宜。而斃命矣。萑符暴客。同屬人類。迫於飢寒。
窮而出此。則以飲食而異身首矣。嗚呼時至今日。飲食殺人之事實。更僕
難數。然可一言蔽之。則世界人類。無論以何事而戕賊其生命。皆飲食爲
之原因也。夫世界本無爭端。爭起於不足。不足起於不平。不平之原因。
雖有種種。而飲食爲其總因。讀者欲考求其故。試於所見所聞之事。一察
其遠因之所在。則會心處當在不遠矣。故夫貧富之階級不平。則飲食之度
量不齊。而世界人類之爭端益益紛擾。試就普通道理言之。今夫人知肉食
之足以強體矣。然中國四百兆人中。有肉食之能力者幾何人。此經濟之害
人。當不言而自喻矣。晉時飢民困苦。惠帝問何以不食肉糜。成爲千古笑
話。然於此足見帝王之生活程度。去平民遠矣。嗟夫飲食之不平等。而人
民生命愈不能以自保。故人道主義不行。而飲食無平等之望矣。

　　一衣服　鳥獸有羽毛。人類有衣服。非求外觀。抑以保護體溫也。自
夫貧富之階級不平。富者則錦衣繡裳。華服麗都。貧者懸鶉百結。衣敝縕
袍。衣服之不平等。由來已久。然此猶曰祇爲外觀。於生命無如何之關係。
若夫捉衿見肘。衣不蔽體。瑟縮於寒風凜烈之中。而輾轉斃命者不知凡幾。
此衣服之直接戕人生命者也。夫衣服者。一以保體溫。一以保體潔。人身
自內發出之炭氣。既吸集於衣服。自外而至之塵垢。又附著之。設非屢沐
浴易衣。則衣服將爲微生物之淵藪。吾嘗見一人。彼每見勞力者。必引而
避之。余叩其故。曰若輩終年不易一衣。體發奇臭。塵垢積於衣。閃閃有
光。微菌滋生。勢將傳染。奈何不引避耶。余聞其言。未嘗不笑其人之愚。
夫勞力者之體垢不潔。豈與生俱來耶。徒以財政困乏。衣服缺少。又無時
間以清潔身體。設不然則何時宜裘宜葛何時宜黑宜白。如何可以調攝衛生。

如何可以清潔身體。彼輩未必不知。然一察今日勞動者之現況。其果能實行否乎。

二居宅　居宅衛生。爲文明國人所最注重。故空氣穢濁。則生肺病。居室湫隘則增腦病。卑濕黑暗。日光不到。則生疫蟲。其他疾病之發生。尚更僕難以枚舉。要言之。則居宅與人生壽命。實有絶大之關係者也。然而富者則高樓大廈。具有樓臺花木之勝。貧者則室大如斗。地小人多。試觀城市附近。貧民每聚居於一隅。自成一貧民窟穴。空氣穢濁。日光不透。一入其中。臭氣薰蒸。令人作嘔。疾病叢生。死亡踵接。必較他處爲最多。故傳染病之起。必發生於貧民窟。而蔓延於各地。嗟乎貧民窟耶。地獄耶。人間何爲有此一境耶。不有富人。則貧民窟必無自而起。

一休息　人非鐵石。而以有限之精力。經營無窮之事業。吾恐事業未竟。精力已枯矣。此人生所以不能無休息也。歐美工人。歷年來與資本家衝突者。其主要問題。則工銀及休息時間也。歐美工人。其勞動時間。大抵以八點鐘爲率。吾國各種社會。皆無休息時間。而工人爲尤甚。一年之中除年假外無休息日。一日之中。日未出而作。夜深始息。勞動時間十八點鐘以上。然而工銀不增。財用不足。生活之程度又未嘗以是而高。徒令一般工人肋力日益衰疲而已。據生理學上。凡肋肉運動。最要平均。偏於一種之運動。永無休息。則必因是而生病。中國工人皆犯此弊。吾嘗見打金箔者矣。酷暑時汗流浹背。一徒弟揮扇其旁。一日十八小時中。皆彎背竭力以槌金箔。以是肺葉每萎。乃生不治之病。重以食物淡薄。空氣不足耗體力已甚。其衰病可計日而待也。此不過舉其一種言。其餘各項職業。孰非偏於一種之運動而無休息者乎。歐美七日一休息。美國凡禮拜日。商店不休息者。警察拘究之。夫歐美人豈好爲偷閒哉。毋亦慎重生命。非如是則不足以保一般人民之康健耳。

一憂患　世界一日未進大同。即人類一日未脫憂患之苦境。上焉者憂世界。次焉者憂國。下焉者憂一身。無時無事無人。無不在憂患之中。諺云樂極生悲。實則樂時憂已伏其中。且憂樂爲本無。同時同事。彼以爲樂。安知此不以爲憂。憂樂相乘。互爲因果。要皆發於心境之不平耳。大抵憂樂名詞。本諸不平等而出。設如佛書言。衆生皆登極樂世界。吾知此極樂世界中之人類。必不自覺其樂。並忘憂樂之爲何物。無人相。無我相。無種種之色相。徒熙熙然於此世界中而已。此之謂大同。此之謂衆生平等。平等則微特無憂。並樂而胥無之矣。夫人類不平等。既不能無樂。即不能無憂。是故憂世界者何憂乎。憂世界人類之不平也。憂一國者何憂乎。憂強權世界。國與國之不平也。憂一身者何憂乎。憂人類生活之不平也。語曰“生於憂患死於安樂”又曰“人無遠慮必有近憂”誠如斯言。則憂患適爲益人之具矣。然吾思之。古來所謂英雄豪傑。聰明哲士。以憂患而戕其生命者。比比皆然。況愚夫愚婦自經溝瀆者之相望於道哉。據德國醫學博士黑士連氏①所調查。腦病者八百二十八人中。其直接原因於憂患者。一百三十人。於此可見憂患與人生之關係矣。夫人生不過數十寒暑。而憂患交乘。幾若與生人相終始。普天下勞人怨婦。下級平民。所爲同聲一哭也。嗟乎生民之厭倦極矣。將欲相率而人於春風駘蕩之中者。其道何由乎。無已請自人類平等始。

一醫藥　貧民無病則已。有病必不治。其原因雖有種種。而醫藥之失調。其大原因也。據醫學上凡疾病〔除自然死亡外〕於初起期。未有不治者。例如肺炎固最急劇最易死人之病也。然肺炎之初起。多發傷風。夫傷風本小事。人多不注意。況生活困難。就令稍知衛生者。亦苦於醫藥之費。

---

① “黑士連氏”，不詳。

是以一誤再誤。遂瀕於死。姑舉此一例。足證其餘。又如肺癆疾。非但藥
石所能治。必擇山林僻靜之區。優遊療養。食物充足。一年或數年。未必
不可以全愈。然試問除巨富以外。誰能實行乎。肺癆一症。近世醫學上所
最注重之症。約計每死亡百人中。其因肺癆而死者。占九十餘。蓋病固屬
難治。抑人民貧富不平。療貧無術。況需巨款以調養乎。他如腦病胃病生
殖器病心臟病種種皆需調養。又如急劇之傳染病。又亟須遷地薰洗。要言
之。無不與經濟上有最大之關係者也。夫以今日社會之不平等。生活之困
難。例如一患胃病者。照例六月可以醫愈。然病人經濟困厄。或作或輟。
不能連接醫治。則病終不愈。又據醫學上言。凡病人入醫院調治。病必減
其三。蓋院內看護得法。藥餌周到。勝住宅百十也。然院費巨大。平民果
能擔任乎。香港年中華人。死於疫症者千人。〔就報告者言其未報而潛送內
地者不可勝數因華人畏薰洗也〕而西人死者三五人而已。蓋衛生不同。調
治各異。貧富實其分別之大原因。觀察社會者。於此可以鏡矣。

　　以上六端。皆人體生活之要素。與夫保護生活之具。完全則壽考。缺
乏則夭札。完全則康健。缺乏則衰弱。自然與不自然之界線。於是乎判。
蓋證之生理公例。無可逃者也。雖然是六端者。與人生之關係既如此。然
與經濟之關係又如彼。設平等主義不行。則一般人民而欲完全此生活之要
素。與夫保護生活之具。以相率入於壽考康寧之域者。吾恐地球有盡時。
此願無償期也。近世科學大明。而人生壽命。亦因是而進步。據醫學上言。
凡文明國人。平均每人得年三十。吾始疑之。然一稽各國之死亡統計表。
事實具在。無可疑也。夫以現在所稱之文明國論。貧富階級。極不平等。
所恃以保此一線生機者。不過政治稍周備耳。然國人生命。猶藉以延長。
設使階級一平。其壽命必尤有進者。邇來歐美自殺之風。日盛一日。即如

日本每年投身於華嚴瀧[①]者。人數以百計。論者每謂文明餘弊。自殺者乃增加。抑知不完全之文明。乃有流弊。今日各國所謂文明者。祇及於上級社會而止。於一般人民無與焉。夫社會進化。人類亦隨之。自殺本屬人類退化之一端。如社會果文明矣。則人類必無轉而退化之理。試返觀中國。自殺之數。無統計。無調查。無報告。然猶且日接觸於吾人之耳目。故執中國。以較之各國。則各國文明矣。然自殺之數。多至不可勝數者。是文明餘弊之説可破也。又如刑罰。歐美各國。每年處死刑者不過三五人。或並一人而無之。若中國每日刑人之數。已不止數百倍。由是言之。則歐美各國洵文明矣。然猶不免於死刑之設。亦文明未達完全之證也。去年美國一富人。犯殺人罪。纏訟數年。耗費約二百萬。後陪審員竟判爲狂殺。遂得以逍遙事外。金錢贖命。本現世常事。且所謂法律者。一若專爲平民而設。不足以範圍富人也。嗟夫平民殺人者死。富人殺人者免。文明果安在哉。吾謂近世假文明之面目。而以是爲戕賊人之生命者。尤有一端。則戰争是也。試問礮烟彈雨之中。塗染於平原蔓草者。非平民之血肉乎。夫階級不平。以尋常論。如以上六端。既不能完全人類之生活。復有種種網羅陷穽。隱若驅平民於死地而後已。自殺形罰戰争。不過舉其一二。其他直接間接。迫人民於不得不死之地位。尤難以枚舉。嗚呼。衆生既具知覺備官體。各有自保其生命之能力。自社會之不平。莽莽衆生。乃至無以自保其生命。誰生厲階。至今爲梗。人實爲之。謂之何哉。

---

① “華嚴瀧”，即華嚴瀑布，在日本栃木縣日光市内。

第
三
章
一

軍隊

　　強權世界。公理蔑絶。此近世之讕言。而一般人民所深苦者也。雖然強權何自而發生。蓋起於有所憑。藉今試問天下憑藉最大。害人最劇。爲強權之前鋒後盾者。此何物耶。世當無不知爲軍隊也。太古時部落戰爭。所恃爲強權之憑藉者。不外弓矢木石之用。迄知識漸開。爭端愈劇。故戰事一啓。始則率其家族伴侶以與之偕。勝敗既判。則弱者之部落。遂爲強者部落所兼併。此實爲軍隊戰爭之胚胎。迄兼併之部落愈多。而強權乃愈大。蓋隱然成一國家之形式矣。吾人處今日國家主義之世界。試一推想國家何自而成。實成於軍隊之手。設無軍隊則強權無自而生。即國家無自而成。吾人至今日或尚仍太古個人之舊。未可知也。近世帝國主義者。每假託於武裝和平之説。以粉飾虛僞之文明。不肖者益鼓吹世界野心家卑士麥①赤血黑鐵之言。推波揚燄。一若舍此而外。世界上無事業之可爲者。而人類乃愈無寧日矣。要言之則世界一日有軍隊。即人類胥在強權世界之中。

---

① "卑士麥"，即奧托・馮・俾斯麥（Otto von Bismarck，1815—1898），普魯士和德國國務活動家、外交家，曾任駐聖彼得堡大使（1859—1862）和駐巴黎大使（1862）；普魯士首相（1862—1872、1873—1890），北德意志聯邦首相（1867—1871）和德意志帝國首相（1871—1890）。

軍隊實擁護強權之利器者也。而強權之用。則別爲二種。

一國内之強權。

（甲）君主　古代無君主也。有之則自戰争始。證之希臘羅馬歷史可攷也。雖然往古部落時代。酋長所司大率爲對外戰争之事。專制之權未有如今日之烈也。迄部落互相兼併。人民生齒日蕃。由部落時代。一進而爲國家時代。軍隊既多。又皆服從於君主之下。黠者乃憑藉軍隊。爲擴充保護一己威權之用。酋長時代。注重於對外戰争。故聰明勇力者。衆舉之爲首領。一有失德。衆又得而放逐之。以是專制之威。亦無自而起。一入國家時代。君主漸據衆人之公有物。私爲一人一家之産業。恐衆人之起而與之争也。則不能不藉軍隊以逞其私。至是而君主之強權。一若爲天所授。固神聖不可侵犯也者。迄夫殘暴已極。人民皆困苦於水深火熱之中。各有時日曷喪及汝偕亡[1]之概。故君主至是而無軍隊之保護。則專制之術窮。幸而忠君愛國之邪説。深中於人心。人民乃各昧其本來。不肖者益助紂爲虐。以求君主之餕餘。故輟耕隴畔。揭竿斬木。奮臂於大澤者。君主得藉軍隊之力。芟夷剗削。靡有孑遺。復加以大逆不道之名。懸爲人民戒。於是君主之殺人。竟爲君主之特權。人民有與君主抗者。則殺無赦。至是而君主之強權。乃鞏固如泰山磐石矣。歐洲十九世紀以降。自由平等之説。既灌輸於人民腦中。黠者知專制強權。已達末運。於是利用立憲之説。爲鞏固君權之計。君主強權雖較古略殺。而主持公理之人民。一有不利于君主者。君主得以軍隊之力驅除之。此立憲之流弊。實不過專制之變相耳。故謂立憲而一般人民得享自由平等之幸福者。無是理也。何也。則軍隊爲君主強權之保護也。

---

[1]　"時日曷喪及汝偕亡"，語出《尚書·湯誓》："時日曷喪？吾與汝偕亡！"

　　（乙）種族　　嗚呼。滄海橫流。迄無寧境。種族之見。深入人心。吾以是知去大同之世。正遼遠也。大抵種界與國界相因而實相成。國界之見愈深。則種界愈牢不可破。人有恆言曰。一國之中。不能容二種族。吾始而疑之。繼而考求其故。則一國之中容有二種族者。其一必征服者也。其一必被征服者也。征服者既據有其土地。奴隸其人民。一國之權利悉爲一族之私有物。而被征服者之生命財產。更舉而置之征服者之囊中。此等事實。屢見於歷史上。古希臘羅馬時。凡征服者之種族。或則盡置之於死。或則縱火焚其城郭宮室人民。其幸而得生存者。則編爲奴籍。以示別於征服者之貴種。近古以來。此種野蠻惡習。表面雖較古稍殺。然滅種新法。與科學同時進步。其手段之陰柔。其肺肝之狠毒。人就其表面言之。每謂稍勝於古。余則謂其陰賊狡險甚於古代萬萬也。古代征服者對於被征服者。其手段則兇殘。爲人所共見。愛公理者猶得起而正其非。近世征服者對於被征服者。其手段則陰狠。而陰狠爲人所不覺。益復自誇天職。謂優等人種對於劣等人種。不能不講求最新之方法。而世界野心家。更互以榮名相標榜。由是人人皆有嘗鼎一臠之思。而公理愈即於漸滅矣。今試縱覽五洲。彼所謂天下之雄國者。非自詡爲文明耶。然征服者對於被征服者。其手段抑何野蠻也。英之待印度。俄之待波蘭猶太。世界不平之事。其最著者也。況夫黃白人種之競爭。發生未久。莽莽前途。吾人尚難以究其終極。而一思吾華人所處之地位。與夫所受之苦境。奴隸根性既深。撫我則后。虐我則仇。蚩蚩者民。竟有無從振奮之概。有心人所爲惻然大慟也。雖然征服者對於被征服者。既肆其壓抑凌逼之力。然被征服者果能長此奴隸之生涯乎。此事理之所必無。而征服者所常懸注者也。夫征服者所以能高枕酣臥。不患被征服者之崛起者。果何恃而不恐。無他焉。則軍隊也。英之制印度也。不過以少數英人。而能壓抑大多數之印度人者。此豈英人之智力過人哉。皆不外軍隊之力也。近世之以軍隊殘殺被征服者。其術愈出而愈巧。古代征服者之壓抑被征服者。其軍隊皆征服者之種族。近世則用以敵攻敵之法。如英人練印度兵以征印度。使之自戕同胞。而征服者安享漁人之利。故不折一兵。不費一矢。而一族私產。乃堅固而不可搖動。其狡黠爲如何也。夫政府專制。人民已苦矣。益以異族政府之專制。是被征服者尚足以自保其生命乎。嗟夫政府專制則軍隊之力也。種族專制亦軍隊之力也。故世界無軍隊。則種族之界可以平。不然舍正本清源之法。而爲隔靴搔癢之論。雖憲法如何精美。政治如何美備。而種族之爭正未有艾也。要言之。種界非文明也。然權衡於施與報復之間。目的在自由平等之域。則斟酌因應之。是在當局者矣。

（丙）資本家　貧富階級愈嚴。資本家與工人之衝突愈劇烈。資本家則移氣移體。安坐徐行。攫工人之血汗。以飽一己之私囊。工人則窮年操作饔飧不足以自保。困乏既極。迫而要求加工。然資本家飽食煖衣。何知工人之況味。矧加一錢之工價。即損資本家一錢之收入。試觀世界各地之商工業。幾見有工人要求加工價。而資本家毅然應許者乎。無有也。雖然、工人之一絲一粟。皆乞自資本家之餕餘。以是工人一家之生命。乃隱操於資本家之手。迄衣食不給矣。不得已而出於要求加工。要求無効。則工人處此苦境。將斂手待斃乎。抑另謀生活之計乎。要言之則工人於要求無効之時。除同盟罷工外。無第二之方法。假令果有第二之方法。則工人必不肯出於同盟罷工之舉。今人每見工人罷工者。必目之曰暴徒。曰莠民。吾願發此言者。誠一捫心自問。倘易地而處。又將若何。夫工人一飲一食之需。全恃此區區之工銀。罷工一日。即一身一家。胥忍一日之饑寒。試問天下有甘心窮餓。而與人相持者乎。則其不得已之苦衷。當可爲世人諒也。然而世上不平之局。不達不平之極端。尚無休止之時。資本家之盈餘。

施與報復之間目的在自由平等之域則斟酌因應之是在當局者矣。

（丙）資本家　貧富階級愈嚴資本家與工人之衝突愈劇烈資本家則移氣移體安坐徐行擺工人之

血汗以飽一己之私囊工人則窮年操作䘏殖不足以自保因乏極迫而要求加工然資本家飽食煖

衣何知工人之況味劂加一錢之工價即損資本家一錢之收入試觀世界各地之商工業幾見有工人

要求加工價而資本家毅然應許者乎無有也雖然工人之一絲一粟皆乞自資本家之餘以是工人

一家之生命乃隱操於資本家之手迄衣食不給矣不得已而出於要求加工要求無効則工人處此苦

境將斂手待斃乎抑另謀生活之計乎要言之則工人於要求無効之時除同盟罷工外無第二之方法

假令果有第二之方法則工人必不肯出於同盟罷工之舉今人每見工人罷工者必目之曰暴徒曰莠

民吾願發此言者誠一捫心自問倘易地而處又將若何夫工人一飲一食全恃此區區之工銀罷

工一日即一身一家胥忍一日之饑寒試問天下有甘心窮餓而與人相持者乎則其不得已之苦當

可為世人諒也然而世上不平之局不達不平之極端倘無休止之時資本家之盈餘悉屬工人之血汗

當要求加工時在理亟宜允許既拒絕矣工人迫而同盟罷工是時爆裂之機發於俄頃資本家縱不為

道理計亦當為一己之利害計則調停了結以保和平之局此其急務矣今之資本家則不然一遇同盟

罷工之事起一面拒絕其要求一面加派軍隊以嚴防工人之暴動夫工人罷工一日即忍一日之饑寒

悉屬工人之血汗。當要求加工時。在理亟宜允許。既拒絶矣。工人迫而同盟罷工。是時爆裂之機。發於俄頃。資本家縱不爲道理計。亦當爲一己之利害計。則調停了結。以保和平之局。此其急務矣。今之資本家則不然。一遇同盟罷工之事起。一面拒絶其要求。一面加派軍隊。以嚴防工人之暴動。夫工人罷工一日。即忍一日之饑寒。既如前言。然資本家之手段乃如此。日復一日。工人之饑寒愈甚。家人婦女。相對號哭。此情此景。尚可漠然坐視乎。迄夫忍無可忍。迫爲挺而走險之計。然赤手空拳。未及出發。已被戕殺於軍隊之礮彈矣。夫工人之衣食。仰給於資本家。則工人之生命。實懸於資本家之手。是工人本無抗拒資本家之利器。其所謂最後之手段者。不外同盟罷工而已。然同盟罷工。忍一己之饑寒。以要求區區之工價。於資本家無傷也。夫使資本家不假軍隊之力。以對待罷工者。則工人之生機。未必不稍延一線。而暴動之事當可少息也。然奈其壓力愈重何。則軍隊之罪也。

　　一國際之強權。

　　（甲）領土之戰争　近世國家學者。分國家爲三大要素。曰土地曰人民曰統治權。斯言一出。迷信政法學者多宗之。嗟夫天下從此多事矣。夫宇宙一逆旅。人類一過客。蠻觸戰争。已爲識者所不取。矧彼疆此界。畛域分明。何者爲土地。何者爲人民。何者爲統治權。公然著爲專科。倡於學校。謬説流傳。並無人起而議其非。亦可見人心之好亂矣。夫領土戰争。於古代爲最劇。而至今不少衰。試檢近世戰史。一稽其戰争之原因。往往以寸土尺地之故。犧牲無量數之生命。抛擲無量數之財産。而有所不恤者。就以吾人今日最密切之事言之。則遠東風雲。環球注目。而間島問題①。幾

---

① “間島問題”，“間島”，指中國圖們江北岸一帶領土，包括吉林省延吉、汪清、和龍、琿春四縣。朝鮮人稱該地區爲間島，早年曾越界前來墾殖。日俄戰争後，日本吞併朝鮮，派兵侵占間島。經清政府屢次交涉，日本不得不撤兵。1909 年 9 月中、日訂立《圖們江中韓界務條款》，規定以圖們江爲中、朝兩國國界，日本承認間島爲中國領土，但中國允許日本在該地設立領事館，享有領事裁判權和吉會鐵路（吉林至朝鮮北部的會寧）的修築權。

釀戰争之危機。彼此相持。皆自認爲領土。然間島明明爲華人舊地。且是
地居民。華人外則爲韓人。就令領土之爭。然出於韓廷猶可言也。若於日
本正如風馬牛不相及。何事而涉吾地耶。然日本自夷韓國爲領土後。又欲
假保護韓人之題目。爲又肆西封之計。幸而華人孱弱。無完全之軍備。不
得已而低首下心。俯伏於強權之下。設不然則遠東戰雲。早已繼日俄而開
幕矣。夫國無本體。僅屬虛擬之名詞。而名詞所自起。則成於對待。例如
中國。當閉關自守之前。以爲天下一家。除中國外無有別國。此雖夜郎自
大之見解。而從實際上觀之。則國家之界限甚微。近日士夫輒囂囂然曰。
吾中國無國也。以天下爲一國。無國名也。以朝廷爲國名。此等議論。皆
心醉於國家主義之人以巧趨時尚者也。雖然。余謂其見解之狹隘。猶遜於
閉關主義之人民。何也。夫既以天下爲一國。則所謂四海之內。皆吾兄弟。
以是國界之見。無由而顯。而領土之戰争亦少。若夫主張國家主義之人。
各執一國界以自封。國界之見愈深。而領土之爭愈劇矣。要之國界僅屬於
憑空結撰。而政府常得假其名以逞私慾。試問殺人耗財。獲得區區之領土。
然於一般平民。果有何等之利益乎。無有也。其結果不過政府坐收其利。
得新據之土地。則稅額增多。得被征服之人民。則專制之威權可用。近人
更有最可笑之言。謂國家雖非實體。而政府則爲其代表。殊不知政府自政
府。國家自國家。混國家政府而一之。不幾成爲專制政體乎。況政府爲國
家代表。然則土地人民統治權。悉屬政府之物。而國界之爭。愈見無爲。
政法家言。國家不能自由行動。而政府乃國家行動之機關。夫然則領土之
戰争。政府與政府之戰争也。以政府與政府之戰争。而彼此人民。同感無
限之痛苦。此近時反對祖國主義之論。未始非有激而發也。

　　（乙）經濟之戰争　自十九世紀之下半期。國際紛爭之局。由侵略領土
主義。一變而爲侵略經濟主義。耽耽逐逐。互相窺伺。彼進一丈。此進十

尺。經營慘淡。皆顛倒於此產業的帝國主義之中。英社之戰爭①。勞師數十萬血戰數年。詢其目的爲何。則不外垂涎於金礦之故。又如美國夙守門羅主義②。自言無利人土地之心。然併夏威夷。掠古巴。劫取非律賓③。近日大西洋艦隊回航。遊弋於太平洋中。美日戰雲。乃方興未艾。世人以美國一變門羅主義。而爲帝國主義。每咄咄咤爲奇事。然華盛頓之遺訓曰。〔吾美對於外國非政治的而商業的也〕夫所謂政治的者何。則領土之帝國主義也。所謂商業的者何。則經濟的帝國主義也。夫既爲經濟的帝國主義矣。則戰爭之事。烏能已乎。又如日俄戰争④。爲歷史上有名之兵事。然一叩其目的之所在。疇不知爲高麗滿洲利權而起。日本堺利彥⑤之言曰。〔日露之戰争日本雖自言對於俄國之野心爲保護本國起見然所謂俄國之野心者則遼東租借地之武裝鐵道之布設滿韓實利之謂〕又曰〔當彼戰時頻唱王者之師以義戰之名蒙天下之識者及戰雲既收忽脫其假面高呼實利之扶植利源之獲得〕諒哉斯言。不特直揭日俄戰争之真面目。並洞窺近世帝國主義者之肺腑矣。大抵經濟之戰争。其政策厥分三端。一關稅。近世經濟學者。多主張保護貿易之說。而各國政府。相率增收入口稅。以爲保護本國商業之計。英國夙持自由貿易主義。主張自由政策者。多依爲根據。而二派中之經濟學者。方今辯論未已。然以世界現情言。則主張保護政策者。已占勝著矣。夫保護政策。名曰保護本國商業起見。然商業之發達。全在交通。國國同

① "英社之戰争"，有誤，應爲"英杜戰争"，也稱布爾戰争（Boer War），是英國同荷蘭移民後裔布爾人建立的兩個國家——德蘭士瓦爾共和國和奧蘭治自由邦爲爭奪南非領土和資源而進行的戰争。
② "門羅主義"，是美國總統詹姆斯·門羅（James Monroe，1758—1831）在發表第七次國情咨文時提出的，核心觀點是反對歐洲對美洲的殖民和插足美洲事務，確保美國在美洲事務中的主導權。
③ "非律賓"，即菲律賓。
④ "日俄戰争"，又稱"日露戰争"，即1904—1905年日本與俄羅斯爲爭奪中國遼東半島和朝鮮半島的控制權，在中國東北進行的一場帝國主義戰争。
⑤ "堺利彥"，堺利彥（Sakai Toshihiko，1870—1933），日本早期社會主義運動活動家。

具此狹隘之見。而商業交通。乃蒙一大阻力。我不欲外國物之輸入。人亦不欲我國物之輸入。是與閉關自守何異。況徵收重稅。則甲國人與乙國人之感情。必相枘鑿。而戰爭之事。常因之而起。此其一端也。一海上權。英國以握海上權。而稱雄一時。近年效尤者相繼踵起。即如巴拿馬運河[①]。美國耗無限之金錢。費累年之時日。務期必底於成。試問美國之目的爲何。非欲握有海上權。爲經濟戰爭之捷徑乎。此其一端也。一鐵道。據交通之道路。則己國經濟。乃益有望。此近世野心家所知。故謀佔外國路權之策。羣視爲經濟戰爭之妙訣。試檢中國地圖。某國則享有蘇浙路權。某國則享有滿洲路權。一國路線幾全入人手。路權既得而鑛權森林權等皆在掌上矣。此其一端也。緣此三端。而利權之競爭。乃起兩國勢力之衝突。戰爭之事。愈不可逃矣。雖然經濟之戰爭。果於人民有何等之利益乎。無有也。就如保護政策。稅則即重。平民乃無資以購外國之貨物。而航權路權。皆不過增長資本家之氣燄。於平民何與。況夫衝突既起。政府乃驅平民於死地。以保護少數者之利益。下民何辜。乃陷此不幸之苦境。然則經濟競爭之政策。其不可以已乎。

　　余又按近年來列國對於中國之政策。分爲二派。一瓜分派。一保全派。中國人每聞瓜分説而驚。聞保全説而喜。殊不知瓜分者領土之割裂。保全者經濟之侵略。瓜分保全云者。一而二二而一也。要之保全派者心醉於實利的帝國主義。手段和平。事半而功倍。然利權競爭之結果。不能不爲最後之解決。異日分割之禍。將必與保全政策相因也。

　　以上分舉強權之種類。證明軍隊之罪惡。蓋強權之用有盡。而軍隊乃以濟其窮。軍隊愈多。而強權世界乃堅於鐵石矣。嗟乎。吾人處此慘淡世

---

① "巴拿馬運河"，由美國人開挖，連接太平洋和大西洋的人工運河，1914 年通航。

界之中。蒙種種不平之壓制。非最可痛心疾首者乎。然不特此也。強權之害。既如前言。而害人之事。則尤有進。

一殘生命　吾人今日所處之世界其果文明乎。吾不知也。其果進步乎。吾不知也。雖然以吾所觸目驚心者言之。則現世文明進步之事。厥有一端。則軍隊也。夫殺人之事。不自今日始矣。然殺人之術。則至今日而益精。有海陸軍學校。則研究殺人之善法也。有礮煙彈藥學校。則根據科學。以研究殺人之利器也。有百十萬之軍人。則以殺人爲唯一之職業也。其他種種殺人之術日益求精。嗚呼。是非現世之文明進步乎。況文明進步者。全以科學爲之保證。今人萃其精神心力。獨注重於軍隊。然則謂軍隊者。爲得文明進步之先。無不可也。夫文明進步云者。本無定說。今日之所謂文明進步。安知明日不以爲野蠻退化。今人自詡得遇文明進步之世界。然吾究不知其文明進步之何在。意者古昔殺人之術未巧。今則日益精巧乎。往古藉弓矢木石之用。傷人之力有限。今日一礮轟發。而傷亡之數。已逾於古昔大戰數十日矣。近者日俄戰爭。相持二十月中。日軍之死亡者約十萬六千餘人。其餘傷者病者達於四十三萬九千廿餘人以外。俄軍之死傷病者約達於六十萬以外。又據統計家所算。十九世紀中。世界之戰死者。計一千三百萬人。皆血氣壯盛。十五以上六十以下之壯士也。嗟夫誰無父母。而死別吞聲。誰無兄弟。而雁行折翼。誰無夫婦。而寡鵠興悲。試一望浩浩無垠之戰場。風淒日曛。蓬斷草枯。傷心慘目。有如是耶。孟子曰〔故善戰者服上刑[①]〕又曰。（不仁哉梁惠王[②]以土地之故糜爛其民而戰之[③]。）二千年以上。其有痛心乎。

---

① "故善戰者服上刑"，語出《孟子·離婁上》。
② "不仁哉梁惠王"，語出《孟子·盡心下》。"梁惠王"，即魏惠王（公元前 400—前 319），姬姓，魏氏，名罃。公元前 369 年即位，在位 50 年。
③ "以土地之故糜爛其民而戰之"，語出《孟子·盡心下》。

　　一破財産　擲黃金於虛牝。付財産於流水。而永永無收回之日者。則戰爭之費用也。日俄戰爭。日本戰費達於二千兆。俄國戰費達於五千兆。然此固戰時之破財産也。若夫藉口於平和保證之説。急急爲擴張軍備之舉。故今日則開萬國平和會。明日則曰吾國惟欲維持世界之真正和平。嗚呼是和平云者。侵略之代名詞耳。口堯舜而心盜跖之言。正爲此輩發也。現時歐洲六大強國。合計有常備軍三百二十餘萬。後備軍一千六百萬。軍艦約三千萬噸。美國近採帝國主義之政策。汲汲然謀擴張海陸軍。去年大統領勞士委①。力請議院撥款加造戰鬭艦。修築礮臺。又如日本一貧國。日俄戰時軍艦不過二十餘萬噸。近增至五十餘萬噸。且猶以爲未足。而陸軍之數。約十八師團。夫以如此重大之軍備。誰負擔其費用乎。無論何人。皆知爲人民也。英德法俄奥五國。每年軍費豫算額。合計三千兆以外。而此猶爲年前之統計。今當不止此。而日本明治四十年②軍費豫算。達於一百兆九千四百萬圓以外。又據最近之調查。歐洲各國國民。每一人擔任軍事費如左。

英國　二十五佛郎③

法國　二十四佛郎

丹麥　十一佛郎

希臘　十佛郎

瑞典　九佛郎

澳大利④　九佛郎

意大利　九佛郎

---

① "勞士委"，即西奧多·羅斯福（Theodore Roosevelt，1858—1919），美國第 26 任總統（1901—1909）。
② "明治四十年"，即 1907 年。
③ "佛郎"，即法郎。
④ "澳大利"，即奧地利。

比利時　　八佛郎

瑞士　　　八佛郎

以上所揭。僅限於歐洲一方面。且武裝和平之説。盛倡於世。其激增正未艾也。夫聚數十萬之壯士。使之拋棄生產。從事於練習殺人之業。猶且不可。況一般國民。忍饑呼寒。以負擔重大之軍費。既殘殺人民之生命。復吮噬人民之膏血。要言之實不驅人民於死地不止者也。嗚呼吾誠不料公理良心。至今日而梏亡殆盡矣。

雖然。戰爭之害。既如上述。然或者利害恒在倚伏之間。信如近世所倡道。謂犧牲身家性命。實以保全祖國之利益。則利害相因。所得當足以償其所失。然是説謬也。無論戰爭之事。有害而必無利。即有之矣。然享其利者。則及於少數人民而止。而受其害者實平民也。不見乎血染草枯。骨撲沙礫者。非平民之軀體乎。不見乎敲脂剝髓。供給軍費者。非平民之血汗乎。又不見乎寶星輝煌。功名顯赫者。非少數人民之戰勳乎。又不見乎刁斗不驚。身家安固者。非少數人民之幸福乎。夫爭戰一啟。無論爲領土之爭。經濟之爭。要不外爲利益之爭。然此利益果爲一般人民之利益乎。不然也。以少數人民利益之故。乃驅平民以礮煙彈雨之中。戰死矣。猶復愚以愛國之名。以爲一般國人所矜式。無論愛國之説。所見不廣。然既曰愛國矣。胡平民捐棄生命以爭之。而少數人民坐享其利乎。又如戰費一項。一絲一粟。皆取於平民之血汗。而少數人民。僅拔九牛一毛之力。於己無損。乃反博公義之名。嗟夫平民之生命非生命也。而少數人之生命乃爲生命。平民之金錢非金錢也。而少數人之金錢乃爲金錢。況夫一家生活。全倚斯人。一旦從戎陣沒。則舉家嗷嗷。何以爲活。日俄戰局既終。日本之困狀。不可以言語形容。捐税重大。百物騰貴。而人民道德心愈墮落。娼妓亦日多。惟見夫某大將則紀功晉爵。某資本家則經營滿洲路鑛森林。某官則從役朝鮮。此皆戰争希望之利益也。然究於平民何與焉。難者曰。人口過多。則不能不求尾閭之洩。殖民政策一行。則戰争之事。安容或息。嗟夫。此實不揣本而齊末之論也。晚近科學發明。機械之用千倍於人工。出產過多。已爲識者所憂。近人所持之殖民政策者。非果爲人口之過多。而實社會之不平。社會不平。則下級人民生活困難。政府乃攜之於未開化之地。令其生活稍舒。意未嘗不善。而計已左矣。夫凡屬人類。皆吾同胞也。種界國界之争。不過蝸角蚊睫之偏見。故計較於彼疆此界。剖析於黃白紅黑。乃至設爲苛例。拒他人種於國門之外者。此皆違悖大同之旨者也。且夫紛紛擾擾之世界中。生民之厭倦將達其極矣。然時機未至。奸僞詐巧之心勝。公理天良。尚未發現。戰争之禍。其不免於今日之世界矣。雖然。吾知其必有廢滅之一日也。

第
四
章
一

政治

　　處國界森嚴之日。凡問國家之文野者。莫不舉政治以對。雖然政治烏足以判文野哉。世界一日有政治。即一日未盡洗野蠻之舊。夫政治之文野安在。要不外寡人專制。君主立憲。共和立憲之各別。然而專制無論矣。君主立憲不過專制之變相。其野蠻無以異於專制也。共和政治。表面雖稍文明矣。然下級人民之苦痛仍如昨也。故夫三者之中。彼善於此則有之。而未進於文明則一也。

　　溯夫人生之初。無尊卑貴賤之分。無上下貧富之別。自一二強有力者起。悍然自居爲首領。經歷時日。由部落時代。入於國家時代。而首領之威權益大。君臣之名義愈顯。君主爲主人。人民爲奴隸。君主爲神聖。人民爲犧牲。數千年人民之宛轉哀號魚肉踐踏於君主之下者。儲其血可以爲巨洋。疊其屍可以儕葱嶺。蓄其怨苦哭泣之聲。其可發爲暴風迅雷。瀰漫於六合之內。是故千古而下。讀君主專制史者。每爲之歎息痛恨不置。然而追懷往事。猶發傷古之深情。則身歷其境者。其苦狀當何如乎。吾人不幸。生不逢時。所遭際之境遇。在在皆爲後人傷懷之陳迹。嗟夫吾人誠不幸矣。然幸得親歷專制時代。備嘗危險艱難之況味。則吾人之讀古代史。而黯然神傷者。又安知後之讀吾人時代史者。不更爲吾人黯然神傷耶。夫使吾人而生爲自由之人民。去專制時代稍遠。必不知專制時代人民之苦況。即得之於史傳中。猶將以爲鋪張太過。世間未必有此慘酷陰沈之一境。然而吾人實有大幸焉。得以適逢其會。目覩一般人民醉生夢死。戀戀於奴隸之生涯。飲鴆止渴。至死不悟。世事可謂至奇。矧專制政治。已底末運。過此以往。世界人類。雖欲親歷專制時代。而必不可得。然而吾人乃得躬逢之。並以留一悲慘記念於歷史上。是非吾人之大幸乎。嗟夫後之讀吾人時代史者。或哀吾人之境況。或憫吾人之愚痴。或罵吾人之卑劣。吾人又烏乎知。吾但知吾人爲專制時代之人已耳。

　　雖然吾人方處專制時代之中。而世界人類已有先吾人而脫除專制之覊絆者。法國之大革命。影響及於五洲。而專制政治乃變爲立憲政治。此立憲政治。我究不知其所謂。而尋其根據之所存在。則三權鼎立也。然於人民果有何等之利益乎。則選舉權而外。無復有何等之利益。不特此也。選舉權亦限於上級人民而止。於平民無與。而面團團之富家翁。竟以多額納稅。濫竽充議員之選。夫持立憲之說者。豈不曰人民可藉此而平等乎。然富者得有選舉權。平民無有也。富者可爲議員。平民不能也。不觀日本乎。內閣嚇議員以威。誘議員以利。令之附和從己。而所謂議員者皆營營於富貴利祿。名曰代表人民。實則人民受其魚肉爲最甚。其狀與中國之紳士無以異。或謂人民程度未足。安能一般與以選舉權。此說誠是也。夫既日以愚民之術。錮蔽人民之智識。則人民程度。垂億萬年而猶且不足。我不知若輩良心果安在也。夫立憲政治。人民自由。僅恃此區區選舉權。然下級人民。猶不與焉。然則去專制幾何哉。

　　共和政治。一般人民皆有選舉權。宜若無可訾議矣。然美國每屆選舉權然下級人民猶不與爲然則去專制幾何哉。

共和政治一般人民皆有選舉權宜若無可訾議矣然美國每屆選舉總統之期運動費輒以千百萬計資本家常脅迫工人令其投票公舉某人以俯伏於其勢力下不得不唯命是聽又常有以酒食餂誘工人令其公舉某人其事直等於兒戲蓋下級人民名曰享有選舉權實隱操於資本家之手不寧唯是試觀美國上下議院工人之得充議員者能有幾人而資本家則彈冠相慶矣勞士委雄才大略爲一代豪人常出其全力以對待資本家每歲開議院時必提議制限資本家之條件去歲致書於議院痛屬資本家斥爲卑劣之市民夫美國資本家常有左右國政之勢力乃勞士委毅然不爲所屈百計以撓折其氣欲亦可謂現世之罕見者矣前年美國資本家欲以經濟政策屈伏勞士委致全國銀根異常支絀美國全國財政悉在資本家之掌握一旦操縱不時則其勢甚危險然然勞氏竟不爲所動幸獲最後之勝利由此觀之美國資本家之強橫以

總統之權猶幾於無所措其手足然則下級人民飲恨吞聲之情況當可懸揣其一二矣

夫國家者憑空結撰之名詞政治者庸人自擾之事業生民原屬同等乃偏立一君主以宰制生民之身家性命試潛心以探求其故寧非事理之至奇然不謂生民之性靈泪沒殆盡君主神聖直若視爲天地不磨之定則專制之流毒既深猶故爲苟且選就之說鞏固君權魚肉平民誠無有逾於君主立憲矣若夫共和政體總統之威權遠不逮君主千萬且期限有定去留悉聽之人民故在現世論共和政治者亦未始非一時權宜之

總統之期。運動費輒以千百萬計。資本家常脅迫工人。令其投票公舉某人。工人以俯伏於其勢力下。不得不唯命是聽。又常有以酒食餂誘工人。令其公舉某人。其事直等於兒戲。蓋下級人民。名雖曰享有選舉權。實隱操於資本家之手。不寧唯是。試觀美國上下議院。工人之得充議員者。能有幾人。而資本家則彈冠相慶矣。勞士委雄才大略。爲一代豪人。常出其全力以對待資本家。每歲開議院時。必提議制限資本家之條件。去歲致書於議院。痛罵資本家。斥爲卑劣之市民。夫美國資本家。常有左右國政之勢力。乃勞士委毅然不爲所屈。百計以摧折其氣燄。亦可謂現世之罕見者矣。前年美國資本家。欲以經濟政策。屈伏勞士委。致全國銀根。異常支絀。美國全國財政。悉在資本家之掌握。一旦操縱不時。則其勢甚危險。然勞氏竟不爲所動。幸獲最後之勝利。由此觀之。美國資本家之強橫。雖以總統之權。猶幾於無所措其手足。然則下級人民。飲恨吞聲之情況。當可懸揣其一二矣。

　　夫國家者憑空結撰之名詞。政治者庸人自擾之事業。生民原屬同等。乃偏立一君主。以宰制生民之身家性命。試潛心以探求其故。寧非事理之至奇。然不謂生民之性靈。汩没殆盡。君主神聖。直若視爲天地不磨之定則。專制之流毒既深。猶故爲苟且遷就之説。鞏固君權。魚肉平民。誠無有逾於君主立憲矣。若夫共和政體。總統之威權。遠不逮君主千萬。且期限有定。去留悉聽之人民。故在現世論。共和政治者。亦未始非一時權宜之策也。然貧富之階級太懸。富民常借政府之力。以多行不義之事。而政府乃適爲叢惡之藪。是故立一例。行一事。必先審顧資本家之利益。甚至以保護資本家利益之故。犧牲平民生命財產。而有所不恤。而行政官吏。又悉仰資本家之鼻息。平民疾苦皆置之度外。故往往有未入政界之時。慷慨激昂。高談雄辯。指斥資本家之不義。以博平民之歡心。一旦廁身政界。

則又唯唯諾諾。舊時一胸不平之氣。已不知銷歸何處。蓋世界一日有政府。有官吏。則此種怪象必無止境。然亦社會不平。人人各爲富足安樂之謀。以是改節易操。靡所顧惜。此皆富民政治之結果也。

　　要之政治者孕育於國家。憑附於政府者也。國家政府。自非人類所應有。則政治亦復何用。世人竭其心力。以研究政治之學。並將藉此以求衣食焉。其誤用聰明。誠屬可哂。然野蠻時代之人類。抑又毋足怪矣。

第
五
章
—

法律

　　方強權主義進行正烈。社會不平。公理蔑絶。人民稍得幾微之自由者。寧不曰食法律保護之賜也。雖然法律烏能保護人民自由哉。微特不能。抑將剥削人民之自由。而保護階級之制度者也。夫法律之本旨。非自謂將以保護人民之生命財産利益乎。然以吾觀之。則生命財産利益之保護。誠屬法律之功劾。然如其不及於一般人民何。是故現世人民。得實受法律之益者。厥有二階級。

　　一政府　專制政治。其不容於十九世紀以後矣。於是有立憲政治之設。所謂政府人民。悉納於憲法之中者也。然人民何嘗受憲法之益哉。受其益者實爲政府。夫制定憲法。既屬議院之權。然君主立憲。得以政府之威權。解散議院。故名雖爲人民公定之憲法。實則爲政府意旨所私定。名雖爲保護人民之自由。實則保護政府之利益。試觀日本憲政之內容。內閣專橫。議員趨炎附勢。政府之利益日以鞏固。而平民之生機愈絶矣。又如共和政治。其憲法似較君主立憲爲稍善。然操司法立法行法之三大權者。皆有同氣同聲之概。故憲法之大部分。實爲保護政府之利益。要言之。政府依附憲法之名義。藉以作姦舞弊。魚肉平民者。君主共和。同出一轍。而思想高尚之人民。言論行爲。一與政府相反對。則政府必科以違犯憲法之罪。殘殺拘禁之。而人民莫審其寃。是故平民殺人則有罪。政府殺人則曰此憲法所當殺也。平民刼掠金錢則有罪。政府刼掠金錢。則曰此憲法所當取也。推而至凡有利益政府之事。政府無不藉憲法名目以保全之。擴充之。凡有危險政府之事。政府無不藉憲法名目以反對之。芟夷之。夫政府與平民。處極端反對之地位者也。利於政府者必不利於平民。利於平民者必不利於政府。今政府既恃憲法爲護身符。而生命財産利益。安全過於太山磐石。則平民之生命財産利益。將何所託庇哉。保護政府之法律。憲法實占其重要部分。而憲法以外。若國際公法。國際私法。則原因於國界而生。而政府與政府互相保護利益之法律也。其壓制平民。亦無以異於憲法。姑舉一端言之。例如國事犯。本受國際法之保護。然往往以政府與政府之私交。捕送本國治罪。或拘禁於牢獄之中。或驅逐於邊境之外。而政府猶得依附國際法。謂照某年某地條約例應爾爾。故國際法者亦一種保護政府之法律也。若行政法則固明目張膽。爲保護政府而設者也。其他種種法律。無一非爲政府生命財産利益。圖久遠安全之策。是故在政府一方面視之。則法律之功効。不其偉歟。

一資本家　法律者資本家之利。而平民之害也。試舉法律之種類。以觀資本家所享之利益。

一憲法　憲法者一保護政府之利器也。而資本家實享其腏餘[①]。君主立憲勿論。共和憲法。弊亦相等。

一民法　法學者之言曰。（民法者發生於個人之普通生活規定諸種關係

———

① "腏餘"，有誤，應爲"餕餘"。

之法典也）然以吾考之。則所謂諸種關係者。大率與資本家關係爲最多。
查民法中分五部。一私權。則計較於個人享有私權之能力。有體物。法律
行爲。代理。條件。期限等。一物權。則規定各種之物權。如占有權。所
有權。地上權。永佃權。地役權。留置權。先取特權。質權。抵當權等。
一債權。則規定關於債權及債務之事件。如買賣。借貸。聯合。契約。不
當利益。不法行爲等。一親族。則規定關於家族之事項。如家族及家主之
權利義務。婚姻。子女等。一承襲。則規定關於遺命承襲之事項。如遺產
承襲。遺贈等。此五部者民法之功用目的。盡於是矣。各國民法。雖不相
同。而梗概則一。然就此五部思之。試問何一非與資本家有關係者。何一
非爲資本家鞏固利益者。故民法者。謂爲保護資本家之法律可也。

　　一商法　商法者關於普通商事之法律。就其名義論。已表明爲一種保
護資本家之法律。其內容約分五部。一商法適用之範圍。如商人。商業注
冊。商號。商業帳簿。商業職員。代理人等。一公司。如合股公司。有限
公司。無限公司。外國公司等。一商業行爲。如買賣。交互。計算。匿名
聯合。交通營業。運送營業。寄託。保險等。一鈔票。如匯票約束票等。
一海商。如船舶。船舶所有者。船上職員。運送。海面保險。船舶債權等。
此五部中除第一部之商業職員。第五部之船上職員外。皆爲保護資本家計。
然即此商業職員船上職員。其所規定之法律。並非爲勞動者計利益。不過
納勞動者於法律範圍之中。令資本家有恃而無恐。勞動者之範圍愈狹。而
資本家之利益愈固矣。

　　一刑法　刑法者爲人道之蟊賊。野蠻時代之惡事也。刑法中分普通刑
法。特別刑法二種。普通刑法者。適用於一般人民也。特別刑法者。專用
於特別有身分之人。實則政府官吏。即有犯罪。亦得享特別之刑法。不與
平民同。若夫陸軍刑法海軍刑法。殺人罪決鬬罪。竊盜罪棍騙罪。危險物

罰則。其刑法中之重要也。然海陸軍刑法。則驅平民於死者也。決鬥罪。
則平民縱有不平之氣。而莫敢伸也。竊盜棍騙有罪。則資本家之財產安全
也。危險物有罰。則資本家之生命免於危險也。凡此種種刑法。莫不爲保
護資本家而起。不特此也。資本家之勢力。直可駕法律而上之。夫殺人者
處死刑。現世所行之刑法也。然平民殺人者必死。若資本家殺人。則廣延
律師。蹉延時日。或借法律以自庇。往往得以逍遙事外。又如尋常鬥毆等。
賭博案。於刑法上應罰鍰。不繳款者監禁。夫監禁與罰鍰。孰輕孰重。如
既罪應監禁。則判以監禁可矣。然法律不過罰鍰。而平民以缺於金錢之故。
乃蒙囹圄之辱。是故同犯一罪。資本家則繳錢贖罪。平民則以無錢入獄。
金錢萬能。神通詎非絕巨。況強迫罰鍰。政府假法律之力。以攫奪人民之
金錢。行爲直等於盜賊。然而人莫敢議其非者何也。一言蔽之。刑法者保
護資本家而殘害平民者也。

　　一刑事訴訟法　人民犯罪得延律師辯護。人民冤抑。得延律師伸訴。
此刑事訴訟法之所規定也。雖然。律師需索無厭。訟費巨大。平民困於衣
食。安有餘力以擔負此巨大之訟費。故資本家犯罪。可邀赦免。平民不能
也。資本家冤抑。可以伸訴。平民不能也。即如刑事訴訟之衙署。若大審
院①。若控訴院。若地方裁判所②。區裁判所③等。然經一署必需無限之費。
其能伸辯至大審院者。非資本家不能也。故刑事訴訟法等。不啻專爲資本
家設也。

　　一民事訴訟法　民事訴訟法者。關於民事訴訟法之事項也。其爲資本
家之益。與刑事訴訟法同。

---

① "大審院"，1890 年 11 月，日本政府根據《明治憲法》頒布了普通法院組織法，規定日本普通法
　院分爲區法院、地方法院、控訴院和大審院四級，實行四級三審制。大審院爲日本的最高法院。
② "地方裁判所"，即地方法院。
③ "區裁判所"，即區法院。

　　法律者網也。資本家則穿網而過。平民則盡陷網中矣。試觀政府拘捕人民。當未經審判。則有罪無罪。尚不可知。然必勒索巨金。令在外候審。無金者則置之獄中。貧富不平等。法律實爲罪惡之府。而於光天白日之中。公然擄人勒贖。堂堂政府。實不過一盜窟。嗟夫。今之陷穽罔民者法律也。而資本家微特不爲所困。抑又獲益焉。然則世人之狗苟蠅營。沈醉於金錢之中者。未始非法律所迫也。

　　要之法律者政府之得。而平民之失也。資本家之益。而平民之損也。然凡事不尋其根據之所在。則不足以破其迷罔。夫法律何自而起。與人類之關係如何。法學者盈廷聚訟。各下種種之定義。終未得當。然據近世法學家主張之定義。約有四端。茲分析説明於左。而以余見評論之。

　　　一法律者原因結果之關係　凡事物對於一定之原因。發生一定之結果。此種事實。謂之規則。謂之秩序。法律然。道德然。宗教然。自然界之物理上然。無不本此一定之規則。爲原因結果之關係。例如殺人處以死刑。殺人者其原因。死刑者發生之結果也。故法律者對於一定原因。而發生一定結果之規則也。

　　余按凡事物有一定之原因。必有一定之結果。是爲自然界之規則。自然界之規則者。循此原因結果不易之恆規。雖億萬年而莫之或改。法律者人爲之規則。有結果而無原因。隨時隨地而各異。殺人者死。殺人者人之原因。而非法律之原因。法律僅得處死刑之結果。況一定之原因。發生一定之結果者。悉屬自體。例如人以餓而死。餓爲原因。死爲結果。死之原因爲餓。餓之結果爲死。餓與死原因自體也。結果亦自體也。法律者他體也。人殺人而法律處人以死刑。是猶彼人餓爲原因而此人死爲結果。執是以論原因結果之定則。毋乃大誤。

　　　一法律者人類行爲之關係　個人與個人。既不能無關係。即不能無規則。法律者個人對待於外界。而定行爲標準也。故有一定之行爲。有一定之不能行爲。而法律乃示以標準。

余按能行爲與不能行爲之説。本道德上之關係。實無與於法律。今之法律顛倒是非。所謂能行爲不能行爲之規則。皆非正當之規則。例如刦掠他人財物。法律上認爲不能行爲。然資本家刦掠他人財物。何以法律上認爲能行爲。又如侵害他人權利。法律上認爲不能行爲。然政府侵害人民權利。何以法律上認爲能行爲。要之能行爲與不能行爲者。全以道德上爲標準。人類之道德未進。法律安能爲之標準。況法律之力有限。及於大庭廣衆之中。必不及於祕密幽隱之地。而奸僞險詐之徒。行爲復巧逃於法律之外。於此而猶曰法律者。可以定人民行爲之標準。寧非掩耳盜鈴之論。

一社會的生活之關係　人類生活之關係雖不一。然人類不能離社會而獨立。則必有社會的生活之關係。故欲維持此共同團體。保全社會的生活。則法律之規定。乃爲必要。若夫生活之關係。其規定之範圍如何。則視社會之進步。以爲變遷之標準。故時地不同。則法律亦異。要其維持社會生活之目的則一也。

余按個人與個人之關係。個人與團體之關係。原屬社會學之範圍。況法律愈密。社會愈紊亂。法律實無維持社會之能力。不寧惟是今日社會不平。階級懸絶。法律微特不能救正之。抑又揚波助燄。以速騷亂之來。故謂法律與社會的生活之關係者。余爲之解釋其義曰。非利益之關係。而危險之關係。非維持社會之關係。而擾亂社會之關係也。

一法律者維持國家主權之關係　此點與宗教上道德上。異其性質。蓋宗教上道德上。全屬各人之良心。問題。從否爲各人之自由。若法律者則以國家之主權。維持人類生活關係之規則。即必待國家之強力。而秩序始成立。

　　余按以國家主權維持人類生活之關係。此爲法律作惡之根據。而法律爲保護政府之用。證益確鑿。夫既曰維持國家主權。是則國家主權。必藉法律而存在。而法律隱助政府。授以壓制人民之大力。試思國家名詞。不過海市蜃樓之幻象。此強有力之主權。果爲何人所授。如謂國家主權。悉委託於政府。然惡壓制而喜自由。人類同有之恒情。詎有倒持太阿。授人以柄。舉各人之自由。而奉納於少數人之手者。況國家主權何自而來。國家有主權。則人民無自由矣。故夫法律者。一面維持國家之主權。即一面侵削人民之自由者也。要言之法律者自由之敵也。

　　法律之定義。既如上述。其所謂與社會之關係。國家主權之關係。原因結果之關係。皆不足爲立義之根據。惟關係於人類行爲。其説似足以自文。殊不知法網愈密。罅漏愈多。法律可以敗人類之道德。必不能示人以行爲之標準。大地茫茫。衆生擾擾。善者不待法律之強迫而操行自善。惡者雖有法律之制裁。而惡行不改。今試問歐美各國。法律精密。年年增加新例。自謂雖昆蟲莫踰吾網矣。然而奸僞詐欺之事。未之少減者何也。司馬遷①言。（漢興破觚爲圜斲雕爲樸而吏治烝烝不至於姦黎民又安②。）司馬遷時。文網雖密。必不逮今日遠甚。然司馬遷猶慨乎言之。於以知法律愈密。而人類道德愈頹落矣。漢初治尚黄老。清凈無爲。而人民安樂。爲三代後所僅見。曩時聰明秀淑之士。慨世事之紛擾。往往戀想羲皇以上。歌詠流連不置。夫黃帝羲皇時。其聲明文物。未甚進化。然人民生活。各得自由。蓋自有法律以來。而人民苦矣。海闊魚躍。天空鳥飛。物猶如此。人類顧可以網羅自罹乎。

---

① “司馬遷”，司馬遷（公元前 145—前 86？），字子長。西漢史學家、文學家、思想家。
② “漢興破觚爲圜斲雕爲樸而吏治烝烝不至於姦黎民又安”，語出《史記·酷吏列傳序》。

第
六
章
一

婦人

　　天地不朽人類不絶。物質永永不滅。此果造化之玄機乎。實陰陽兩性
之妙用也。花無雌雄。則瓣萼不華。電無陰陽。則功用不廣。推而至於宇
宙間萬有之物。何莫非陰陽二性所構造而成。大哉陰陽兩性之作用。麗之
於動植飛潛。有雌雄偶奇之分。顯之於人。則有男女之別。是故此陰陽作
用一窮。則乾坤不幾息乎。雖然陰陽之作用。本以相因相合而作用乃成。
非謂陰陽自有偏重。可任意而強爲軒輊者也。然而人類乃獨不然。男女之
異。總不外陰陽兩性之作用。試思無男子則人類息。無婦人則種族亦滅。
兩性雖殊。作用相等。然吾不知世人重男輕女之習。果何所見而云然也。
雖然男女交際。亙古於茲。今均爲三期。以觀其變遷之迹。

　　第一期女尊男卑時代　　太古時無夫婦之制也。其始雜交於兄弟姊妹之
間。是爲血族雜交期。次之則由兄弟姊妹間。變而雜交於不同血族之人。
是時實爲母系時代。所生子女皆不知父爲何人。但以母之血統爲主。史稱
后稷之母。履大人之跡而孕①。後人率詫爲神奇。殊不知彼時實爲雜交時代。

----

① "后稷之母。履大人之跡而孕"，語出《論衡·奇怪篇》："后稷母因履大人迹而生后稷，故周姓
　　曰姬"。

一婦可以交多數之男子。史所言后稷之母不夫而孕。實則彼時無夫之名。人人有母而無父。且一女而夫至多。亦安別何人爲父。此時男女雜交。無夫婦之名。無婚姻之制。女子既得自由配合。而女子之地位乃益高。降至雜交之局變。夫婦制度一開。然是時雖爲個人配合。而男子恒來嬪於女家。以是而女子之權勢頗大。此母系制度之結果也。

第二期女子爲男子奴隸之時代　農業進步。私有財産之制度乃開。男子權力以是日益增加。女子體質柔弱。既不能與男子操同等之勞動。且妊娠生育。皆妨礙身體之操作。漸次生活之需。乃不得不仰給於男子。而男子之權勢。遂駸駸日上。迄奴隸制度既開。此族恒掠奪他族女子以爲婦。此種掠奪婚姻。女子實不過爲男子奴隸。積之久而母系制度廢。進而爲父系制度。而人人姓氏。乃悉以父系爲準。沿至今日猶未之或改。此可見男子之久占優勝也。掠奪婚姻之後。復有買賣婚姻之制。父兄往往以女妹售之於人爲妻妾。在今日中國。此風猶盛。歐美行一夫一婦之制。識者猶議其未盡善。中國女子則堅守一夫之制。若男子則以一人而蓄多妾。或流連於妓女。或私通情婦。在男子自視。一若此爲天賦男子之特權。而婦女僅供男子之淫慾而已。若就女子之地位言之。婚姻既不自由。以素無情愛素未謀面之人。一旦強認爲夫。微特無絲毫之愛情。而反目既多。女子之強者尚足以獅威自振。柔弱者則終身飲恨。甚者一泓綠水。三尺紅羅。畢美人之薄命。而男子猶視等尋常。可哀也。間有情根別種。密約桑中。一旦事機不密。或駢首就戮。而官吏乃有寬宥殺姦之例。又或名譽所關。羞憤自戕。天下不平之事。無過於此。不特此也。夫死再嫁。乃云失節。宋儒作俑之言。其罪直上通於天矣。夫男女同屬人形。不過陰陽異性。然男子則多妻淫妓。竟視爲人生之自由。而女子一有私情發露。則衆口鑠金。必驅之於死路而後已。然則名節二字者。專爲女子言。而男子不與焉。吾儕男子何自由乃爾耶。然此種澆風。於歐美則爲過去。於中國則亙古於今。未之或改。然民智一開。必有革新之日。故其中傷心慘目。種種不平之慘象。姑缺言之。正以此等風俗。於歐洲爲中古之制度。而於中國則爲近世相差之點正遠。然取法乎上。僅得其中。歐美近世婦女社會之制度。余意尚未以爲可。中國婦女。如欲由奴隸時代。而入於自由之域者。則近世歐美之前轍。毋再蹈也。

第三期女子復權時代　女子之不自由久矣。近世紀以來。公理漸明。女權略振。自由婚姻之外。復要求政治之參與權。夫政治者一般人民之政治也。男女同屬人民。則政治本非男子所獨有。伯倫知理①謂女子以治内爲天職。吾不知其説之何據。試問女子聰明才力。果遜於男子乎。則域多利亞女主②非大政治家歟。縱謂參與政權。則妨礙治内之事。然男子參與政治。獨不妨礙一身之職業乎。美國爲共和政體。一般人民。皆有選舉權而獨於女子竟付缺如。美國國例云。除女子及癲獸者外。凡男子過二十一歲者。皆有選舉權。美國婦人。對於此例。嘖有煩言。有謂縱不與我選舉權。亦何至以癲獸。相擬議。此誠不平之例也。雖然。婦女選舉權。既達目的矣。然則女子自由果全回復乎。不然也。女子問題爲人道主義中重要之部分。然不解決根本問題。則自由亦僅矣。根本者何乎。

一平貧富之階級　自貧富之階級不平。人民乃感無量之痛苦。而於婦人爲尤甚。今日固言婚姻自由矣。然究不能謂爲真自由也。何也。則經濟問題爲之梗也。今日婦人之求婚者。每計較於男子之家産如何。故往往愛情未深。而以羨慕財産之故。強附爲婚姻焉。此則金錢之婚姻。非戀愛之

---

① “伯倫知理”，即約翰•卡斯帕•伯倫知理（Johann Kaspar Bluntschli，1808—1881），德國法學家，著有《現代戰爭法》《現代國際法》等。
② “域多利亞女主”，即維多利亞（Victoria，1819—1901），英國女王（1837—1901），維多利亞在位時，英國在世界經濟中居於領先地位，且號稱“日不落帝國”。

婚姻也。是不自由也。不特此也。社會不平。女子衣食不足以自給。勢不能不仰給於男子。以是而所耦非人者往往有之矣。此雖強附於自由之名義。然金錢重而戀愛輕。脫輹反目之事。恒所不免。而離婚之事亦愈多。美國每年離婚之數。甲於他國。人咸怪之。然殊不足怪也。貧富不平。婦女無以自給。往往降志以耦不甚相愛之人。是於結婚之時。已含離婚之種子矣。加以勞動社會。境遇困難。工銀所入。僅足自給。益以妻子衣食之需。則困迫愈甚。夫女子既挾衣食之目的而來。一旦衣食告匱。自不能不舍之而去。此事理之常者也。故男女之貧富不均。則婚姻終無自由之日。吾所敢斷言者也。次於婚姻問題。則爲女子勞動問題。皆發生於經濟之不平者也。

　　夫女子之所以不能自振者。則以倚賴爲其大原因。蓋一失其自生自活之能力。男子乃得肆其壓制之淫威。降及近世。女子知倚賴之非計。羣汲汲然爲自營獨立之謀。又值科學進步機械發明。往古百男子爲之而不足。今則一女子運用之而有餘。以是女子從事於勞動者日益增多。雖然女子勞動問題。其利害如何。吾人不可不知也。夫女子勞動。工資所入。足以自給。不藉男子絲毫之力。各能保持其衣食之資。是於女子自由問題。關係實非淺鮮。雖然。人各有家庭。即不能無治理家庭之事。設男女皆從事於勞動。則家政必致廢弛。況養育子女。全屬賢母之責任。苟從事於勞動。則終日勤劬。歸家時已神昏腦倦矣。夫家庭教育。實成人之始基。幼無賢母之保護維持。性質一偏。長成必爲社會之害。且工廠中空氣穢濁。呼吸室礙。女子體質既柔。生病自易。而一旦妊娠。則貽害於子女者尤劇。此於治家衛生傳種上。所受之大害也。若夫女子勞動。於道德問題。所關尤鉅。工廠中男女雜沓。良莠不齊。輕佻狂蕩。習俗移人。矧各挾有金錢之目的。則墮德喪行之事。每不惜輕身嘗試。此於社會上家庭上。實蒙重大之影響者也。近人謂女子勞動。於男子工價。受非常之損害。此實舍本逐愛情未深而以羨慕財產之故強附爲婚姻焉此則金錢之婚姻非戀愛之婚姻也是不自由也不特此也社會不平。女子衣食不足以自給勢不能不仰給於男子以是而所糈非人者往往有之矣此雖強附於自由之名義然金錢重而戀愛輕愛慕脫輳反目之事恒所不免而離婚之事亦愈多美國每年離婚之數甲於他國人咸怪之然殊不足怪也貧富不平婦女無以自給往往降志以糈不甚相愛之人是於結婚之時已含離婚之種子矣加以勞動社會境遇困難工銀所入僅足自給益以妻子衣食之需則困迫愈甚夫女子既挾衣食之目的而來一旦衣食告匱自不能不舍之而去此事理之常者也故男女之貧富不均則婚姻終無自由之日吾所敢斷言者也次於婚姻問題則爲女子勞動問題皆發生於經濟之不平者也

夫女子之所以不能自振者則以倚賴爲其大原因蓋一失其自生自活之能力男子乃得肆其壓制之淫威降及近世女子知倚賴之非計羣汲汲然爲自營獨立之謀又值科學進步機械發明往古百男子爲之而不足今則一女子運用之而有餘以是女子從事於勞動者日益增多雖然女子勞動問題其利害如何吾人不可不知也夫女子勞動工資所入足以自給不藉男子絲毫之力各能保持其衣食之資是於女子自由問題關係實非淺鮮雖然人各有家庭卽不能無治理家庭之事設男女皆從事於勞動則家政必致廢弛況養育子女全屬賢母之責任苟從事於勞動則終日勤劬歸家時已神昏腦倦矣夫家庭敎育實成人之始基幼無賢母之保護維持性質一偏長成必爲社會之害且工廠中空氣穢濁呼吸窒礙女子體質既柔生病自易而

末之言也。社會問題解決以後。何工價高下之可言乎。要之女子勞動。實原因於經濟之不平。故欲實行男女平等之制。必自均男女之貧富始。吾非謂女子不宜勞動也。當擇其所能爲應爲者爲之。其不能爲不當爲者勿強也。況男女同屬公民。即治理家庭之事。已盡公民之義務。是故男女之貧富均。則各爲獨立自由之人。而婚姻一端。自然易金錢而爲戀愛。其他種種不平之事。原因於貧富而起者。至是乃得摧陷廓清之。不然男女之貧富不均。表面上雖有自由之名。而必無自由之實也。

　　一廢婚姻之制度　　男女之關係。生理之關係。非法律之關係。近世行一夫一婦之制。著爲典章。稱曰法律。而男女結婚。一經注名於婚册內。即視爲神聖不可侵犯。其有情愛雖濃。而未經注册者。則社會上不謂爲婚姻。而指之曰私情。故往往誤婚於前。而男女或別有所愛。然懼法律之牽纏。目的不能遽達。鬱鬱以終者有之矣。試讀歐美哀情説部。其中恨人怨婦之作。深情款款。如怨如慕。如泣如訴。令讀者爲之不歡。皇皇如有所失。然豈作者讀者之別具感情歟。大抵愛情與知覺俱來。凡屬高等動物莫不皆然。而於人爲尤摯。重以社會不平。人人各具一不平之心境。苦無從以發洩。此哀情之作。所以入人之深也。然固法律婚姻之罪也。自有法律婚姻。而男女戀愛之情。每爲法律所束縛。男子之悔恨者固多。而女子尤爲不幸也。然或謂如戀愛自由之説。不幾返太古野蠻之舊。然此説誤也。社會既平。男女各立同等之地位。受同等之教育。具同等之道德。人人各偶其所愛。如朋友然。合則交深。不合則絶。無法律之制限。無夫婦之名目。各本一至情至性以相交。而恨人怨婦。至是有不俱歡顏者乎。況道德學問相等。則人格自高。吾知去今日淫慾之世界。其相差必甚遠也。嗟夫自由鄉乎。極樂園乎。吾安得親見吾男女同胞之享此幸福乎。

　　一去迹象之故見　　男女同屬人類。五官四肢。知覺運動。本無絲毫之差別。徒以生殖機能互異。男子乃視女子爲玩物。就社會習慣言之。男子往往勞精敝神。以求女子之一顧。而勾引強姦之事。且接踵起矣。即如愛情所鍾。無間男女。然求婚挑誘。多發起於男子。又如茶室酒肆。樂屋劇場。傭一妙齡女子。則多利三倍。下至彫畫美術。招牌廣告。一加以美女子之顏色。見者即覺精神奕奕。凡此種種。皆男子以女子爲玩物之證據也。夫男女原屬平等。男子既借女子以快其一己之私。則女子何不反其道而施之於男子。若夫娼妓以皮肉作生涯。狎客以金錢買淫慾。男女之情慾相同。胡男子獨捐棄其利益。尤可異者。則肉體構造。男女相同。乃婦女一與男子交接。即蒙點污身體之羞。若男子誘合強姦。則反而自鳴得意。此皆事理之至不可解者也。蓋故見自封。由來已久。雖有識者亦不敢道破其迷妄。然普天下男女思之。寧非至奇極怪之事乎。

　　貧富既均。婚姻既廢。故見既除。則女子之恢復自由。胥根據於是矣。吾更進以一言括之。則男女同屬人類。女子所享之利益。一切應與男子同等。不然一有差別即不平等也。近世娼妓問題。爲女子最不自由之境遇。各國政治家。多持放任之策。即屬禁矣。又苦無以善其後。以是因循苟且。惡風日播。世界無國無地。而娼妓皆林立焉。夫豈果無術以淨絕之乎。毋亦近時政治家。腦筋太鈍。徒尋枝覓葉。不爲根本之謀。坐是而束手無策也。今試問娼妓者果女子之甘心營此醜業乎。抑迫於不得已也。自夫社會不平。而娼妓日多。彼政治家醉心於富貴利祿之場。日發揮其蹂躪平民之策。是娼妓者政治家實爲其製造師也。政治家廢。而娼妓問題。自迎刃而解矣。世有謂娼妓之發生。原因於女子之肉慾。非原因於經濟。故娼妓一禁。而閨閣之醜行必多。是實不通之論也。試問男女同具此肉慾之目的。胡女子轉借以爲牟利之具。如狂徒狎妓。悉無需乎纏頭之贈。至是而謂女子所以營此醜穢之業者。悉本自肉慾而來。吾乃無說以再辯矣。然而按之

實情。則論者愈無理矣。故夫持娼妓不能廢之論者。天良已昧之人也。試
問貧富一平。人人各如其欲以相償。即使以專制之威。迫之爲此污穢之行。
吾知女子必且以死力相抗。而謂其甘心墮落者。有是理乎。嗟夫。女子之
不自由極矣。男子常以女子爲玩物。幾不以人類相齒。吾嘗發一奇想。設
世界或有一日。男女互易其所處之地位。而女子乃得以男子所施於女子者。
一一轉而報之於男子。爾時男子當悟昔日之非。而女子之心亦以大快。又
如女僕問題。亦發生於經濟之不平者也。人類平等。則舉一切種種不自由
之女子。悉還以完全無缺之人權。蓋至是而女子所處之地位。乃真平等真
自由矣。

附　婢女問題

　　吾前言女子自由問題。本舉一切不平等之女子。包括其中。然則婢女
者亦貧富不平之出產物也。貧富平矣。則此種婢女名詞。不復出現於社會。
茲可以毋庸贅論。雖然。人生不幸作中國女兒身。而婢女社會尤不幸之最不
幸者也。雖文化漸開。必有回復公理之日。釋放婢女之期當在不遠。吾茲之
所言。略舉傷心慘目之事。以告於世人。一以促現世蓄婢者之反省。一以代
無告之婢女。鳴不平之氣。庶百年以後之人。讀吾書者知百年以前之人類。
其野蠻慘酷爲如何。是不啻爲現世人民。留一野蠻未開化之紀念也。

　　一婢女之源流　中國蓄婢惡俗。數千年於茲。其始爲掠奪制度。強迫
他人婦女。爲一己之奴隸。繼而變爲買賣制度。貧民迫於飢寒之故。每鬻
子女以自活者。此種風習。於今猶盛。按周禮天官奚三百人。註云（奚今
之侍史宮婢）然則蓄婢之習。已盛行於周時。又周禮司厲一職。註云〔今
之爲奴婢古之罪人也〕證之漢書刑法志。〔太倉令淳于公有罪當刑小女緹縈

上書願没入官爲奴婢以贖父刑①〕此皆由於君主專制。而流毒及於女子也。
又史記趙世家。〔姑布子卿見簡子簡子徧召諸子相之子卿曰毋爲將軍者毋卹
至子卿起曰此眞將軍矣簡子曰此其母賤翟婢也奚道貴哉②〕蓋列國時翟爲
異族。晉人掠奪其婦女。以充婢妾者。其制略與歐洲古代奴隸制度彷彿。
而唐書李大亮③傳云。〔初破公祐以功賜奴婢百口謂曰而曹皆衣冠子女不幸
破亡吾何忍録而爲隸縱遣之高祖聞之更賜俚婢二十④〕此於戰爭時掠奪敵
人婦女。編之爲奴籍。其制與古希臘羅馬相同。然此種掠奪制度。於今已
略殺。唯盛行買賣奴婢之習俗。而此婢女者。儼然爲一己財産中一部分之
物。生之殺之權在主人之手也。

　　一婢女之慘狀　今之自許愛國者每曰吾國人其將爲牛爲馬矣。嗚呼何
其言之不當也。夫階級不平。人民之安於牛馬境遇者。已不自今日始矣。
然四萬萬人中果皆可爲牛馬者歟。牛馬之受屠割也。猶得宛轉呼號。哀鳴
乞命。故吾國人而得爲牛馬也。或者當呼籲無門之時。忽有聞聲不忍之君
子。哀而憐之。豈非如天之福乎。嗚呼。人類而下躋牛馬。已屬天下至哀
之事。況出於牛馬下者耶。若中國之奴婢則直牛馬之不若者矣。有鞭韃屠
割之苦。而不能宛轉哀號。普地球上人生最苦之境。其孰逾於此。夫桁楊
刀鋸。酷刑不過處有罪之人。今以區區金錢。買人類爲罪囚。誰無父母。
誰無兄弟。高明之家。鬼瞰其室。鐘鳴鼎食。轉瞬荒涼。爲問今日荒烟蔓
草之區。頹垣敗瓦。雀噪蟬鳴。非昔日之歌臺舞榭。傑閣層樓者乎。衣冠

---

① “太倉令淳于公有罪當刑小女緹縈上書願没入官爲奴婢以贖父刑”，語出《漢書·刑法志》。
② “姑布子卿見簡子簡子徧召諸子相之子卿曰毋爲將軍者毋卹至子卿起曰此眞將軍矣簡子曰此其
　母賤翟婢也奚道貴哉”，語出《史記·趙世家》。
③ “李大亮”，李大亮（586—644），京兆涇陽（今陝西涇陽縣）人，唐朝大將，開國功臣。《舊唐
　書》有傳。
④ “初破公祐以功賜奴婢百口謂曰而曹皆衣冠子女不幸破亡吾何忍録而爲隸縱遣之高祖聞之更賜
　俚婢二十”，語出《舊唐書·李大亮傳》。

之裔。降爲皂隸。閥閱之家。編作輿臺者。比比然矣。況自海通以來。利權外溢。漏卮將涸。往日中人之家。今且無所措其手足。然則今之頤指氣使。虐待婢女而無所顧忌者。其亦一念及子若女之或爲人役歟。吾不幸居今日之中國。痛心於此種惡俗者久矣。茲舉吾所耳聞目見者。筆之於吾書。

　　一衣食不周　衣食者人類生存之資也。衣錦華身。食前方丈者無論矣。即至鶉衣百結。簞食豆羹。亦足保其自然之生活。雖社會之貧富未均。然寒衣飢食。則固人類普通之慾望者也。今婢女獨非人類乎。無論肉味不知。衣不彰體①。固視爲尋常之事。嘗見寒風凜凜。膚僵欲裂。主人方擁裘不暖。圍爐猶寒。乃婢女衣單怯冷。齒戰有聲。瑟縮情形。有時反逢主人之怒者。況冷飯殘羹。奚能果腹。往往奔走不遑。飢未暇食。其誤犯小過。大觸雷霆之怒。則一日之飢在所難免。噫嘻。枯楊蔓草。猶沾雨露之恩。走獸飛禽。尚有羽毛之被。衣食之需。物猶如此。傷哉婢女。其何以堪。

　　一戕賊生命　人類養生。端賴衣食。飢寒交迫。體質日耗。戕賊之道一也。精神有限。操作不輟。日夕奔馳。席不暇煖。戕賊之道二也。輕則梃杖交下。重則炮烙逞威。遍體鱗傷。輾轉斃命。戕賊之道三也。囚首喪氣。窮年一浣。寒宵衾薄。朔風侵骨。夏夜無帳。蚊蚋交來。衛生既礙。傳染病起。戕賊之道四也。疾病發生。誰爲憐憫。非至危極險。必不延醫購藥。甚者病中操作。痛苦逾恒。慎重調攝之道。更不必言矣。戕賊之道五也。凌虐不堪。畏威自盡。而酷刑斃命。亦時有所聞。戕賊之道六也。以上六端。姑就所記臆者言之。猶有未盡也。嗟夫。烈風暴雨。強幹爲摧。況韶齡弱質者耶。

---

① “衣不彰體”，有誤，應爲“衣不障體”。

　　要之中國婢女之慘狀。吾耳目不廣。想像有限。實無以知其詳。然可以一言括之。則中國婢女之慘狀。實較甚於美國前時之黑奴百十也。天下有心人。苟讀美國黑奴籲天錄[1]。而冥想更有甚於黑奴百十倍之中國婢女。則其地位何如。不待吾言而自喻矣。

　　一婢女之人權　天下剝奪生人自由。而使之沈淪苦海者。專制君主而外。其爲蓄婢者乎。雖然專制君主。攘奪人民之公産。剝削人民之權利。侈然自大。固具有人莫予違之概。然壓制愈甚。反動力愈烈。一夫夜呼。亂者四應。則路易十六[2]。猶有上斷頭臺之日。而人民自由。即能恢復於俄頃。惟婢女則不然。一爲婢女則終其身無復有自由之日。非謂主人之虐待己也。夫人類平等。何階級之可分。蓄婢之事。已屬大違公理。然尤莫若剝削人權。誤個人之前途。夫一夫一妻。亦現世頗平等之制。中國盛行娶妾之俗。大都以婢女充其選。然試觀婢女嫁人作妾。動遭大婦凌虐。苦雨淒風。孤燈飲泣。青春辜負抱恨長門者無論矣。或讒言所害。衛妃有巫蠱之冤。或因妬成仇。戚姬罹人彘之禍。或妯娌相凌。助桀爲虐。或嫡子兇橫肆行欺侮。種種不自由之慘象。難以枚舉。而不堪虐待。往往因而輕生自戕者。且數不勝數。更有枯楊生稊。老夫女妻。妙齡少女。忽偶老翁。曾幾何時。竟遭孀守。嗟嗟。白首難諧。惆悵柏舟之節。紅顔未老。淒涼寡鵠之悲。正潘安仁[3]所謂生民之至艱。而荼毒之至哀[4]者也。若夫入門見妬。轉瞬分離。孑然一身。悵悵何之。欲轉適他人。則落花無色。難收美果於將來。

---

① "黑奴籲天錄"，即《湯姆叔叔的小屋》，美國女作家哈里埃特·伊莉沙白·比徹·斯托（Harriet Elizabeth Beecher Stowe，1811—1896）於 1852 年出版的一部反奴隸制的長篇小説，原名 *Uncle Tom's Cabin*。林紓（1852—1924）和魏易（1880—1930）將其譯爲《黑奴籲天錄》，1901 年最初在杭州刊行。
② "路易十六"，路易十六（Louis XVI，1754—1793），法國國王（1774—1792），18 世紀末法國資産階級革命時期被處死。
③ "潘安仁"，即潘岳（247—300），字安仁。西晋文學家、政治家。
④ "生民之至艱。而荼毒之至哀"，語出潘岳《寡婦賦》。

倘誤墮平康。飄茵落溷。風塵中艱苦備嘗。正不知心傷何似也。夫一夫多妻。已嫌非偶。窮其流弊。每出人意料之中。正不特言者傷懷。聞者酸鼻而已也。雖然。追原禍始。娶妾者之咎固屬難辭。而蓄婢者剝削一生自由之罪。尤不可逭矣。夫使蓄婢惡俗一經袪除。社會上既無婢女之名詞。則芳年少女。何至喪失人權。辱爲賤妾耶。

　　或者曰政治文明。則蓄婢之俗自革。雖然是說謬也。歐美法律。蓄婢者禁。然華人之僑居宇下者。每巧立名目。以遂其私。其蓄婢固自若也。嗟夫社會不平。則一切女子。必無實行平等之望。豈特婢女爲然哉。

第
七
章
一

資本家

　　貧富平均之論。最招資本家之大忌。雖然吾人豈好與資本家爲難哉。平等主義者。非特平民之利。而資本家。且獲其益者也。聞者其疑吾言乎。吾説明其故。

　　太古共産時代。無所謂資本家也。自奴隷制度一開。而私有財産制度以起。此資本家發生之起原。實則資本家最初之財産。無不自刼掠中來也。夫自日局星氣。布護六合。不知經億萬年而有地球。又不知經億萬年而有人類。原人之先。人類生活之資料。已先人類而大備。土地物産。羅列宇宙。人類各竭一己之能力。以求一己生活之所需。如取如攜。無彼我公私之界限。就令奸巧鄙夫。貪多務得。然公有之土地物産。萬不能據爲己有。矧一人之能力有限。即使膏腴沃壤。盡屬個人之産業。然一手一足之烈。烏足以應無限之事業。自夫強有力者起。捕獲他部落之人類。驅爲奴隷以代一己之耕作。故爭戰愈多。則奴隷愈衆。而耕作之土地愈廣。此奴隷既爲個人財産之一部分。則耕作之土地。自爲主人之私有。迄貿遷之法漸行。既以一人享多數人之利。耕地多則出産富。多財善賈。則所適而皆宜。以是資本家愈多。而平民之土地財産自由。漸歸其掌握矣。大抵人類生存。總不出乎生活之所需。世界上一切物産。通之於商。成之於工。而無一非生之於農。故最初之資本家。莫不自兼併土地始。今試問坐擁素封之資本家膏腴沃壤。阡陌相連。若是者何自而來乎。夫未有人類。即有土地。既有人類則土地自應爲人類所公有。試問持何證據。而指某地爲吾財産。某地爲吾私有。後世商工業既興。盛行買賣土地之制。地主盻顧稱雄。役佃人如奴隸。問其土地何來。必曰吾以金錢購得也。雖然。人類所需者生活之資料。此金錢者飢不可食。寒不可衣。於人類實無絲毫之用。況交通有無。而金錢之用乃起。然貧富平均。則金錢之用亦窮。往古以粟易器械。無需於金錢也。自土地兼併既多。出産充溢。而金錢之用漸廣。是故以兼併土地而出産富。以出産富而金錢之收入多。益以所獲之金錢。購買他人之土地。由此言之。兼併土地者。直接之掠奪也。購買土地者。間接之掠奪也。夫往古共産制度。其詳雖不可得聞。然讀英國魯濱孫漂流記[①]。可以懸揣共産時代之狀況。魯濱孫[②]以一人孤棲荒島。則土地物産。幾若魯濱孫一人之所有。及西班牙人踵至。則魯濱孫與西班牙人。祇能各營一己之生活。魯濱孫不能謂某地爲彼財産。西班牙人亦不能謂某地爲彼之私有。況以個人之力。亦不能多佔土地以自豪。是時人人享有地土物産之權。人人各給其所求。循此以往。則資本家何自而起。然使魯濱孫永役禮拜五等爲奴隸。則此奴隸。一人所有之能力。所享之土地物産權。悉爲魯濱孫所吞併。而魯濱孫以一人得多人之力。則耕作土地。必較西班牙人爲廣。假令貿遷之法行。則此魯濱孫之勢力。愈高出於西班牙人矣。故就此以觀察共

---

① "魯濱孫漂流記"，即英國作家丹尼爾・笛福（Daniel Defoe，1660—1731）於 1713 年出版的一部表現資産階級進取精神的長篇小說 *Robinson Crusoe*。林紓和魏易將其譯爲《魯濱孫漂流記》，1905 年由商務印書館出版。
② "魯濱孫"，即魯濱孫・克魯索（Robinson Crusoe），《魯濱孫漂流記》的主人公。

產制度之變遷。與夫資本家發生之由來。當可想像其大概也。南美初開闢時白人但能多買黑人爲奴。令之從事耕作。則轉瞬間居然富豪翁矣。此亦可證資本家之發生。無不自蹂躪人權始也。

自機械進步。生產方法。日以變遷。今日之大資本家。手段敏捷。勢力宏大。遠出舊時之大地主上。然社會上果受如何之影響乎。試於資本家一方面觀察之。

一資本家之地位　社會不平。乃分兩大階級。曰資本家。曰勞動者。資本家爲上等社會。所處地位。較勞動者直霄壤矣。試觀不耕而食。不織而衣。膏粱文繡。自奉豐美。此非資本家之衣食乎。巍樓高閣。名園廣圃。嚴冬不寒。盛夏不暑。此非資本家之居宅乎。淫逸縱慾。揮霍自喜。世界樂境。隨意所之。此非資本家之行樂乎。財可通神。錢能役鬼。多行不義。人莫予毒。此非資本家之勢力乎。可以傲王侯。可以凌同輩。可以魚肉平民。此非資本家之氣燄乎。一言蔽之。則人類應享之權利。而資本家乃得其完全。人生所有之幸福。而資本家乃全行佔據。嗟夫。人類同此圓顱方趾。呼吸天地間之空氣。胡以炎涼冷暖。飢寒醉飽。安樂憂患。截然不同。設如宗教家言。人生衣食授自真宰。富貴貧賤。各有前因。則此不平之奇局。或可委諸冥冥之中。然虛無幻想。皆謬妄影響之談。假令衆生瞀惑。循此委天任運之途。則階級懸隔之潮流。正未知其所終極耳。

一資本家之罪惡　人類本無罪惡。有金錢而罪惡始多。平民之罪惡極少。而資本家之罪惡最多。近世資本家之罪惡。厥有二端。

一刧掠　以一己之能力。營一己生活之所需。此爲人類生存之定。則自強暴奸徒起。以多數人之能力。代一己之勞。而一己乃坐享多數人之奉。彼多數人所有之能力。所得之生活資料。又悉取而納於一己之私囊。此共產制度破壞之原因。而社會不平之根據也。例如一工廠之中。工人窮年矻矻。勞精敝神。而工銀所入。不足以供衣食之所需。彼資本家每於年終核算時。則喜色相告曰。是年所溢若干。試問此溢款何自而來。非工人竭其血汗。所得之結果乎。夫工人竭一己之能力。而不足以供給一己生活之所需。資本家則盡舉工人能力之結果。據爲己有。而工人迫於飢寒凍餒。猶不能求資本家增一錢之工價。至於要求加價。同盟罷工。則又目爲暴徒。指爲犯法。嗟夫資本家之一絲一縷。何莫非工人之皮膚。資本家之一飲一食。何莫非工人之血肉。資本家不盡一己之能力。以營一己生活之所需。而唯坐享工人之奉。已大違人類生存之定則。況於工人能力之結果。生活之資料。乃至明目張膽。掠爲一己之剩餘貯蓄。試按之公理良心。當如是乎。吾謂世界上無盜賊也。有之則資本家是已。

　　一殺人　人類必藉生活之資料。以保全生活之機能。生活資料不充。則生活之機能亦絕。含苞之草。黃泉之蚓。莫不備具機能。各營自然之生活。人類既具有腦筋官器之運用。藉此固有之能力。自足營一己之生活資料而有餘。自夫社會不平。多數人之能力。悉爲少數人所兼併。多數人生活之資料。悉歸少數人之所有。而多數人之生命。全在少數人掌握之中。區區工銀。則不足以供日用生活之需。勞動時間太長。則戕賊人之精神體魄。一旦同盟罷工。要求加增工價。則資本家必藉軍隊警察之力。拘捕之。殘殺之。而無告之工人。痍斃於囹圄之中。宛轉於鎗彈之下者更不知凡幾。此資本家之直接殺人也。衣食困乏。迫於飢寒。營危險之事業。以致誤陷法網者。在在皆足以戕人之生命。又如大資本家多。則中人之家。無以自立。而憂鬱傷生者。比比皆是。此資本家之間接殺人也。

吾言至此。吾又轉思法律之功効矣。夫刧財殺人者。律宜死刑。胡以資本家殺人刧財。而法律轉有保護之條。盜賊橫行於都市之中。人民側目。官吏警察。轉仰其鼻息。誠不得謂非世界之大怪事也。

一資本家之苦況　富貴幻景。最足顛倒世人之魂夢。然孰知其苦況乎。

一經營之苦　致富之術雖多。然無不自經營慘淡而來。試觀現世之資本家。誰非以靈敏之手腕。沈毅之魄力。不屈不撓之精神。百戰於營利社會之中者乎。精神疲倦。寢食俱廢。而成功與否。尚在不可知之數。就令成功矣。然人類所需。不外生活之資料。生活之資料充足。則此纍纍黃白物。直糞土耳。中國俗語云。（大廈千間不過身眠八尺良田萬頃不過日食三餐。）夫耗無限之心血。絞無限之腦汁。而所獲之結果。不過一己應有之生活資料而止。然則前此經營之事業。不幾盡付東流乎。語云"採得百花成蜜釀到頭辛苦一場空"。資本家試捫心自問。毋乃枉作勞人乎。

一良知之苦　投身於競爭社會之中。聚精會神於致富之術。營利以外。無第二之目的。凡有利益之事業。即趨之若鶩。其損害他人與否不計也。故輕歷①愈久。則人類共同生活之正義。同類相愛之感情。必至梏亡淨盡。利慾薰心。損人利己。一生事業。均在此墮落之生涯。設清夜撫心。則良知之痛苦。正不知如何消受也。

一競爭之苦　自由競爭。於今爲烈。然勝敗之分判。不在腦筋之利鈍。力量之強弱。才能之高下。而在資本之大小。是故小資本家與中等資本家競爭。則小資本家敗。中等資本家與大資本家競爭。則中等資本家敗。大資本家與大資本家競爭。則二者必有一敗。夫方競爭

---

① "輕歷"，有誤，應爲 "經歷"。

劇烈之時。苦心經營。竭全力以維持現時之地位。迄一敗塗地。無論前日爲大資本家。中資本家。小資本家。皆淪於下級人民之地位。其苦痛正無量也。就令及身得免。然競争者一危局也。傳之子孫。亦必有失敗之時。而一生心血。終成幻泡。何益乎。

一精神之苦　人類所需。總不外生活資料。然而世人有多擁金錢以自誇富厚者矣。抑知宇宙萬有之物。爲我用者即爲我有。非爲我用者即不爲我有。我不用時仍不爲我有也。例如繁華之都市。靈秀之山川。優美之風景。我親歷其境。得以供我賞心行樂之用。則此都市山川風景。謂悉爲我有可也。我而舍之他去。則向之爲我賞心行樂之用者。已非我有。夫宇宙萬有之物。祇能爲人用。不能爲人有。飲食固人類生活之資料也。然不得謂我所飲食者。悉納之吾腹中。即爲吾有也。呼吸糞便唾汗。在在皆爲排泄之具。深藏祕密莫如吾腹。然物雖納之吾腹。仍不爲吾有。則身外者更烏能爲吾有哉。夫我爲本無。靈魂軀殼。何嘗有我。世人不悟。凡事事物物。莫不指爲我有。然據生活之資料以爲己物。猶可言也。乃於無用之金錢。亦指爲我有。試問擁此纍纍之金錢。自誇豪富。然則銀行司庫。亦可指銀行之金錢爲彼所有矣。凡物認爲我所有者。則精神必感無限之苦。使知物爲我用。非爲我有。則物之得失聚散。與我無關。而精神乃極清爽。例如以金錢爲我所有。則隨時隨地。皆恐吾有者。將歸於無。盜賊可畏也。妬忌謀害可懼也。現時之所有者。既爲防備損失之計。而又百方籌維。以增進未來之所有。究之經營數十年。擁金錢億萬。然一身生活資料以外。何所增加。一至人生歸盡之時。則子身而來者。亦子身而去。前此所有之物。果何在哉。況擁金錢愈巨則憂患愈多。去年美國一新聞記煤油大王洛加化^①。避於一窮村廢圃之中。喬裝爲農。不敢見人云。嗚呼。煤油大王之富。世人所津津樂道者也。然孰知其憂患乎。

一交際之苦　社會交際。實人生樂事。然貧富不平。則友道日替。人情冷暖。重富輕貧。資本家所友者。大率奸佞之徒。巧言令色。以丐資本家之唾餘。道義之士。不特爲資本家所輕視。然奔走於富豪之門。尤非高人所尚。以是正人日遠。奸人雜進。左右皆脅肩諂笑之徒。友道愈不可問矣。故資本家一旦中落。則舊時狎客淫朋。往往反眼若不相識。世風澆薄。友道衰頹。資本家爲尤足哀矣。

一家庭之苦　世禄之家。鮮克有禮。紈袴子弟。每多失德。是故窮鄉僻壤之中。田夫野老。家人父子。合力耕作。雖粗衣惡食。而家庭和藹。樂也融融。然一觀富豪之家。則祖父貪吝鄙劣。錙銖而積之。子孫豪縱揮霍。泥沙而散之。祖父既自恃素封。則姑息子孫益甚。性情乖僻。驕橫無行。又以豪富故。以教育學問爲無足輕重。故家庭醜行。愛情決裂之事。大都發生於富豪之家。美國勞士委言。"富民之子弟。皆愚蠢之人。"其言甚確。世人備嘗苦況。徒爲子孫作馬牛。抑又蒙子孫之害焉。彼坐擁巨資者。何計之疏耶。

資本家之地位愈高。則罪惡愈巨。而苦況亦愈深。夫人類所求者。不外生活資料。資本家之樂事。僅居處飲食。自奉稍優美耳。然此本人人應享之權利。設社會一平。則今日資本家辛苦而得之者。爾時人人安坐而享之。固毋待虛耗心血。爭貯蓄此無用之金錢也。夫一人向隅。滿座爲之不樂。生人本屬同類。而少數者乃得享人生應有之權利。世界詎有此不平之事理。況半生辛苦。僅此生活資料之希望。而危險應之。憂患乘之。無論

---

① "洛加化"，即約翰·戴維森·洛克菲勒（John Davison Rockefeller，1839—1937），美國實業家、資本家，標準石油公司創辦人。

千人中成功者幾人。即成功亦在中年以後。前此逝水年華。盡付之辛苦場中。而後半生之苦況。正未有艾。若夫社會一平。則人人各享人類應有之權利。人人各給其所求。而舊時資本家之苦況。皆不足以侵擾之。孰得孰失。孰利孰害。必有能辨之者。誰謂平等主義。非造福於資本家哉。況夫社會不平。人人魂夢中。各有資本家之希望。從而見利忘義之事。紛至雜出。世有資本家。而社會無又安之日矣。

　　中等社會者。就表面論。本附於資本家之林。然劇烈競爭之結果。逐漸爲大資本家所吞滅。舊時之小地主小商人小工業。相率淪於勞動社會之中。而中等社會之苦況。較勞動社會爲尤甚。勞動者損失少。勞苦有定。小地主小商人小工業等。以保全區區資本之故。備歷危險艱難。求一日之安。而結果亦終於失敗。以是生活之程度。反遜於勞動者遠矣。是故社會一平。人人各享同等之奉。勞動者固獲其益。而資本家與中等社會。又皆相率而入於祥風和靄之中。然則今日之經營資本者。愼無徒供百年後人。作談笑之資料也。

第
八
章
一

勞動者

　　政府萬能。毒流海内。推其禍害所至。極之如洪水猛獸。生民咸在危難之中。然形迹暴揚。則罪惡顯著。以視生殺羈囚於無形專制之下。舉身家性命生人幸福以爲之殉。則經濟之害人。誠千百於政治也。夫衣食安樂者。生人固有之權利。勞動者生人應盡之義務。不勞動而衣食安樂至。與夫勞動而衣食安樂不能給其所求。皆大悖於公理者也。自夫貧富之階級既開。勞動者遂別成一種之名詞。別成一種之社會。而世界上一切勞動之事業。直視爲此社會之義務。而他社會不與焉。夫亦思洪荒甫闢。蒼莽蕪榛。人人不勞動。則世界胡以有今日。山林之鳥獸。水中之魚貝。一不勞動則生命隨絕。人類亦然。人人不勞動則衣食安樂何自而至。社會之大害。實始於金錢。黠者借金錢之力。驅策他人。役之如牛馬。既代一己之勞動。又舉他人勞力之盈餘。攫爲己有。積之既久。資本家之地位愈高。勢力愈固。而勞動者之衣食安樂。悉歸資本家之手。勞動者至是愈不足以自存矣。邇來勞動者與資本家之衝突。日益劇烈。同盟罷工之風潮。幾於無日無之。而勞動問題。乃爲現世緊急之問題矣。夫十九世紀以前勞動者胡如是其安

第八章　勞動者

政府萬能毒流海內推其禍害所至極之如洪水猛獸生民咸在危難之中然形迹暴揚則罪惡顯著以視生殺鷅凶於無形專制之下舉身家性命生人幸福以爲之殉則經濟之害人誠千百於政治也夫衣食安樂者生人固有之權利勞動者生人應盡之義務不勞動而衣食安樂至與夫勞動而衣食安樂何自而至社會之大大悖於公理者也自夫貧富之階級旣開勞動者遂別成一種之名詞別成一種之社會而世界上一切勞動之事業直視爲此社會之義務而他社會不與焉亦思洪荒甫闢�‎菶‎藜‎榛‎人‎人‎不勞動則世界胡以有今日。山林之鳥獸水中之魚貝一不勞動則生命絕人類亦然人人不勞動則衣食安樂胡以自存矣迺來勞動者與資本家之衝突日益劇烈同盟罷工之風潮幾於無日無之而勞動問題乃爲現世緊急積之旣久資本家之地位愈高勢力愈固而勞動者之衣食安樂悉歸資本家之手勞動者至是愈不足以自害之實始於金錢黠者借金錢之力驅策他人役之如牛馬旣代一己之勞動又舉他人勞力之盈餘攫爲己有之問題矣夫十九世紀以前勞動者胡如是其安靜十九世紀以後勞動者胡如是其騷擾大抵人類勞動之歷史約分三期。

一共產時期　方金錢未出現以前是時實爲共產制度人人各竭一己之能力以求一己之衣食安樂蓋人

静。十九世紀以後勞動者胡如是其騷擾。大抵人類勞動之歷史。約分三期。

一共產時期　方金錢未出現以前。是時實爲共產制度。人人各竭一己之能力。以求一己之衣食安樂。蓋人人皆勞動者。則勞動者與資本家。實無由而區別。

一地主時期　金錢之用興。貿遷之法行。而土地可以私有。可以買賣。地主佃人。儼然成一主奴之階級。然人力有限。荒地滿目。一邱一壑。小民尚足以自耕自穫。而耕耘以外。工商業皆在幼稚時期。資本家之勢力既小。則勞動者之受虐未劇。其得以相安無事者。未嘗無故也。

一機械時期　十九世紀以後。科學發明。機器之用既廣。一機器之用足抵千百人之力。需人既少。出產又增。往古以千百人而成一物。今則以一二人而有餘。勞動者失業漸多。生計困迫。其役於工廠者。又皆支理於機器之下。囚首喪面。勞筋苦骨。而能力所得之物。悉爲資本家之所有。終日營營。而饔飧幾無以自給。一際疾病老弱之時。其困苦尤難以言喻。若夫藉區區之工金。以爲事蓄之資。則妻哭兒啼之慘狀。更非人世中所宜有者矣。世人輒謂機器興則生民享無限之便利。抑知此便利者。固不及於下級人民。而勞動者乃深遭其塗毒耶。是故機器興則大資本家出。而勞動問題愈如狂風怒潮矣。

夫勞動問題。何以爲今日緊要之問題乎。資本家肆其侵奪壓制之謀。勞動者奮其抗拒反對之力。衝突既起。罷工暴動。皆擾害社會之和平。現世所謂政治家經濟家。焦思籌慮。終乏解決之善法。其弊在舍本逐末。徒爲目前之計。夫欲解決勞動問題。不可不察勞動者所要求之自的[①]。現時勞動者所要求不外二種。

---

① "自的"，有誤，應爲"目的"。

　　一工價　增勞動者一錢之工價。即損資本家一錢之利益。此資本家所以相持不下。而要求加價之事所由起也。資本家安坐而享多數人之奉。又復錙銖計較。以擴充一己之私益。勞動者終日操作。而工價所入。祇此區區。贍身尚虞不足。贍家更無能爲力。躊躇四顧。祇此要求加價之法。此工價問題。所以爲勞動者之大問題也。

　　一時間　多一時間之操作。則資本家多得一時間之利益。即勞動者多蒙一時間之損害。要之操作之時間太多。一則妨害身體之衛生。一則辜負優遊之日月。黃金非寶。分陰可貴。就使時間長則工價高。猶非勞動者之所願。況工價低廉。既不足以贍身家。益之時間綿長。則困苦不已甚乎。此時間問題。所以爲勞動者之大問題也。以上二者。固現世勞動者所要求之目的。而所謂政治家輕濟家①。其稍明事勢者。亦知注意於此點。汲汲爲求一苟且調停之策。以余論之。則勞動者之要求固誤。而爲調停之論者尤謬也。夫以一己之能力。自足求一己之所需。今勞動者能力之所得。而資本家盡攫爲己有。從其手中乃與勞動者以涓滴之唾餘。公然名之曰工銀。吾不知工銀云者。於何取義。彼資本家所入。則曰利益。吾又不知其利益何自而來。勞動者竭一己之能力而不得享應有之利益。乃資本家則暇逸而得之。不平孰甚乎。夫人類當各竭其能力。各求一己之所需。人不以能力所得者與之他人。亦必不能掠他人能力之所得者。據爲己有。工銀云者奪他人能力之所得。而給以些須之金錢。無論工銀低廉。理固大悖。就令酬給豐厚。而一己能力之所得。猶不能爲一己之所有。人生慾望固未償也。是故勞動者。必求享有一己能力之所得。而要求加價之舉。乃爲無當。若夫世之自命爲改良社會家。曉曉然於保護勞動法。勞動保險法。勞動養老

---

① "輕濟家"，有誤，應爲"經濟家"。

法。婦女幼年勞動制限法。彼等之關懷勞動者。未嘗非仁心慈祥之土①。然惜其徒爲皮毛之論。究不能永保社會之和平也。時間問題。關係人生之幸福匪少。夫世界出産之物。以足供人類所用爲止。故必綜計人人每日需物若干。則出産物若干。每人需若干時之勞動。如此則人人以一己之能力。足以得一己之所需。而時間問題。自迎刃而解矣。夫今日者科學進步之世界也。機器之用。必愈精巧。人力操作。當愈簡易。設社會不平。則勞動者必因而益蒙異常之損害。社會平矣。則勞動少而時間短。人生慾望。或者至此而如願相償乎。

---

① "之土"，有誤，應爲"之士"。

第
九
章
一

農民

　　自科學進步。機械發明。由農業時代。一變而爲工商業時代。現世經濟家。往往昧根本而騖遠略。聚精會神。日謀達其自國富強之目的。然而工商業發達未底其極。而農業已陷於悲境矣。週來食料問題。日益急迫。而保護農業之聲。較前喧傳稍盛。然一觀其所謂保護政策之何在。則非保護農民而保護地主也。今之論者。謂農業不振。全由於穀價之下落。於是盛倡保護關稅之說。直以爲外國輸入一減少。則本國之穀價漸增。而農業乃有繁昌之望。嗟夫此亦可謂井蛙之見矣。往古農業共產時代。自耕自穫。無地主佃人之分。營業之法未行。而穀價並無高下。是時農業之悲境。不過凶年飢歲而止。自夫共產制度一破。貿遷之法漸行。穀價有高下。而地主常吸佃人之膏血。野老農人胥而爲地主之奴隸矣。夫往古自耕自穫。雖歲穀不登。猶可自給。今終歲勤動。所得悉供地主之租稅。一有水旱不時之災。往往節衣減食。以應地主之需索。按之中國。則鬻子女以充租稅者。且數數覯矣。夫凡事不揣本而齊末。則必不足以收成效。彼夫主張保護政策之說者。每執英國農業現況。爲持論之口實。一若英國農業之不振。全

由於自由貿易所致。抑知土地私有制不廢。個人胥爲地方之奴隸。即使保
護政策果收成效。内國穀價日昂。然試問於農民有絲毫之益否乎。結局不
過地主昂其地租。一般勞動者苦於昂貴之食料。而農民之境遇。無以異於
往日也。近來英國農業問題。爲世界人所注目。其曉曉致辯於自由保護者
無論。吾嘗考其農業不振之原因。大率以田畝之地價下落爲最重要之問題。
蓋自交通日便工商業愈發達。舊時荒蕪之區。今則設工廠闢商場。地租百
倍於昔日。而耕作之土地。其收入有限。地主不能不改變方針。以開拓一
己之利源。其得以舊時之田隴。設立工廠商場居宅。則其最善者也。即不
能矣。然改爲牧場。年中所入。亦十數倍於種植。以是田隴之地價愈低則
荒廢愈多。而田隴亦漸少。彼夫耕作農夫。又相率棄田舍而赴都市。故近
年來英國田舍人口日益減少。都市人口過度增加。而無職業者乃漸夥。故
倫敦一隅。每年失業者以十萬計。此皆土地私有制之結果也。夫土地私有
制度。行之於往古時代。其害尚少。自夫交通既便。文明日益啓發。地租
一漲。則地主各謀一己之利益。而田畝乃大受其影響。以是食料缺乏。農
民失業。農業不振之原因。胥在乎此。彼區區保護關稅之論。其何足當於
事實乎。

　　德國於一千八百七十九年。以保護農業之目的。實行保護關稅之政策。
是時社會民主黨。於大會議時謂（吾人對於保護政策非贊成其益於國家而
贊成其益於平民也。）蓋亦誤信經濟學者之論。一若保護政策。果能收保護
農民之效果矣。然時復一時。該保護政策之益未著。而害已大顯。社會黨
至是乃知此政策之果不足恃。於千八百九十八年十月。開大會於士打加①。
宣言云〔徵收食料關稅則生活之日用品價值必昂貴都市與田舍之勞動者其

---

① "士打加"，即斯圖加特（Stuttgart），德國西南部一城市。

生活益困難。〕遂滿場一致。決議反對此保護政策。大抵食料之課稅。實害社會一般之利益。而與一般勞動者以無限之痛苦。國家所收入者有限。其大部分實爲地主所享有。據德國統計家所計算。當穀物課稅之時。物價騰貴。德國全人口中受其益者不過四百萬人。而小農多苦於生活資料之騰貴矣。或謂穀價騰貴。則工銀益高。勞動者未嘗不受其益。然俄國課穀物關稅最重。而工銀最低。英國自由貿易。而工銀於歐洲爲最高。此可證穀價與工銀之如何關係也。就令工銀果高矣。然勞動者之苦痛更甚。歐美勿論。就中國言之。三十年前。勞動者之收入。月得三五金。而以之事父母畜妻子。尚綽綽有餘。近年以來。物價騰貴。月得十餘金之收入。而仍不足。此可見工價雖昂。而勞動者實未嘗受益也。不寧唯是。勞動者與資本家之衝突。全在工價問題。試問於穀價騰貴時。勞動者之工銀自然而高漲乎。將迫於困境而要求於資本家乎。夫使由要求而工銀乃增。則階級之衝突日益劇烈。利益未見。而勞動者已先受其害矣。

　　往古分業之法。未甚盛行。而農業實爲立國之要素。歐洲古代勿論。按之中國周秦以前。井田什一之制①。幾有舉國皆農之概。蓋去農業共產時代。尚未遠也。漢興商業漸盛。井田之制既廢。農民即不遇水旱之災。亦苦於生活之疲窘。讀史遷平準書②。可以知兩漢農商業之梗概矣。然是時重農輕商著爲朝令。政府以生活之所需。不能不籌保護之策。以是農業狀況。尚循往古之舊。自夫分業之法盛行。降至於今。分業之結果。乃生種種之衝突。於是體力與腦力之衝突。地方與地方之衝突。國與國之衝突。階級與階級之衝突。而工業又與農業相衝突。蓋自機械日精。工業日盛。資本

---

① "井田什一之制"，即中國古代的井田制和什一稅制。
② "史遷平準書"，"史遷"，即司馬遷。《平準書》爲《史記》八書之一，該書叙述了西漢武帝時期平準均輸政策的由來。

家各謀工事之發達。皆有輕忽農業之概。試觀麥穗垂垂。如黄雲瀰漫。此非耕植之沃土耶。今則籠罩於煤煙臭氣之中矣。

　不特此也。工業發達。製絨事業益盛。而投機之資本家。爭掠奪農民之土地以爲牧場。舊時二百農民生活之土地。今則三五之牧師。逍遥於草野而已。以是農民之財産土地職業。悉爲資本家所掠奪。而農民之境況愈不堪問矣。況夫工業益盛。生産愈多。勢不得不求一銷流之市場。英國工商業發達最早。五十年前。德法俄等國。皆爲英國工業之顧客。今則諸國汲汲振興工業。幾有後來居上之概。五十年來。列國逐逐於市場之競爭。而殖民地侵奪之事益多。驅農民子弟於礮烟血雨之中。爲資本家工業開販賣之路。而負擔重稅。拋棄生命。一若爲農民應盡之義務也者。蓋自共産之制廢。地主各役農民如奴隸。而農民之境遇。時愈久而愈不平。故歷史上凡革命事業。多發難於農民。俄羅斯之惡潮。則於今正烈也。是故以一言蔽之。往古之農民。則地主之奴隸也。今日之農民。則資本家之犧牲也。奴隸猶可言也。供資本家之犧牲。則財産生命不愈危險乎。

　世之工商立國論者。往往漠視農民。然余非謂工商不可重也。又非如農學論者經濟論者。辯論自由保護之關稅政策以求達保護農業之目的也。彼夫課外國米之輸入稅。耕地之改良。其目的僅在於出産額之增加。然及其結果。但肥地主之身家。速土地之兼併。而貧富階級。益懸隔而不相合。夫求出産額之增加。本正當不易之理。然農民之分給不公平。則出産雖增。亦祇爲地主之利益。且近世農業保護論者。多根據於食料問題。夫所謂食料問題者。不過己國食料不足。而仰給於他國。交通有無。本人類之恒理。然以國界森嚴之故。乃爭計較於利權爭戰之事。以是保護農業之論起。彼輩名雖注重於人類生活之資料。然其方寸之中。實隱含殺機也。夫土地不同。氣候各異。農業乃有適不適。世界人類。自當融合爲一家。則適於農者農。適於工者工。不適者勿強也。是則今之農業保護論者。又安所用其容喙哉。況夫食料問題者。非世界之食料缺乏。而一國之食料缺乏也。故食料不患不足。而患分給之不平。國界既破。分給既平。而農民猶待於保護者。未之有也。

第
十
章
一

教育

　　自由競爭之流弊。其爲學者所非難矣。要天演物競之理則不磨。試觀現世人民。胡以不循太古榛榛狉狉之舊。以是知今日之聲明文物。悉本諸天演物競而來。然一推求各各挾持之具。以相角逐於圓球内者。則智識實爲競爭之利器。太古時人類智識。純任於天然。自人類進化以後。乃補助以人事。馴至今日補助智識之術。益益完備。輓近進化之原。未始不根本於此。夫所謂補助智識之術者。何也。則教育也。國有強弱。種有智愚。而一察其強弱智愚之由。教育實爲其大原。遠稽歷史。近觀各國。人類進化之階級。悉有根據之可尋。故處今日自由競爭之世。苟無所憑籍。其能免於自然之淘汰乎。

　　中國民智否塞。百廢未舉。士夫擊刺於強鄰之紛擾。惓惓於生民之疾苦。乃覺普及教育爲必不容緩。此粗通事勢者。夫人而知之矣。然而普及之界線何在。論者將毋曰但求一般國民。讀書識字。於普及之願望已足。信如斯言。則義務教育。限於尋常小學而止。夫亦可以達論者之目的矣。且夫學問者天下之公器。夫使一般人民。但求讀書識字。安於尋常小學而止。

然則所謂中學高等專門大學之設。又何必多此一舉。夫普及教育云者。務使一般人民具有普通之智識。養成普通之人格。試問區區小學。讀書識字。猶虞未足。智識人格。尤匪足論矣。然人亦知普及教育與人類之關係乎。

一人格〔衣食足而後禮義興①〕自成千古不磨之定論。蓋人格之高卑。全視夫經濟之有餘不足。此其總因也。然"士窮乃見節義②"古人槁餓黄泉。仍不肯乞命於非義之飲食者。其境遇可哀。而人格洵不可及矣。夫豈生命之不足惜哉。毋亦以外來之物。徒污靈魂。即使舍生取義。尚還我完全清白之軀。此種人格。正如天空皓雪。無半點塵垢。漢唐以下。此風浸微矣。吾嘗思之。古人獨居一室之中。潛修性命之學。富貴色相諸幻緣。斷不足以擾其清夢。蓋養之有素。人格愈高。自漢唐以下。階級制度。益益嚴峻。帝王既設爲種種幻境。摧折人格。引之入於富貴利禄之殼中。教育已缺。一般人民困於衣食。降及近世。而人格愈不可問矣。迹其退化之原因。雖經濟爲其總因。而教育實爲直接。且壞德破義之事。每有無關於經濟上者。而教育實與爲密切。且匪特中國也。證之歐美。莫不皆然。夫歐美各國。非所謂教育普及者耶。然普及之界線太狹。故人民猶不免有踰越範圍之事。試觀各國犯罪者之數。每百人中其曾受高等教育者不及五人。然則教育與人格之關係。此非彰明較著者乎。

一地位　人至陷於失業之苦境者。原因雖屬於階級之不平。要亦人之技術未嫻。無一藝之長。以是謀生愈困難耳。試觀歐美各大工廠。執役者以萬計。汗流浹背。苦等牛馬。孰非奔走於工廠之中者乎。然手腕敏捷。執事熟練者。其工銀必較衆獨優。而勞苦亦略殺。又觀歐美各國。皆有拘究無業游民之例。然被拘者大率不諳藝術。又習慣於怠惰。不肯勞其筋力。

---

① "衣食足而後禮義興"，語出《管子·牧民》："倉廩實則知禮節，衣食足則知榮辱。"
② "士窮乃見節義"，語出韓愈《柳子厚墓志銘》。

以營一己之生活。共^①怠惰固可憎。而教育缺乏。又誰之咎也。況夫教育以陶鎔人格養成善良勤敏之性質。如教育缺乏者内養不足。而外至之紛擾乃乘之。寖假耽安逸。惡勞苦。家人生產之謀。不覺置之度外。此又失業之一原因也。歐美各國。凡犯罪則圈禁於監獄之中。復量其能力。教以粗淺之工藝。其意非不善也。然吾未嘗不笑其愚。夫既知人無藝術。爲犯罪之原因。然於人未犯罪之先。何以不施完全之教育。必待至犯罪之後。始教以粗淺工藝。不豫防於人未犯罪之先。使之毋作惡事。爲正本清源之法。必待至人既失業犯罪。乃爲亡羊補牢之計。陷穽罔民之罪。歐美各國其不能辭矣。況夫教育不及於一般人民。而獨及於罪囚。學科不設於學校而設於囹圄之中。然則所謂文明者安在哉。夫人至失業地位。已不足自保。況一流爲罪囚。尚何地位之可言乎。

　　一知識　人可無高深學問。不可無普通知識。試觀紛紛擾擾之中。其起爭端背公理冒犯天下之大不韙者。其原因雖有種種。而知識缺乏。此其一原因也。夫人類經歷億萬年進化而來。各有知覺腦筋之運用。以是而自是之心。較下等動物爲尤甚。世上害義敗羣之事多起於自私。自私之界線約分數種。除營謀私利者外。多由於自是之心太高。夫人類既有知覺。即各不免有自是之心。且用之適當。亦足以建立大事者。要不能不視知識以爲準衡耳。不然知識不足。復挾一是己非人之心以作無謂之爭持。則愚而自用。適爲破壞大局之媒。例如一銀圓於此。二銀匠執之以爭是非。一曰此銀也。一曰此贋鼎也。二說不同。而是非有定。然究之是者何以是。非者何以非。則是者知識足。非者知識不足而自以爲是也。一物如此。天下事可知矣。是故述羣聾以鈞天之樂。彼必以爲無是音。語瞽者以新奇之劇。

---

① "共"，有誤，應爲"其"。

彼必以爲無是事。倡公理於混沌否塞之世。夢夢者反指爲癲狂爲謬説。夫
豈彼等之好爲自是哉。無他。知識有所限也。夫人類所以異於下等動物者。
不在形體而在知識。知識不足。與下等動物奚擇乎。大抵人類知識約分二
種。一爲固有。則腦筋也。一爲擴充。則教育也。腦筋爲知識之本體。教
育爲知識之運用。是故人類進化以來。設安其固有。而不復進謀補益之方。
則人類退化久矣。故夫人類不可缺知識。即不可缺教育。一般人民不能無
普通知識。即教育不能不普及。此固彰彰可證者也。

　　教育普及。與人類之關係既説明於上。雖然夫使人無教育。而人類仍
循自然之進化。並不蒙絲毫之影響者。則教育不普及焉可也。然自實際上
觀之。則教育不普及之害。誠匪淺鮮也。

　　一害社會　社會上多百善人。不如少一作惡之人。何者。社會有百善
人。人未必得其益。社會有一惡人。人皆被其害。故害苗害馬。猶不容於
動植物之間。況害羣之人乎。夫風俗澆漓人心奸僞道德衰頹生民塗炭。至
今日已達其極。世人每注意於皮毛之論。直以爲法律紊亂。爲社會退化之
原。抑知法律本爲網人之具。適足以擾亂社會之治安。夫善惡名詞成於對
待。世有善人則惡人以出。今試問善惡之界線於何分判。亦不外善人則智
識充足。道德高尚。惡人則智識缺乏。道德頹靡。其界線盡於是矣。雖然
善人之智識道德何自而來。惡人之智識道德何自而去。是非教育爲之大原
乎。是故萬人之羣。有一未受教育者。雜處其中。則萬人將被一人之害。
萬分之一如此。則百人而十者。可知矣。輓近人心澆薄。社會益紛擾。借
公益以營私利。藉平等以行壓制。殉一己而破大局者。相望於道。憂世者
一入其中。鮮不腦筋煩悶。忽發厭世之想者。然此豈社會之咎哉。亦社會
中未受普通教育者。占其大部分耳。夫教育不普及。即人之智識道德不同
等。以智識道德不同等之人。而雜處於同一社會之中。如是而社會不蒙其

影響者有是理乎。

　　一害子孫　有賢父兄而後有佳子弟。此誠家庭之良格言。雖然人既樂有賢父兄。然得不得乃在不可知之數。其原因果何在。則不得不根本於教育矣。夫教育大別爲數端。而家庭教育。實占一重要部分。華盛頓爲世界上大人物。然觀其孩童軼事及其父母之家教。乃知華盛頓一生事業。實肇基於初服時也。大抵家庭教育。父母實爲其師長。父母賢則子弟鮮流於邪僻。然一追尋父母賢不賢之原因。則又當以教育普及與否爲斷。故夫父母本一未受教育之人。則子弟之墮行者必多。由是而子子孫孫。綿延累世。害乃罔極。夫家庭教育。與人類之關係。稍有識者類能言之。然無賢父母安有良教育。舍本務末之策。非可以收成效也。

　　由是觀之。教育與人生之關係如此。教育不普及其害又如彼。然則欲謀社會之進步。保人類之地位者。當知所先務矣。近世所謂文明國。學校林立。政府有強迫教育之權。在吾國人眼光觀之。鮮不嘖嘖稱羨。推以教育普及之美名矣。然其實際果足以相副乎。又如日本。下級人民。如輿夫走卒。娼妓女僕。暇時莫不人手一編。執是而較諸中國人現時之程度。相懸不啻霄壤。然謂之爲教育普及。不得也。何也。吾嘗考近世教育不普及之原因。厥有二端。一義務教育之範圍太狹。歐美各國。雖有義務教育之制。然皆爲界線所限。美國財政充裕。義務教育較廣。中有延長至大學者。外此諸國。則大率以高等小學或中學爲止境。日本舊時學制。義務教育至尋常小學而止。自明治四十年。學制改正後。義務教育延長至高等小學。夫學校之等級雖不同。而教育之方針無二。人必不安於小學中學之教育。而後乃有高等大學之設。然高等小學之程度。謂於一般人民爲適當之教育者。無是理也。故義務教育而有界限。此教育不普及之證也。一經濟不平。人民無受教育之能力。義務教育有界限。則教育不普及。既如前言。然使界限胥泯矣。是時一般人民。果有受教育之能力乎。此一疑問也。

　　現世社會階級。日益懸隔。富人子弟。則優游以享受高深之教育。貧者則饔飧尚不足自保。安有享受教育之能力。就令學校概不需學費。然學校用物。所需不少。下級人民。殊難供給。況家貧親老。則求學之心稍衰。就令父母節衣縮食。期子弟學業之有成。然家計困難。學業又須時日。即使向學極殷。亦不能不爲家計所動者。此中途變志者。所以數數見也。然此僅指有賢父兄者言也。其急欲子弟自謀生計。毋爲老人累者更無論矣。故夫義務教育雖無界限。然社會不平。則一般人民必無享受教育之能力。嗟夫世變至今日極矣。海陸軍費。年以億兆計。而其效僅在於殺人。又如監獄本非人道所宜有。乃耗無限之金錢。特設此害人之苦境。假令以軍事費監獄費。悉移爲教育之用。養學生如養軍士。使人各安心於學業。如是而教育有不普及者乎。而監獄乃無用矣。夫今日國人所囂然主張者曰。義務教育宜推廣。吾究不知此義務二字作何解釋。政府既收人民之血稅以開設學校。則吾人子弟。應有受教育之權利。吾不知此義務二字。爲政府言乎。爲人民言乎。不得不謂爲奇事也。夫人類同生存於天地間。既立同等之地位。乃以階級不平之故。竟不能享受同等之教育。然則所謂天賦人權者果安在乎。

現世社會階級日益懸隔富人子弟優游以享受高深之教育貧者則竭蹶尚不足自保安有享受之

能力就令學校概不需學費然學校用物所需不少下級人民殊難供給況家貧親老則求學之心稍衰就令

父母節衣縮食期子弟學業之有成然家計困難學業又須時日即使問學極般亦不能不為家計所動者此

中途變志者所以數數見也然此僅指有賢父兄者言也其急欲子弟自謀生計毋寧老人累者更無論矣故

夫義務教育雖無界限然社會不平則一般人民必無享受教育之能力嗟夫世變至今日極矣海陸軍費年

以億兆計而其效在於殺人又如監獄本非人道所宜有乃耗無限之金錢特設此害人之苦境假令以軍

事費監獄費悉移為教育之用養學生如養軍士使人各安心於學業如是而教育有不普及者乎而監獄乃

無用炎夫今日國人所囂然主張者曰義務教育宜推廣吾究不知此義務二字作何解釋政府既收人民之

血稅以開設學校則吾人子弟應有受教育之權利吾不知此義務二字為政府言乎為人民言乎不得不謂

為奇事也夫人類同生於天地間既立同等之地位乃以階級不平之故覺不能享受同等之教育然則所

謂天賦人權者果安在乎

第十一章　道德

人類生存之基礎果何在乎飢而食渴而飲寒而衣雖曰人類生存之具然所欲有甚於生使衣食以外無復

人道

七五

第十一章

道德

　　人類生存之基礎果何在乎。飢而食。渴而飲。寒而衣。雖曰人類生存之具。然所欲有甚於生。使衣食以外。無復有善羣之道。則相妬相爭。相害相殺。而人道滅矣。然則善羣之道何在。則道德尚焉。

　　道德者。實保持人類社會之治安者也。雖然吾之所謂道德。非如頑愚腐儒。直以忠孝廉節之邪説。指爲人類之道德也。各竭一己之能力。各得一己之所需。各守一己之權限。各固一己之自由。各本其人類相愛之感情。以維持完美高尚之社會。此吾之所謂道德也。

　　溯夫原人之先。遠自海藻昆蟲。孑孑蠕蠕。層接遞進。演而成人。固不知經幾何時代乃得爲人類。又不知經幾何時代乃至於今日。然一尋其進化之痕跡。在在皆與競爭俱來。夫競爭非美事也。而其原因實起於自營。自營之弊。而道德問題乃起。嗟夫世風澆薄。人情詭惑。至今烈矣。然人類胡爲陷溺至是耶。

　　一短於智識　耳不聰者無以辨清濁之音。目不明者無以別丹素之色。

夫清濁有一定之音。丹素有一定之色。而苦於不能辨別者。則耳目有所限也。今夫悖德敗義之舉。旁觀者每痛斥其非。而當局者容或自以爲當。曩時君主專制。上天下澤。視爲倫常之大義。今則以人權爲神聖。以君主爲怪物。而人類平等之學說。乃奉爲金科玉律。夫同此人民。胡以心理之變遷如是。試以自由原理。倡導於君主專制之時。其不膺全國人之怒。而罹殺身之禍者幾希矣。夫專制時代。詎知排斥自由。爲違悖道理之舉。蓋爾時知識有限。直以爲君臣大義。一若與日月俱垂。今之所謂自由。正彼時之所謂蟊賊也。今之所謂蟊賊。正彼時之所謂大義也。又如人類平等。萬不能容有階級。以橫梗其中。專制時代無論矣。即至共和政體。爲近代最文明之制。然政府之作惡自若也。資本家之作惡自若也。徒以共和政體。人類所享之自由。尚百十於君主立憲。則彼善於此。共和政治。亦一時權宜之計。然世有居專制時代。值革新之機。竟有主張君主立憲。以排斥共和政治者。其見解可謂至奇。而一般輿論。多指爲薰心於富貴利祿所致。吾不敢以攻訐陰私之語。作春秋誅心之論。然吾可以一言蔽之。則彼輩知識有限。而所見之不廣也。蜷伏於專制時代已歷數千年。一旦聞民權立憲之論。其歡欣忭舞。正無足怪。譬如人久困於暗室之中。倏覩一線陽光。自穴隙透入。直以爲能見天地之大。竊盼得闢一小窗。以吐納空氣。自問於願已足。乃不復計及出此暗室中矣。夫人類固以平等爲歸宿者也。然專制時代。君主立憲時代。共和政治時代。經一時代。必有一時代之見解。而見解一謬。則壓抑自由。賊理害義之事出。然此時代之人。固不自知其大悖人道也。蓋智識限之也。政治然。社會然。推而至於人生交際晉接之常。日用衣食之微。往往有蔑棄道德。貽害人羣而有所不恤者。其原因雖甚多。而智識不足。則其一端也。

　　一自信太過　凡人莫不有自信心。然用之當。則爲沈毅果斷。用之不當。則爲剛愎自用。若夫用之當不當。則恒視智識如何以爲準。如既短於智識矣。更益以自信心。既不能審擇是非。又不能斂才就範。則一誤再誤。雖極害人之事。而推其自信心所至。直以爲天下利人之事。無有如我之所爲者。例如華醫治疾。本不知生理解剖之爲何物焉。辨病源之何在。乃猶堅執己見。自謂洞窺靈樞素問之奧。熟讀脈訣湯頭之書。舉世界醫師無有出吾之右者。其自誤小焉耳。持是以殺人而猶不自知。此則自信心誤之也。

一意氣用事　（人非聖人孰能無過）此固老生常談。要之聖人亦何嘗無過。不過能蠲除意氣。折衷於道理耳。夫人類之最不易擺脱者。厥爲意氣。故往往有殉一己意氣之私。致身敗名裂。害義賊德。而無所顧惜者。徵之歷史。驗之社會。其例不勝枚舉。大凡意氣用事者。智識不足。自信太過。既誤於前矣。又頑梗負氣。不復以道理爲衡。必至終其身而無復遷善之日。例如旅行者既誤於歧途。而自謂此途必不誤。有人告之曰。此途誤也。設爾時能平心靜氣。自悔前非。則回復正路指顧間耳。今也不然。必自謂吾何嘗誤哉。吾必循此路以達吾之目的地。此亦意氣用事之一例也。大抵羣己之權限不清。公私之界線相混。明明爲公衆利益之事。而以一己意氣之故。力謀破壞之。明明爲蔑棄人道之事。而以一己意氣之故。悍然實行之。蓋方其意氣用事時。已拋置道德於九霄雲外矣。嗟夫天下人有生命可以捨。利益可以棄。而意氣必不可蠲除者矣。然而事過情遷。清夜自思。則良知之痛苦。必較人間之刑罰爲尤甚也。

一圖謀私利　殉私害公。已爲人類見慣之事。此種流弊。觸目皆是。世人之歡息痛恨者久矣。是故今日人類之所以不能進化。世界之所以未臻大同。實原因於此。試問國界何以不平。則政府之殉私也。貧富何以不平。則資本家之殉私也。夫政府資本家。豈不知人道之不能不平等耶。蓋利令智昏。腦筋中既佈滿私念。安知世界上復有公理。正如齊人攫金於市。見金而不見人。非敢於違悖道德也。目前之私利蔽之也。雖然是亦祇目前之私利耳。自炸彈暴動之端開。而政府資本家乃無安枕之日。然則今日之所謂私利者。必有窮盡之期。而洪水猛獸之禍。且將隨其後也。由是而言私利。利亦微矣。夫今日之營私利者。其眼光太小。例如破壞社會之公益。以殉一己之私。庸詎知一己之私益有盡。毋寧爲益於社會。而己並享其利乎。

　　凡有以上四因。乃有不道德之事。雖然人性有善有不善。悖理害義之事。未必盡人所樂。爲是故四因之中。更有原因焉。

　　一原因於遺傳　　孟軻①荀卿②。嘵嘵辯性善性惡之說。要之二者皆一偏之論。無當於實理。夫人身自父母而生。自不能不感受父母之性質。故父母善則子亦善。父母惡則子亦惡。此遺傳性之普通例也。或有父善而母惡。母善而父惡。則子女之性質。往往受父受母之不同。又如父母本屬惡人。而孕時偶明善念。則所生子女。性質亦善。父母本屬善人。而孕時偶行不義。則所生子女。性質亦惡。此種善惡遺傳之理。證之生理學上具有實例。即按之動物學。其理均同。如農學家之豢牛馬。皆有改良之法。其一例也。夫畜產如此。人類亦可知矣。

　　一原因於教育　　法律家言。人羣道德之衰頹。由於法律之不整齊。嗟夫。爲此言者。其不道德亦甚矣。夫使法律而果有維持人羣道德之効。則胡不易學校爲監獄。令凡屬人類。於年齡適當時。各監禁數年。庶一般人民。備知法律之精密。各有所忌憚而不敢作惡。是則法律之能事畢矣。然試問天下人。誰敢謂此足以收成效乎。凡人入監一度。其人之道德必墮落深一層。蓋法律者微特不足以維持人羣之道德。抑將舉人羣道德而胥銷滅之者也。大抵人羣道德之進退。恒視教育之良否以爲差。試問今日聲明文

① "孟軻"，即孟子（公元前372—前289），名軻，字子輿，戰國時期思想家、教育家，主張"性善論"。
② "荀卿"，即荀子（公元前313—前238），名況，字卿，戰國時期思想家、政論家，主張"性惡論"。

物之人類。何以能脫往古獉獉狉狉之俗。故吾人得有今日之進化者。謂全爲教育之功焉可也。科學研究無論矣。而性質陶鎔。補偏救弊。教育尤獨一之善法。故往往有遺傳性雖善。然遇不良之教育。則遺傳性亦漸失其真。或有稟父母之惡性而生。然得完全之教育。則遺傳性亦與之俱化。蓋兒童就學時。腦筋最爲清淨。授以如何之道理。即成如何之心境。而少成若天性。習慣成自然。不知不覺中。已融化於無形矣。夫今日國家思想最發達之時代也。彼曰愛國。此曰愛國。一有反對其說者。即被以大逆不道之名詞。究之此種思想。何自而發生於社會。何由而普及於世人。實教育爲之原因也。試觀今日所謂文明國者。凡小學兒童。莫不授以本國之教科書。灌輸以愛國之思想。以是國人腦中。無不鐫有愛國二字。此國界所以不能平之原因。亦可見教育之入人深矣。

　　以上二端。固四因中之原因也。雖然。教育遺傳皆善矣。而一切不道德之事。果從此銷滅歟。不然也。蓋有總因焉。則社會之不平也。今試問教育完全。學校林立。然社會不平。一般人民皆有受教育之能力乎。蓋經濟問題不解決。而教育終無普及之日。即人羣道德。必無進步之日。又試問祖父悉屬窶人。境遇困厄。教育缺乏。而所生子女。果稟有善良之遺傳性乎。蓋社會一日不平。則人類之道德愈不堪問。而劣惡根性。遺傳於子子孫孫。其流弊未知伊於胡底也。不特此也。人生操守。往往爲境遇所變更。即使教育遺傳。皆屬完美。然江湖落魄。貧無立錐。夜氣良知無以自保。試問渴不飲盜泉。熱不息惡木陰者。世能有幾人。是故道德問題。爲人類之大問題也。然社會一日不平。則教育遺傳。皆不過隔靴搔癢之策。非根本問題也。且夫人類何嘗有罪惡哉。世所稱爲罪惡者。曰棍騙也。曰盜賊也。嗟乎。棍騙盜賊而可指爲罪惡。然則政府侵奪人之自由。資本家劫掠人之衣食。乃不爲罪而爲功。竊鈎者誅。竊國者侯[①]。不平毋乃太甚乎。夫人類同生於天地間。而富者居則大廈。衣則錦繡。食則粱肉。貧者則饔飧不足以餬口。飢寒交迫。窮而偶爲不道德之事。其行爲雖可憎。而其境遇殊可憫也。夫如此而以爲罪惡。則政府資本家實尸之矣。於彼求一己之衣食者何與哉。吾人居今日道德衰頹之社會。而懸想於未來世界。其人羣道德之高尚迥殊於今日萬萬。然其時期安在。則金錢廢滅。社會平等之日也。夫自世有金錢。生民悉受其荼毒。而道德問題尤甚。試觀父子天性。忍而賊恩者何以故。曰以金錢故骨肉相殘。鬩牆啓釁者何以故。曰以金錢故。夫婦反目。下堂求去者何以故。曰以金錢故。始則指天誓日。自謂可以患難相交。一旦凶終隙末。落井下石者何以故。曰以金錢故。敗壞公益。貽害人羣。以強權侵壓他人之自由者何以故。曰以金錢故。嗟夫金錢與瓦礫等耳。然勢力足以誘惑世人之心志。顛倒世人之舉動。故夫父子可以賊恩。兄弟可以相殘。夫婦可以義斷恩絕。朋友可以落井下石。公益人羣可以不顧。他人自由可以壓制。而此金錢二字。必不可斯須去諸魂夢之中。嗚呼。金錢不廢。而欲人羣道德之進步。不綦難乎。然而人類亦太自愚矣。政府指一物曰此貨幣也。而人民信用之。戀愛之。且以生命爲殉焉。設使政府指瓦礫曰。此貨幣也。吾知世人必視瓦礫爲神聖。將什襲而藏之櫝矣。嗟乎世界一幻局也。而金錢二字。乃具莫大之勢力。隱以操人類生死喜怒哀樂之權。一般生人。胥沈醉其中而無以自脫。此豈金錢之困人哉。人以之自困耳。孟軻有言（菽粟如水火而民焉有不仁者乎[②]）誠哉是言。得人道主義之精理矣。

---

① "竊鈎者誅。竊國者侯"，語出《莊子·胠篋》："彼竊鈎者誅，竊國者爲諸侯。"
② "菽粟如水火而民焉有不仁者乎"，語出《孟子·盡心章句上》。

宗教

有有形之專制。有無形之專制。有形之專制君主也。無形之專制上帝也。君主有生死人之權。上帝亦有生死人之權。君主之權力加於肉體。上帝之權力加於靈魂。君主以人民之公有物據爲一己之私産。上帝以人民自營之生活資料指爲一己之所有。君主之威權及於大庭廣衆之中。上帝之威權及於幽隱祕密之地。君主之威福有盡。上帝之威福無窮。故以上帝與君主較。則君主瞠乎其後矣。況君主爲世界人類之魔王。然仍隸於上帝之權力下。則以君主較上帝。何啻以土壤擬太山乎。

近世學者之言曰。"科學昌明則宗教衰微。"然達爾文①生物由來論一出。宗教雖爲之少衰。而於今猶熾者何也。則摘技葉而不尋根據。求空漠而不辨實理也。近人之非難宗教者。每辯論於上帝之有無。而不研究其信仰之當否。夫懸揣於冥冥漠漠之中。彼曰有。此曰無。二説相持。終不得一確

---

① "達爾文"，查爾斯·羅伯特·達爾文（Charles Robert Darwin，1809—1882），英國自然學家、地質學家和生物學家，進化論的奠基人，著有《物種起源》一書。

實之解決於此。而欲欲①摧宗教家之中堅。破迷信者之頑夢。誠非易事。彼夫生物進化之論。宗教家仇之已久。然攻擊愈力。而理愈不可磨。宗教家亦苦無立論之根據。去年英國某牧師。登一論說於某月報。其言曰。"達爾文生物論謂人類遠自海藻沙蟲經歷各種階級衍而成人然凡物無有自然而生者人類即由生物進化而來而一考其最初之階級則海藻之海藻沙蟲之沙蟲亦必有一創造之主宰以是知達爾文生物論不特無害宗教前途抑可以證明上帝之能力"某牧師可謂巧辯矣。既知生物進化之理。無可攻擊。乃委曲其詞。謂生物最初之起原。亦必藉上帝創造之力。雖然。凡物既不能自然而生。則上帝何自而來。上帝既自然而有。豈凡物不能自然而生耶。如謂上帝非物。則上帝之體質爲何。曾否得有證明其非物之確據。夫索之空虛者。不若證之事實。荒唐怪誕之論。顧有百喙。其何以自護哉。然而姑舍是。吾反對宗教之本旨。則在彼而不在此。無論上帝爲宇宙必無之物。就令上帝而果有矣。然人類各有自由。凡侵犯人類自由者。即爲人類之仇敵。專制君主。逞一人之權力。以侵犯人民自由。而人民猶有推倒政府。處死帝王之日。獨怪上帝專制之威。倍蓰於君主。而宗教信徒雖爾室屋漏之中。仍不敢稍萌反對之念者。豈懼上帝之威力偉大乎。則何解於人類自由之正理也。夫一衣一食之微。明明竭一己能力以得之。而猶曰上帝之賜也。然物爲上帝之物。則與奪之權操於上帝之手。天下豈有一衣一食之微。予奪操於他人之手。而尚得謂之自由乎。耶教以釋放奴隸誇爲救主之功。然而胥信徒。而爲上帝之奴隸者何也。

　　宗教者。阻礙世界之進步者也。人各放棄一己之自由。而俯首聽命於腦筋想像之主宰。舉世界存在之事事物物。悉引爲上帝創造之功。由是人

---

① "欲欲"，衍一"欲"字。

人具倚賴上帝之心。斂抑精神以聽上帝之命。推而至社會不平。貧富懸隔。猶作癡人説夢誣爲上帝賞罰之權衡。胥世界人類而希望於冥漠之天堂。沈酣於現身之苦境苟且偷安成爲習慣。天堂之迷夢未醒。人類已沈淪於地獄。不亦大可哀乎。

近世強權家。每利用宗教。借爲愚民之妙策。附會鬼神。假托威力。固強權家慣用之伎倆。甚至尊崇宗教。鼓吹謬説。誘人入於晦盲否塞之路。強權家之心術固乖。而宗教濟惡之罪。其安逃乎。

凡持非難之論者。當屏除意氣感情。而務以公理爲依歸。近人排斥宗教。每舉其歷史之汚點。異教之相凌。信徒之穢行。直指爲宗教之罪惡。此大不可也。夫宗教亦何嘗無功於社會哉。現世各國。凡慈善事業。大多成立於宗教家之手。今日社會不平。人類陷於無告之境地者。何可悉數。得宗教家以救濟之。亦未始非人類之福也。惜乎小惠未徧。救濟一人。不能救濟百人。救濟所見所聞者。不能救濟所不見不聞之人。而宏願仍未償也。故從根本上著想。則人類平等。無藉救濟之力。而宗教之用窮。宗教家之言曰。"無上帝以監督人類則人類之作惡愈多"然耶教之興。幾二千年矣。而人類行爲。愈趨愈惡者何也。英耶教國也。墟人之國。夷人之種。剝人之自由。陰賊狡險。爲世界冠。彼何嘗以上帝監督之故。稍斂其兇殘淫殺之威耶。大抵上帝賞罰之説。祇以之迷惑蒙昧無識之人。若上焉者毋待上帝之恩威。而自趨於善。下焉者。雖上帝臨之。亦無以戢其作惡之心。此宗教所以爲愚愚民之用也。且上帝亦太自苦矣。上帝操生人之權。何不盡生善人。既生惡人以害社會。又必臨以賞罰之威。此真百思而不得其解者也。

宗教者。以權術推行者也。世人迷妄既深。無辨別善惡之識力。有人於此。謂之曰。汝宜行善。人必不恤者。一設爲天堂地獄之境。曉以希望恐懼之途徑。而人乃動心矣。耶教言耶穌爲上帝之子。吾信耶穌者權術家也。彼知以口舌勸人爲善。人未必信。乃創造上帝之説。藉爲推行宗教之用。實則耶穌固非上帝之子。而耶穌心中更並上帝而無之也。此耶穌之權術。所以得爲教主也。中國向無宗教。如釋如道。信徒祇限於出家之僧尼道士。佈施齋醮而外。無何等之事業。不得稱爲宗教也。如孔子本一帝王愚民之傀儡。不特孔子非教主。實則儒教尤不可以宗教論。凡宗教無不假託鬼神之名義者。孔子未嘗設一不可思議之主宰。以傳佈其所主張之道理。易經有言“聖人以神道設教”[1]是言也。直不啻揭破宗教之真面目。夫以神道設教者。明知神道之荒邈無稽。而祇借之以設教耳。如儒爲宗教。則易經何至有此坦壞相示[2]之言。要之凡建立宗教者。大都熱心救世之人。其所以附會神道者。總不外一時利用之權術。故宗教者。行之於草昧未開之世。則人類或蒙其益。行之於世界進步之日。則人類將罹其害。此宗教家所不可不反省者也。

現世存在之宗教。約有數種。所附託之神道。各自不同。兹僅就上帝言者。其他之仙佛鬼神可以類推矣。夫人類各有自由。而神道乃操管理人類之權力。然則一切之上帝鬼神仙佛。一言蔽之。皆人類之仇敵也。

吾此文一出。吾知宗教家必有罵我爲狂妄者矣。雖然。靈魂肉體。悉羈勒於上帝之勢力範圍下。生人自由。剥喪殆盡。乃猶低首下心。甘爲無形之奴隸。若是者其狂妄正未知何若耳。

---

① “聖人以神道設教”，語出《周易·觀卦·彖傳》。
② “坦壞相示”，有誤，應爲“坦懷相示”。

第十三章 一

科學

　　科學進步。遠溯於數世紀以前。著明於近日。夫人類智識。日異而歲不同。則科學之進步。似無止境。然吾思之。社會平等。金錢廢滅之日。即科學之極端進步時代也。夫科學進步之一言。爲今日社會上流行之用語。然按之事實上。余誠不敢謬爲附和者也。

　　吾人人類生存於地球上。各有解會事物之知覺。然知覺者經驗上之所得。其結果亦祇於知覺而止。固不能謂爲人類之智識也。日人知其出於東也。月人知其起於西也。投石於水。人知其沈也。置木於巨洋之中。人知其浮也。然日何以東出。月何以西起。石何以沈。木何以浮。一叩以事物之原理。率瞠目而莫之能答。無他知覺所囿。而智識之所不及也。是故不知地球繞日之作用者。則不知日月起落之原理。不知重學之法則者。不知石沈木浮之原理。蓋知事物之原理者。非知覺也。智識也。宇宙間萬有之事物。吾人得以一己之智識。洞知其原理。此即所謂科學也。

古希臘拍拉圖①時代。分科學爲三類。一論理學。二物理學。三倫理學。皆以人爲本位。而觀察科學與人之關係也。近世學者多非之。區別科學爲二類。曰自然科學。曰精神科學。

自然科學別爲四種。一理學。二無機學。三有機學。四醫學。

一理學　宇宙間萬有之事事物物。悉説明其關係之原理。故稱曰理學。中分三類。

一數學　事物之大小長短廣狹深淺。得以是區別之。

二物理學　解析實體液體氣體構成之原理。而利用水力光力蒸氣力電氣力等自然之勢力。

三化學　解析物質之分子。而研究其關係。如實體溶而爲液體液體蒸而氣體。化合各種原質而製造一新物體。其原理皆爲吾人之所知也。

二無機科學　此科學中皆研究無生命之物體。與禽獸草木含生負氣之物殊。故稱曰無機科學。

一萬有學　以研究宇宙全體爲目的。

二天文學　以研究天體爲目的。

三地文學 ⎫
四地理學 ⎭ 研究地球之構造形狀

五地質學 ⎫
六礦物學 ⎭ 研究地球構造部分中之物質

三有機科學　人類禽獸草木蟲魚。皆有機之生物也。有機科學者。以研究有機生物之現象爲目的。分類爲六②。

一一般生物學　研究生物一般之關係。

---

① "拍拉圖"，即柏拉圖（Plato，公元前427—前347），古希臘哲學家、思想家，著有《理想國》等。
② "六"，有誤，應爲"五"。

一理學　宇宙間萬有之事事物物。悉說明其關係之原理。故稱曰理學。理學中分三類。

一數學　事物之大小長短廣狹深淺得以是區別之。

二物理學　解析實體液體氣體構成之原理而利用水力光力蒸氣力電氣力等自然之勢力。

三化學　解析物質之分子。而研究其關係。如實體溶而爲液體液體蒸而爲氣體氣體化合各種原質而製造

一新物體其原理皆爲吾人之所知也。

二無機科學　此科學中皆研究無生命之物體。與禽獸草木含生負氣之物殊。故稱曰無機科學。

一萬有學　以研究宇宙全體爲目的。

二天文學　以研究天體爲目的。

三地文學　}
四地理學　} 研究地球之構造形狀
五地質學　}
六礦物學　} 研究地球構造部分中之物質

六。

三有機科學　人類禽獸草木蟲魚皆有機之生物也。有機科學者以研究有機生物光現象爲目的。分類爲

《人道》第87頁

二植物學　研究靜止不動之生物而考求其關係。

三動物學　研究人類以外之動物如禽獸蟲魚等。

四人類學　人類者最高等之動物也。其關係極複雜。而研究之範圍亦最廣。

五人種學　研究人類於地球上之關係。

四醫學　人類關係之複雜固矣。然人之身體生命。與夫構成組織尤爲科學中之重要者。故稱曰醫學。別爲三類[①]。

一解剖學　解剖人身。以研究其構造之關係。

二生理學　考求生命之原理。

三衞生學
四生理學　｝考求生命之特質。外界之現象。及於生命之影響

五精神病學　研究人類精神生活之形式。

精神科學者。於人類之發生。人種之同異。人身之活動。皆一一求其理解之所在。其所以異於自然科學者。則自然科學者研究人類以外之森羅萬象。與夫人類現象之特質。精神科學者。考究人類之知覺。感情。意志之三現象。而理會其精神之活動作用。精神科學區別爲三種。一哲學。二文學。三法政學。

一哲學　研究知覺感情意志之關係中分五類。

一論理學
二心理學　｝人類之精神機能。每因外界之影響。而起反應之作用。中分他動自動二種。他動者因外界之影響。而精神發生一種之感覺。自動者一己之精神。知覺外界之現象。大抵因感情而想像種種之事物。因經驗而識別種種之概念。一切科學莫不由知性之精神而來。而研究知之現象。知之本體。知之形式。則論理學與心理學也。要之此二者皆知識界之科學也。

---

① "三類"，有誤，應爲 "五類"。

三現象而理會其精神之活動作用精神科學區別爲三種一哲學二文學三法政學。

一哲學　研究知覺感情意志之關係中分五類。

二心理學〉人類之精神機能每因外界之影響而起反應之作用中分他動自動二種他動者因外界之

影響而精神發生一種之感覺自動者一己之精神知覺外界之現象大抵因感情而想像種種之事物。

因經驗而識別種種之概念一切科學莫不由知性之精神而來而研究知之現象知之本體知之形式。

則論理學與心理學也要之此二者皆知識界之科學也。

三審美學　感情界之現象分內界外界二種不飲食而生飢渴之感勞動而生疲倦之感此內界之感情

也遊名山勝地而爽心悅目讀刺客烈士傳而懷慨激昂此外界之感情也審美學者對於外界感情之

現象而研究其事物之形式也。

四倫理學　對於事物之感情求其區別而得其認識。

五宗教學　倫理學者對於事物之實質而得其認識也宗教學者迷信想像之感情也。

一文學　發揚一己之意思顯諸一身及於萬物此文學之作用也中別爲七類。

一美術學　研究外界之感情開發。

人道

八九

　　三審美學　感情界之現象。分內界外界二種。不飲食而生飢渴之感。勞動而生疲倦之感。此內界之感情也。遊名山勝地而爽心悅目。讀刺客烈士傳而慷慨激昂。此外界之感情也。審美學者對於外界感情之現象。而研究其事物之形式也。

　　四倫理學　對於事物之感情。求其區別而得其認識。

　　五宗教學　倫理學者對於事物之實質。而得其認識也。宗教學者迷信想像之感情也。

一文學　發揚一己之意思。顯諸一身。及於萬物。此文學之作用也。中別爲七類。

　　一美術學　研究外界之感情開發。

　　二教育學　研究知識開發之方法。期人類之進步。

　　三言語學　研究思想發表之形式。

　　四修辭學　研究言語之應用以達發表意思之目的。

　　五動作學　研究感情發表之形式觀察人身之動作。

　　六一般之應用科學　農業林業工業商業建築各種技藝。皆開發內界感情之目的。而不屬於純正之科學。

　　七歷史學　研究人類生活及社會生活之沿革變遷。

一法政學　人不能離社會而獨立。則關於社會生活之形式。社會生活之內容。不能無維持社會之秩序。此所謂法政學也。分類爲五。

　　一法律學　示賞罰利害之標準。

　　二道德學　示是非善惡之標準。

　　三經濟學　研究社會生活之內部生活之資料。以滿足人類之慾望。

　　四社會學　研究社會與個人之關係。社會生活之全體及生活之各部。

　　五政治學　研究社會共同團體之機關。討論立法外交內治之政策。

　　以上所述諸科學。皆近世學者所研究發揮者也。余意法律者網人之具。宗教者愚民之術。皆不足以言科學也。政治者爲國家政府而設。非學問也。經濟者名曰討論社會生活之資料。然觀近世之經濟學者。計國家之財。計政府之財。而並未嘗爲人民之生活計也。要之法政者人類之大害也。社會不平。毒燄愈張。烏足以廁於學問之列哉。是故人類第一重要之所需者。即生活之資料。而於學問中占第一位置者。則爲醫學。蓋人類無生活之資料。則不足以保其生命。生活資料既備矣。而疾病危險。在在足以戕人之生命。故醫學不明。則生命仍無以自保。餘如各種有用之科學。研究事物之原理。圖人類之進步。是於學問中占第二之位置。然皆先有以保其生命。而後有研究事物之知覺感情意志。故學問中以醫學爲第一位。

　　雖然社會不平。人人各顧一己之私。科學前途。乃蒙一大阻礙。大抵金錢盛行之日。人之從事於學問者。不在乎求學問之益。而在夫借學問以謀衣食安樂之資。蓋學問者途徑也。金錢者目的也。藉學問之途徑。以達金錢之目的。故學問不必求精深。而但求足以欺當世。圖私利。迄目的既達。則學問之進步與否。不暇計矣。好學深思之士。忘情名利。潛心於學問之林。然衣食困人。每難以自保。夫以學問之繁雜深邃。雖假吾人以彭聃之壽。猶苦無以窮其蘊奧。況一面研究學問。一面旁皇於衣食之謀。精神愈分而愈亂。學問漸格格而難入。是故金錢不廢。則學者無專一之心志。即科學永無進步之日。就如醫學。爲科學中之第一位。然審今日醫學界之現象。不治之病。未發明之藥。不知其數。醫學界之現象如此。可爲人類寒心矣。夫別種科學。假之以謀衣食猶之可也。藉醫術以營一己之私。毋乃視人命如兒戲乎。吾見今之醫者矣。肄業學校之初。即已挾一營利之目的而來。學年既畢。匆匆出而問世。夫醫學爲最重要之科學。亦即爲最難之科學。修業四年。不過如於太平洋海邊。拾片鱗碎石。謂能見太平洋之大。吾不信也。況乎營利之心重。則治病之心輕。計較病人之貧富。而定用心之精粗。種種惡劣之行爲。實爲人類之大害。醫學以外。如各種之科學。一切學者。大率以金錢爲目的。而非以學問爲目的。目的既誤。則科學安有進步之望乎。

世人又毋以科學進步爲可喜也。社會不平。國界未泯。兇殘陰險之徒。假借科學發朋①之力。巧爲害人之具。即如往古戰爭器具。不外弓刀木石。殺人亦復有限。今則科學進步。礮煙彈藥。精益求精。人類乃深蒙科學之害。故使國界一破。社會一平。人人以其研究軍備之腦力。研究各種有用之科學。則科學之進步。必有可觀者。

年來無線電之發明。空中飛船之發明。世人咋舌驚愕。歎爲鬼工。然發明無線電空中飛船者。已耗無限金錢。費無限腦力。今乃有成功之日。設使此二發明家。貧無立錐。飢寒交迫。則必無暇以研究高深之科學。發明世上未有之新器。故社會平等。人人不必爲衣食之謀。人人得以專心於學問。發明新奇之器物。愈出愈巧。固不特駕無線電空中飛船而上已也。

---

① “發朋”，有誤，應爲“發明”。

第十四章 一

結論

　　吾書將結矣。吾更欲以著書人之本旨。贅告於讀吾書之人。吾知讀吾書者其感情殆分二種。其一則極端贊成者也。其一則極端反對者也。雖然吾必不以贊成我者而遂喜也。夫凡事不可無理想。既有理想。則不能不講求實行之方法。今日社會不平。生民憔悴。深思遠識之士。愴懷世局。蹙然不自安者久矣。故一聞人類平等之說。每不禁奔走相告。狂喜歡迎。幾欲掃蕩一切強權。奏奇功於俄頃。然此不過一理想家也。一言論家也。於實行乎何與。夫社會組織之變遷。遠自太古共產時代。以迄於今。中間經各種強權家之措施。階級制度。日益鞏固。而社會經一度之變遷。人類之智識必蒙一度之影響。積重難返。漸有牢不可破之勢。正如人生長於空谷漆室之中。耳目寖失其功用。即告以聲音光線之學。且將詫為奇聞。蓋少見則多怪訝。習慣則成自然。階級制度。非人類所宜有也。今人且視之如天經地義矣。然謂人類惡自由仇平等。甘心屈處於強權之下。不得也。何也。則階級制度其習慣。而人類平等其創聞也。夫當眾生夢夢之時。豈無吾書將結矣。吾更欲以著書人之本旨贅告於讀吾書之人。吾知讀吾書者。其感情殆分二種。其一則極端贊成者也。其一則極端反對者也。雖然吾必不以贊成我者而遂喜也。夫凡事不可無理想。既有理想。則不能不講求實行之方法。今日社會不平。生民憔悴。深思遠識之士。惕懷世局。慨然而一問人類平等之說。每不禁奔走相告。狂喜歡迎。幾欲掃蕩一切強權。奏奇功於俄頃。然此不過一理想家也。一言論家也。於實行乎何與。夫社會組織之變遷。遠自太古共產時代。以迄於今。中間經各種強權家之措施。階級制度日益鞏固。而社會經一度之變遷。人類之智識。必蒙一度之影響。積重難返。有牢不可破之勢。正如人生長於空谷漆室之中耳。目寖失其功用。即告以聲音光線之學。且將詫為奇聞。蓋少見則多怪。訝習慣則成自然。階級制度非人類所宜有也。今人且視之如天經地義。突然謂人類半等。甘心屈處於強權之下不得也。何也。則階級制度之習慣。而人類半等其創聞也。夫當衆生夢夢之時。豈無一二哲人。深明人道。厭倦世變。思有以喚醒癡愚。挽救生民於苦海者。然其苦心。而先為生民所不諒。故此一二哲人。亦終浴血犧牲於階級制度之下而已。大抵改革社會之全部與改革社會之一部。進行各自不同。改革社會之一部。或可以少數人之力成改革之功。改革社會之全部。非合社會全部之人。同心協力。以求底於至善之途。無濟也。今夫政府。惡戴也。禍源也。然必不能行無政府主義於國界森嚴。社會紊亂之日。吾深懼乎讀吾書者。誤會著書人之本旨。徒唱高深之論。而不研究進行之次第。則所謂一二哲人深明人道。厭倦世變思有以喚醒癡愚。挽救生民於苦海者。然一出言則聽者掩耳而走。鄉黨且加以狂人之名。目雖有挽救生民之心。而先爲生民所不諒。故此一二哲人亦終浴血戕心於階級制度之下。而已大抵改革社會之全部。與改革社會之一部。進行各自不同。改革社會之一部或可以少數人之力。成改革之功。改革社會之全部。非合社會全部之人同心協力。以求底於至善之途無濟也。今夫政府惡藪也。禍源也。然必不能行無政府主義於國界森嚴社會紊亂之日。吾深懼乎讀吾書者。誤會著書人之本旨。徒唱高深之論。而不研究進行之次第。則所謂無政府云者。口頭禪耳。烏託邦耳。微特議論多而成功少。徒陷強權家之羅網。而能言不能行。益貽錮蔽者以口實。其進行不愈難乎。夫人人無同等之知識。則無政府主義不得而行也。人人無同等之道德。則無政府主義不得而行也。現世社會。其知識道德。亦至不齊矣。於此而主張急進之無政府主義。推想其結果。適中反對者之言而擾亂社會耳。夫建設政府則急進主義可也。無政府則急進主義不可也。無政府主義之進行。其道在普及。今人亦知急進之不能有濟。而普及之不容緩矣。然普及之方法有三。書報也。演說也。學校也。三者皆自由平等之種子。而收効於將來者也。雖然。強權方熾。荊棘繁多。雖有普及之方法。然必非獨夫專制時代不驢不馬之君主立憲時代。所能進行而無礙者也。共和政治如亞美利加合衆國①。宜若稍進於文明矣。然以法律之制限。富豪之私見。乃百計千方。務以阻無政府主義之進行。於是無政府書報則爲郵局留難矣。演說無政府主義則爲警察干涉矣。學校則盛行愛國尚武守法信神之教育矣。夫處共和政治之下。尚無以收普及知識普及道德之効。則於陰沈黑暗之範圍內。而主張急進之無政府主義。微論非口

---

① "亞美利加合衆國"，即美國（America）。

舌筆墨所能有濟。即犧牲個人。行最後之手段。就令強權家怵於身家性命之危險。低首下心。屈伏於無政府黨之下。然人民之知識道德。去無政府時代正遠。一旦廢除政府。匪特非人民之福。抑將滋社會以亂耳。是故考察過去之歷史。研究現時社會之狀況。根據科學以講求人類平等之方法。則人類平等實行之先。必經過人類平等之過渡時代。獨夫專制君主立憲。非人類平等之過渡時代也。共和政治。雖去人類平等稍近。然不完不備之共和政治。仍不得爲人類平等之過渡時代也。吾人遭逢不偶。陷於世界上最可憐之境。於此而渴欲躬逢大同之盛。亦惟有索諸夢寐之中。不得已降格而求。則組織一完全美善之共和政治。以爲人類平等之豫備。鑒於現世共和國之前轍。趨重於社會自由之點。或者十年百年以後。人民之知識道德。皆有同等之進步。而社會全部之人。人人各含有人類平等之心理。則不費口舌筆墨之爭持。不藉爆烈危險之武器。雍容揄揚以入於人類平等之域。若夫政府一行動之機關。存廢問題今方聚訟。然吾以一言蔽之。人人如以政府爲可有。則政府不必無。人人如以政府爲可無。則政府不宜有。有無全視乎人人心理之感覺總求適於人類之生活而止。匪特政府。抑現時存在之制度。概從其例矣。雖然。植樹於前者。獲果於後。未來之人類平等。正在吾人今日之豫備。吾不願讀吾書者但曰極端贊成而不負豫備之責任也。大凡社會改革之大事業必非成於一二人之力。假令各各置身事外但曰人類平等之説。吾固極端贊成者也。然各各立於局外贊成之地位。則負責任者將屬之何人。各各知人類之不能不平等。而各各不講求實行之方法。雖全世界人類而胥贊成吾説也。則人類平等終無實行之日也。故吾必不以贊成我者而遂喜也。然吾又必不以反對我者而遂怒也。夫吾人之知識有限而社會之變遷無定。今日以爲利者。明日或以爲害。明日以爲害者。後日或以爲利。故吾不敢謂吾今日所見者盡爲至當。讀吾書者。亦必不容以一得而自封。吾非憤世嫉俗好爲反對現時社會之論。祇以生民困苦。至今已極。而前途莽莽。尚未知何所歸結。如捨棄吾説。而尚有人生安樂之方法。則斥吾説爲狂謬。爲誕妄。吾所甘受也。區區之心。不外爲社會籌補救之策。使反對者。但反對吾説之不可行。而未嘗反對社會之進步也。則吾書雖覆瓿可也。凡道理不辯則不明。達爾文之物種由來説。宗教家反對愈力。而其理愈昭明。假令吾説一倡。而反對者竟無人也。則所持之真理。必不能達於圓滿之地位。物理上有反應之例。而所得之效力尤多。故反對者匪特不能爲吾説之阻礙。且將助之以説明者也。凡人愈愚魯則愈固執。愈蒙蔽則愈自大。以管窺天。則天亦小。以蠡測海。則海亦淺。即如人類平等之説。本無可反對之理由。況今日社會不平。生民宛轉於水深火熱之中。人各有惻隱之心。即有同類相愛之感情。反對者試清夜自思。此淒涼慘淡之社會果能長此終古乎。夫世界運會之所趨。雖億萬兆之馬力。而必不能使之退轉。則以少數人之意見反對多數人之心理庸有效乎。世上可驚可駭之事業。習見則安爲尋常。殺人於光天白日之中。劊子手快刀一揮。意氣自豪。而旁觀者千萬人。歡呼拍手。不以爲哀反以爲樂。夫可驚可駭之事。孰有過於以人殺人。然觀者如入劇場。固不知以人殺人之可驚可駭也。故與是等人而言廢除死刑。彼等必堅持反對之説。而期期以爲不可也。然究不得謂彼等之殘忍好殺也。蓋彼等之見地不明也。擊晨鐘暮鼓於衆人狂夢之時醒世深心。適足以攖衆人之怒。然毋謂衆人之怒。而遂足阻吾之進行也。夫生息於野蠻習慣之內。腦筋絶無何等之感覺。借此怒氣勃勃之機。反得以喚起衆人之注意。而十步之內。必有芳草。感覺敏捷者。必進而深求其故。吾道不孤。公理必有昌明之日。有反對者。必有贊成之人。直接反對之人。即間接贊成之人。而反對愈劇烈。則所得之理愈真。反對我者實不啻玉我於成者也。故吾必不以反對我者而遂怒也。嗟夫。苦樂因緣。

總由色相。有無生滅。苦樂相乘。社會不平。人類蒙其苦。然牛羊雞犬之屬。供人類之犧牲者何限。人類有不平之苦。則牛羊雞犬之屬將於何處訴其不平耶。世界未底滅亡之日。則一切有知生物。猶在苦樂變幻之時。言念及此。則人類社會無如世界何也。雖然。吾書非哲學的而社會的也。高深微遠之論。往往不適於事實。轉不若匡救時弊。或得以減輕生民之禍患。故破壞社會之舊制度。組織人生之新規模。實為今日萬不容緩之事。若夫改革之次序。進行之方法。此書缺而不言。俟諸異日可也。吾非著作等身。欲以文章驚海內。徒以百憂感其心。萬事勞其形。不得已假借文字。以寫人事之不平。然而吾生有涯。吾又烏知讀吾書者。其有不平之感否耶。

人道 終

玉我於成者也故吾必不以反對我者而遂怒也嗟夫苦樂因緣總由色相有無生滅苦樂相乘社會不平人

類蒙其苦然牛羊雞犬之屬供人類之犧牲者何限人類有不平之苦則牛羊雞犬之屬將於何處訴其不平

耶世界未底滅亡之日則一切有知生物猶在苦樂變幻之時言念及此則人類社會無如世界何也雖然吾

書非哲學的而社會的也高深微遠之論往往不適於事實轉不若匡救時弊或得以減輕生民之禍患故破

壞社會之舊制度組織人生之新規模實爲今日萬不容緩之事若夫改革之次序進行之方法此書缺而不

言俟諸異日可也吾非著作等身欲以文章驚海內徒以百憂感其心萬事勞其形不得已假借文字以寫人

事之不平然而吾生有涯吾又烏知讀吾書者其有不平之感否耶

人道

九七

《人道》第 97 頁

己酉年九月十五日初版

辛亥年二月十五日再版

民國元年十一月十五日三版

著　者　　　　順德盧信

印刷者　　　上海商務印書館

發售所　　　商務印書館

定價大洋二角五

《人道》版權頁

《人道》编者说明

裴植　编校

1. 底本描述

《人道》一書，今據上海圖書館館藏民國元年（1912）十一月十五日版紙本錄入。書高 21 厘米，寬 15 厘米；綫裝，鉛印本；右側裝訂；繁體，豎排。全書按順序含封面頁 1 頁，目錄頁 2 頁，正文頁 97 頁，版權頁、封底頁各 1 頁。正文頁從右向左豎排行文，每頁約 14 列，每列不超過 42 字，全書共 5 萬餘字。

《人道》一書目前已知有三個版本。一是商務印書館版。該版初版於己酉年（1909）九月十五日，辛亥年（1911）二月十五日再版，民國元年（1912）十一月十五日三版。二是東京三光堂版。該版初版於己酉年九月十五日，辛亥年二月十五日再版。三是泰東書局版。該版初版於民國十五年（1926）八月十四日，民國十八年（1929）五月十五日再版。遍覽商務印書館版、東京三光堂版和泰東書局版三個版本，除版權頁相關信息有所不同外（表 1），不同版本中目錄、正文、頁碼均無不同。此外，《社會雜誌》期刊也於 1912 年第 5—7、9—11 期，連載了《人道》一書，標題、内容與書本相比較也無不同。

表 1　《人道》各版本情況介紹

《人道》不同版本	商務印書館 1912 年版	東京三光堂 1911 年版	泰東書局 1926 年版（該書局 1929 年版與 1926 年版信息相同，故不再單列）
印刷者	上海商務印書館	白上幸力	趙南公
發售所	商務印書館	三光堂	泰東圖書局
發賣處	/	中國各大書坊	/
標價	大洋二角五	大洋一角	大洋二角五分，外埠加資費二分半

2. 盧信

盧信①（1885—1933），字信公，別號梭功，1885 年出生於今廣東省佛山市順德區一個富商家庭。青年時期，盧信受革命思想影響，追隨孫中山開展革命活動。1903 年他赴香港擔任香港興中會機關報《中國日報》的記者，1905 年，盧信與馮自由、陳少白等成爲香港同盟會的首批會員。不久，盧信赴日本攻讀政治學，并參與創辦東京《大江報》月刊，宣傳三民主義。

1907 年，美國檀香山同盟會機關報《民生日報》主編空缺，孫中山推薦盧信擔任。盧信到任後，在報紙上發表文章，猛烈抨擊清政府，倡言反清革命。盧信的言論遭到保皇黨的打壓和報社股東的干涉，盧信因此憤然辭職。不久，盧信在檀香山創辦了一份新的報紙——《自由新報》，取爭取言論自由之意。該報於 1908 年 8 月創刊，盧信任社長，孫科擔任譯員。《自由新報》公開以“顛覆異族政府”“建立中華共和國”爲宗旨，并與保皇黨所辦的《新中國報》展開激烈的筆戰。在盧信的主持下，《自由新報》成爲檀香山銷量最大且頗有影響力的進步報紙。

1909 年，盧信與孫科等人又創辦了《大聲報》，并以該報掩護《自由新報》，同時編印出版了《自由言論》《人道》《革命真理》《揚州血泪》等小册子，配合《自由新報》進行革命宣傳。

除宣傳革命外，盧信還參與檀香山的革命組織工作。1910 年，在孫中山的指導下，檀香山的興中會改組爲同盟會，盧信擔任書記。1911 年 2 月，受孫中山指示，盧信等人開辦了檀香山最早的公立華僑學校，爲培養革命人才做出了貢獻。

---

① 關於盧信的介紹根據以下資料整理而成：王光華. 振天聲於海國——介紹辛亥革命著名報人盧信先生[J]. 順德鄉音，1995（13）：55；盧沛，李瑗. 吾家“三杰”：爺爺、外公與爸爸[J]. 檔案春秋，2011（12）：15-17；順德市地方志編纂委員會. 順德縣志[M]. 北京：中華書局，1996：1217-1218.

中華民國成立後，盧信任廣東臨時議會副議長，後又任南京臨時政府參議院議員兼財政委員。1913 年春，盧信當選爲華僑參議員。"二次革命"失敗後，袁世凱專制賣國，盧信憤然退出政壇，赴美國游歷。1916 年袁世凱死後，盧信應召復任參議院議員，次年隨孫中山南下護法，不久又脱離政界。

1922 年，盧信被内定爲農商總長，因故未能就職。1926 年初，盧信出任司法總長，不久因北洋政府"三一八"事件再次辭職，從此退出政界，閉門著書。閉門期間，盧信先後出版了《不徹底主義》《不徹底原理》《競爭救國論》三書。晚年的盧信貧病潦倒，以致嚴重影響了身體健康，1933 年 6 月 12 日，盧信不幸逝世。

3. 商務印書館

參見本卷"《倫理學原理》編者説明"中的"5. 商務印書館"。

4. 對《人道》内容的介紹

《人道》一書共十四章内容。除緒論和結論外，其餘十二章是作者從十二個方面圍繞"人道"這一主題展開的具體論述。縱覽全書可以發現，該書的一個鮮明特點是以一對對相反相成的概念來展開内容、闡述思想的。在書中，富者與貧者、强者與弱者、征服者與被征服者、强國與弱國等概念相伴出現，向讀者展示了當時社會所出現的嚴重的兩極分化狀況。在兩極分化已然形成的情況下，必然出現富者壓迫貧者、强者欺凌弱者、征服者征服被征服者、强國侵略弱國的現象，在書中，作者對這一現象作出了揭示并展開了批判，其目的是改變不合理的社會現狀及産生這種現狀的社

會制度。作爲資産階級革命派的一員，作者有意通過此書所闡發的内容爲
革命製造輿論，并試圖通過革命的方式達到他所希望的理想的社會狀態。
基於這一原因，中華民國成立後，該書不可避免地成爲當時北洋政府的眼
中釘，爲此，北洋政府曾發布命令，要求"除電廳通飭各區分别查禁外，
擬請憲部通行各省一律查禁"①。

5. 對《人道》一書特點的分析

　　首先，據與盧信同在《自由新報》共事的温雄飛介紹，以來往檀香山的船
員和乘客爲閱讀受衆、"志在宣傳"②的《人道》一書，"是盧信自己出名寫的，
他懂日文，根據日文雜誌譯述而成"③。在書中，部分名詞直接"照搬照抄"了
日語中的相關語詞，因此，這成爲《人道》一書的一個鮮明特點（表2）。

表2　《人道》來自日語的用詞

章節	來自日語的用詞
第二章 人生壽命	"水素酸素炭素窒素" 例句：蛋白質者。由水素酸素炭素窒素硫黄而成。
第三章 軍隊	"大統領" 例句：去年大統領勞士委…… "佛郎" 例句：英國 二十五佛郎…… "日露之戰爭" 例句：日露之戰爭日本雖自言對於俄國之野心……
第五章 法律	"大審院，控訴院，地方裁判所，區裁判所" 例句：若大審院。若控訴院。若地方裁判所。區裁判所……
第十四章 結論	"亞美利加" 例句：共和政治如亞美利加合衆國……

注：用詞含義詳見文中注釋

① 中國第二歷史檔案館. 中國無政府主義和中國社會黨[M]. 南京：江蘇人民出版社，1981：17.
② 中國社會科學院近代史研究所近代史資料編輯組. 華僑與辛亥革命[M]. 北京：中國社會科學出版社，1981：205.
③ 中國社會科學院近代史研究所近代史資料編輯組. 華僑與辛亥革命[M]. 北京：中國社會科學出版社，1981：228.

　　近代中國，在"國勢衰微急欲效法西方，以求振作"①的背景下，通過翻譯來的日文著作學習西方的科技、軍事、制度等内容，在中國近代知識分子看來無疑是一條捷徑。基於這一考慮，清末民初，大量的日文著作被譯成中文。中國譯者之所以對日文著作青睐有加，既有對明治維新後日本迅速强大起來的推崇之情，也有相較於西方語言，日文更易被中國知識分子認知和接受的考量。但是，由於譯者衆多且水平參差不齊，特別是相當一部分譯者在譯書過程中抱有"拿來主義"的功利傾向，在翻譯時對日文詞彙所對應的中文缺乏細心的研究和選擇，因而大量日文詞彙被原封不動地搬進了中文譯著，由此便出現了中文譯著里包含日文詞彙的情形。《人道》一書中的日文詞彙，就是在上述背景下産生的。書中日文詞彙的存在，也證明了《人道》一書的日本底色，即盧信在撰寫該書時參照并引用了日文的相關内容。

　　其次，《人道》一書有多處引用了中華傳統文化的内容，這一事實表明，《人道》并不是一本單純的譯作，而是有其原創的内容（表3）。

表3　《人道》引用中華傳統文化的内容

章節	引用中華傳統文化的内容
緒論	朱門酒肉，路有凍骨。
第二章 人生壽命	言念及此，未有不起華屋山邱，墓門翁仲之感。
第三章 軍隊	孟子曰："故善戰者服上刑"，又曰："不仁哉，梁惠王以土地之故，糜爛其民而戰之。"
第五章 法律	司馬遷言："漢興破觚爲圓，斲雕爲樸，而吏治烝烝，不至於姦，黎民又安。"
	慨世事之紛擾，往往戀想羲皇以上，歌詠流連不置。夫黄帝羲皇時，其聲明文物，未甚進化，然人民生活，各得自由。
第六章 婦人	註云："奚今之侍史宫婢"，然則蓄婢之習，已盛行於周時。又周禮司厲一職，註云："今之爲奴婢古之罪人也"，證之漢書刑法志："太倉令淳于公有罪當刑小女緹縈上書願没入官爲奴婢以贖父刑"。此皆由於君主專制，而流毒及於女子也。又史記趙世家："姑布子卿見簡子，簡子徧召諸子相之。子卿曰：'毋爲將軍者。'毋卹至。子卿起曰：'此真將軍矣！'簡子曰：'此其母賤，翟婢也，奚道貴哉。'"

---

① 鄭匡民. 西學的中介：清末民初的中日文化交流[M]. 成都：四川出版集團，四川人民出版社，2008：165.

續表

章節	引用中華傳統文化的内容
第六章 婦人	唐書李大亮傳云："初，破公祐，以功賜奴婢百口，謂曰：'而曹皆衣冠子女，不幸破亡，吾何忍録而爲隸？'縱遣之。高祖聞之，更賜俚婢二十。"
	正潘安仁所謂，生民之至艱。
第七章 資本家	含苞之草。黄泉之蚓。
第九章 農民	按之中國周秦以前。井田什一之制。幾有舉國皆農之概。
	讀史遷平準書。可以知兩漢農商業之梗概矣。
第十章 教育	然"士窮乃見節義"古人槁餓黄泉。
第十一章 道德	孟軻有言："菽粟如水火，而民焉有不仁者乎？"
	竊鈎者誅，竊國者侯。
第十二章 宗教	易經有言"聖人以神道設教"是言也。

注：典籍的文本來源，詳見文中注釋

上述所引用的中華傳統文化内容大多以例證的形式出現，目的是增強論述效果、證明作者觀點。但是，通過盧信對中華傳統文化相關例證的引用，我們可以推斷，《人道》一書并非一本完全譯自日文雜誌的譯作。

盧信出身於一個絲綢商人家庭，家資殷實，少時就被稱贊聰穎過人，盧信後人亦指出他熟讀顧炎武、黄宗羲的著作[①]，因此可以推測，盧信具備一定的古文功底，并對傳統文化有所掌握。這一事實爲盧信在譯介《人道》時主動加入中華傳統文化的内容以增強説服力提供了現實的可能。

此外，盧信在書中對有關内容發表了具有愛國情感傾向的評論也是證明該書并非譯作的證據之一。比如，在第三章"軍隊"中的"領土之戰争"部分，盧信圍繞"間島問題"發表評論，指出，"而間島問題，幾釀戰争之危機。彼此相持，皆自認爲領土。然間島明明爲華人舊地，且是地居民，華人外則爲韓人。就令領土之争，然出於韓廷猶可言也。若於日本正如風馬牛不相及，何事而涉吾地耶"。在盧信看來，"間島問題"屬於中韓之間

---

① 參見盧沛，李瑊. 吾家"三杰"：爺爺、外公與爸爸[J]. 檔案春秋，2011（12）：15-17；順德市地方志編纂委員會. 順德縣志[M]. 北京：中華書局，1996：1217.

的問題，與日本并無關聯，然而日本却對這一問題十分關注，顯係別有用心。因此，盧信對日本在這一涉及領土主權問題上的橫加干涉表示不滿，而這也從一個側面證明了該書所具有的原創成分。同樣是在第三章"軍隊"中，盧信針對瓜分中國和保全中國的言論，冷静指出"余又按近年來列國對於中國之政策，分爲二派。一瓜分派，一保全派。中國人每聞瓜分説而驚，聞保全説而喜。殊不知瓜分者領土之割裂，保全者經濟之侵略。瓜分保全云者，一而二二而一也"。這一頗具見識的愛國觀點無疑也體現了盧信在該書中所留下的原創色彩。

　　最後，對盧信是否增改過《人道》一書，仍需學界進一步研究和討論。這一問題的産生，源於温雄飛的回憶内容與公開出版的《人道》在部分信息上的出入。温雄飛在回憶中説："這樣的單行刊物，在盧信手里刊出過兩種，都是三十二開版，約二、三十頁。一種是《自由言論》……一種是《人道》"①。但前文述及，不論是商務印書館、東京三光堂還是泰東書局出版的《人道》，内容、篇幅均一致，且四個版本的正文部分均爲 97 頁，并無"二三十頁"之説。對此，有學者認爲，"若温氏回憶無誤，則自由新報版《人道》篇幅應比後來的版本要少……盧信在國内出版時可能作了增改"②。這一推斷有一定道理。由於盧信并未留下有關《人道》的編寫説明，因此温雄飛的回憶便成爲涉及《人道》成書情況的唯一史料。在這種情況下，温雄飛是否完全知曉盧信編寫《人道》的情形便成爲必須要討論的問題。從目前掌握的材料看，温雄飛不完全知曉《人道》具體編寫情況的可能性是存在的。論據有三。第一，在盧信編寫《人道》之前，温雄飛與盧信相

---

① 中國社會科學院近代史研究所近代史資料編輯組. 華僑與辛亥革命[M]. 北京：中國社會科學出版社，1981：228.
② 章可. 中國"人文主義"的概念史 1901—1932[M]. 上海：復旦大學出版社，2015：146.

識時間并不長。溫雄飛自己就表示，他"在《啓智報》開始工作以後，由於時刻不忘來檀初衷，很快就自己去找到自由新報社。該報的主持人是盧信，過去没有見過面"。第二，溫雄飛與盧信在工作上的交集并不多。據溫雄飛回憶，自其開始在《自由新報》工作後，盧信"就索性不來辦公了，有時來了，也是稍談即去"①。這種情况下，溫雄飛不了解盧信的工作情况是完全有可能的。第三，溫雄飛在回憶中只提及了盧信編印的《自由言論》和《人道》兩本小册子，而學界認爲，盧信同時期編印發行的小册子還包括《革命真理》《揚州血泪》兩種，如果這一考證是真實的，那麽這也是證明溫雄飛并不完全了解盧信工作的證據之一。基於此，《人道》的成書情况還需進一步研究，以廓清事實、還原歷史真相。

6. 對《人道》進步思想的評析

《新世界》雜誌在 1912 年第 6 期《紹介新著：人道⋯⋯大發明》一文中對盧信所著《人道》給予了高度評價，不僅認爲盧信"篤信社會主義"，而且評價該書"原本社會主義透徹發揮""誠社會主義之健將，漢土著作中之一杰搆也"②。這一評論雖有過譽之嫌，但就該書所闡發的内容并結合 20 世紀之初的時代背景而言，也并非毫無道理。畢竟，該書通篇立足貧者、富者等矛盾範疇，較爲全面地揭示了資本主義制度造成的貧富分化和資本主義剥削給人類社會造成的巨大破壞。據統計，全書 171 次提及"社會"、163 次使用"資本家"、43 次提及"階級"、38 次涉及"貧富"、12 次提出"權利"、4 次關涉"貧富階級"及 4 次提出"剥削"，這些概念、術語散布

① 中國社會科學院近代史研究所近代史資料編輯組. 華僑與辛亥革命[M]. 北京：中國社會科學出版社，1981：226.
② 煮塵. 紹介新著：人道⋯⋯大發明[J]. 新世界，1912（6）：36.

在全書各個章節中。在具體概念的抽象層面，由概念反映的相異但却相關的話語指涉構築起該書的思想意旨，從中，該書的理論特點得以闡發。從馬克思主義和社會主義傳播史、發展史的角度審視，《人道》一書大致包含如下進步思想因素。

第一，將經濟的基礎性、決定性作用和因經濟導致的階級分化、人與人之間的不平等作爲一條闡釋的主線貫穿全書。在第二章"人生壽命"中，作者認爲"階級之不平，而經濟爲其大原因也"，"雖然，今日社會制度之不平，貧富階級之懸隔，其宛轉哀號，絶命戕生於經濟之下者不知凡幾。是經濟者實不啻操人類死生之柄"。在第六章"婦人"中，作者指出"男女之貧富不均，則婚姻終無自由之日，吾所敢斷言者也。次於婚姻問題，則爲女子勞動問題。皆發生於經濟之不平者也"，"然社會不平，一般人民皆有受教育之能力乎。蓋經濟問題不解決，而教育終無普及之日"。在第十章"教育"中，作者針對不平等的受教育權利指出："然社會不平，則一般人民必無享受教育之能力，嗟夫世變至今日極矣。海陸軍費，年以億兆計，而其効僅在於殺人。又如監獄本非人道所宜有，乃耗無限之金錢，特設此害人之苦境。假令以軍事費、監獄費，悉移爲教育之用，養學生如養軍士，使人各安心於學業，如是而教育有不普及者乎？而監獄乃無用矣。夫今日國人所囂然主張者曰，義務教育宜推廣。吾究不知此義務二字作何解釋。政府既收人民之血税以開設學校，則吾人子弟，應有受教育之權利。吾不知此義務二字，爲政府言乎？爲人民言乎？不得不謂爲奇事也。夫人類同生存於天地間，既立同等之地位，乃以階級不平之故，竟不能享受同等之教育，然則所謂天賦人權者果安在乎？"類似上述所舉之例遍及全書。不可否認，雖然此時作者對經濟的作用的認識還處於感性的、現象揭示的認知層面，尚未對資本主義制度下經濟因素導致社會不平等的原因作出揭示，但是，從對一種較爲普遍的社會現象作出理論闡釋，以及推動一種理論“從無到有”的意義上説，該書較早地認識到經濟作爲基礎性因素能夠對社會和社會個體産生重要影響，并且意圖對這一影響作出揭示和評價，這一點是有其價值的。

　　第二，對資本主義政治的弊端作了深刻地刻畫和揭示。在第四章“政治”中，作者針對美國的選舉制度評論説：“共和政治，一般人民皆有選舉權。宜若無可訾議矣。然美國每届選舉總統之期，運動費輒以千百萬計。資本家常脅迫工人，令其投票公舉某人。工人以俯伏於其勢力下，不得不唯命是聽。又常有以酒食餂誘工人。令其公舉某人。其事直等於兒戲。蓋下級人民，名雖曰，享有選舉權，實隱操於資本家之手。不寧唯是，試觀美國上下議院，工人之得充議員者，能有幾人，而資本家則彈冠相慶矣。”事實上，資産階級在政治上的勢力絶不僅僅體現在選舉上，爲攫取利益、追逐利潤，資本家不惜擾亂社會秩序、製造經濟恐慌，甚至公然與以總統爲代表的國家政權展開對抗，這一情形，《人道》一書作了深刻的刻畫。書中指出，“夫美國資本家，常有左右國政之勢力。乃勞士委毅然不爲所屈，百計以摧折其氣燄，亦可謂現世之罕見者矣。前年美國資本家，欲以經濟政策，屈伏勞士委。致全國銀根，異常支絀。美國全國財政，悉在資本家之掌握，一旦操縱不時，則其勢甚危險。然勞氏竟不爲所動，幸獲最後之勝利。由此觀之，美國資本家之强横，雖以總統之權，猶幾於無所措其手足，然則下級人民，飲恨吞聲之情況，當可懸揣其一二矣”。

　　作者對以美國爲代表的資本主義國家的政治狀況所作的深刻揭示，展示了在資本主義制度下，掩蓋於政治平等表面之下的經濟上的嚴重不平等，以及基於這種不平等所必然導致的普通民衆與資本家所擁有的實際政治權利的嚴重不對等；揭露了資産階級爲達到追逐利益并使利益最大化的目的，不惜擾亂國家、破壞秩序，甚至操縱國家政權來爲己服務的野心和行徑。《人道》對上述情況的揭示，充分展示了資本主義社會所具有的根深蒂固、不可調和的社會矛盾，充分暴露了資本主義社會的黑暗本質和資本主義政治的虛假面貌。從傳播史和接受史的視角來説，它必然會引導當時的中國讀者謹慎、冷静地思考未來中國的道路選擇和社會發展模式，消除對資本主義制度抱有的幻想，啓發讀者展開思考，進而爲尋找新的道路打下不可缺少的思想基礎。

第三，揭示了不平等的資本主義法律制度。在第五章"法律"中，書中指出，"資本家之勢力，直可駕法律而上之。夫殺人者處死刑，現世所行之刑法也。然平民殺人者必死，若資本家殺人，則廣延律師，蹉延時日，或借法律以自庇，往往得以逍遥事外"。究其原因，作者認爲，經濟因素依然是導致發生這種情況的根本原因。書中指出，"而平民以缺於金錢之故，乃蒙囹圄之辱。是故同犯一罪，資本家則繳錢贖罪，平民則以無錢入獄。金錢萬能，神通詎非絶巨。況强迫罰鍰，政府假法律之力，以攫奪人民之金錢，行爲直等於盗賊，然而人莫敢議其非者何也。一言蔽之，刑法者保護資本家而殘害平民者也"。

第四，該書對工人寄希望於通過罷工達到自身訴求的局限性作了分析。在第三章"軍隊"中的"資本家"一節，作者指出，"是工人本無抗拒資本家之利器，其所謂最後之手段者，不外同盟罷工而已。然同盟罷工，忍一己之饑寒，以要求區區之工價，於資本家無傷也。夫使資本家不假軍隊之力，以對待罷工者，則工人之生機，未必不稍延一綫，而暴動之事當可少息也"。這段文字揭示了工人僅僅爲提高工價（即工資）而進行罷工的局限性。作者認爲，單純以增加工價作爲罷工目的并不會對資本家造成任何影響，對於工人來説，罷工已是他們所能采取的最後手段，然而對於資本家來説這一手段却對其毫無影響。作者甚至某種程度上站在資本家的立場上説，如果資本家不采用軍隊的力量去壓制工人罷工，那麽工人説不定還有一綫生機，這類暴動事件還不會那麽多。因此，作者并不認同單純以增加工資爲目的的工人罷工運動，并且明確揭示了這一方式的局限。

　　第五，作者對無政府主義不適用於中國作了闡述。盧信認爲，"然必不能行無政府主義於國界森嚴社會紊亂之日"，"則所謂無政府云者，口頭禪耳，烏託邦耳。微特議論多而成功少，徒陷強權家之羅網，而能言不能行"，"人人無同等之道德，則無政府主義不得而行也。現世社會，其知識道德，亦至不齊矣，於此而主張急進之無政府主義，推想其結果，適中反對者之言而擾亂社會耳"，"無政府則急進主義不可也"。有時人指出，無政府主義的一個突出問題在於"他們之中多不免感情用事，他們的努力多用在無益的一方面，總不想從實際上做革命的功夫"①。作爲資産階級革命派陣營中的一員，盧信亦知曉無政府主義空發議論的行事方式，并對此表示反對。此外，盧信也深知在國民道德水準不齊的情況下，中國并無推行無政府主義的條件。因此，相較於20世紀伊始中國甚囂塵上的無政府主義思潮，該文對無政府主義的理性認知顯然超越了同時代的無政府主義者。基於此，在特定的時代和歷史條件下，這一思想闡發是具有價值的。

　　當然，在肯定該書的優點外，該書的不足也不應該回避，概括起來有以下兩點。第一，該書闡發的思想有着較爲明顯的階級調和傾向。作者在第一章"緒論"中即對"強權家"呼籲説，"吾請一切之強權家想想，夫滄海桑田，人事靡常，今日憑藉強權，安知無淪落之日。況一身以外，尚有子孫，強權即足以庇及身，子孫未必不陷於下級人民之苦境。思之思之，

---

① 江春. 無政府主義之解剖［M］//中共中央黨史資料徵集委員會. 共産主義小組：上. 北京：中共黨史資料出版社，1987：161.

人類不平等，強權家亦庸有利乎"，"如以不平等之社會爲極苦，則翻然變計，破滅階級，而人類平等，乃實行於旦夕之間"。顯然，作者的初衷是希望強權家幡然悔悟，以痛改前非的心態讓渡自己的權力、財富於弱勢人群，從而達致社會的平等。於此，作者錯誤地將一個客觀的階級對立問題轉換成主觀的情感、態度問題。基於這樣的思想範疇，作者便不能不走上通過情感調和階級對立的道路，而這條道路已被歷史事實證明是無法走通的。

第二，該書雖對資本主義加以批判，但沒有揭示克服資本主義弊端的可行路徑，因此該書在思想和路徑的建設性方面有所欠缺。不可否認，該書具有鮮明的問題意識、目標指向，也有强烈的批判精神，但在揭示問題、批判所指之後，作者却沒有提供解決問題的可行路徑，因此在方法論層面，該書的不足是明顯的。另外，雖然作者於書中對資本主義予以强烈批判，但是作爲與其相襯的社會主義概念，却在全書中隻字未提。一般來説，在早期進步書籍中，即便社會主義未被視作超越資本主義的更加科學的社會制度，至少在方法論層面上，作爲一種概念，社會主義也常常以解決資本主義弊端的思想方法出現。但是，該書這一內容的缺失，意味着這部著作的"破"有餘但"立"不足。"立"的不足也限制了該書能够達到的理論高度。因此，作爲一本早期進步書刊，該書在具有鮮明特點的同時，也難以避免地存在明顯的欠缺。

7. 文獻綜述

在當前的學術成果中，提及《人道》的固然不少，但大多未超出介紹層面。總的來看，學界對《人道》的介紹主要有以下幾個層次。

首先，較爲淺層次的介紹是將《人道》與盧信同期編印的《自由言論》《革命真理》《揚州血泪》等并提，但這一層次介紹的重點一般是作者盧信，而非《人道》這本著述。

　　其次，是對《人道》一書的總體内容作一簡要介紹。比如，皮明麻所著的《近代中國社會主義思潮覓蹤》介紹説，"盧信著《人道》一書，凡十四章，'大旨剿襲西洋均富黨之極端社會，談借人道之名，鼓吹無政府主義。京師警察廳通告各省：没收其印本，以絶莠言，而得治安'"①；陸丹林在《革命史譚》中介紹説，"盧信著有《人道》一書，專以抨擊世界不良的政治、軍事與反對封建制度；反對富豪，反對地主，反對戰争，近於無政府主義；民國初年，風行一時"②。

　　再次，是在介紹《人道》時，對該書作一簡要的分析評價。例如，《中外人文精神鈎沉》在介紹《人道》時認爲，"不過，還是有一本專著需要提到，就是盧信著的《人道》，初版在 1909 年，到 1929 年還第 15 次再版。盧先生係追隨孫中山先生的革命者，在 24 歲寫成此書"，"全書分别討論人生、政治、法律、資本家、勞動者、教育、道德、宗教、科學等問題，這是很典型的當時中國思想家的言論，雖空泛，但已經抓住人類思想中一個尚未解決的難題"③。又如鐘少華在《中文概念史論》中認爲"盧信先生將生命與社會、迷信聯繫起來，頗合當時中國民衆的一般思想"④。蔡尚思注意到了盧信在其思想發展過程中前後表現不一致的現象，他在《中國傳統思想總批判》中指出，"盧信到北伐後，著《不徹底原理》一書，雖要保存中國固有一切，認世界任何新思想都比不上孔學；但他在二十四歲時，却也著過《人道》一書，要打倒中國固有的一切，前後判若兩人，兩書互相

①　皮明麻. 近代中國社會主義思潮覓蹤[M]. 長春：吉林文史出版社，1991：139.
②　陸丹林. 革命史譚[M]. 北京：中華書局，2007：256.
③　北京市社會科學院哲學所. 中外人文精神鈎沉[M]. 開封：河南大學出版社，2005：427.
④　鐘少華. 中文概念史論[M]. 北京：中國國際廣播出版社，2012：198.

對立"①。《中國"人文主義"的概念史 1901—1932》是目前可查的對《人道》介紹、分析較爲詳細的一部著作。該書對《人道》初創時的情況作了介紹，指出："辛亥革命前，革命黨人盧信在檀香山主持《自由新報》期間，編印過一本小册子名爲《人道》。據當時同在《自由新報》工作的温雄飛回憶，《人道》是通曉日文的盧信譯述當時日本雜誌文章而編成的。此書在 1912 年分别由廣州《中國日報》社和商務印書館出版，後來泰東圖書局在 20 世紀 20 年代則多次再版。1912 年，王緇塵（筆名'煮塵'）在《新世界》第 6 期的'紹介新著'欄中曾介紹了《人道》一書。《新世界》是中國較早全面介紹'社會主義'的報刊之一，王在文中稱該書'洞悉社會主義真相'，盧信則爲'社會主義之健將'。1913 年《公論》第 1 期的'介紹名著'欄目中也曾介紹此書，稱其'闡發平民均產主義，破除社會上不平等之階級'，并盛贊其爲'中國社會主義之元始著作'。實際上，該書名爲'人道'，主要闡述的是人類平等之説，即將'人類平等'的理念輸入'人道'表述之中，它稱'人類平等'乃'人道之正理'，而全書分章論述則包括了人世生活的各個方面。"②

此外，還有著作關注到了《人道》中的無政府主義思想，并對這一思想作了或簡或繁的介紹和評價。如蔡尚思在《中國思想研究法 中國禮教思想史》中認爲"盧信在民前四年被壓迫時，著《人道》，宣傳無政府主義，認爲君主民主皆不文明，應當恢復女權等"③。蔣俊、李興芝所著的《中國近代的無政府主義思潮》對《人道》的無政府主義思想作了比較詳細的分析，著者認爲"《人道》一書共分 14 章，作者對於軍隊、政治、法律、婦女、資本家、勞動者、農民、教育、道德、宗教、科學都作了研究和評論，

① 蔡尚思. 中國傳統思想總批判[M]. 上海：上海古籍出版社，2006：30.
② 章可. 中國"人文主義"的概念史 1901—1932[M]. 上海：復旦大學出版社，2015：146-147.
③ 蔡尚思. 中國思想研究法 中國禮教思想史[M]. 上海：復旦大學出版社，2015：340.

　　從這些評論看，基本上是采用了無政府主義的觀點"，但是兩位作者也注意
到，盧信的無政府主義思想與近代中國盛行的無政府主義思潮不同，他們
指出，"盧信在政治思想和經濟思想上雖然都深深地打上了無政府主
義的烙印，但他又與'天義派'和'新世紀派'有明顯不同。他沒有以無政府主
義者自居，認爲無政府主義只是一個十分真遠的理想，絕不能實行於當代，
并對主張立即實行無政府主義的人進行了批評……盧信的思路和孫中山等
人有相同之處，他們都希望利用資産階級共和制度作杠杆，對社會和人類
自身進行改造，而不需要再經過一次流血革命便可達到人類平等的理想境
界"。基於這些分析，作者最後認爲，"對於資産階級來説，這是無法實現
的幻想，但是對於未來的無産階級來説，却可以將這一理論進行改造，吸
收其合理的成分，把民主革命和社會主義革命這兩個性質不同的革命階段
銜接起來，利用人民民主專政的强大威力，完成由前者到後者的不流血的
轉變。從這個意義上説，盧信的思想中包含着能給後人以啓發的内容"①。
　　《中國近代的無政府主義思潮》一書對《人道》的研究是當前研究《人
道》比較詳細、具有突破性的學術成果，但其不足也十分明顯。囿於"無
政府主義思潮"這一研究主題，該書沒有對《人道》中非無政府主義思想
的其他進步内容加以考察，即便作者已在文末暗示了"盧信的思想中包含
着能給後人以啓發的内容"。縱覽目前學界，不僅是《中國近代的無政府主
義思潮》一書，其他研究成果也同樣比較缺乏對《人道》内含的進步思想
的深入研究，因此，這也是今後學界可以加以着力的學術生長點之一。

---

① 蔣俊，李興芝. 中國近代的無政府主義思潮[M]. 濟南：山東人民出版社，1991：129-132.

（A-0062.01）

www.sciencep.com

ISBN 978-7-03-075965-8

定　價：580.00 元